Volker Spierling

Kleine Geschichte der Philosophie

Volker Spierling

Kleine Geschichte der Philosophie

50 Porträts von der Antike bis zur Gegenwart

Piper
München Zürich

ISBN 3-492-03416-0

Gesetzt aus der Times-Antiqua
Gesamtherstellung: Clausen & Bosse, Leck
Printed in Germany

Den Teilnehmern
meiner alljährlichen
philosophischen Ferienseminare
in Loro Ciuffenna

INHALT

Vorwort

Große Philosophie hat einen durchschlagenden Klang, ein Durchtönendes, das sich in einer kurzen Formel ausdrücken läßt.

Ernst Bloch

Philosophie ist für alle da. Ihre Fragen gehen jeden an, und ihre Antworten ermuntern zum Nach- und Weiterdenken, bereichern und gestalten die eigene Geisteshaltung.

Diese Überzeugung ist mir aus meiner langjährigen Lehrtätigkeit erwachsen und liegt dieser *Kleinen Geschichte der Philosophie* zugrunde. In meinen Philosophieseminaren, insbesondere in meinen privaten Ferienseminaren, wende ich mich an alle philosophisch Interessierten und setze keine besonderen Vorkenntnisse voraus. Meine Teilnehmer kommen aus allen Berufen (akademischen und nichtakademischen), sind von ganz unterschiedlichem Alter (unter zwanzig bis über achtzig Jahre) und bringen die verschiedensten Lebenserfahrungen und Vorbildungen mit. Von ihnen weiß ich, daß das allgemeine Interesse an Philosophie groß ist, viele aber davor zurückschrecken, sich ohne Anleitung oder Einführung in die umfangreichen und schwierigen philosophischen Werke selbst einzuarbeiten.

Mit der *Kleinen Geschichte der Philosophie* möchte ich dieses Interesse aufgreifen und den Zugang zur Philosophie erleichtern. Das Buch ist eine Einführung in die Philosophiegeschichte. Auf übersichtliche und verständliche Weise sollen große Gedanken der abendländischen Philosophie vorgestellt werden. Ich möchte einen Überblick geben über die faszinierende Vielfalt des philosophischen Denkens. Vielleicht kann der Leser neue Interessenschwerpunkte entdecken und sich auf das spannende geistige Abenteuer einlassen, die Originalschriften zu lesen.

Die *Kleine Geschichte der Philosophie* ist in vier größere Zeitabschnitte eingeteilt: Antike, Mittelalter, Neuzeit, 19. und 20. Jahrhundert. Jeder Zeitabschnitt wird durch einen kurzen Überblick eingeleitet, der Vorausinformationen über geistige Motive der Zeit gibt und Auskunft erteilt über die Abfolge der wesentlichen philosophischen Richtungen und Positionen.

Insgesamt werden fünfzig Philosophen vorgestellt, die annähernd das ganze Spektrum der Philosophiegeschichte repräsentieren. Jede Kapitelüberschrift stellt ein Zitat heraus, das mitten in das Zentrum des neuen und kühnen Denkens führt und dieses in einer prägnanten Formel zum Ausdruck bringt. Bisweilen handelt es sich bei diesen vorangestellten Leitsätzen um berühmte Worte, die Allgemeingut geworden sind, wie zum Beispiel »Ich weiß, daß ich nichts weiß« oder »Ich denke, also bin ich«. Die Kapitel konzentrieren sich darauf, die großen Formeln in ihrer Bedeutung zu erschließen, den Leser in einem zentralen Aspekt am Denken des jeweiligen Philosophen teilhaben zu lassen. Sie beabsichtigen nicht, philosophische Systeme vollständig zu erfassen.

Die einzelnen Kapitel werden stichwortartig mit biographischen Daten eingeleitet. Ihnen folgt meist ein persönliches Dokument (zum Beispiel ein Briefausschnitt, eine autobiographische Äußerung oder auch eine Anekdote). Diese Kurzbiographien führen unmittelbar vor Augen, daß es lebendige Menschen waren, die die großen Gedanken hervorgebracht haben, Menschen mit konkreten Schicksalen, eng verflochten mit dem Geschehen ihrer Zeit.

Der Anhang bietet ein kleines Lexikon, das sich nicht damit begnügt, die Hauptschriften der vorgestellten fünfzig Philosophen nur aufzuzählen, sondern das die inhaltlichen Anliegen der einzelnen Werke erkennen läßt. Dies gibt dem Leser die Möglichkeit, die ihn interessierenden Originalschriften leichter herauszufinden.

Sämtliche Kapitel dieses Buches gehen auf (übersetzte) Originalschriften zurück, nicht auf Sekundärliteratur. Die

Kleine Geschichte der Philosophie stellt gewissermaßen eine Bühne dar, auf der sich die einzelnen Philosophen dem Leser selbst vorstellen. Ich habe versucht, die eigene Bewertung soweit wie möglich zurückzustellen und sie dem selbständigen Denken und Nachforschen des Lesers zu überlassen. Natürlich kann eine Philosophiegeschichte nicht völlig objektiv sein – schon die Auswahl der fünfzig Philosophen sowie der Leitsätze beinhaltet subjektive Akzentsetzungen.

Auf einen Aspekt, der mir wichtig erscheint, möchte ich noch hinweisen. Es hat mich bewegt, wie viele Philosophen wegen ihres Denkens getötet, gequält, gefangen gehalten, vertrieben, verspottet wurden. Wieviele ihrer Bücher wurden verboten oder gar verbrannt! Seit über zweitausend Jahren sind Philosophen maßgeblich beteiligt am Kampf um die Freiheit des Geistes.

Tübingen, im März 1990 Volker Spierling

ANTIKE

ÜBERBLICK

1. Vorsokratische Philosophie

Die ursprüngliche Weltdeutung, die der Philosophie vorausgeht, ist der *Mythos* (»Wort«, »Erzählung«, »Kunde«). In einem Schöpfungsmythos aus der Zeit vor Homer heißt es beispielsweise: »Am Anfang war Eurynome, die Göttin aller Dinge. Nackt erhob sie sich aus dem Chaos. Aber sie fand nichts Festes, darauf sie ihre Füße setzen konnte. Sie trennte daher das Meer vom Himmel und tanzte einsam auf seinen Wellen.« Eurynome paarte sich mit Ophion, der großen Schlange. »Dann nahm Eurynome die Gestalt einer Taube an, ließ sich auf den Wellen nieder und legte zu ihrer Zeit das Weltei. Auf ihr Geheiß wand sich Ophion siebenmal um dieses Ei, bis es ausgebrütet war und aufsprang. Aus ihm fielen all die Dinge, die da sind: Sonne, Mond, Planeten, Sterne, die Erde mit ihren Bergen und Flüssen, ihren Bäumen, Kräutern und lebenden Wesen.«[1]

Seit Beginn des 6. Jahrhunderts v. Chr. treten in den griechischen Kolonien an der Westküste Kleinasiens vereinzelt Denker aus dem Rahmen der mythisch-religiösen Weltdeutungen heraus. Sie beginnen das Neuland des eigenen Nachdenkens zu erkunden. Rund 150 Jahre vor Sokrates schlagen sie den Weg zur begrifflich begründenden *Philosophie* ein und heben sich in ihrem Denken von dem erzählenden, bildhaften Mythos ab. Sie lernen, zwischen einer wahren und einer scheinbaren Welt zu unterscheiden. Die Einsicht, daß die Welt etwas anderes sein kann als ihre Deutung, ist zum Greifen nahe. Von nun an existieren Philosophie und Mythos nebeneinander, häufig auch ineinander.

Die ersten Philosophen, die *Vorsokratiker*, denken über die Natur nach. Von der Einheitlichkeit der Natur überzeugt, suchen sie nach dem Urgrund, nach dem Einen, auf das das Viele zurückführbar ist. Sie grübeln über das, was die Welt im Innersten zusammenhält. So fragen die ersten Denker wie *Thales* aus Milet nach einem Urstoff, andere wie *Pythagoras* in Unteritalien nach einer Urform, andere wie *Heraklit* aus Ephesus nach einer universalen Gesetzmäßigkeit und wieder andere wie *Anaxagoras* in Athen nach stofflichen Elementarteilchen sowie nach einer Ordnung stiftenden Urkraft. Berühmt ist *Demokrit* aus Abdera wegen seiner Atomlehre. Er ist schon ein Zeitgenosse von Sokrates.

2. Klassische Philosophie

Die Sophisten, die »Lehrer der Weisheit«, bilden im 5. Jahrhundert v. Chr. den Übergang zur klassischen Philosophie Griechenlands. Ihr Thema ist der Mensch. Sie bedenken Probleme des Zusammenlebens im attischen Stadtstaat und stellen die Gültigkeit menschlichen Erkennens auf die Probe. Ihr Unterricht kommt dem neuen, aufgeklärten Ideal einer vielseitig gebildeten, redegewandten, politisch erfolgreichen Persönlichkeit entgegen. Mit ihrer wendigen Kunst des Dialogs, bei Bedarf entgegengesetzte Standpunkte einnehmen zu können, stellen sie die Relativität aller Erkenntnis heraus (Protagoras in Athen).

Im Zeitalter des Staatsmannes Perikles und des Peloponnesischen Kriegs wird Athen das Zentrum der Philosophie. Durch Sokrates, Platon und Aristoteles gelangt das philosophische Denken im 5./4. Jahrhundert v. Chr. zu höchster Blüte. Auf verschiedene Weise kreist ihr Denken um das Gute, das sie eng verbunden sehen mit dem Wahren und Schönen.

Sokrates lebt und stirbt für das Ideal eines guten Lebens. Überzeugt davon, daß gut handelt, wer das Gute weiß, verwickelt er seine Mitbürger in bohrende Gespräche, setzt ihnen mit hartnäckigen Fragen zu, provoziert sie zum Weiterdenken. Der einzelne soll in sich das Gute in seiner Allgemeinheit erkennen und zur Richtschnur seines Handelns machen. Die Dialoge zielen auf Klärung und Bestimmung des allgemeinen Wesens der Tugenden. Sokrates ringt um die Definitionen der ethischen Allgemeinbegriffe.

Platons Ideenlehre bestimmt die Grundrichtung seines Forschens. Er sieht in den von Sokrates gesuchten allgemeinen Begriffen zeitlose Urbilder, von denen alle Dinge unserer Erfahrung nur flüchtige, unvollkommene Abbilder sind. Diese Urbilder sind die Ideen. Gegenüber unserem heutigen Sprachgebrauch sind hiermit keine subjektiven Vorstellungen gemeint, sondern ein beharrendes, ewiges Sein. Die materielle Welt, die der Mensch mit seinen Sinnen wahrnimmt, ist nicht die einzige. Jenseits von ihr gibt es noch eine zweite, immaterielle Welt: das transzendente (über alle Erfahrung hinausgehende) Reich der Ideen. Einzig der Philosoph, der die höchste aller Ideen, die Idee des Guten, rein geistig geschaut hat, vermag die Ordnung des Staates mit der absoluten Ordnung der Ideen in Einklang zu bringen.

Aristoteles, der Lehrer von Alexander dem Großen, erweitert und systematisiert die Philosophie. Er gilt als Vater der Logik, als Schöpfer der Kategorienlehre und als Pionier der methodisch strengen, erfahrungswissenschaftlichen Forschung. Für ihn liegen die Ideen Platons nicht abgetrennt und jenseits von den einzelnen Dingen, sondern mitten in ihnen. Jedes Ding ist voller Eigendynamik und strebt danach, das zu werden, was es seiner Anlage, seiner Idee nach – Aristoteles spricht von »Form« – schon ist. Alles hat in sich sein Ziel, seine Bestimmung, seine Entwicklung. Goethe wird später sagen: »Geprägte Form, die lebend sich entwickelt.« In der Welt ist eine fortwährende Bewegung hin zur Vollkommenheit, hin zum rechten Maß, hin zum Guten, hin zu Gott als dem »unbewegten Beweger«.

Durch das Weltreich Alexanders des Großen, das sich bis nach Indien erstreckt, verlieren im 4. Jahrhundert v. Chr. die griechischen Stadtstaaten ihre politische Bedeutung. In der Zeit des Hellenismus, in der nachklassischen, griechischen Kultur, durchdringen sich Orient und Okzident. Die kulturellen Zentren werden verlagert. In Alexandria werden sehr spezielle, empirische Forschungen betrieben. In der Philosophie beherrschen lebenspraktisch-ethische Fragen die Diskussion. Wie muß ich als einzelner leben, um glücklich zu sein? Epikureer, Stoiker und Skeptiker geben unterschiedliche Antworten auf die neuen geschichtlichen Herausforderungen, auf die Orientierungs- und Machtlosigkeit des einzelnen.

Die *Epikureer* mit ihrem Schulhaupt Epikur an der Spitze philosophieren zurückgezogen und geben sich einer freundlich heiteren Diesseitigkeit hin. Die *Stoiker* finden ihr Glück in einem tugendhaften, gleichmütigen, durch keinen Schicksalsschlag zu erschütternden Leben (Zenon aus Kition). Die *Skeptiker* üben sich in der Balance der Unentscheidbarkeit entgegengesetzter philosophischer Positionen und ziehen daraus das Glück einer unerschütterlichen Gemütsruhe (Pyrrhon). Die drei Schulgründer Epikur, Zenon und Pyrrhon wirken in Athen.

Ab dem 2. Jahrhundert v. Chr. steht Griechenland unter der politischen Vorherrschaft Roms. *Cicero* bringt im 1. Jahrhundert v. Chr. den Römern die griechische Philosophie nahe und prägt in seinen Schriften die lateinische Philosophensprache. Der Terminus »humanitas« (Menschlichkeit) z. B. weist in idealer Weise voraus auf einen sittlich vollkommenen Menschen, der durch seine Sprache die Weisheit der Philosophie im politischen Alltag zur Geltung zu bringen versteht. Rhetorik und Philosophie sollen zu einer Einheit verschmelzen. Die wohlredende, gut gesonnene, allgemein gebildete Persönlichkeit verwirklicht diese Einheit von Sprache und Vernunft mitten im gesellschaftspolitischen Leben – nicht in der Theorie (Quintilian in Rom).

In der Zeit vom 1. Jahrhundert v. Chr. bis zum Ende des weströmischen Reiches im 5. Jahrhundert gibt es eine Vielzahl alter abgewandelter, vermischter und neuer Positionen. Neben orientalischen Anregungen, die bis von Indien her kommen, gibt es jüdische und christliche Anstöße. Das alte Problem des Uranfangs wird wieder aufgeworfen, Lehren vom Weltende entstehen, eine Sehnsucht nach Befreiung von Schuld und Sünde schlägt durch. Philosophisch-religiös-mystische Heilslehren mit dogmatischem Wahrheitsanspruch kommen auf (Mani aus Babylonien/Manichäer).

Der Neuplatonismus errichtet im 3. Jahrhundert durch seinen Hauptvertreter, den Ägypter *Plotin*, das letzte große philosophische System in griechischer Sprache und bringt das Erlösungsbedürfnis der Spätantike durch nichtchristliche Inhalte zum Ausdruck. Alle Dinge der Welt sind Ausstrahlungen des lichtvollen, göttlichen Einen. Die Welt ist keine Schöpfung, sondern ein nebenbei geschehendes Überfließen der unermeßlichen Vollkommenheit des Absoluten. Ziel ist die Befreiung von der gottfernen Materie, die als Prinzip des Bösen aufgefaßt wird, und die Rückkehr zum Einen.

Im Mittelpunkt der christlichen Philosophie der Antike steht das historische Ereignis der Offenbarung Gottes durch Christus. Die ersten Christen stehen vor dem Problem, ob beziehungsweise wie sich dieser Glaube mit philosophischen Mitteln gegen die »heidnischen« Philosophen verteidigen läßt (s. Mittelalter). Ende des 4. Jahrhunderts wird das Christentum Staatsreligion.

476 setzt der Germane Odoaker den letzten weströmischen Kaiser ab. Das weströmische Reich geht unter. Das byzantinisch-oströmische Kaiserreich bleibt noch ein Jahrtausend bestehen und bewahrt das griechische Kulturerbe der Antike.

THALES:
»Das Wasser ist der Urgrund«.[2]

Leben. *um 624 v. Chr. Milet, †546 v. Chr. – Entstammt einem vornehmen Haus, ist zunächst politisch tätig, wendet sich dann der Naturbetrachtung zu; kennt sich in der Seefahrt gut aus, verfügt über geometrische, astronomische und meteorologische Kenntnisse, ist der älteste der legendären sieben Weisen, die lapidare Grundsätze der praktischen Lebensweisheit aufstellen (z. B.: »Unerfreulich ist Untätigkeit«, »Halte Maß«), sagt vermutlich die totale Sonnenfinsternis vom 28. Mai 585 v. Chr. voraus, soll von einer Reise nach Ägypten die Erkenntnis mitgebracht haben: Alle Winkel im Halbkreis sind rechte (Thaleskreis).

Anekdoten vermitteln ein widersprüchliches Bild von Weltfremdheit und Lebensklugheit: Thales fällt beim Betrachten der Sterne in einen Brunnen und wird von einer Magd ausgelacht, weil er den Himmel erforscht und nicht einmal weiß, was vor seinen Füßen liegt. Oder: Thales spekuliert erfolgreich mit einer Olivenernte, indem er rechtzeitig alle Ölpressen in seinen Besitz zu bringen versteht, um sie dann zu Höchstpreisen zu vermieten.

»Auf die Frage, warum er auf den Kindersegen verzichte, soll er erwidert haben: ›Aus Liebe zu den Kindern.‹ Gegen das Drängen auf Verheiratung von seiten seiner Mutter soll er sich zur Wehr gesetzt haben mit den Worten: ›Noch ist es nicht Zeit dazu‹, und als sie ihn bei vorgeschrittenem Alter heftiger bestürmte, soll er entgegnet haben: ›Nun ist die Zeit dazu vorüber.‹«[3]

Von den Vorsokratikern sind nur Fragmente überliefert (s. Lexikonteil im Anhang).

Nach der religiös-mythischen Überlieferung stößt der Meeresgott Poseidon in seiner Wut seinen Dreizack so heftig in die Erde, daß sie erbebt. Mit dieser Erklärung gibt sich Thales nicht mehr zufrieden. Das ist nicht Poseidon, sagt er, das macht das Wasser: »Thales behauptet, die Erde werde vom Wasser getragen. Sie werde wie ein Schiff bewegt, und infolge der Beweglichkeit des Wassers schwanke sie dann, wenn die Leute sagen, sie erbebe.«[4]

Thales verzichtet bei seiner Erklärung des Erdbebens auf mythische Personifikationen und bahnt einem neuen Denken den Weg: An die Stelle eines persönlichen Ur-*hebers*, der jetzt in Frage gestellt wird, tritt eine unpersönliche Ur-*sache*. Das philosophische Denken, das nach rationalen Begründungen sucht, schält sich langsam aus der Tradition mythischer Gläubigkeit heraus.

Die Philosophie des Abendlandes beginnt mit der naturphilosophischen, anti-mythischen Frage nach der *Arché* (lat.: *principium*), also mit der Frage nach dem Urgrund aller Dinge. Thales fragt als erster nach der Arché und findet den Urgrund in einem *Urstoff*. Das Wasser, so lautet seine Antwort, ist der Urstoff, der alles Leben in sich birgt und alle Dinge entstehen läßt. Es ist lebende Materie, die – ohne äußere Verursachung – aus eigener göttlich-schöpferischer Kraft mannigfaltige Gestalten annehmen kann. Das Wasser ist ein unentstandenes und unvergängliches Seiendes, ein seinem Wesen nach sich ewig gleichbleibender materieller und in sich belebter Grundstoff.

Auch *Anaximander* (um 610–546 v. Chr.) sucht nach dem Anfang von allem. Er bestimmt die Arché als *Apeiron*, als das belebte Unbegrenzte, aus dem die konkreten Dinge hervorgehen und in das sie zurückkehren. Das qualitativ unbestimmte Apeiron ist ein unendlicher stofflicher Vorrat für alles, was war, ist und sein wird. In seiner eigenen, ewig schöpferischen Bewegung scheidet es qualitativ bestimmte Gegensätze aus wie Kaltes und Warmes, Trockenes und Feuchtes, Nacht und Licht. Aus erwärmtem Schlamm entstehen Fische, in denen sich Menschen entwickeln. Nachdem die Menschen für sich selbst sorgen können, schlüpfen sie aus den Fischen heraus und gehen ans Land. – Das Apeiron ist kein aus der Erfahrung bekannter Grundstoff wie zum Beispiel das Wasser bei Thales.

Ein schwer zu verstehender Satz von Anaximander über die unwandelbare gesetzmäßige Einheit der Natur ist erhalten geblieben. Er ist das älteste, wörtlich überlieferte Fragment der abendländischen Philosophie: »Anfang und Ursprung der seienden Dinge ist das Apeiron. Woraus aber das Werden ist den seienden Dingen, in das hinein geschieht auch ihr Vergehen nach der Schuldigkeit; denn sie zahlen einander gerechte Strafe und Buße für ihre Ungerechtigkeit nach der Zeit Anordnung.«[5] Der Satz drückt den Kreislauf des Entstehens und Werdens aus.

Anaximenes (um 588–525 v. Chr.) lehrt wie Anaximander, daß die Arché der grenzenlose materielle Stoff (*apeiron*) ist, bestimmt ihn aber qualitativ als Luft. Die alles belebende, beseelende, hauchartige Luft bringt durch Verdichtung und Verdünnung alle seienden Dinge hervor.

Die ersten Naturphilosophen – Thales, Anaximander, Anaximenes – fragen nicht nur nach Gründen und Zusammenhängen innerhalb der empirischen Mannigfaltigkeit der physischen Dinge, sondern sie fragen nach dem letzten Grund dieser Mannigfaltigkeit selbst. Was liegt dem Entstehen und Vergehen der Dinge letztlich zugrunde? Es ist dasselbe Ziel der Erkenntnis, dem sich Goethes Faust verschworen hat: »Daß ich erkenne, was die Welt/Im Innersten zusammenhält.« Die ersten Philosophen fragen also nach dem, was dem Wandel der Natur in seiner Gesamtheit unwandelbare Einheit verleiht.

Das, was sich in der Natur verändert, und das, was in ihr unverändert bleibt, wird aufeinander bezogen und als *eine* Sache aufgefaßt, für die ein letzter Grund gesucht wird. Es wird eine theoretische Lösung gefunden: Die wechselhafte Mannigfaltigkeit der Dinge geht aus einem stofflichen Urgrund hervor und kehrt in ihn zurück. Indem der Urgrund das zeitweilige Sein der Dinge »begründet«, ist er in ihnen enthalten und gegenwärtig. Der Urgrund ist ein erstes Seiendes, ein immerwährender Anfang, *aus* dem alles wird. Er selbst ist unentstanden, das heißt ohne Grund.

Aristoteles faßt später das Denken der ersten Philosophen zusammen: »Von denen, die zuerst philosophiert haben, haben die meisten geglaubt, daß es nur stoffliche Urgründe der Dinge gebe. Denn woraus alle Dinge bestehen, und woraus sie als Erstem (d. h. ursprünglich) entstehen und worein sie als Letztes (d. h. schließlich) vergehen, indem die Substanz zwar bestehen bleibt, aber in ihren Zuständen wechselt, das erklären sie für das Element und den Urgrund (*arché*) der Dinge, und daher glauben sie, daß weder etwas (aus dem Nichts) entstehe noch (in das Nichts) vergehe, in der Meinung, daß eine solche Substanz (*physis*) immer erhalten bleibt. [...] Über die Anzahl und die Art eines solchen Urgrundes haben freilich nicht alle dieselbe Meinung, sondern Thales, der Begründer von solcher Art Philosophie, erklärt als den Urgrund das Wasser.«[6]

PYTHAGORAS:
»Alles entspricht der Zahl.«[7]

Leben. *um 540 v. Chr. Samos, †um 497 v. Chr. Metapontum. – Verläßt vermutlich aus Protest gegen die Tyrannis des Polykrates seine Heimat und geht nach Kroton in Unteritalien, wo er eine religiös-ethische Gemeinschaft gründet; tritt seinen Anhängern als eine Art Hellseher oder Wundertäter entgegen, wird von ihnen fast wie ein Gott verehrt, beeinflußt die soziale und politische Entwicklung Krotons, entwirft das Münzsystem der Stadt, wird offenbar wegen seiner konservativen Politik angegriffen und muß gegen Ende seines Lebens aus Kroton fliehen.

Die pythagoreische Vereinigung ist weniger eine Philosophenschule als ein religiöser Bund, der von der orphischen Mystik des 6. Jahrhunderts v. Chr. beeinflußt ist (Leib als Gefängnis der Seele, Reinigung der Seele durch Askese, Erlösung von der Wiedergeburt). Es gelten strenge Vorschriften für die Einweihungsriten und für das Leben in der Gemeinschaft: »Pythagoras war der erste, der den Satz verkündete, daß unter Freunden alles gemeinsam und daß Freundschaft Gleichheit sei. So legten denn seine Schüler ihr Vermögen zu gemeinsamem Besitz zusammen. Fünf Jahre lang mußten sie schweigen und ausschließlich den Lehrvorträgen folgen als Hörer und ohne noch den Pythagoras zu Gesicht zu bekommen, bis sie sich hinreichend bewährt hätten; von da ab gehörten sie zu seinem Hause und durften ihn sehen.«[8]

Pythagoras findet die Arché aller Dinge nicht, wie die ersten Naturphilosophen, im Stoff, sondern in der den Stoff bewegenden und gestaltenden *Form*. Die mathematische *Zahl* ist die Form des Kosmos. Sie begrenzt das Unbegrenzte (*apeiron*) maßvoll und ordnet es.

Pythagoras entdeckt, daß zwischen der Länge der Saiten einer Leier und den musikalischen Intervallen konstante Zahlenverhältnisse bestehen, 1:2 für die Oktave, 2:3 für die Quint und 3:4 für die Quart. In seiner Weltanschauung verallgemeinert Pythagoras diesen Zusammenhang zwischen Mathematik und musikalischer Harmonie: Die harmonische Ordnung des gestirnten Himmels (tönende Sphärenharmonie) wie die der übrigen Welt beruht auf Zahlenverhältnissen.

Aristoteles' Bericht gilt als eine wichtige Sekundärquelle: »Da nun im Mathematischen die Zahlen der Natur nach das erste sind und die Pythagoreer, statt in Feuer, Erde und Wasser, eben in den Zahlen viele Übereinstimmungen mit den seienden und werdenden Dingen zu erkennen glauben, [...] da nun ihnen die gesamte Natur in allen übrigen Hinsichten den Zahlen nachgebildet zu sein schien und die Zahlen das erste seien in der gesamten Natur, nahmen sie an, die Elemente der Zahlen seien die Elemente aller seienden Dinge, und die ganze Welt sei, wie erwähnt, Harmonie und Zahl.«[9]

Nicht eindeutig ist, ob die Dinge Zahlen *sind* oder Zahlen *nachahmen*. Möglicherweise fassen spätere Pythagoreer die Zahlen auch als ausgedehnte Elemente auf, als eine Art Zahlenatome. Die Zahl Eins gilt ihnen dann als ausgedehnter Punkt, die Zahl Zwei als Linie, die Zahl Drei als Fläche, die Zahl Vier als Körper. Die Zahlen werden auch auf das Gebiet der Ethik übertragen und führen zu einer heute nicht mehr nachvollziehbaren Symbolalgebra, in der z. B. mit folgenden Gleichsetzungen gerechnet wird: 2 = Freundschaft, 4 = Gerechtigkeit, 5 = Ehe.

Da alle seienden Dinge Zahlen beziehungsweise Zahlenverhältnisse sind oder nachahmen, kann die Welt als ganze ihrem Wesen nach auf exakte Weise mathematisch erkannt und berechnet werden. Die mathematische Erkenntnis und das Mathematische der Dinge haben dieselbe Struktur. Die Erkenntnis findet in den Dingen ihre eigene Struktur wieder.

Was Pythagoras selbst gelehrt hat, ist heute schwer zu entscheiden. Offensichtlich hat seine Lehre ein religiöses Ziel. Die unsterbliche Seele büßt im Gefängnis des Menschen- oder Tierkörpers, in dem sie wiedergeboren wird, eine alte Schuld ab und sehnt sich nach der Region des Göttlichen. Die Erkenntnis der Zahl und ein maßvolles Leben sollen die Seele von allem Körperlichen reinigen und ihre Erlösung herbeiführen.

Die Lehre von der Wiedergeburt weist auf die Verwandtschaft aller Lebewesen hin. Als er jemanden einen Hund mißhandeln sah, soll Pythagoras voller Mitleid gerufen haben: »Hör auf mit deinem Schlagen! Denn es ist ja die Seele eines Freundes, die ich erkannte, wie ich ihre Stimme hörte.«[10]

HERAKLIT:
»Alles fließt.« (panta rhei) [11]

Leben. * um 544 v. Chr. Ephesus, † um 483 v. Chr. – Stammt aus reicher, vornehmer Familie, tritt das ererbte Priesteramt an seinen jüngeren Bruder ab; seine Gesinnung ist aristokratisch, aus der Haltung eines Einsamen heraus verachtet er die Menge (die »Vielen«, die da »liegen satt wie Vieh«) und die Demokratie, übt harte Kritik an seinen Zeitgenossen (»Angemessen wäre es für die Ephesier, sich Mann für Mann aufzuhängen allesamt.«), geht bei niemandem in die Lehre, erklärt vielmehr, er erforsche sich selbst und schöpfe sein ganzes Wissen aus sich selbst; wird wegen seiner orakelartigen, wortkargen Sprüche »der Dunkle« genannt.

Diogenes Laertius, ein griechischer Schriftsteller aus dem 3. Jahrhundert n. Chr., berichtet in seiner teilweise anekdotenhaften Geschichte der antiken Philosophie: »Als man Heraklit gemäß dem Ansehen, in dem er stand, ersuchte, als Gesetzgeber aufzutreten, wies er es mit Entrüstung von sich, weil die Stadt bereits zu sehr der Strömung der schlechten Verfassung anheimgefallen sei. Er wich dem Verkehre aus und spielte im Artemistempel mit den Knaben Würfel, und als sich die Ephesier dort an ihn herandrängten, rief er ihnen zu: ›Was wundert ihr euch, ihr heilloses Gesindel? Ist dies nicht eine anständigere Beschäftigung als mit euch die Staatsgeschäfte zu führen?‹ Endlich wurde er des Zusammenseins mit den Menschen völlig überdrüssig, schied aus ihrer Gesellschaft aus und lebte einsam im Gebirge, sich von Gras und Kräutern nährend. Dadurch verfiel er der Wassersucht, kehrte in die Stadt zurück und fragte die Ärzte in rätselartigen Worten, ob sie aus Überschwemmung Dürre machen könnten. Da sie es nicht verstanden, grub er sich selbst in einem Kuhstall in den Rindermist ein in der Hoffnung, durch die Wärme werde das Wasser sich ausdunsten. Aber auch das half nichts. Er starb im sechzigsten Jahre.«[12]

Gibt es ein unveränderliches Sein, oder gibt es nur ein stets sich änderndes Werden? Heraklit wendet sich dem Problem des Wandels und der Dauer zu. »Die gegebene schöne Ordnung (*kosmos*) aller Dinge«, sagt er, »dieselbe in allem, ist weder von einem der Götter noch von einem der Menschen geschaffen worden, sondern sie war immer, ist und wird sein: Feuer, ewig lebendig, nach Maßen entflammend und nach Maßen erlöschend.«

Aus dem Urfeuer entwickeln sich Wasser, Erde, Luft und lösen sich nach dem Gesetz des Maßes endlos wechselnd wieder in Feuer auf. Das Gesetz des Maßes ist der *Logos*, die Weltvernunft, die den miteinander kämpfenden Gegensätzen eine höhere harmonische Einheit verleiht. »Alles fließt«, und nichts hat Bestand. »In dieselben Flüsse steigen wir und steigen wir nicht, wir sind und wir sind nicht.« Es ist ein Wesen, das die entgegengesetzten Gestalten annimmt. Das Ruhende und Beharrende ist eine Sinnestäuschung und führt zu beliebig vielen, wertlosen Meinungen, zu »Kinderspielzeugen«, nicht zu allgemeingültigem Wissen. Der Weise erkennt denselben Logos der Welt auch in sich selbst und richtet sein Handeln nach ihm aus.

Beispiele charakteristischer Sätze von Heraklit, dessen »dunkles« Denken nur in vorsichtigen Annäherungen interpretiert werden kann, sind: »Krieg ist von allem der Vater.« – »Verbindungen: Ganzheiten und keine Ganzheiten, Zusammentretendes – Sichabsonderndes, Zusammenklingendes – Auseinanderklingendes; somit aus allem eins wie aus einem alles.« – »Dasselbe ist: lebendig und tot und wach und schlafend und jung und alt. Denn dieses ist umschlagend in jenes und jenes umschlagend in dieses.« – »Verständigsein ist die wichtigste Tugend; und die Weisheit besteht darin, das Wahre zu sagen und zu tun in Übereinstimmung mit der Natur, im Hinhorchen.« – »Dem Gott ist alles schön und gut und gerecht; die Menschen aber haben das eine als ungerecht, das andere als gerecht angesetzt.« – »Einmal geboren, wollen sie leben, und das heißt: Todeslose haben, oder vielmehr ausruhen; und sie hinterlassen Kinder, damit neue Todeslose geboren werden.«[13]

PARMENIDES:
»Nur das Seiende ist.«[14]

Leben. * um 515 v. Chr. Elea (Unteritalien), † um 450 v. Chr. – Tritt in seiner Heimatstadt als geachteter Gesetzgeber hervor, gehört wahrscheinlich der aristokratischen Partei an; seine politisch-ethischen Auffassungen sind von Pythagoreern beeinflußt, der etwa 40 Jahre ältere Xenophanes gilt als sein Lehrer.

Parmenides ist der berühmteste Vertreter der eleatischen Schule, die Xenophanes (um 570–470 v. Chr.) gegründet hat. Die Eleaten denken wie Heraklit über das Problem des Wandels und der Dauer nach. Wie verhalten sich Vielheit, Veränderung, Werden, Bewegung zum wahren Sein? Wie verhalten sich Wahrnehmung und Denken zueinander?

Um diese Fragen beantworten zu können, knüpft Parmenides an einen Grundgedanken von Xenophanes an. – Xenophanes kritisiert die vermenschlichenden Göttervorstellungen der Volksreligion, die auf Homer und Hesiod basieren. Die Äthiopier behaupten, ihre Götter seien stumpfnasig und schwarz. Die Götter der Thrakier sind blauäugig und rothaarig. Auch Rinder, Pferde und Löwen würden, wenn sie könnten, die Götter in ihrer Körpergestalt abbilden. Demgegenüber stellt Xenophanes heraus: »Ein einziger Gott ist unter Göttern und Menschen der Größte, / weder dem Körper noch der Einsicht nach den sterblichen Menschen gleich.« – »Als ganzer sieht er, als ganzer versteht er, als ganzer hört er.« – »Ohne Anstrengung des Geistes lenkt er alles mit seinem Bewußtsein.«[15] Gott ist das Weltganze selbst, das eine und das alles (*hen kai pan*): das *eine* Sein.

Parmenides greift den Gedanken des *einen* Seins auf und

führt ihn weiter. Er lehrt also über das *On*, über das Sein. Seine Lehre ist eine Seins-Lehre, eine On-tologie.

Radikal vertritt Parmenides in seiner Seinslehre die Auffassung, es gibt nur Seiendes, kein Nichtseiendes. Ein Nichtsein ohne Sein läßt sich weder denken noch aussprechen. Jeder ausgesprochene Satz enthält die Kopula »ist«, die Subjekt und Prädikat verbindet und unausweichlich Seiendes bekundet. Wenn es aber kein Nichtseiendes gibt, dann kann es auch kein Werden, kein Entstehen geben. Andernfalls hieße dies, daß das Entstehende vorher nicht war, vorher ein Nichtsein hatte. Seiendes und Nichtseiendes schließen sich logisch aus.

Das Seiende ist *eines* und ist wie die Masse einer vollen, wohlgerundeten Kugel vollendet. Eigenschaften dieses Seienden (ontologische Attribute) sind: »daß Seiendes nicht hervorgebracht und unzerstörbar ist, einzig, aus einem Glied, unerschütterlich, und nicht zu vervollkommnen; weder war es, noch wird es einmal sein, da es jetzt in seiner Ganzheit beisammen ist, eins, zusammengeschlossen.« Das Geschick hat auch verfügt, daß Denken und Sein dasselbe »ist« ist. Das Seiende ist ganz.

Allem gesunden Menschenverstand zum Trotz behauptet Parmenides: Werden und Vergehen sind falsche Vorstellungen. Das philosophische Denken hat den Sinnestäuschungen Einhalt zu gebieten und zwei Wege des Forschens, einen schlechten und einen guten, deutlich auseinanderzuhalten: den auf Wahrnehmung, Erfahrung beruhenden Weg der trügerischen Meinungen (daß NICHT IST ist) und den auf Denken beruhenden Weg der Wahrheit (daß IST ist).

Beachten die Menschen die ontologischen Attribute des Seienden nicht und beziehen sie sich auf das angebliche Werden und Vergehen des Seienden, dann sind ihre Begriffe, auch ihre im Alltag verwendeten Begriffe von Sein und Nichtsein, ohne realen Gehalt. »Darum ist alles Name, was die Sterblichen angesetzt haben, im Vertrauen darauf, es sei wahr: Entstehen und Vergehen, Sein und Nichtsein, den Ort wechseln und die leuchtende Farbe ändern.«[16]

In dichterische Rede gekleidet, fordert Parmenides den einzelnen dazu auf, mit der Kraft seines Denkens gegen den Strom menschlicher Meinungen anzukämpfen: »Laß dich die Macht der Gewohnheit auf falsche Wege nicht drängen. / Trau nicht dem irrenden Blick und dem töneversammelnden Ohre. / Auch nicht der Zunge: allein der Verstand sei Prüfer und Richter.«[17]

ANAXAGORAS:
»Der Anfang der Bewegung ist der Geist.« [18]

Leben. *um 500 v. Chr. Klazomenai (Kleinasien), †um 428 v. Chr. Lampsakos. – Bringt von Kleinasien die Naturphilosophie nach Athen, wo er fast dreißig Jahre lebt; gehört zum Freundeskreis des Staatsmannes Perikles, widmet sich zurückgezogen ganz seinen Forschungen. Befragt, wozu er auf die Welt gekommen sei, sagt er: »Zur Beobachtung von Sonne, Mond und Himmel« (es wird ihm auch das Wort in den Mund gelegt: Das Ziel des Lebens sei »die Schau [= *theoria*] und die daraus entspringende Freiheit«), provoziert mit seinen rationalen Naturerklärungen viele Athener, die ihren überkommenen Götterglauben bedroht sehen; soll eine Sonnenfinsternis, ein Erdbeben, den Einsturz eines Hauses vorausgesehen haben, erklärt einen Meteoritenfall naturphilosophisch; wird 433/32 wegen Gottlosigkeit angeklagt, weil er die Sonne statt für ein göttliches Wesen für eine »glühende Steinmasse« größer als den Peloponnes hält, und aus Athen verbannt.

»Er ragte hervor durch Abkunft und Reichtum«, so Diogenes Laertius, »aber auch durch Seelenadel; trat er doch sein väterliches Vermögen an seine Verwandten ab. Als ihm diese nämlich Vorwürfe machten wegen seiner Sorglosigkeit, sagte er: ›Nun, warum übernehmt ihr denn nicht die Sorge an meiner Statt?‹ Und schließlich sagte er sich völlig los davon und widmete sich ganz der Betrachtung der Natur, ohne sich um öffentliche Angelegenheiten zu bekümmern. So sagte er zu einem, der ihn fragte: ›Hast du denn gar kein Herz für dein Vaterland?‹ ›Laß das gut sein; nichts liegt mir mehr am Herzen als mein Vaterland‹, wobei er auf den Himmel wies.« [19]

Anaxagoras stellt im Verlauf seines Nachdenkens über das wahre Entstehen und Vergehen der Dinge die Frage, welche ursprüngliche *Kraft* die Welt in Bewegung und in eine schöne Ordnung gebracht, aus einem Chaos einen Kosmos gemacht hat. Durch seine Antwort unterscheidet er sich von allen bisherigen Denkern. Er sei, sagt später Aristoteles, unter die früheren Philosophen wie ein Redner unter lauter Stammelnde getreten.

Die Welt, so lehre Anaxagoras, besteht aus unendlich vielen, kleinsten Urstoffen (*spermata*, Samen). Erst durch ihre Anhäufungen werden die Urstoffe, die unendlich teilbar sind, für uns sichtbar und bilden die uns bekannten Dinge. Entsteht und vergeht ein Ding, so bedeutet dies, daß mit seinen unsichtbaren Bestandteilen etwas vor sich gehen muß, was wir nicht wahrnehmen können. »Infolge der Schwäche unserer Sinne sind wir nicht imstande, die Wahrheit zu erkennen.«

Anaxagoras nimmt an, daß eine Veränderung in der Anordnung der Materieteilchen bloß den Eindruck erweckt, ein Ding entstehe oder vergehe. In Wirklichkeit jedoch ist noch nie auch nur ein einziges Stoffteilchen im eigentlichen Sinne entstanden oder vergangen, also aus dem Nichts gekommen oder in das Nichts gegangen. »Vom Entstehen und Vergehen aber haben die Hellenen keine richtige Meinung. Denn kein Ding entsteht oder vergeht, sondern aus vorhandenen Dingen mischt es sich, und es scheidet sich wieder. Und so würden sie demnach richtig das Entstehen Mischung und das Vergehen Scheidung nennen.«[20]

Wie aber kommt es, daß aus dem Wasser des Baches, das die Wurzeln einsaugen, Holz, Rinde, Blätter oder Früchte werden? »Wie sollte aus Nicht-Haar Haar entstehen können und Fleisch aus Nicht-Fleisch?« – Das Wasser setzt sich hauptsächlich aus Wasserteilchen zusammen, aber in ihm sind auch alle anderen Teilchen mitenthalten. Jedes Ding enthält von allen Stoffen etwas.

Urheber der Bewegung und der Ordnung der Welt im ganzen aber, dies ist Anaxagoras' entscheidende Antwort, die ihm das spätere Lob Aristoteles' einträgt, ist der *Nous* (Vernunft, Geist). Mit der Macht seiner Erkenntnis gab er den ursprünglich ersten Anstoß. Er rief im vorgefundenen wirren Urgemisch der Materieteilchen eine Wirbelbewegung hervor, um alles harmonisch zu einem Kosmos zu ordnen, zu einem sinnvollen Ganzen, aus dem sich dann alles weitere eigenständig entwickelt. Wenn in unserer Welt also ein Ding durch Mischung seiner Teilchen entsteht oder durch ihre Scheidung wieder vergeht, dann ist dies nicht mehr direkt auf die gestaltende Erkenntnis des Geistes zurückzuführen.

Der Geist ist für sich. Er ist unvermischt: »Die anderen Dinge haben an jedem (Stoff) Anteil; der Geist aber ist etwas Unendliches und Selbstherrliches, und er ist mit keinem Dinge vermischt.« Nur indem er für sich besteht, hat er die größte Kraft und kann über alle Dinge am besten herrschen. Er ist das feinste und reinste von allen Dingen und besitzt von jedem Ding jede Erkenntnis. »Und wie alles werden sollte und wie alles war (was jetzt nicht mehr vorhanden ist) und wie es jetzt ist, das alles ordnete der Geist an, auch diese Wirbelbewegung, die jetzt die Sterne und Sonne und Mond vollführen, wie auch die Luft und der Äther, die sich ausschieden.«[21]

Ob Anaxagoras den Nous materiell als Bewegungs*stoff* oder völlig immateriell gedacht hat, läßt sich aus den Originalfragmenten nicht mit Sicherheit entnehmen. Fest steht, daß Anaxagoras zum ersten Mal die Selbständigkeit des Geistes gegenüber allem (übrigen) Stofflichen herausstellt: »Und als der Geist die Bewegung begann, sonderte er sich ab von allem, was da in Bewegung gesetzt wurde.«[22]

DEMOKRIT:
»Urgründe des Alls sind die Atome und das Leere.«[23]

Leben. *um 460 v. Chr. Abdera, †um 370 v. Chr. – Etwas jüngerer Zeitgenosse von Sokrates, unternimmt Forschungsreisen und kommt möglicherweise bis zu den Gymnosophisten (»nackte Weise«, Asketen) Indiens (»Ich aber bin von meinen Zeitgenossen am weitesten auf der Erde herumgekommen, wobei ich das Entlegenste erforschte, und ich habe die meisten Himmelsstriche und Länder gesehen und die meisten gelehrten Männer gehört.«); Schüler des Leukipp, des Begründers des Atomismus, verfügt über enzyklopädische Gelehrsamkeit, gilt als »Fünfkämpfer der Philosophie«, ist ein leidenschaftlicher Forscher (sagt »er wolle lieber eine einzige Ursachenerklärung finden als König von Persien werden«), hält maßvolle Heiterkeit der Seele für erstrebenswert (»Ein Leben ohne Festlichkeiten ist ein langer Weg ohne Herbergen.«).

Über den Tod Demokrits teilt Diogenes Laertius folgendes mit: »Schon sehr hochbetagt, sah er sich unmittelbar vor dem Tode. Seine Schwester war sehr betrübt darüber, daß er gerade in der Festzeit der Thesmophorien [Fruchtbarkeitsfest zu Ehren der Göttin Demeter, der Getreidegöttin] sterben sollte, so daß sie ihre Pflicht gegen die Göttin nicht erfüllen könne. Er aber sprach ihr Mut ein und wies sie an, ihm jeden Tag frischgebackenes heißes Brot zu bringen; dieses hielt er sich vor die Nase und erhielt sich so während der Festtage am Leben; als die Festtage (es waren deren drei) vorüber waren, gab er völlig schmerzlos seinen Geist auf.«[24]

Demokrit versucht mit seiner Atomlehre die verschiedenen Ansätze der Naturphilosophen zu integrieren, in sich stimmig zu machen. Er hält an einem ewigen, in allem Wechsel beharrenden stofflichen Sein fest. Einen hinter der Welt stehenden Geist, der die Welt ursprünglich in Bewegung gesetzt und zweckmäßig geordnet haben soll, lehnt er ab.

Die sichtbaren Dinge sind Ansammlungen unsichtbarer, unvergänglicher Atome, deren Umgruppierungen mit mechanischer Notwendigkeit erfolgen. Die Atome sind unteilbare Materieteilchen, aus denen die Seele ebenso zusammengesetzt ist (Feueratome) wie die zahllos vielen Welten, zu denen sie sich verbinden. Infolge ihres verschiedenen Gewichts fallen die Atome unterschiedlich schnell senkrecht nach unten, stoßen zusammen und erzeugen Wirbelbewegungen, aus denen die Welten entstehen.

Der Mensch ist ein Mikrokosmos, eine kleine Welt, denn er ist denselben Gesetzen unterworfen wie die große Welt, er spielt keine Sonderrolle. So ragt er nicht etwa mit einer immateriellen Seele aus dem lückenlosen Zusammenhang aller Ursächlichkeiten heraus und wäre ein Stück weit frei. Alles, auch der Mensch, ist einer ehernen Notwendigkeit unterworfen.

Die Atome bewegen sich gegenseitig mechanisch durch Druck und Stoß. Äußere Kräfte – wie bei Empedokles Liebe und Haß oder wie bei Anaxagoras der Geist – wirken nicht auf sie ein. Demokrits Atomismus ist monistisch, d. h. von einer einzigen Grundbeschaffenheit her konzipiert. Die Welt ist sich bewegende Materie.

Die Atome unterscheiden sich voneinander auf dreifache Weise durch Gestalt (Masse, Gewicht), Anordnung und Lage. Diese Eigenschaften sind objektiv, d. h. das Sein der Atome ist so beschaffen. Dagegen sind die Eigenschaften, die wir an den Dingen, an den Atomverbindungen, schmecken, riechen, an Temperaturen fühlen, an Farben sehen, von uns bloß subjektiv wahrgenommene, von uns bloß eingebildete Qualitäten. Zwar nehmen wir die Dinge tatsächlich z. B. als süß, wohlriechend, kalt wahr, aber diese

Art von Unterscheidungen kommt ihnen selbst nicht zu. Weil unsere Sinneswahrnehmung an die Atome nicht heranreicht, weil sie überfordert ist, kommt sie nicht umhin, den Dingen Eigenschaften anzudichten, die sie unabhängig von unserer Wahrnehmung nicht haben.

Wir nehmen die Dinge nicht wahr, wie sie an sich selbst sind (Wahrheit), sondern nur, wie sie auf uns wirken (Meinung). Die Welt, wie wir sie aus der Erfahrung kennen, ist nicht das in Wahrheit Seiende. Die Bildchen, die sich von den Dingen lösen und im Sinnesorgan ein Wahrnehmungsbild hervorrufen, bilden die *Erscheinungen* der Dinge zwar ab, nicht aber ihr *Wesen*. »Es wird freilich klar sein«, sagt Demokrit, »daß es eine unlösbare Frage ist, zu erkennen, wie jedes Ding in Wirklichkeit beschaffen ist.« »In Wirklichkeit wissen wir nichts; denn die Wahrheit liegt in dem Abgrund.«[25]

Lediglich die Erkenntnis des Verstandes, die spekulative Annahme, es gebe nur Atome und Leeres, kann die »dunkle« Erkenntnis der Sinneswahrnehmung überbrücken und die beobachtbaren Dinge durch nicht beobachtbare erklären. Nur vordergründig und scheinbar entstehen und vergehen die wahrgenommenen Dinge. Die Materieteilchen selbst werden nicht weniger und nicht mehr. Wie sie sich auch mischen oder trennen, sie bleiben immer dieselben. Der Kosmos ist bei Demokrit gleichsam ein schöner Schein des ewigen Spiels der Materie mit sich selbst.

PROTAGORAS:
»Der Mensch ist das Maß aller Dinge.«[26]

Leben. *um 485 v. Chr. Abdera, †um 415 v. Chr. – Bedeutendster Sophist (»Lehrer der Weisheit«), Lehrer der Rhetorik, führt ein Wanderleben, wirkt aber vor allem in Athen; verlangt als einer der ersten Lehrer der Weisheit hohe Honorare, erweitert die herkömmlichen Unterrichtsfächer (Elementarkenntnisse in Lesen, Schreiben, Rechnen, Musik, Gymnastik) durch: Grammatik, Rhetorik, Dialektik (hier: Unterredungskunst) und Bürgerkunde, will seine Schüler ethisch-politisch bilden (»Man lernt bei mir Wohlüberlegtheit in seinen häuslichen Angelegenheiten: wie man am besten sein eigenes Hauswesen verwaltet und was die Angelegenheiten des Staates betrifft, wird man bei mir so ausgebildet, daß man möglichst befähigt wird, an der Regierung des Staates in Wort und Tat mitzuwirken.«[27]), unterhält persönliche Kontakte zu Perikles; die vornehme Jugend Athens ist von ihm begeistert; er wird möglicherweise in Athen wegen seiner Schrift »Von den Göttern« der Gottlosigkeit bezichtigt, angeklagt und zum Tode verurteilt, ertrinkt angeblich auf der Flucht nach Sizilien.

Eine Anekdote gibt ein Beispiel für die Rhetorik des Protagoras. »Wie erzählt wird, hat er einst, als er von seinem Schüler Euathlos die Bezahlung forderte und jener sagte: ›Aber ich habe bis jetzt noch keinen Prozeß gewonnen‹, erwidert: ›Aber *ich* muß das Geld auf jeden Fall erhalten; denn siege ich, so gehört es mir, eben weil ich gesiegt habe; siegst aber du, dann deshalb, weil du gesiegt hast.‹«[28]

Die ersten Philosophen, die Vorsokratiker, wandten sich der Natur zu. Mit den Sophisten, Zeitgenossen des Sokrates, verlagert sich das Interesse auf den Menschen. Die Möglichkeit der Erkenntnis, die Werte des Handelns, die Stellung innerhalb der Gesellschaft werden mit Blick auf lebenspraktische Ziele redegewandt diskutiert.

Protagoras' berühmter Satz – »der Mensch ist das Maß aller Dinge« – wird »Homo-mensura-Satz« genannt. *Homo* heißt Mensch, *mensura* Maß. Der Satz ist orakelhaft zweideutig. Er erhält einen anderen Sinn, je nachdem ob mit »der Mensch« das Individuum oder die Gattung gemeint ist. Beide Möglichkeiten läßt die Übersetzung zu. Wahrscheinlich ist die erste Bedeutung gemeint.

Absolute Wahrheit gibt es nicht, nur relative. Zum einen verändert sich die materielle Welt ständig, zum anderen die jeweils individuellen Voraussetzungen des Erkennenden. Dem einen kommt der Wind kalt vor, dem anderen nicht; was dem Gesunden süß schmeckt, kann der Kranke als bitter empfinden. Der Wind an sich aber ist weder kalt noch warm, sondern für den Frierenden ist er kalt, für den anderen nicht. Die individuellen Sinneseindrücke sind *maß*gebend dafür, ob und wie für den einzelnen etwas auf bestimmte Weise existiert, für ihn Wahrheit hat. Wovon der einzelne keine Sinneseindrücke hat, das ist für ihn gar nicht vorhanden (nichtseiend). Der Homo-mensura-Satz heißt daher vollständig: »Der Mensch ist das Maß aller Dinge, der seienden, daß sie sind, der nichtseienden, daß sie nicht sind.« – Der einzelne Mensch ist das Maß seiner subjektiven Erkenntnis.

Jeder Behauptung steht eine andere gegenüber. Über jede Sache läßt sich mit gleichem Recht nach beiden Seiten diskutieren, auch darüber, ob sich über jede Sache mit gleichem Recht nach beiden Seiten diskutieren läßt. Der philosophische Dialog berücksichtigt diesen Sachverhalt und schärft für beide Standpunkte den Blick. Protagoras soll seine Schüler gelehrt haben, dieselbe Person zu tadeln und zu loben.

Den Homo-mensura-Satz wendet Protagoras auch auf die Religion an, was zu seiner (unsicher belegten) Anklage wegen Gottlosigkeit führt. Als Maß aller Dinge ist der Mensch auch Maß aller Religion: »Über die Götter allerdings habe ich keine Möglichkeit zu wissen, weder daß sie sind, noch daß sie nicht sind, noch, wie sie etwa an Gestalt sind; denn vieles gibt es, was das Wissen hindert: die Nichtwahrnehmbarkeit und daß das Leben des Menschen kurz ist.«[29]

SOKRATES:
»Ich weiß, daß ich nichts weiß.« [30]

Leben. *um 470 v. Chr. Athen, †399 v. Chr. Athen. – Sohn eines Bildhauers und einer Hebamme, verschreibt sich ganz dem Philosophieren, hat mit seiner Frau Xanthippe drei Kinder, nimmt an mehreren Feldzügen teil; rettet bei einem von ihnen dem verwundeten athenischen Staatsmann und Feldherren Alkibiades das Leben, bringt durch seine hartnäckigen Fragen viele Athener in Verwirrung und versetzt sie in Nachdenklichkeit, widmet sich ganz und gar ihrer moralischen Unterweisung; an Naturphilosophie findet er kein Interesse, verweigert 404/403 v. Chr. unter der Herrschaft der sogenannten 30 Tyrannen unter Lebensgefahr einen Befehl, um sich bei einem politischen Mord nicht mitschuldig zu machen; wird 399 v. Chr. angeklagt, weil er neue Götter einführe und die Jugend verderbe.

Vor Gericht sagt er, Platon zufolge: »Wenn ihr mir sagtet: ›Sokrates, dieses Mal wollen wir dich laufen lassen, allerdings nur unter der Bedingung, daß du nicht mehr Philosophie betreibst. Wenn du aber noch einmal dabei ertappt wirst, dann mußt du sterben‹ – wenn ihr mich also, wie gesagt, unter dieser Bedingung laufen lassen wolltet, dann würde ich euch antworten: ›Ich schätze und verehre euch, ihr Männer von Athen, doch gehorchen werde ich eher dem Gotte als euch und, solange ich atme und dazu imstande bin, nimmer aufhören, zu philosophieren und auf euch einzureden und jedem von euch, den ich treffe, ins Gewissen zu reden, indem ich in meiner gewohnten Art zu ihm sage: Mein Bester, du bist Athener, ein Bürger der größten und durch Bildung und Macht berühmtesten Stadt, und du schämst dich nicht, dich darum zu kümmern, wie du zu möglichst viel Geld und wie du zu Ehre und Ansehen kommst, doch um die Vernunft und die Wahrheit und darum, daß du eine möglichst gute Seele hast, kümmerst und sorgst du dich nicht?‹«[31]

Zum Tode verurteilt, siebzig Jahre alt, schlägt er eine Möglichkeit zur Flucht aus. Er trinkt den todbringenden Schierlingsbecher im Kreise seiner Freunde, mit denen er noch in seinen letzten Stunden über die Unsterblichkeit der Seele philosophiert.

Diogenes Laertius hat Aussprüche von Sokrates gesammelt: Oft sagte Sokrates beim Anblick der vielen Verkaufsartikel zu sich selbst: »Wie zahlreich sind doch die Dinge, deren ich nicht bedarf!« – Als ihn jemand fragte: »Schimpft und schmäht dich denn jener nicht?«, antwortete er: »Nein, denn was er sagt, paßt nicht auf mich.« – Auf die Frage, ob man heiraten solle oder nicht, gab er die Antwort: »Was du auch tust, du wirst es bereuen.«[32]

Im »Gastmahl« des Xenophon – eines Schülers des Sokrates – gibt es eine heitere Einlage, die Sokrates' stumpfnasiges Aussehen aufs Korn nimmt. Sokrates streitet sich zum Spaß mit dem schönen Kritobulos, wer von beiden schöner sei. Nachdem er mit der Kunst seiner Rede den Kritobulos dazu gebracht hat zuzugestehen, daß die Dinge schön heißen, die wie ein schönes Schwert auch nützlich sind, fährt Sokrates fort: »Weißt du nun, wozu wir unsere Augen brauchen? – Zum Sehen natürlich, antwortet Kritobulos. – Demnach wären nun schon meine Augen schöner als deine. – Wieso? – Weil deine nur gradaus schauen, meine Stielaugen aber auch seitlich. – Willst du damit sagen, daß der Krebs von allen Lebewesen die schönsten Augen hat? – Allerdings; sie sind ja auch an Schärfe allem überlegen. – Nun wohl, meinte Kritobulos. Und unsere beiden Nasen, welche ist da schöner, deine oder meine? – Ich, sagte Sokrates, finde meine schöner, wenn anders die Götter uns die Nase zum Riechen geschaffen haben. Deine Nüstern schauen ja zu Boden, aber meine stehen weit offen und können die Gerüche von überall her einziehen. – Aber wie kann eine stumpfe Nase schöner sein als eine gerade? – Weil sie, erwiderte Sokrates, die Augen nicht verbaut, sondern schauen läßt, wohin sie wollen, während die hohe Nase wie ein Bollwerk den Blick abriegelt. – Wegen des Mundes, sagte Kritobulos, geb ich's auf. Denn wenn er zum Abbeißen da ist, nimmst du viel größere Bissen als ich. – Worauf Sokrates: Und mit meinen dicken Lippen, meinst du nicht, daß ich auch den weicheren Kuß habe als du? – Und Kritobulos: Nach deiner Darstellung hätte ja selbst der Esel kein so häßliches Maul wie ich! – Und dies, so sagte Sokrates noch, rechnest du nicht als Beweis für meine größere Schönheit, daß die Silene, die doch von den Najaden, also von Göttinnen, abstammen, mir ähnlicher sehen als dir? – Kritobulos brach ab: Ich kann nichts mehr gegen dich vorbringen, man soll abstimmen.«[33] – Alle Stimmsteine fallen für Kritobulos, und Sokrates stimmt dem Ergebnis schalkhaft zu.

Sokrates hat keine Schriften verfaßt. Wir kennen sein Denken hauptsächlich aus den Dialogen Platons (s. Lexikonanhang).

Von seinen Gegnern wird Sokrates zu den Sophisten gerechnet. Er selbst jedoch möchte gerade den Relativismus der Sophisten überwinden und fragt nach dem wahren moralischen Leben. Sein Lieblingsspruch ist die Inschrift am Apollontempel in Delphi: »Erkenne dich selbst!«

Sokrates verwickelt seine Mitbürger in Gespräche, um mit ihnen im *Logos* dieser Gespräche das Wesen der Tugend, das Wesen des Guten zu erkennen. Das Wort Logos hat verschiedene Bedeutungen. Heraklits Logos, die Weltvernunft, ist hier nicht gemeint. Logos im Sinne Sokrates' bedeutet vielmehr das, was aus einem gemeinsamen Gespräch an vernünftiger Einsicht herauskommt. Dabei umfaßt der Logos einerseits den lebendigen Dialog selbst, das unmittelbare Sprechen, und andererseits das im Dialog richtig Gedachte.

Das Gute besteht nicht in dem, was die Leute meinen und tun, sondern das Gute hat einen Logos, einen Sinn. Ihn gilt es zu erkennen und zu befolgen. Der Logos, der sich in den Gesprächen als der beste erweist, weil er jeder kritischen Überprüfung standhält, ist der objektive Maßstab der Moral.

Auf einer antiken Bildsäule des Sokrates, die im Nationalmuseum in Neapel steht, befindet sich die Inschrift: »Nicht nur in diesem Augenblick, sondern mein ganzes Leben lang halte ich es so, daß ich nichts anderem gehorche als dem Logos, der sich mir in der Untersuchung als der beste erweist.«[34]

Vom Logos unterschieden ist das *Daimonion* (»das Göttliche«), eine Art göttliche innere Stimme, ein Warngeist, der Sokrates bei manchen Entscheidungen sagt, was er *nicht* tun soll. Bei philosophisch-ethischen Problemen spielt das instinktive Daimonion keine Rolle. Das, was Sokrates tun soll oder nicht, sagt ihm die Erforschung seines Logos.

Sokrates beruft sich bei seiner Verteidigung vor Gericht auf das Orakel von Delphi, das einst seinem Freund Chairephon gesagt haben soll, niemand sei weiser als Sokrates. Seitdem untersucht Sokrates in vielen Gesprächen die sich weise dünkenden Politiker, Dichter oder Handwerker. Dabei stellt er immer dasselbe fest: Sie besitzen zwar für eine bestimmte berufliche Tüchtigkeit ein bestimmtes Wissen. Für die allgemeine Tüchtigkeit aber, als Mensch anderen Menschen gegenüber tugendhaft zu handeln, moralisch tüchtig zu sein, haben sie kein Wissen, noch haben sie ein Wissen über ihre Unwissenheit – und dennoch kommt ein jeder sich sehr weise vor.

Auch Sokrates hat kein Wissen vom Wesen der Tugend, aber er weiß dies und gibt sich mit vermeintlichem Wissen nicht zufrieden: »Bei mir selbst aber bedachte ich, als ich wegging: ›Im Vergleich zu diesem Menschen bin ich der Weisere. Denn wahrscheinlich weiß ja keiner von uns beiden etwas Ordentliches und Rechtes; er aber bildet sich ein, etwas zu wissen, obwohl er nichts weiß, während ich, der ich nichts weiß, mir auch nichts zu wissen einbilde. Offenbar bin ich im Vergleich zu diesem Mann um eine Kleinigkeit weiser, eben darum, daß ich, was ich nicht weiß, auch nicht zu wissen glaube.‹«[35]

Sokrates setzt bei seinen Dialogen sein wissendes Nicht-Wissen *methodisch* ein (sokratische Ironie). Der Gesprächsteilnehmer soll tief nachdenken. Sokrates zeigt sich unwissend, läßt sich auf das Wissen des anderen ein, fragt gezielt nach, weist auf Unklarheiten hin, spürt Widersprüche auf, stiftet Verwirrung, bis der Ratlose gesteht: Auch ich weiß, daß ich nichts weiß.

Die Ratlosigkeit bei der Klärung ethischer Begriffe wird nicht durch nacherzählbares Vorsagen einer fertig ausgearbeiteten Sittenlehre überwunden, sondern die Antwort bleibt letztlich als unabschließbares, kritisches Selberdenken in der Schwebe. Sokrates provoziert die Eigenständigkeit, das Bedürfnis, selbst nach der Wahrheit zu suchen. Er hilft, den Logos zur Welt zu bringen. Anderen geistige Geburtshilfe leisten, das kann er, nicht aber eigenes, fertiges Wissen resultathaft mitteilen (sokratische Mäeutik, Hebammenkunst).

Sokrates zielt in seinen Gesprächen auf Begriffsbestimmungen. Er geht induktiv vom besonderen Fall aus und führt zum Allgemeinen hin. Die Dialoge beginnen mit Beispielen. Etwa: Dieses hier und jenes dort sind tugendhafte Handlungen, besondere Fälle einer bestimmten Tugend. Aber *was ist* das, was allen diesen Fällen *das Gemeinsame* ist? *Was ist das Allgemeine*, das Wesen dieser Tugend? Sokrates sucht das Allgemeine ethischer Begriffe wie Frömmigkeit, Gerechtigkeit, Tapferkeit usw. zu bestimmen. Und weiter: *Was ist* das, was allen einzelnen Tugenden *das Gemeinsame* ist? Was ist das Allgemeine *der* Tugend?

In dem platonischen Dialog »Laches« zum Beispiel geht es Sokrates um die Definition der Tapferkeit. Gefragt ist, was die Tapferkeit ihrem allgemeinen Wesen nach ist. Laches versucht und verwirft eine Begriffsbestimmung nach der anderen. Er vertieft dadurch sein wissendes Nicht-Wissen, er erweitert das Wissen von seiner Unwissenheit. Keine begriffliche Bestimmung des Allgemeinen erweist sich letztlich als haltbar. Der Dialog »Laches« – wie auch andere – führt in die Aporie (Weglosigkeit) und bricht ergebnislos ab. »Wir haben also nicht gefunden, was die Tapferkeit ist?« – Ironie, Mäeutik, Induktion und (angestrebte) Definition sind Charakteristika der sokratischen Methode.

Sokrates' Denken wird von der optimistischen Überzeugung getragen, daß der Mensch gut ist und zur Tugend hin – und das heißt auch zur Glückseligkeit hin – angelegt ist. Es bedarf nur der begrifflichen Erkenntnis dieser Anlage, um sie auszubilden. Es genügt bereits, das Gute zu *wissen*, um es auch zu *tun*. Tugend fällt mit begrifflichem Wissen zusammen. Niemand tut gegen sein besseres Wissen freiwillig Böses. Wer Böses tut, ist ein Opfer seines fehlenden Wissens. Würden alle Menschen das Wesen des Guten definieren können, wären alle erfüllt von der Macht dieses Wissens, keiner handelte mehr böse.

Konsequenterweise weigert sich Sokrates auch angesichts des Todes, seine Vernunftmoral zu widerrufen und sein Philosophieren einzustellen. Er kann nicht gegen sein besseres Wissen handeln. Eine von Freunden vorbereitete Fluchtmöglichkeit schlägt er aus. Es kommt nicht darauf an, dem Tod zu entrinnen, sondern der Schlechtigkeit. Es ist besser, Unrecht zu erleiden als Unrecht zu tun, auch wenn dies den eigenen Tod bedeutet.

»Sokrates«, so teilt Platon mit, »setzte den Becher an und trank ihn ganz frisch und unverdrossen aus. Von uns aber waren die meisten bis dahin ziemlich imstande gewesen, an sich zu halten, daß sie nicht weinten; als wir aber sahen, daß er trank und mit Trinken fertig war, konnten wir uns nicht mehr halten, sondern auch mir selbst brachen die Tränen gewaltsam und stromweise hervor, so daß ich mein Gesicht verhüllte und weinte, nicht um ihn, sondern über mein eigenes Geschick, daß ich eines solchen Freundes beraubt sein sollte. [. . .] Sokrates aber ging auf und ab, und als er merkte, daß ihm die Schenkel schwer wurden, legte er sich auf den Rücken; denn so hatte es ihm der Mann geraten. Und zugleich befühlte ihn eben der, der ihm das Gift gereicht hatte, und untersuchte nach einiger Zeit seine Füße und Schenkel. Dann drückte er kräftig seinen Fuß und fragte, ob er es fühle. Sokrates sagte nein. Darauf machte es jener mit den Unterschenkeln genau so, und so ging er immer weiter hinauf am Körper und zeigte uns, wie er kalt und starr wurde. Er befühlte ihn noch wiederholt und sagte, wenn es ihm ans Herz komme, dann werde er tot sein. Als ihm nun schon der Unterleib fast ganz kalt war, da schlug er die Kopfhülle zurück – er hatte sich nämlich verhüllt – und sprach die letzten Worte: Mein Kriton, wir sind dem Asklepios einen Hahn schuldig. Spendet ihn und versäumt es nicht! – Das soll geschehen, sagte Kriton; sieh aber zu, ob du noch sonst etwas zu sagen hast. Als Kriton dies fragte, gab Sokrates keine Antwort mehr, sondern bald darauf zuckte er, und der Mann deckte ihn auf; da waren seine Augen gebrochen. Als Kriton das sah, drückte er ihm den Mund und die Augen zu.«[36]

Das letzte Wort des unergründlichen Sokrates ist eine Opferanweisung. Dem Asklepios (Äskulap), dem Gott der Heilkunst, opferte üblicherweise nach seiner Krankheit – der Genesene.

PLATON:
»So schön auch Erkenntnis und Wahrheit sind, weit schöner noch ist das Gute.«[37]

Leben. *um 427 v. Chr. Athen, †um 347 v. Chr. Athen. – Aus vornehmer, aristokratischer Familie, widmet sich zunächst der Dichtkunst, besucht als Jüngling die überfüllten Hörsäle der Sophisten Gorgias und Protagoras, interessiert sich schon früh für Politik (»Ich hatte im Sinn, sobald ich mein eigener Herr geworden war, mich an der Verwaltung des Staates zu beteiligen«); hat vom einundzwanzigsten bis achtundzwanzigsten Lebensjahr vertrauten Umgang mit dem armen Handwerkersohn Sokrates, von dem er tief beeindruckt ist (»Mir pocht, wenn ich ihn höre, das Herz, und Tränen werden mir ausgepreßt von seinen Reden«; Worte, die Platon Alkibiades in den Mund legt), die Hinrichtung seines Lehrers und Freundes wird zum Schlüsselerlebnis und radikalisiert seine politische Kritik (»Alle jetzigen Staaten sind schlecht regiert.«); unternimmt Reisen bis nach Ägypten, begegnet in Unteritalien Pythagoreern, fällt in Syrakus beim König Dionysos, den er für seine politischen Überzeugungen zu gewinnen sucht, in Ungnade, soll den König zurechtgewiesen haben, weniger auf seinen Nutzen als auf die Tugend zu achten (»In zorniger Aufreizung erwiderte der König: ›Deine Worte schmecken nach Altersschwäche.‹ Darauf Platon: ›Und deine nach Tyrannenlaune.‹«); unsicher überliefert ist, ob er deswegen als Sklave verkauft und schließlich auf dem Sklavenmarkt von Ägina wieder freigekauft wird; gründet etwa vierzigjährig bei Athen seine Schule, die er »Akademie« nennt, lebt dort mit seinen Schülern gemeinsam, reist zwei weitere Male nach Syrakus, aber alle Versuche, dort seine Staatsutopie zu verwirklichen, scheitern; lehrt bis zu seinem Tod in der Akademie.

Eine Anekdote berichtet von einer Begegnung Platons mit Diogenes von Sinope: »Als Platon sich über seine Ideen vernehmen ließ und von einer Tischheit und einer Becherheit redete, sagte Diogenes: ›Was mich anlangt, Platon, so sehe ich wohl einen Tisch und einen Becher, aber eine Tischheit und Becherheit nun und nimmermehr.‹ Darauf Platon: ›Sehr begreiflich; denn Augen, mit denen man Becher und Tisch sieht, hast du allerdings; aber Verstand, mit dem man Tischheit und Becherheit erschaut, hast du nicht.‹«[38]

Platon ist in enthusiastischer Weise erfüllt von der Erotik des Ewigen. Dies ist, was der Ausdruck »Platonische Liebe« meint. Die Platonische Liebe ist das Verlangen der erkennenden Seele nach dem absolut Vollkommenen, ein Verlangen, es zu erkennen.

Die menschliche Seele ist durchdrungen von dem Dämon Eros, einer Kraft, die sie nach Vollkommenheit sehnsüchtig macht und sie drängt, der letzten, höchsten Schönheit von allem Seienden nahe zu kommen. Weit ist die Fahrt auf der »hohen See des Schönen«. Die Lebensreise durchläuft die emporsteigende Entwicklung der eigenen Seele, die, soweit dies möglich ist, gottähnlich, zugleich in einem schön und gut wird. Zu den Reiseetappen gehören: die sinnliche Liebe zu einem schönen Körper, die Liebe zum gemeinsamen, allgemeinen Schönen aller Körper, die Liebe zur Schönheit in den Seelen, die Liebe zum Schönen in den menschlichen Tätigkeiten und Gesetzen, die Liebe zur Schönheit der Erkenntnisse. Der höchste erotische Zustand der Seele aber ist die Schau der Vollkommenheit des Schönen selbst: die philosophische Erkenntnis der *Idee des Guten*.

Das Vollkommene aber ist nicht auf dieser Welt zu Hause. Die Seele sehnt sich zwar nach immer größerer Vollkommenheit unserer Welt und wird in dieser Absicht tätig, aber eigentlich strebt sie dorthin, wo die Vollkommenheit schon immer Wirklichkeit ist: nach dem Jenseits einer zweiten, idealen Welt (dualistische Zweiweltenlehre).

Platon knüpft an die Philosophie seines Lehrers an. Sokrates sucht nach Allgemeinbegriffen, nach dem gemeinsamen Wesentlichen z. B. verschiedener gerechter Handlungen. Was ist *die* Gerechtigkeit? Platon erweitert diese bei Sokrates auf Moral begrenzten Allgemeinbegriffe auf *alles* Seiende und fragt z. B. etwa auch danach, was das gemeinsame Wesentliche einzelner, untereinander verschiedener Löwen ist. Was ist *die* Löwenheit? Allen diesen Allgemeinbegriffen erkennt Platon ein selbständiges Sein außerhalb unseres Denkens zu (Sokrates tut dies nicht) und nennt sie »Ideen«. Es gibt also eine Idee der Gerechtigkeit, eine Idee des Löwen usw.

Oft heißt Platon die Ideen auch »das Seiende«, »das Seiende selbst« oder »das wahrhaft Seiende«. Die Ideen bilden eine Welt für sich. Hier gibt es kein Werden und Vergehen, nichts Zufälliges, nichts Sinnliches, nichts Relatives wie in der Welt der sichtbaren, unbeständigen Dinge. Der einzelne Löwe stirbt, aber das Allgemeine, die Idee Löwe, wird davon nicht berührt. Sie ist ewig. Darüber hinaus würde die sichtbare Welt ohne die Welt der Ideen gar nicht existieren, denn die Ideen sind die unwandelbaren Urbilder, die wahrnehmbaren Dinge nur ihre flüchtigen, unzulänglichen Abbilder. Je größer die Teilhabe (*methexis*) der Dinge an den Ideen ist, je mehr die Dinge die Ideen nachahmen, um so schöner-besser sind die Dinge.

Die Erkenntnissehnsucht der Seele kann sich letztlich nur auf das Reich der Ideen, auf die ewigen Vollkommenheiten richten. Aber die Platonische Liebe will das Allerhöchste. Gibt es eine letzte Idee, eine Idee der Ideen? Was ist das gemeinsame Wesentliche der verschiedenen Ideen?

Im 7. Buch seines »Staates« läßt Platon von dieser höchsten Idee Sokrates, dem er zunehmend seine eigene Philosophie in den Mund legt, gleichnishaft reden: Von Kindheit an sind Menschen in einer unterirdischen Höhle festgebannt und durch Fesseln gehindert, ihren Kopf herumzudrehen. Hinter ihnen brennt ein Feuer und leuchtet. Zwischen dem Feuer und den Gefesselten läuft ein Weg, neben dem sich eine niedrige Mauer erstreckt. Vorbeigehende tragen unterschiedliche Dinge, Statuen und dergleichen, vorbei, die über die Mauer hinausragen und Schatten werfen. Die Gefangenen halten diese Schatten, da sie das einzige sind, was sie kennen, für die Wirklichkeit. Sie geben sich alle Mühe, die Gegenstände möglichst genau zu sehen, sie wiederzuerkennen, ihre Reihenfolge sich einzuprägen, wenn nicht gar ihr nächstes Erscheinen vorauszusagen. Würde nun einer dieser Unglücklichen gezwungen werden, den Kopf zu wenden, in das ihn blendende Feuer zu schauen und später, wenn seine Augen es zulassen, die vorbeigetragenen Gegenstände zu erkennen, deren Schatten er für die Wirklichkeit hielt, wenn er also gezwungen würde, die Projektion, an die er zuvor geglaubt hat, zu durchschauen, so wäre dies für ihn mit Schmerzen verbunden und ginge sicher nicht ohne inneren Widerstand vor sich.

»Wenn man ihn nun aber«, so erklärt Sokrates seinem Gesprächspartner Glaukon, »von dort gewaltsam durch den holperigen und steilen Aufgang aufwärts schleppte und nicht eher ruhte, bis man ihn an das Licht der Sonne gebracht hätte, würde er diese Gewaltsamkeit nicht schmerzlich empfinden und sich dagegen sträuben? Und wenn er an das Licht käme, dann würde er, völlig geblendet von dem Glanz, von alledem, was ihm jetzt als das Wahre angegeben wird, überhaupt nichts zu erkennen vermögen? – *Glaukon*: Nein, wenigstens für den Augenblick nicht. *Sokrates:* Er würde sich also erst daran gewöhnen müssen, wenn es ihm gelingen soll, die Dinge da oben zu schauen. Zuerst würde er wohl am leichtesten die Schatten erkennen, später die Gegenstände selbst; in der Folge würde er dann zunächst bei Nacht die Erscheinungen am Himmel und den Himmel selbst betrachten und das Licht der Sterne und des Mondes anschauen. Das wird ihm leichter fallen, als wenn er bei Tage die Sonne und das Sonnenlicht ansehen sollte. Zuletzt dann, denke ich, wird er imstande sein, die Sonne selbst in voller Wirklichkeit zu schauen und ihre Beschaffenheit zu betrachten.«[39]

Der Aufenthalt in der Höhle gleicht unserem Leben in der sichtbaren Welt, gleicht dem Leben der Seele in unserem Körper. Innerhalb der materiellen Welt ist unser empirisches Wissen – bei *allen* möglichen Fortschritten – stets nur vermeintliches Wissen von Abbildern, bloße »Meinung«. Die Platonische Liebe hat an Schatten kein Genüge. Sie drängt zum Licht, zur Quelle des Lichts.

»Die Augen voll des Glanzes« sieht der Erkennende außerhalb der Höhle in die Sonne. Sie ist ein Symbol für die höchste der Ideen, für die Idee des Guten. Die Idee des Guten ist die Ursache für alle Erkenntnis und Wahrheit und steht deswegen noch höher als alle Erkenntnis und alle Wahrheit, ist deswegen noch schöner als diese. Mehr noch. Wie die Sonne den Dingen nicht nur Sichtbarkeit, sondern auch Leben verleiht, so bewirkt auch die Idee des Guten mehr als nur die Erkennbarkeit der Ideen: Die Idee des Guten ist Ursache des Seins, des Gutseins aller Ideen. Sie »ragt an Würde und Kraft noch über das Sein hinaus«. Sie ist der göttlich schöpferische (nicht personenhaft gedachte) Urgrund allen Seins und allen Erkennens. Als Sonne unter den Ideen strahlt sie in vollkommener Schönheit.

Auch eine dunkle Ahnung, eine Art undeutliches ideales Vorwissen, wie es z. B. in der Mathematik zum Vorschein kommt, treibt die Erkenntnisliebe weiter voran. Vor ihrer Geburt hat die Seele schon einmal den Glanz der Ideen geschaut (Seelenwanderung). Sie hatte bereits die Erkenntnis vom vollkommenen Allgemeinen, vom wahrhaft Seienden. Durch ihre Geburt jedoch wurde dieses Wissen durch die Wahrnehmungswelt des Körpers zurückgedrängt, wurde gleichsam unbewußt. Der leidenschaftlich Philosophierende muß das ursprüngliche Wissen wieder zurückholen. Platon spricht von Wiedererinnerung (*anamnesis*).

Mit Hilfe der *Dialektik* sucht der Philosoph sich zurückzuerinnern. Erst nach langwieriger, anstrengender, abstrakter Denkarbeit ist es möglich, gewissermaßen aus der Höhle herauszutreten, die sichtbare Welt zu überschreiten, zu transzendieren. – Dialektik heißt ursprünglich »sich unterreden«. Sokrates meint mit Dialektik das Gespräch, das Überprüfen des Wissens im gegenseitigen Fragen und Antworten. Bei Platon bedeutet Dialektik reines Denken ohne Wahrnehmungen, ohne sinnliche Beeinflussungen des Körpers, reines Denken, das sich auf Begriffe konzentriert, sie unterscheidet, ihre Beziehungen untereinander feststellt. Dialektik im Sinne Platons ist Wissenschaft von den Ideen. Meinung hat es mit den Schatten, dialektisches Wissen mit dem Sein zu tun.

Die wenigen, denen der dialektische Aufstieg im Denken gelingt, tragen eine große Verantwortung. Ihr Leben darf nicht selbstsüchtig in einer sich von der Welt abwendenden Meditation bestehen. Sie werden in die soziale Pflicht genommen. Nur sie können den Staat regieren, weil nur sie wissen: Die Idee des Guten ist das Maß aller Dinge. Ist sie doch »die Ursache alles Richtigen und Schönen, so daß diese Idee erkannt haben muß, wer in persönlichen und Staatsangelegenheiten vernünftig handeln will«. Daß die Idee des Guten im Staat zur Herrschaft kommt und sich in der höchsten Tugend – der Gerechtigkeit – auswirkt, ist die Lebensaufgabe des wahren Philosophen. Die Philosophen müssen Könige werden oder die Könige Philosophen.

Die Platonische Liebe kann die erkennende Seele nahe ans göttlich Vollkommene bringen, aber der Zutritt zur anderen Welt bleibt vorerst verwehrt – sei es durch soziale Verpflichtungen, sei es durch die letztlich unüberwindbare Erkenntnisschranke des Körpers. Erst wenn im Tod die Seele aus diesem Gefängnis entlassen wird, kann ihre Sehnsuchtsbewegung zur Ruhe kommen. – Platon prägt mit der wertenden Bestimmung des Verhältnisses von Seele und Körper, die orphisch-pythagoreischen Ursprungs ist, ein Menschenbild, das für das abendländisch-christliche Denken maßgebend wird. Ein tiefes Flußbett des Denkens entsteht über Jahrtausende hinweg.

Die Platonische Liebe steigert sich zu ihrem Höhepunkt: Sie ist diesseitige philosophische, moralische Vorbereitung zum leiblichen Tod und jenseitige Erfüllung in der reinen

Ideenschau: »Nur ein schmaler Pfad, sozusagen, scheint uns beim Betrachten mittels des reinen Denkens zum Ziele zu führen; denn solange wir den Körper haben und unsere Seele mit einem solchen Übel verwachsen ist, werden wir nie befriedigend erreichen können, wonach uns verlangt; und das ist doch, sagen wir, die Wahrheit. Denn der Körper macht uns tausenderlei zu schaffen vermöge der unentbehrlichen Ernährung. Wenn sich dann ferner noch Krankheiten einstellen, so hindern uns diese, dem wirklich Seienden nachzujagen. Ferner erfüllt uns der Körper mit Liebesgelüsten und Begierden, mit Besorgnissen und mancherlei Trugbildern und vielen Kindereien. [...] Es ist vielmehr wirklich für uns eine ausgemachte Sache, daß wir uns von ihm losmachen und mit der Seele allein die Dinge an sich betrachten müssen, wenn wir jemals etwas rein erkennen wollen. Und dann erst wird uns, wie es scheint, das zuteil werden, was wir begehren und was wir zu lieben behaupten, die Vernunfterkenntnis nämlich, wenn wir tot sind.«[40]

DIOGENES IM FASS:
»Ich suche einen Menschen.« [41]

Leben. *um 412 v. Chr. Sinope, †um 323 v. Chr. Korinth. Diogenes von Sinope ist bekannt als Diogenes im Faß. – Sohn eines Geldwechslers, hört in Athen den Sokratesschüler Antisthenes, der Tugend radikal mit Bedürfnislosigkeit gleichsetzt (»Ich möchte lieber verrückt werden, als der Lust erliegen.«); trägt den Beinamen »der Hund« (*Kyon* = Hund), weil er auch bellt und beißt; ist besonders stark darin, anderen auf provokative Weise seine Verachtung zu zeigen, sei es durch sein Bettlerdasein, sei es durch seine Schlagfertigkeit. Sein Grabmal, so ein alter Bericht, soll mit dem Marmorbild eines Hundes geschmückt gewesen sein. (Kyniker heißt der Anhänger des »Hundes«, daraus unser Zyniker.)

»Heda, Menschen!«, ruft Diogenes und traktiert die Herbeilaufenden mit seinem Stock: »Menschen habe ich gerufen, nicht Unflat!« Als jemand sagt, das Leben sei ein Übel, erwidert er: »Nicht das Leben, sondern ein böses Leben.« Die Menschen, klagt er, würden darin wetteifern, sich gegenseitig zu Fall zu bringen und einander niederzutreten, aber um den Preis der Tugend ringe niemand.

Als er ein Kind sieht, das aus den Händen trinkt, wirft er seinen Becher weg: »Ein Kind ist mein Meister geworden in der Genügsamkeit.« Zum Schlafen reicht ein Faß. Eine vorbeilaufende Maus dient als Vorbild für ein einfaches naturgemäßes Leben.

Der Sonderling Diogenes philosophiert auch mit seinem Körper. Er will seinen Zeitgenossen vor Augen führen, wie unnatürlich ihr Leben im Rahmen der anerkannten Konventionen geworden ist: »Oft schärfte er mit lauter Stimme den Menschen die Lehre ein, daß ihnen das Leben von den Göttern an sich nicht schwer gemacht sei, aber über dem Suchen nach Leckerbissen, Wohlgerüchen und was dem ähnlich, sei das in Vergessenheit geraten.« Die Habsucht nennt er die »Mutterstadt alles Übels« und die ehrsüchtigen Kränze »Ruhmgeschwüre«.

Der natürliche Mensch ist verlorengegangen. Diogenes zündet bei Tag ein Licht an und sagt: »Ich suche einen Menschen.«

Auf schamlos-spöttische Weise verleiht Diogenes mit einer Art Körpersprache seiner Kulturkritik Nachdruck: »Als Platon die Definition aufstellte, der Mensch ist ein federloses zweifüßiges Tier, und damit Beifall fand, rupfte Diogenes einem Hahn die Federn aus und brachte ihn in dessen Schule mit den Worten: ›Das ist Platons Mensch‹; infolgedessen ward der Zusatz gemacht ›mit platten Nägeln‹.« – »Einmal bettelte er eine Bildsäule an um eine milde Gabe. Und als man ihn fragte, was er damit bezwecke, sagte er: ›Ich übe mich in der Kunst, mir etwas abschlagen zu lassen.‹« – »Als er einst auf dem Markte Onanie trieb, sagte er: ›Könnte man doch den Bauch auch ebenso reiben, um den Hunger los zu werden.‹« – »Als er sich sonnte, trat Alexander [der Große] an ihn heran und sagte: ›Fordere, was du wünschest‹, worauf er antwortete: ›Geh mir aus der Sonne.‹«[42]

ARISTOTELES:

(1) »Es gibt eine Wissenschaft, die das Seiende als solches untersucht.« [43]

(2) »Die Tugend zielt auf die Mitte.« [44]

Leben. *384 v. Chr. Stageira (Makedonien), †322 v. Chr. Chalkis auf Euböa. – Sohn eines einflußreichen Arztes, kommt mit etwa siebzehn Jahren zu Platon in die Athener Akademie und bleibt dort knapp zwanzig Jahre bis zum Tod seines Lehrers; heiratet Pythias, hat mit ihr eine gleichnamige Tochter und einen Sohn Nikomachos, für den er eine Ethik schreibt; wird 343/42 zur Erziehung des damals dreizehnjährigen Alexanders (des Großen) an den makedonischen Hof gerufen; die etwa zweijährige Beziehung von Lehrer und Schüler ist nicht sehr tiefgehend. Als sein Rivale Xenokrates in einer unbeeinflußten Wahl Oberhaupt der Platonischen Akademie wird, gründet er um 335 in Athen eine eigene Schule, das Lykeion, auch Peripatos (Wandelhalle; die Peripatetiker, also die Anhänger von Aristoteles, philosophieren im Hin- und Hergehen) genannt; es folgen zwölf Jahre ruhiger und intensiver Forschungstätigkeit. Nach dem Tod Alexanders des Großen wird er 323 als Anhänger der jetzt heftig verfolgten makedonischen Partei angeklagt, möglicherweise wie Sokrates wegen Gottlosigkeit, flieht rechtzeitig aus Athen, »damit die Athener sich nicht ein zweites Mal an der Philosophie versündigen«, stirbt zweiundsechzigjährig in Chalkis im Exil.

Von erheblichen Spannungen und Revierkämpfen zwischen Platon und seinem Schüler Aristoteles berichtet ein unbekannter Autor: »Xenokrates kehrte von seiner Reise zurück und stieß auf Aristoteles, der sich an eben dem Orte erging, an dem sich zuvor Platon aufgehalten hatte; er bemerkte auch, daß er zusammen mit seinen Genossen sich nach dem Abschluß der philosophischen Unterhaltungen nicht etwa zu Platon begab, sondern auf eigene Faust in die Stadt ging. Da fragte er jemanden in der Diskussionshalle, wo denn Platon sei; er fürchtete, dieser sei krank geworden. Doch jener erwiderte, Platon sei durchaus nicht krank, aber Aristoteles habe ihm zugesetzt und ihn schließlich veranlaßt, die Diskussionshalle zu räumen und hinten in seinem privaten Garten zu philosophieren.«[45]

Von Aristoteles sind einige Anekdoten und Aphorismen überliefert: Als er einmal krank war und der Arzt ihm ein Rezept verschrieb, sagte er: »Pflege mich nicht wie einen Rinderhirten oder einen Erdarbeiter, sondern teile mir zuerst die Ursache deiner Vorschrift mit; erst wenn ich sie weiß, werde ich auch bereit sein, dir zu gehorchen!« – Die Bildung, sagte er, sei in glücklichen Zeiten eine Zierde, im Unglück eine Zuflucht. – Von denjenigen, die sich bemühten, evidente Dinge zu beweisen, sagte er, sie würden genau so handeln wie Leute, die den Ehrgeiz hätten, mit Hilfe einer Kerze die Existenz der Sonne zu beweisen.[46]

(1) Aristoteles unterscheidet erstmals zwischen *theoretischer* und *praktischer* Philosophie. Der erste Leitsatz (»Es gibt eine Wissenschaft, die das Seiende als solches untersucht.«) gehört zur theoretischen, der zweite Leitsatz (»Die Tugend zielt auf die Mitte.«) zur praktischen Philosophie. Die theoretische Philosophie (z. B. Naturphilosophie, Metaphysik) befaßt sich mit dem, was *ist*, die praktische Philosophie (z. B. Ethik, Politik) mit dem, was *sein soll*. Ziel der Theorie ist die Wahrheit, Ziel der Praxis das Tun (z. B. tugendhaftes Handeln im Staat). Hinzu kommt die *Logik*, die als Werkzeug der Beweisführung in allen Gebieten der Philosophie Anwendung findet.

Aristoteles' Denken wird von der Zuversicht getragen, daß die philosophische Erkenntnis von den letzten Gründen der Welt im Sinne einer wissenschaftlichen Beweisführung möglich ist, weil Denken und Sein in ihrer inneren Gliederung übereinstimmen. In der großen Harmonie des Kosmos gibt es eine Entsprechung von Denkformen und Seinsformen. Wegen dieser grundsätzlichen Entsprechung zweifelt Aristoteles noch nicht – wie Kant dies später tut – an der Möglichkeit der »Wissenschaft, die das Seiende als solches untersucht«: an der *Metaphysik*.

Aristoteles gebraucht den Ausdruck »Metaphysik« noch nicht. Der Terminus ist erstmals bei dem Aristotelesanhänger Nikolaus von Damaskus, 1. Jh. v. Chr., zu belegen. Aristoteles spricht von »erster Philosophie«, weil sie die grundlegende Wissenschaft der theoretischen Philosophie ist. Die erste Philosophie begnügt sich nicht mit einem speziellen Ausschnitt des Seienden, etwa mit dem, was das Seiende in physikalischer oder mathematischer Hinsicht ist. Sie fragt nach dem »Seienden, sofern es seiend ist«, nach dem »Seienden in der alleinigen Hinsicht auf das Sein«. Die Metaphysik beziehungsweise die erste Philosophie des Aristoteles ist *Ontologie*, das heißt Lehre vom Sein.

»Es gibt eine Wissenschaft«, so steht bei Aristoteles, »welche das Seiende als solches untersucht und das demselben an sich Zukommende. Diese Wissenschaft ist mit keiner der einzelnen Wissenschaften identisch; denn keine der übrigen Wissenschaften handelt allgemein von dem Seienden als solchen, sondern sie scheiden sich einen Teil des Seienden aus und untersuchen die für diesen sich ergebenden Bestimmungen.«[47] An einer anderen Stelle heißt es: »Die Prinzipien und Ursachen des Seienden, und zwar insofern es Seiendes ist, sind der Gegenstand der Untersuchung.«[48] – Da der Gegenstand der ersten Philosophie, das ganze Sein, auf eine zweckmäßig sinnvolle Weise zu Gott hin ausgerichtet ist, spricht Aristoteles auch von »Theologie«.

Aristoteles leuchtet die Zweiweltenlehre Platons nicht ein: Hier die unwahre Welt der sichtbaren, vergänglichen Einzeldinge, dort die wahre Welt der ewigen Ideen. »Wie können die Ideen«, so fragt Aristoteles, »wenn sie die Wesenheiten der Dinge sind, getrennt von diesen existieren?«

Er holt die Ideen aus ihrer Abgesondertheit zurück und pflanzt sie mitten *in* die wahrnehmbaren Einzeldinge hinein als aktive Wesenheiten, die die Gestalten der Einzeldinge hervorbringen und formen. Aus transzendenten Ideen werden immanente »Formen«. Jetzt geht es in den Einzeldingen nicht nur schattenhaft und uneigentlich, sondern in Wahrheit aktiv tätig, werdend und vergehend zu. Aus eigener innerer Kraft entwickeln sich die Einzeldinge ihren Anlagen – ihren Formen – gemäß zielgerichtet. Die Materie wird gegenüber Platon aufgewertet.

Die Form braucht die Materie, damit sie sich an ihr ausprägen kann, und die Materie braucht die Form, damit sie ihre Möglichkeiten verwirklicht bekommt. Aktive Form und passive Materie sind ungeschaffen und in der Welt ewig ineinander. Aus der in die Materie versenkten Form Menschheit wird immer wieder ein Mensch und kein Vogel. Die vielen Ausprägungen der Form fallen wegen zahlreicher Hemmnisse der Materie ganz individuell aus.

Die Form als bewegende und zielgerichtete innere Wesenheit eines Seienden nennt Aristoteles auch »Entelechie«. Entelechie heißt: das Ziel, die Vollendung, in sich haben. Das Seiende will das in ihm bereits vollständig angelegte Ziel seiner Wesenheit aus sich herausbringen, es entwikkeln, es in der Materie zur individuellen Erscheinung bringen. Jedes Einzelding strebt danach, »sein Werk zu leisten«, das zu werden, was es als Entelechie ideell (seinem Allgemeinbegriff nach, z. B. *der* Mensch, *der* Vogel, *die* Palme) schon immer ist. »Geprägte Form, die lebend sich entwikkelt«, wie Goethe sagt. Das Samenkorn drängt von sich aus auf seine Verwirklichung. Eine Eichel trägt in sich die Form der Eiche. Alles Seiende ist unterwegs von der Möglichkeit zur Wirklichkeit. – Aristoteles blickt mit Bewunderung auf die empirischen Entwicklungen in der Welt.

Das dynamische Ineinander von Form und Materie macht die wesentliche Struktur des Seins in seiner Gesamtheit aus. Die erste Philosophie entdeckt damit die »Prinzipien und Ursachen« des zweckmäßig-sinnvollen Weltwerdens. Im

Sein als solchem ist eine immerwährende, unabschließbare Bewegung hin zur Vollkommenheit, zum Guten.

Letzter Grund und letzte Zielgerichtetheit für dieses Streben ist der göttliche Geist *(nous)*, zu dem sich alles in Liebe hinsehnt. »Gott bewegt als begehrtes Wesen, und das von ihm Bewegte bewegt wieder das übrige.«[49] Aristoteles nennt Gott – er ist keine Person und kein Schöpfergott – den »unbewegten Beweger«.

Gott ist ewiges tätiges Geist-Leben. Seine Tätigkeit ist Denken, nicht Handeln. Um die Welt kümmert er sich nicht. Als das Vollkommenste kann er nur das Vollkommene denken: Gott denkt sich selbst, und darin besteht seine Seligkeit. Die Spitze der Welt ist das reine »Denken des Denkens«.

Zusatz. Für Aristoteles steht fest: Die Welt ist auf eine sinnvolle Weise rational geordnet und daher für den Menschen auch rational erkennbar. Die Logik des Seins entspricht gewissermaßen der Logik des Denkens. Wer daher unlogisch denkt, wer z. B. falsche Schlüsse zieht, der denkt an jeder Art von Seiendem vorbei, der kann nicht die Wahrheit sagen. Was ich logisch nicht richtig denke, das kann auch nicht sein; und das, was ist, kann ich logisch einwandfrei denken.

Aristoteles untersucht deshalb auf das genaueste alle Strukturen des Denkens, die beim Bilden von *Begriffen*, beim Fällen von *Urteilen*, beim Folgern von *Schlüssen* eine Rolle spielen. Er verzeichnet seine umfangreichen Ergebnisse systematisch und begründet damit die philosophische Disziplin von den Bedingungen der formalen Richtigkeit des Denkens: die *Logik*, von ihm »Analytik« genannt.

Kernstück der Analytik ist die *Lehre von den Schlüssen*, von denen es verschiedene Figuren gibt. Ein Schluß (Syllogismus) ist die Ableitung eines Urteils (Konklusion) aus zwei vorausgesetzten Urteilen (Prämissen). Zum Beispiel: Alle Menschen sind sterblich; Sokrates ist ein Mensch (Prämissen); also: Sokrates ist sterblich (Konklusion). Ein falscher Schluß entsteht, um nur einen Aspekt herauszugreifen, wenn verwendete Begriffe nicht genügend bestimmt oder doppeldeutig verwendet werden (z. B.: Die Maus benagt den Käse; die Maus ist eine Silbe; also: Eine Silbe benagt den Käse). Es gelingt Aristoteles, die richtigen Schlußfolgerungen von den falschen präzise abzugrenzen.

Das durchgängige und oberste Prinzip der Richtigkeit des Denkens ist der *Satz des Widerspruchs:* Es ist unmöglich, daß etwas zugleich sei und nicht sei. Es ist z. B. weder denkbar noch machbar, daß dasselbe Fenster zugleich offen und geschlossen ist. Der Satz des Widerspruchs ist ein unbeweisbares Axiom, das allen Beweisen zugrunde liegt. Aristoteles findet für dieses »sicherste unter allen Prinzipien« die Formulierung: »Es ist unmöglich, daß dasselbe demselben in derselben Beziehung zugleich zukommen und nicht zukommen kann.«[50] Andernfalls wäre alles unbestimmt, die Erkenntnis verlöre jeden Halt, die Menschen könnten sich nicht mehr verständigen.

(2) Aristoteles gibt in seiner praktischen Philosophie, z. B. in seiner »Nikomachischen Ethik«, lebensnahe Richtlinien zum tugendhaften Handeln. Die Tugend ist der Weg zum höchsten Gut: zur Verwirklichung irdischer Glückseligkeit *(eudaimonia)*. Den Terminus »Tugend« oder »Tüchtigkeit« *(areté)* verwendet Aristoteles in einem gegenüber unserem Sprachgebrauch erweiterten Sinne etwa als sittlich vollkommene Befähigung des Denkens und Wollens.

Zunächst ist die Tugend eine durch Gewöhnung erworbene charakterliche Haltung *(ethos)* in unserem Wollen, welche auf die rechte Mitte zielt und diese Mitte durch Vernunft bestimmt. Zur richtigen Erkenntnis, die bei Sokrates und zum Teil bei Platon schon ausreicht, um gut zu handeln, tritt bei Aristoteles ergänzend die Erziehung zum richtigen Wollen hinzu. Der Trieb, den der Mensch von der Tierseele her hat, muß zum maßvollen Willen gebildet werden. Denn Übermaß und Mangel zerstören die Tugend, das richtige Maß jedoch – die Mitte von zuviel und zuwenig – mehrt sie. Weder das Gewährenlassen der Leidenschaften noch die völlige Leidenschaftslosigkeit ist das ethisch Wünschenswerte. – Dies gilt insbesondere deshalb, weil der Mensch von Natur aus nicht zurückgezogen für sich allein lebt, sondern ein Wesen ist, das nach staatlicher Gemeinschaft strebt (*zóon politikón*).

Aristoteles bestimmt z. B. die Tugend der *Tapferkeit* als Mitte zwischen den Extremen Feigheit und Tollkühnheit, oder die der *Mäßigkeit* als Mitte zwischen Wollust und Sinnesstumpfheit, oder die der *Großzügigkeit* als Mitte zwischen Geiz und Verschwendung. Mitte meint hier nicht Mittelmäßigkeit, sondern das Höchste des Guten als Vermeidung des Extremen. Was im einzelnen Fall die richtige Mitte ist, läßt sich nicht im voraus allgemeingültig definieren. Sie hängt auch von Persönlichkeit, Situation und Lebenserfahrung des Handelnden ab.

Diese Tugenden, die in Beziehung zum praktischen, leidenschaftlichen Leben stehen, nennt Aristoteles »ethische Tugenden« *(areté praktiké)*. Ihnen stehen gegenüber die höherwertigen »Vernunfttugenden« *(areté theoretiké)*, die Vollkommenheiten des Denkens. Beispiele sind Klugheit und Weisheit, die durch geistige Belehrung entstehen.

Im philosophischen Denken, in der reinen Schau *(theoria)* der Wahrheit – in der Tugend der Weisheit *(sophia)* also – ahmt der Mensch die Tätigkeit Gottes nach. Hier erlangt er das höchste Gut: Glückseligkeit durch Vernunfttätigkeit. Sein Denken denkt sich selbst, und sein Denken genügt sich selbst. Fragen wie: »Was nützt mir das?« oder »Wozu kann ich dies gebrauchen?« werden sinnlos. Das Ins-Ziel-gelangt-Sein läßt sich zu nichts gebrauchen. Es geschieht um seiner selbst willen: »Es ist vollkommen lächerlich, überall einen Nutzen zu suchen.«[51]

ZENON:
»Das Endziel ist das der Natur gemäße Leben.« [52]

Leben. *um 333 v. Chr. Kition (Zypern), †262 v. Chr. Athen; Zenon von Kition ist nicht zu verwechseln mit dem Parmenides-Schüler Zenon von Elea. – Arbeitet ursprünglich als Kaufmann, kommt möglicherweise nach einem Schiffbruch um 312 nach Athen, wo er sich dem Kyniker Krates anschließt (»Das Schicksal meint es wohl mit mir, daß es mich der Philosophie zuführt.«), gilt aber als zu sittsam und zartbesaitet für die kynische Schamlosigkeit (Diogenes im Faß). Er ist von Heraklits Logoslehre nachhaltig beeindruckt, Epikurs Lehre dagegen lehnt er entschieden ab; begründet um 300 eine eigene Schule, unterrichtet in der Stoa Poikile, einer mit Gemälden des Malers Polygnotos geschmückten Halle Athens, die der Schule ihren Namen (Stoa) gibt, wird als Lehrer hochverehrt, zieht sich bei einem Sturz eine Fußverletzung zu und scheidet deswegen freiwillig aus dem Leben. »Noch sittenstrenger als der Philosoph Zenon«, heißt ein Ausspruch der damaligen Zeit.

Diogenes Laertius teilt mit, Zenon »habe das Orakel befragt, was er tun müsse, um sein Leben aufs beste zu gestalten, worauf der Gott die Antwort erteilt habe, er müsse sich mit den Toten paaren; dies verstand er richtig und legte sich auf das Studium der Alten.« – »Er hatte in seinem Auftreten etwas Finsteres und Herbes, und sein Antlitz hatte einen Zug gedrungenen Ernstes.« – »Als ein Rhodier, schön und reich, sonst aber eine reine Null, sich an ihn herandrängte, ließ er ihn, um ihn wieder los zu werden, sich zuerst auf der schmutzigen Treppe niederlassen, um so sein feines Gewand zu besudeln; dann verwies er ihn an den Platz, der für die Armen bestimmt war, damit der Schmutz ihrer Lumpen sich an ihm abfärbe. Endlich verabschiedete sich der Jüngling.

Nichts, sagte er, ist unschicklicher als der Dünkel, und vor allem bei Jünglingen.« – »Er nährte sich von kleinen Brotschnitten und Honig, wozu er sich eine geringe Beigabe wohlduftenden Weines gönnte. Mit Lustknaben hatte er nur selten Umgang, auch mit einer Dirne nur ein oder das andere mal, um nicht als Weiberfeind zu erscheinen.«[53]

Die klassische griechische Philosophie geht mit Aristoteles zu Ende. In der hellenistischen Zeit geben Stoiker, Epikureer und Skeptiker den Ton an. Im Vordergrund steht weniger die Erkenntnis der Wahrheit als die unmittelbare Verwirklichung eines glücklichen Lebens, einer beständigen Gemütsruhe. Wie sieht das Ideal des Weisen aus, und wie kann es erreicht werden?

Voller Ehrfurcht staunt Zenon über die Zweckmäßigkeit und Schönheit der Welt. Er ist überzeugt, daß sich die prachtvolle Weltordnung nicht dem Zufall verdankt, wie Demokrit oder Epikur dies behaupten, sondern dem sinnvollen Plan des *Logos*.

Logos bedeutet in der Stoa nicht nur *menschliche* Vernunft oder Gespräch, sondern hauptsächlich *schöpferische Weltvernunft*, die gleichbedeutend ist mit Gott, Zeus, Natur, Urkraft, Urfeuer, Weltgesetz, Vorsehung oder Schicksal. Aufgabe der Philosophie ist es zu erforschen, wie der Logos die Welt durchwaltet und welches Ziel sich daraus für die praktische Lebensführung ergibt. Die Stoa ist Logosphilosophie.

Gott und Natur sind ein und dasselbe, zwei Namen, die dieselbe Wirklichkeit bezeichnen (Pantheismus). »Als Substanz Gottes«, sagt Diogenes Laertius, »bezeichnet Zenon die ganze Welt und den Himmel.« Alles ist Gott, alles ist Logos, alles ist bestmöglich. Die Welt ist ein einziger beseelter Organismus, ein einziges vernünftiges Lebewesen, ein Makanthropos, ein einziger göttlicher Großmensch – in der vollkommenen Gestalt einer Kugel.

Es gibt nur Materie. Auch der Logos, die göttliche Weltvernunft, ist kein rein geistiges Wesen. Er wird vielmehr als stoffliches Feuer oder als feuriger Lufthauch gedacht, der alles durchströmt. Gott reicht über die Welt nicht hinaus, oder anders gesagt: Die Welt ist der Leib des Gottes.

Die Weltvernunft hat alle Dinge und Geschehnisse für alle Zeiten gesetzmäßig so aufeinander abgestimmt, daß die Zukunft nichts Neues bringt. Im Weltprozeß gibt es keinen Fortschritt, sondern ewige Wiederkehr des Gleichen. Alles vollzieht sich nach fester Schicksalsordnung. Das Schicksal ist die Ursachenverkettung alles Seienden oder, was dasselbe meint, der vernünftige Plan – der Logos -, nach dem die Welt ihren Lauf nimmt.

Die ewige, sich selbst gleichbleibende Einheit des göttlichen Wesens der Welt wird durch die Lehre von der ewigen Wiederkehr untermauert. Periodisch geht die Welt durch einen Weltbrand zugrunde und entsteht wieder in ihrer alten Gestalt aufs neue. Jeder Mensch wird sein altes Leben mit genau denselben Freuden und Leiden wiederholen: »Dann wird es bei gleichem Stand der Gestirne wieder einen Sokrates und einen Platon geben, und jeder einzelne Mensch wird mit denselben Freunden und Bürgern neu erstehen. [...] Es folgt aber diese Wiederherstellung von allem nicht nur einmal, sondern viele Male, ja unendliche Male, und unvollendbar oft wird sich dasselbe wiederholen.«[54]

Zenon begegnet dem Schicksal mit gelassener Ergebenheit und frommem Vertrauen auf den höheren Zweck der Vorsehung. Hierin folgt ihm auch Kleanthes, der nach ihm die stoische Schule leitet. Ein Gebet des Kleanthes lautet: »Führ' du mich, Zeus, und du, Pepromene (Vorsorge, Schicksal) / wohin der Weg von euch mir ist bestimmt! / Ich folg' euch ohne Zaudern. Sträub' ich mich, / so handl' ich schlecht – und folgen muß ich doch!«[55]

Der Mensch kann am äußeren Weltlauf nichts ändern, aber er kann zu ihm innerlich auf unterschiedliche Weise Stellung nehmen und dadurch entscheiden, ob er in glücklicher Harmonie mit sich und der Natur lebt oder in quälender Selbstzerrissenheit. Denn das Schicksal führt den, der einwilligt, und zwingt den, der sich sträubt. Der Mensch gleicht einem Hund, der an einen Wagen gebunden ist. Ist der Hund klug, läuft er freiwillig und vergnügt mit. Setzt er sich aber auf die Hinterbeine und jault, so wird er doch mitgeschleift.

Das Ziel des Stoikers ist, unter allen Umständen – und in aufrechter Haltung – im Einklang mit der Natur, also im Einklang mit dem Logos, zu leben. Frei von Leidenschaften und Affekten *(apathia)* führt der Weise in Ruhe und Gelassenheit *(ataraxia)* ein dem Logos gemäßes Leben in tugendhafter Gesinnung. Noch im Schmerz ist er glücklich und seelenruhig.

In diesem stoischen Sinne sagt rund 500 Jahre später der römische Kaiser Marc Aurel: »Laß dich durch nichts erschüttern!«, und der Sklave Epiktet empfiehlt, das Leben wie ein Schauspiel zu betrachten: »Gedenke, daß du Darsteller bist eines Stückes, das der Spielleiter bestimmt, und zwar eines kurzen, wenn er es kurz, eines langen, wenn er es lang wünscht. Wenn er wünscht, daß du einen Bettler darstellen sollst, mußt du auch diesen angemessen spielen, und so, wenn du einen Krüppel, einen Herrscher, eine Privatperson darstellen sollst. Denn deine Sache ist es, die zugewiesene Rolle ordentlich zu spielen; sie auszuwählen, ist Sache eines anderen.«[56]

EPIKUR:
»Die Lust ist Anfang und Ende des glückseligen Lebens.«[57]

Leben. *um 342 v. Chr. Samos, †um 271 v. Chr. Athen. – Lernt Demokrits und Aristoteles' Lehre kennen, beginnt um 310 in Mytilene auf Lesbos zu lehren, dann in Lampsakos am Hellespont; 306 läßt er sich in Athen nieder, wo er ein Haus mit Garten erwirbt, nach dem seine Schule ihren Namen – »Schule des Gartens« – erhält; lebt und philosophiert im engen Freundeskreis, auch Frauen und Sklaven nehmen an seinem Unterricht teil, wird von seinen Schülern wegen seiner Anspruchslosigkeit, Güte und Weisheit wie ein Gott verehrt, stirbt nach langem, schmerzhaftem Leiden.

Unmittelbar vor seinem Tod schreibt er an seinen Freund Idomeneus: »Es ist der [...] letzte Tag meines Lebens, an dem ich diese Zeilen an euch schreibe. Harnzwang und Dysenterie haben sich bei mir eingestellt mit Schmerzen, die jedes erdenkliche Maß überschreiten. Als Gegengewicht gegen alles dies dient die freudige Erhebung der Seele bei der Erinnerung an die zwischen uns gepflogenen Gespräche. Du aber sorge, entsprechend deiner von jung auf mir und der Philosophie entgegengebrachten herzlichen Gesinnung, für die Kinder des Metrodoros.«[58]

Diogenes Laertius teilt noch mit, Epikur »sei in eine eherne, mit warmem Wasser gefüllte Wanne gestiegen und habe sich sehr schweren Wein reichen lassen, den er geschlürft habe. So sei er, nachdem er die Freunde gemahnt, seiner Lehren eingedenk zu bleiben, gestorben.«[59]

»Der Anfang und die Wurzel alles Guten ist die Lust des Bauches. Denn auch die gelehrten und hochgestochenen Dinge beziehen sich auf sie zurück.« Die Lust ist das einzig wahre Gut, und die Tugenden haben nur Wert, insofern sie zur Lust führen. »Ich spucke auf das Sittlich-Schöne und auf jene, die es ohne Grund bewundern, wenn es keine Lust erzeugt.«[60]

Zwei Hindernisse stehen der Glückseligkeit im Wege: die Furcht vor Göttern und die Furcht vor dem Tode. Wer glückselig leben will, muß zunächst diese beiden Hindernisse, die die Seele beunruhigen, beseitigen und sodann die Lust mit Klugheit willkommen heißen. Der ganze Sinn der theoretischen Philosophie liegt darin, daß dieses Ziel in der konkreten Lebenspraxis des einzelnen erreicht wird.

Zunächst die *Furcht vor Göttern*. Sie ist ein Hirngespinst. Nach der Atomlehre von Demokrit, die Epikur übernimmt und ausbaut, ist die Welt nicht das Werk von Göttern, sondern das Ergebnis von Atomverbindungen. Die Dinge entstehen mechanisch aus dem zufälligen Zusammentreffen der Atome. Keine göttliche Vernunft greift zielgerichtet in das Weltgeschehen ein. Die weit abseits in Zwischenwelten lebenden Götter sind glückselige unsterbliche Wesen in Menschengestalt – gleichsam mustergültige Epikureische Weise –, die gar nicht daran denken, sich um die Menschen zu kümmern. Sie sind viel zu weise, um sich aufzuregen und ihren Seelenfrieden aufs Spiel zu setzen.

Die Götter wären auch gar nicht vollkommen, wenn sie in moralischer Hinsicht etwas mit der Welt und den Menschen zu tun hätten, denn dann trügen sie Verantwortung für existierende Mißstände: »Entweder will Gott die Übel in der Welt abschaffen und kann es nicht, dann ist er schwach; oder er kann es und will es nicht, dann ist er schlecht; oder er kann es nicht und will es nicht, dann ist er schwach und schlecht und in jedem Falle kein Gott, oder er kann es und will es, woher kommen dann die Übel? Und warum beseitigt er sie nicht?«[61] – Für Epikur tragen die Götter an den Übeln in der Welt keine Schuld, weil sie mit der Welt nichts zu schaffen haben. Der Mensch braucht sich vor ihnen nicht zu fürchten.

Auch die *Furcht vor dem Tod* ist unbegründet. Die Seele ist wie der Leib körperlicher Natur und wie dieser aus Atomen zusammengesetzt. Die Fähigkeit zu empfinden ist eine zufällige Eigenschaft, die sich aus der zeitweiligen Verbindung von Leib- und Seelenatomen ergibt. Im Tod löst sich diese Verbindung auf, so daß mit ihr auch die Fähigkeit zu empfinden zugrunde geht. Wenn aber der Tod völlige Empfindungslosigkeit bedeutet – Nicht-Bewußtsein, Schmerzlosigkeit –, dann geht er uns gar nichts an.

In seinem Brief an den Schüler Menoikeus schreibt Epikur: »Gewöhne Dich an den Gedanken, daß der Tod uns nichts angeht. Denn alles Gute und alles Übel beruht auf Empfindung, der Tod aber ist der Verlust der Empfindung. Daher macht die rechte Einsicht, daß der Tod uns nichts angeht, das sterbliche Leben genußvoll, indem sie diesem nicht ein Dasein von unbegrenzter Dauer hinzufügt, sondern indem sie das Verlangen nach Unsterblichkeit beseitigt. [...] Das schauerlichste Übel, der Tod, geht uns also nichts an. Denn solange wir sind, ist der Tod nicht da, und sobald er da ist, sind wir nicht mehr.«[62]

Damit hat die Naturphilosophie ihren aufklärerischen Zweck erfüllt. Sie braucht nicht mehr weiterzuforschen. Der einzelne kann sich mit ihrer Hilfe von den Ausgeburten der Seelenangst, auch vor religiösen Gespenstern befreien. Der Lust steht nun kein eingebildetes Hindernis mehr im Wege.

Der Weise allerdings läßt sich nicht von augenblicklichen Lustgefühlen hinreißen, sondern bedenkt die realen, leiblich-seelischen Folgen, wie er auch bisweilen freiwillig einen Schmerz wählt, um eine spätere höhere Lust zu erlangen. Epikur führt eine Art Lustberechnung durch. Lust und Schmerz werden im Hinblick auf eine langfristige Lustbewahrung überschlagen.

Das Leben in Epikurs Garten ist bescheiden: »Auch die Selbstgenügsamkeit halten wir für ein großes Gut, nicht, um uns unter allen Umständen mit dem Wenigen zu begnügen, sondern damit wir, wenn wir das Viele nicht haben, mit dem Wenigen zufrieden sind, in der festen Überzeugung, daß jene den größten Genuß am Luxus haben, die seiner am wenigsten bedürfen, und daß alles Naturgemäße leicht zu beschaffen ist, das Unnütze aber schwer. Ferner erzeugen einfache Speisen die gleiche Lust wie ein kostspieliges Mahl, wenn das schmerzhafte Gefühl der Entbehrung gänzlich beseitigt ist, und Brot und Wasser rufen die höchste Lust hervor, wenn sie ein Hungriger zu sich nimmt. Die Gewöhnung an eine einfache, nicht kostspielige Lebensweise schafft volle Gesundheit und verleiht dem Menschen Tatkraft gegenüber den unumgänglichen Anforderungen des Lebens, sie bringt uns in eine bessere Verfassung, wenn wir uns hin und wieder den Gütern des Luxus zuwenden, und macht uns furchtlos gegenüber dem Schicksal.«[63]

Die »Lüste der Schlemmer« hat Epikur nicht im Auge, sondern die Ruhe der Seele *(ataraxia)*, die vergleichbar ist mit der Ruhe des Meeres, wenn kein Wind weht. Der Weise vermag durch richtige Einsicht *(phrónesis)* der irdischen Glückseligkeit Bestand zu verleihen und damit auch die *Furcht vor Schmerzen* – das dritte und letzte Hindernis der Lust – zu bewältigen. Er weiß, worin das Geheimnis der Lebenskunst besteht: im »Freisein von körperlichem Schmerz und seelischer Unruhe«.[64]

PYRRHON:
»Weisheit ist Zurückhaltung im Urteil.«[65]

Leben. *um 360 v. Chr. Elis auf dem Peloponnes, †um 271 v. Chr. – Ursprünglich ein armer, unbekannter Maler, der sich erst später der Philosophie zuwendet; studiert mit Vorliebe Demokrits Werke, macht den Zug Alexanders nach Asien mit, wo er die weltabgewandte Haltung indischer Asketen (Gymnosophisten) kennenlernt, eröffnet in Elis die skeptische Schule; sein Lieblingsvers aus Homers »Ilias« lautet: »Wie der Blätter Geschlecht, so ist auch das der Menschen.«

Diogenes Laertius berichtet, daß Pyrrhon fast nichts aus der Fassung bringen konnte: »Er wich vor nichts aus und kannte keine Vorsichtsmaßregeln, gegen alles zeigte er die nämliche Gleichgültigkeit, mochten es nun begegnende Wagen sein oder Abhänge oder Hunde oder anderes dergleichen; der Macht der Sinneswahrnehmung räumte er keinen Einfluß auf sich ein. Seine Rettung aber verdankte er in solchen Fällen seinen ihn begleitenden Schülern.« – »Als auf einer Seefahrt die Mitfahrenden durch einen Sturm in verzagte Stimmung versetzt wurden, blieb er selbst ganz ruhig und weckte wieder eine zuversichtlichere Stimmung, indem er auf ein sein Futter verzehrendes Schweinchen im Schiffe hinwies mit den Worten, diese Unerschütterlichkeit sei ein Muster für das Verhalten des Weisen.« – »Als er einst beim Losspringen eines Hundes auf ihn die Fassung verlor und darüber Vorwürfe zu hören bekam, sagte er, es sei schwer, den Menschen vollständig abzulegen.«[66]

Die Philosophen reißen sich gegenseitig die Denkgebäude nieder. Jeder will recht behalten. Dabei sind ihre dogmatischen Standpunkte völlig unvereinbar. Das bringt all denen, die sich einer der philosophischen Sekten anschließen und ihre Lebensführung auf angeblichen Wahrheiten aufbauen, viel Aufregung, aber keine Seelenruhe. Welche Philosophie ist die wahre? Die Antwort der Skeptiker lautet: Das läßt sich noch nicht entscheiden.

Der Skeptiker hat seinen Namen vom griechischen *skepesthai*, was »um sich schauen« oder »spähen« heißt. Auf geistige Tätigkeiten bezogen, bedeutet es »erwägen«, »prüfen«, »unentschieden sein«. Während der Dogmatiker eindeutige Urteile fällt, seine Lehrsätze für unbezweifelbar wahr hält, bleibt der Skeptiker unentschieden, läßt gegensätzliche Auffassungen in der Schwebe, behält die Ungewißheit bei, hält an seinem Zweifel fest.

Der Arzt Sextus Empiricus, der Pyrrhons Lehre überliefert hat, spricht vom »Leiden der Dogmatiker«, das es zu kurieren gilt: »Der Skeptiker will aus Menschenfreundlichkeit nach Kräften die Einbildung und Voreiligkeit der Dogmatiker durch Argumentation heilen.« Damit der Skeptiker nicht selbst geheilt werden muß, bezieht er sich in seine skeptische Haltung mit ein, ist skeptisch gegenüber der Skepsis, das heißt, er macht aus seiner Unentschiedenheit kein neues Dogma. Es mag durchaus sein, daß vielleicht doch noch einiges erkannt werden *könnte* – nur er kann es derzeit nicht. Und dafür führt er eine Reihe von Gründen an.

Sextus Empiricus untersucht zunächst in Anlehnung an Pyrrhon die sinnliche Wahrnehmung und findet heraus, daß jedes Ding seine zwei Seiten hat, die sich die Waage halten. Jeder Behauptung läßt sich eine gleichwertige Gegenbehauptung gegenüberstellen. Sextus Empiricus ordnet in zehn »Tropen« (Begründungsweisen) seine Argumente – »ohne allerdings über ihre Anzahl und Beweiskraft irgend etwas zu versichern«.

Erster Tropus. Verschiedene Lebewesen sind mit verschiedenen Sinneswerkzeugen ausgestattet. Dem Fisch z. B. erscheint das Seewasser anders als dem Menschen. »Wir werden zwar imstande sein zu sagen, wie der zugrunde liegende Gegenstand von uns aus gesehen wird, wie er aber seiner Natur nach ist, darüber werden wir uns zurückhalten.«[67]

Zweiter Tropus. Angenommen, die Menschen seien glaubwürdiger als die Tiere, so nehmen sie schon wegen ihrer unterschiedlichen Konstitution dieselben Dinge ganz unterschiedlich wahr. Eine alte Frau aus Attika soll 130 Gramm Schierling gefahrlos zu sich genommen haben, und der Tischdiener Alexanders fror in der Sonne, während er im Schatten schwitzte. Auch hier ist Zurückhaltung im Urteil angebracht.

Dritter Tropus. Angenommen, diese Unterschiede zwischen den Menschen spielten keine Rolle, so erscheint selbst ein und demselben Menschen derselbe Gegenstand verschieden, je nachdem mit welchem Sinn er ihn wahrnimmt: »Jeder der uns erscheinenden sinnlichen Gegenstände scheint uns mannigfaltig vorzukommen, der Apfel z. B. glatt, wohlriechend, süß und gelb. Es ist nun verborgen, ob er wirklich diese Qualitäten besitzt oder ob er nur eine hat und entsprechend der verschiedenen Beschaffenheit der Sinnesorgane nur verschieden erscheint oder ob er noch mehr als die erscheinenden Qualitäten besitzt und wir einige von ihnen nicht wahrnehmen. [...] ›Aber‹, wird man einwenden, ›die Natur hat die Sinne auf die Sinnesqualitäten abgestimmt.‹ Was für eine Natur? Da doch ein so großer unentscheidbarer Widerstreit unter den Dogmatikern herrscht über die Wirklichkeit, die ihr zukommt.«[68]

Auch die übrigen sieben Tropen versuchen, die Relativität der Sinneswahrnehmung zu belegen und den »gleichwertigen Widerstreit« der Sätze herauszustellen. Zu einem ähnlichen Ergebnis kommt Sextus Empiricus bei seinen Untersuchungen der begrifflichen Erkenntnis. Auch hier ist eine vorschnelle dogmatische Eindeutigkeit – was er z. B. an dem Problem der Begründung zeigt – unstatthaft.

Das Resultat ist immer dasselbe: Urteilsenthaltung *(epoché)*.

Auch die Definitionen der Dogmatiker helfen nicht weiter und dringen nur scheinbar zum Wesen der Dinge vor. Ganz abgesehen davon, daß ihr Jargon unerträglich und weltfremd ist. So z. B. – »um auch ein wenig zu scherzen« – wenn ein Dogmatiker auf folgende Weise jemanden fragen würde, ob ihm ein Mensch begegnet sei, der auf einem Pferd reitet und einen Hund hinter sich herzieht: »Vernunftbegabtes, sterbliches, für Geist und Wissen empfängliches Lebewesen, ist dir ein des Lachens fähiges, breitnägeliges, für politisches Wissen empfängliches Lebewesen begegnet, das mit den Hinterbacken auf einem sterblichen, des Wieherns fähigen Lebewesen saß und ein vierfüßiges, des Bellens fähiges Lebewesen hinter sich herzog?«[69]

Die Skepsis steht im Dienst der Glückseligkeit. Dies hat sich zufällig – »wir bestimmen nichts« – herausgestellt. Denn der Urteilsenthaltung, zu der auch das Innehalten bei der Suche nach dem Wahren gehört, folgt die Ataraxie, die »Ungestörtheit und Windstille der Seele«. Das akzeptierte Nichtwissen, das »Stillstehen des Verstandes«, beruhigt, macht gleichgültig, läßt die Welt, wie sie ist. Was ich nicht weiß, macht mich nicht heiß.

»Die Skepsis«, sagt Sextus Empiricus, »ist die Kunst, auf alle mögliche Weise erscheinende und gedachte Dinge einander entgegenzusetzen, von der aus [wodurch] wir wegen der Gleichwertigkeit der entgegengesetzten Sachen und Argumente zuerst zur Zurückhaltung, danach zur Seelenruhe gelangen.«[70]

Dies ist das Ziel der pyrrhonischen Skepsis – mit der antidogmatischen Einschränkung: »bis jetzt«.[71]

PLOTIN:
»Das Eine.« [72]

Leben. *um 205, †um 270 Minturnae (Kampanien), verschweigt seine Herkunft, stammt vermutlich aus Ägypten. Porphyrios, einer seiner Schüler, schreibt hierzu: »Plotinos war die Art von Mann, die sich dessen schämt, im Leibe zu sein; aus solcher Gemütsverfassung wollte er sich nicht herbeilassen, etwas über seine Herkunft, seine Eltern oder seine Heimat zu erzählen.« [73] – Erhält seine philosophische Bildung in Alexandria, nimmt 242/43 an einem Feldzug gegen die Perser teil, um persische und indische Weisheit kennenzulernen; kann sich nach Rom retten und gründet dort 244 die erste Schule der in seinem Sinne umgestalteten Platonischen Philosophie, wird dadurch zum Begründer des Neu-Platonismus; seine Vorlesungen finden in vornehmen Kreisen lebhaften Anklang, das Vorhaben, eine Philosophenstadt Platonopolis nach dem Vorbild von Platons »Staat« zu gründen, scheitert; Plotin werden mystische Fähigkeiten zugesprochen, viermal habe er sich in Ekstase mit dem Göttlichen vereint.

Porphyrius berichtet von einem ägyptischen Priester, der in Rom in einem Isis-Tempel in Anwesenheit Plotins dessen Dämon (Schutzgeist) durch Beschwörung sichtbar zu machen suchte: »Als nun der Dämon beschworen wurde, sich von Angesicht zu zeigen, da sei ein Gott erschienen, der nicht zur Klasse der Dämonen gehörte. Da habe der Ägypter ausgerufen: ›Hochselig bist du, der du einen Gott als Dämon beiwohnen hast und keinen Dämon der niederen Klasse!‹ Es sei aber nicht Gelegenheit gewesen, die Erscheinung noch nach etwas zu fragen oder sie weiter anzuschauen; denn jener Freund, welcher mit zusah und die Hühner zum Schutz in der Hand hielt, kniff ihnen die Luft ab, sei es aus Mißgunst, sei es auch aus einem unbestimmten Grauen. Da nun also Plotinos zum Beiwohner einen Dämon von höherer Göttlichkeit hatte, war er auch seinerseits ununterbrochen mit seinem göttlichen Auge auf jenen gerichtet.«[74]

In der Spätantike kommt es zu einer Verbindung zwischen griechischem und östlichem Denken. Der Glaube wird mächtiger als das Streben nach rational begründetem Wissen. Die Philosophie beansprucht jetzt, zur wahren religiösen Erlösung führen zu können. Die höchste Stufe der Erkenntnis, das unmittelbar erlebte Schauen des Göttlichen, gilt als überrationale, mystische Einswerdung mit dem Absoluten.

Plotin ist durchdrungen von Sehnsucht nach der höchsten Gottheit, die er mit dem Begriff »Hen« – das Eine – umschreibt. Zu diesem Einen sucht er den Weg zu weisen. Die Belehrung reicht nur bis zum Aufbruch. Wer das Eine schauen möchte, der muß das Schauen, das »größer als Vernunft« ist, selbst vollbringen. Voraussetzung dafür ist, daß jede sinnliche Wahrnehmung hinter sich gelassen wird und letztlich auch jedes Denken mit Begriffen. Eine »andere Weise des Sehens« muß erreicht werden. – Plotins Philosophie geht in Mystik über.

Vom Einen läßt sich »weder reden noch schreiben«, denn das Eine ist das, »von welchem schon die Aussage, daß es Eines sei, falsch ist«. Das Eine ist »über alles hinaus«. Selbst wer es als Gottheit denkt, der denkt zu wenig – oder zuviel. Nur negative Aussagen sind möglich, Aussagen, die das Eine als das »Darüberhinaus« herausstellen.

Positive Aussagen handhaben das Eine »unter dem Zwang der Wörter« so, als wäre es ein Seiendes, als wäre es etwas Gestalthaftes, das sich mit aristotelischen Kategorien (z. B. Quantität, Qualität, Raum) denken ließe. Das Sein des Einen ist aber ganz anders, denn das Eine ist »über das Sein hinaus«.

Vom Höchsten läßt sich nur negativ sagen: Es ist weder Geist noch Seele, noch Materie. Plotin verweigert nach allen Seiten hin die Identifizierung des Einen: »Es ist also Jenes [das Eine] auch nicht Geist, sondern vor dem Geiste. Denn der Geist ist Etwas von den seienden Dingen; Jenes aber ist nicht ein Etwas, sondern vor jeglichem; und auch kein *Seiendes*, denn das Seiende hat zur Form gleichsam die Form des Seienden, Jenes aber ist ohne, auch ohne geistige Geformtheit. Da nämlich die Wesenheit des Einen die Erzeugerin aller Dinge ist, ist sie keines von ihnen. Sie ist also weder ein Etwas noch ein *Wiebeschaffen* noch ein *Wieviel*, weder Geist noch Seele; es ist kein *Bewegtes* und wiederum auch kein *Ruhendes*, nicht im *Raum*, nicht in der *Zeit*, ›sondern das Eingestaltige als solches‹; oder vielmehr ohne Gestalt, da es vor jeder Gestalt ist, vor Bewegung und vor Ständigkeit, denn die haften am Seienden und machen es zu einem Vielen.«[75] – Das Eine heißt nur »das Eine« – ohne zusätzliche Bestimmung.

Die höchste Gottheit steht dem Menschen nicht personal gegenüber. Ebenso wie sich Plotin gegen jede Art von Materialismus, etwa gegen die Verabsolutierung materieller Urstoffe, richtet, so wendet er sich auch gegen das siegreich vordringende Christentum, etwa gegen die Verabsolutierung des Geistes zu einem Gott. Das Eine neigt sich auch nicht aus Liebe zu uns: »Jenes verlangt nicht nach uns, daß es etwa um uns wäre, aber wir nach ihm, so daß wir um es sind.«

Die Vielheit unserer Welt fließt ständig aus der lichtvollen Überfülle des Einen heraus, dessen Vollkommenheit dadurch nicht verfließt. Der Sonne ähnlich, die Licht ausstrahlt, ohne etwas von ihrer Substanz zu verlieren. Dieses Bild des unstofflich gedachten Ausfließens nennt Plotin »Emanation«. Die Welt ist keine willentliche *Schöpfung*, sondern ein beiläufiger Abglanz des Urlichtes. Das Eine ist nicht in der Welt, die Welt ist vielmehr im Einen, so wie der Strom in der Quelle.

Die Emanation stellt eine Stufenfolge von abnehmenden

Vollkommenheiten dar. Die erste Emanation des Einen ist der *Geist (nous)*. Wie kann das Eine, das selbst nicht Geist ist, den Geist erzeugen? »Nun, in dem Gerichtetsein auf sich selbst erblickte das Eine sich selbst, und dies Erblicken ist der Geist.« Er schaut in sich die ewigen platonischen Ideen an. Die zweite Emanation des Einen ist die Seele. Sie schaut auf die Ideen des Geistes und bildet nach ihnen die *Natur*, die dritte Emanation des Einen. Die Seele ist der immaterielle Weltschöpfer, das belebende Prinzip der Natur. In den Gestirnsgöttern, Dämonen, Menschen, Tieren und Pflanzen werden aus der Seele der Welt individualisierte Einzelseelen. Die in Zeit und Raum ausgebreitete, gegenständliche, sinnlich wahrnehmbare Natur ist – z. B. in den Pflanzen – eine schlafende Seele, ein unbewußtes Schauen, ein Schaffen nach Ideen ohne gewußtes Bild.

Von der Natur unterschieden ist die Materie. Als finstere Grenze des Lichts ist sie maßlos, schlecht, unwahrnehmbar, undenkbar. Die Materie ist aber nicht als eine zweite, selbständige Macht zu verstehen, die dem Einen gegenübersteht. In Plotins monistischem System gibt es nur das Eine mit seinen absteigenden Stufen: Geist, Seele, Natur, Materie.

So sehr auch noch die Natur als entfernterer Abglanz des Einen in Schönheit erstrahlt, sie selbst hat keinen eigenen Bestand. Auch das menschliche Leben steht nicht auf dem Boden seiner eigentlichen Wirklichkeit. Die Seele des Menschen darf sich nicht ichbezogen ihrer leiblichen Schönheit hingeben und in ihr schon das Göttliche statt des Schattenhaften sehen. Sonst ergeht es ihr wie Narziß, »der da heranlief und die schöne Gestalt, die sich auf dem Wasser schaukelte, umarmen wollte, in der Tiefe der Flut versank und nicht mehr gesehen ward«.[76]

Innerhalb der gewaltigen ontologischen Stufenfolge zwischen der nichtseienden Materie und dem überseienden Einen nimmt sich der äußere Verlauf der Geschichte aus wie ein Spiel auf den »Gerüsten der Schaubühne«. Auch Mord, Totschlag, Eroberung von Städten, Plünderung bedeuten nur ein »Umstellen der Kulisse«, einen »Wechsel der Szene«. Die menschliche Seele, die vom Einen als ihrer wahren Wirklichkeit weiß und sich bewußt dorthin zurücksehnt, geht diesen Täuschungen – diesem »Spielwerk« – nicht länger auf den Leim. Alle Übel, die ihrem Körper bei ihrem Theaterauftritt widerfahren können, schätzt sie gering ein: »Denn auch im Leben bei seinen Wechselfällen ist es nicht die Seele drinnen, sondern der äußere Schatten des Menschen, der schluchzt und jammert und sich toll gebärdet, wenn die Menschen auf jener Bühne, welche die ganze Erde ist, vielerorten ihr Spiel aufführen; denn so benimmt sich der Mensch, welcher nur in der niederen, der äußeren Welt zu leben versteht, da er nicht merkt, daß er auch in Tränen, seien sie auch ernstgemeint, nur am Spielen ist.«[77]

Wer hingegen das Eine schauen will, der muß über das Denken, über den Geist, über das Sein hinausgelangen und »mit der Gottheit eins werden«. Schauen und Geschautes fallen zusammen, vollkommene Einfachheit, kein Ich, kein Gegenstand. »Der Schauende ist ein anderer geworden, nicht mehr er selbst und nicht sein eigen.« Die Gotterfülltheit ist eine ekstatische Erhebung: »Dort oben dagegen ist das wahrhaft und eigentlich Geliebte, mit dem auch eine wirkliche Vereinigung möglich ist, indem man Teil an ihm gewinnt und es wahrhaft besitzt, nicht nur es von außen mit dem Fleisch umfängt. Wer es aber geschaut hat, der weiß, was ich sage, daß nämlich die Seele alsdann, indem sie herannaht und endlich anlangt und an Ihm [am Einen] Teil erhält, ein neues Leben empfängt und aus diesem Zustand heraus erkennt, daß hier der Spender des wahrhaften Lebens bei ihr ist und sie keines Dinges mehr bedarf. [...] So ist es denn dort oben vergönnt, Jenen [das Eine] und sich selbst zu schauen, soweit Schauen dort das Rechte ist, sich selbst von Glanz erhellt, erfüllt von geistigem Licht, vielmehr das Licht selbst, rein, ohne Schwere, leicht, ja Gott geworden – nein: seiend.«[78]

MITTELALTER

ÜBERBLICK

1. Christliches Fundament

Die Philosophie des Mittelalters läßt sich in die Abschnitte Patristik und Scholastik einteilen. Sie beginnt ungefähr mit dem 5. und reicht bis zum 15. Jahrhundert. Grenzdaten sind etwa die Jahreszahlen 476 (Ende des weströmischen Reichs) und 1492 (Entdeckung Amerikas). Den tausend Jahren griechisch-römischer Antike folgen tausend Jahre Mittelalter. Der Begriff »Mittelalter« (mittleres Alter, die Zeit zwischen zwei Epochen, Übergangszeit) ist ein Hilfsbegriff; da die Geschichte weitergeht, verschieben sich mit der Zeit die Bezugspunkte und damit auch das, was in der »Mitte« liegen soll. Das frühe christliche Denken der Antike – der ersten Kirchenväter – gehört wegbereitend zur mittelalterlichen Philosophie dazu. In thematischer Hinsicht beginnt daher die Philosophie des Mittelalters bereits etwa im 2. Jahrhundert.

Die christliche Religion stellt die Philosophie auf das Fundament des Glaubens. Zu diesem Fundament gehören z. B. die Überzeugungen: (1) die Welt ist eine Schöpfung aus dem Nichts, (2) »Gott ist die Liebe« (1. Joh 4,8), (3) das Reich Gottes wird kommen.

Zu (1). »Im Anfang schuf Gott den Himmel und die Erde« (Gen 1,1). Der allmächtige Gott hat die Welt, die materiellen wie die geistigen Dinge, *aus dem Nichts geschaffen* und erhält sie im Sein. Dies ist eine übernatürliche Wahrheit, die Gott selbst den Menschen mitgeteilt hat (Offenbarung). Der Gedanke einer Schöpfung aus dem Nichts stellt einen völligen Bruch dar mit der in der antiken Philosophie vertretenen Auffassung, die Welt sei ohne Anfang (Aristoteles). Jetzt gilt: Gott hat durch einen Willensakt *alles* geschaffen. Er hat nicht etwa einen vorgefundenen chaotischen Urstoff nach der Art eines Baumeisters zu einem geordneten Kosmos gestaltet (Platon), sondern er hat als Kreator, als Erzeuger, sogar die Materie ins Sein gerufen. Alles existiert nur unter der Voraussetzung des einen Schöpfergottes, der seiner Kreatur – dem Menschen – personhaft gegenübersteht.

Zu (2). Das Neue Testament stellt besonders die *Liebe Gottes* heraus. »Denn so sehr liebte Gott die Welt, daß er seinen eingeborenen Sohn hingab, damit jeder, der an ihn glaubt, nicht verlorengehe, sondern ewiges Leben habe« (Joh 3,16). Von der griechischen Philosophie aus gesehen, ist es absurd anzunehmen, die sich selbst genügende Gottheit könnte sich hinwenden zum Unvollkommenen, könnte gar aus Barmherzigkeit am schändlichen Kreuz für die Sünden der Welt sterben. Aristoteles zum Beispiel kennt nur die einseitige Liebe hin zum göttlichen unbewegten Beweger. Anders das christliche Denken. Durch den Glauben an den Opfertod Christi wird die Liebe bestimmend für das persönliche Verhältnis des Menschen zu Gott sowie der Menschen untereinander: »Du sollst den Herrn, deinen Gott, lieben aus deinem ganzen Herzen, deiner ganzen Seele und deinem ganzen Denken. Dies ist das größte und erste Gebot. Das zweite ist ihm gleich: Du sollst deinen Nächsten lieben wie dich selbst« (Mt 22,37–40).

Zu (3). Die Welt hat nicht nur einen Anfang, sie hat auch ein gottgewolltes Ende: das *verheißene Reich Gottes*. Die griechische Philosophie neigt eher dazu, den Weltprozeß als ein natürliches, immer wiederkehrendes, kreisförmiges Geschehen zu denken. Demgegenüber schreibt die christliche Auffassung eine zusammenhängende Geschichte in die Welt, sieht einen linearen Verlauf von der Schöpfung über Christus als Mitte zum Jüngsten Gericht. Ausdrücklich lehnt Augustin die »eitlen und törichten Kreisbewegungen« des antiken Denkens als gottloses »Possenspiel« ab. Die abendländische Zeitrechnung – v. Chr. / n. Chr. – will bezeugen, daß Gott in die Zeit eingetreten ist. Alle beobachtbaren Ereignisse müssen auf ihn hin interpretiert werden, alle Empirie muß der Metaphysik untergeordnet werden. Geschichte ist Heilsgeschichte, also ein sinnvolles Ganzes, keine Ansammlung neutraler Tatsachen. Weil dem Menschen Anfang und Ende geoffenbart sind, kann er die Weltgeschichte gleichsam mit den Augen Gottes überschauen und weiß um ihren sinnhaften, zielgerichteten (teleologischen) Ablauf.

Vereinfacht läßt sich sagen, die geistige Signatur der Antike ist *Einklang:* diesseitiges, glückseliges Leben in Harmonie mit der erkannten Ordnung des Kosmos. Die geistige Signatur des Mittelalters ist *Erlösung:* jenseitige, höchste Seligkeit nach dem Tod in der Schau Gottes.

2. Patristik

Die Patristik ist die Lehre der Kirchenväter etwa vom 2.–7. Jahrhundert (patres: die Väter). Es geht ihnen im lateinischen Westen wie im griechischen Osten um die Klärung, Verteidigung und Ordnung der Offenbarungsinhalte. Ihre Werke bestehen zum geringsten Teil aus rein philosophischen Arbeiten. Das Christentum gilt ihnen als wahre Philosophie und zugleich als Offenbarung.

Die Einstellung der Kirchenväter zur antiken Philosophie schwankt zunächst zwischen Zustimmung und Ablehnung. Erduldete Verfolgungen und literarische Angriffe führen zu einer rational argumentierenden Verteidigung (Apologie) des christlichen Glaubens, in die philosophische Begriffe und Denkweisen eingehen. Im Laufe der Zeit erfolgt wechselseitig eine Christianisierung des Hellenismus, also der nachklassischen griechischen Kultur, wie auch eine Hellenisierung des Christentums.

So tritt z. B. im 2. Jahrhundert *Justinus der Märtyrer* der Philosophie aufgeschlossen gegenüber. In Sokrates sieht er einen Propheten und Märtyrer Christi, Platon und Heraklit nennt er Christen. Für *Tertullian* dagegen haben Athen und Jerusalem nichts miteinander zu tun. Gleichwohl stützt er seine Kritik an der Philosophie auch auf philosophische Argumente, indem er bei der Stoa Anleihen macht. *Origenes*, der aus Alexandria stammt, eine breite philosophische Bildung besitzt und vom Neuplatonismus beeinflußt ist, verfaßt im 3. Jahrhundert das erste umfassende System der christlichen Lehre. Die göttliche Offenbarung bedeutet für ihn das Ende der menschlich irrenden Philosophie: »Man darf nur das als Wahrheit glauben, was in nichts von der kirchlichen und apostolischen Überlieferung abweicht.«

Der größte Theologe und Philosoph des ausgehenden Altertums ist *Augustinus*. Mit ihm erreicht die Patristik im 4./5. Jahrhundert ihren Höhepunkt. Er wird zum maßgeblichen Wegbereiter des christlichen Denkens, dem er eine (neu-)platonische Prägung verleiht. Reine Vernunft allein, so Augustinus, ist zu schwach, um die Wahrheit zu finden. Der Mensch benötigt die Autorität der Heiligen Schriften und der Kirche. Der Glaube geht voran, die Einsicht folgt nach. Im Innersten seines Wesens ist der Mensch nicht Intellekt, sondern Wille. Entscheidend ist, daß der Wille in tätiger Liebe *(caritas)* auf Gott hin ausgerichtet ist. Liebe ist ursprünglicher als Wissen. »Philosophieren heißt Gott lieben.« Sein Werk »Vom Gottesstaat« ist die letzte große patristische Verteidigung des Christentums gegen die Heiden, u.a. gegen ihren Vorwurf, der schwache Christengott habe im Jahre 410 gegen die Eroberung Roms durch die Westgoten nichts ausrichten können.

Die Konfrontation von Offenbarung und Philosophie hat immer wieder heftige, zum Teil über Jahrhunderte sich erstreckende Auseinandersetzungen zur Folge. Ein Beispiel aus dem 4. Jahrhundert ist die kirchliche Lehre vom Gott-Menschen. Wie kann Christus voll und ganz Gott sein und zugleich voll und ganz Mensch? Nach Aristoteles' Satz vom Widerspruch ist dies undenkbar: »Es ist unmöglich, daß dasselbe demselben in derselben Beziehung zugleich zukommen und nicht zukommen kann.« Diese Problematik führt in der Christologie (Lehre von der Person Christi) zu erbitterten Richtungskämpfen.

»Fides quaerens intellectum« – der Glaube sucht einsichtig zu werden –, sagt Anselm von Canterbury im 11. Jahrhundert. Die Scholastik will beides: Glauben *und* Wissen. Ihr Ziel ist, ein umfassendes, lückenloses System zu schaffen, das alle Glaubens- und Vernunftwahrheiten vereint. Die Philosophie soll die geoffenbarten Wahrheiten einsichtiger machen, ihren Zusammenhang deutlicher hervortreten lassen und die Einwände, die gegen sie vom Vernunftstandpunkt aus erhoben werden, auflösen.

Die Träger der patristischen Philosophie waren Einzelpersönlichkeiten, die sich durch ihre Schriften Geltung verschafften. Die scholastische Philosophie wirkt hauptsächlich durch Dom- und Klosterschulen, später durch Universitäten. Die Scholastik ist eine Zeit der Schulen (*schola:* Schule) und der herausragenden Lehrer.

In der *Frühscholastik* (ca. 800–1200) wird z. B. der Versuch unternommen, allein durch Vernunft ohne Heranziehung der Schrift zu beweisen, daß Gott existiert (Anselm von Canterbury). Die Logik des Aristoteles wird aufgegriffen und die scholastische Methode des Disputierens mit Rede und Gegenrede entwickelt (Abaelard im 11./12. Jahrhundert). Im 11. Jahrhundert kommt eine übersteigerte Weltverachtung auf (Petrus Damianus: der Leib ist »eine stinkende Masse«), im 12. Jahrhundert gibt es naturphilosophische Theorien, sprach- und geschichtsphilosophische Überlegungen (Schule von Chartres), mystisches Erleben der religiösen Wahrheit (Bernhard von Clairvaux). Augustinus und der Platonismus üben weiterhin einen großen Einfluß aus.

In der *Hochscholastik* (bis ca. 1300) werden neben der Logik die übrigen aristotelischen Schriften im Licht arabischer Interpretationen bekannt. Aristoteles gilt als »der Philosoph« schlechthin, das antike Denken wird zunehmend erschlossen, der Horizont durch Auseinandersetzungen mit der arabischen und jüdischen Philosophie erweitert

(Kreuzzüge). Die ersten Universitäten werden gegründet: Bologna (1158), Paris (1170), Oxford (ca. 1200); viele weitere folgen. Die Schule von Oxford pflegt naturwissenschaftliche Studien (Roger Bacon). Die neuen Orden der Franziskaner und Dominikaner wetteifern miteinander. Mystiker suchen die unmittelbare Einswerdung mit Gott (Meister Eckhart).

Im 13. Jahrhundert werden große Synthesen von christlicher Überlieferung (Augustinus) und antikem Denken (Platon, Neuplatonismus, vor allem Aristoteles) geschaffen: Bonaventura, Albert der Große, Thomas von Aquin. Diese Synthesen heißen »Summen« (*summa:* Ganzes, Gesamtheit).

Der größte Systematiker der Scholastik ist *Thomas von Aquin*. Er zieht eine klare Grenzlinie zwischen Glauben und Wissen, zwischen der Wahrheit im Lichte der Offenbarung und der Wahrheit im Lichte der natürlichen Vernunft. Die wahre Philosophie befindet sich dabei immer in Übereinstimmung mit den richtig verstandenen Glaubenslehren. »Die Vernunft nimmt im Menschen denselben Platz ein wie Gott in der Welt.«

Jahrhundertelang spielt in der Scholastik eine immer wiederkehrende Frage eine wichtige Rolle: Welchen Stellenwert nehmen allgemeine Begriffe *(universalia)* ein, Begriffe wie z. B. der Mensch, das Gute? Im sogenannten *Universalienstreit* geht es darum, ob Allgemeinbegriffe etwas Wirkliches sind oder nur auf unseren Vorstellungen beruhen.

Die beiden extremen Positionen des Universalienstreits heißen *(Begriffs-)Realismus* (nicht zu verwechseln mit dem neuzeitlichen erkenntnistheoretischen Terminus »Realismus«, dem es um die Realität der Außenwelt geht) und (Begriffs-)Nominalismus. Die mittelalterliche Position des Realismus behauptet die Realität der Allgemeinbegriffe unabhängig vom menschlichen Denken – im Sinne urbildhafter Gedanken Gottes vor der Schöpfung der Einzeldinge. Für den Nominalismus kommt den Allgemeinbegriffen keine selbständige Existenz zu, sie sind lediglich Namen *(nomina)*, ein Hauch der Stimme, eine geistige Blähung.

Thomas von Aquin nimmt im Universalienstreit eine vermittelnde Position ein. Er differenziert auf eine dreifache Weise die Existenz der Universalien: Die Allgemeinbegriffe existieren *vor den Dingen (ante res)* als schöpferische Gedanken im Geiste Gottes, *in den erschaffenen Dingen (in rebus)* als Gestalt hervorbringende, zur Verwirklichung drängende Form (im Sinne der Entelechie des Aristoteles, s. o.), *nach den Dingen (post res)* als nachvollziehbare Abstraktion, also als ein Nach-Denken, im menschlichen Denken.

Heinrich von Gent, ein Vertreter der platonisch-augustinischen Richtung, kritisiert an Thomas von Aquin, daß er zu sehr die Herrschaft des Intellekts betone. Für ihn ist der Wille der Herr und der Intellekt der Diener. Der Intellekt leitet den Willen »wie der Diener den Herrn, indem er bei Nacht eine Laterne voranträgt, damit der Herr nirgends anstößt«.

In der *Spätscholastik* (bis ca. 1500) geht das scholastische Vertrauen in die Vernunft zunehmend verloren. Die Überzeugung von der Unvereinbarkeit von Glauben und Wissen wird vorherrschend. Die Vernunft kann die Kirchenlehre nicht beweisen, der Glaube muß sie gehorsam annehmen. An die Stelle der spekulativen Erkenntnis Gottes tritt die logische Darstellung der geltenden kirchlichen Lehre. Es kommt zu verhärteten, restaurativen Positionen. Die Frömmigkeit der Mystik gewinnt an Einfluß (Thomas von Kempen). Gegen die traditionelle Metaphysik werden Einwände erhoben.

Der bedeutendste und kritischste Kopf der Spätscholastik ist der Nominalist *Wilhelm von Ockham*, der im 14. Jahrhundert den Nominalismusstreit verschärft: Einzig individuelle Dinge existieren, die Allgemeinbegriffe sind nur Zeichen, die im Denken verwendet werden, sie sind nur eine Art sprachliche Fiktion. An der Schwelle zur Neuzeit, sie schon überschreitend, knüpft im 15. Jahrhundert *Nikolaus von Kues* im christlichen Sinne an das wissende Nichtwissen des Sokrates an. Gott läßt sich nicht erkennen, er ist verborgen: »Ich weiß, das all das, was ich weiß, nicht Gott ist.«

JUSTIN DER MÄRTYRER:
»Christus ist der ganze Logos«. [1]

Leben. * Anfang 2. Jh. Nablus, † um 165 in Rom hingerichtet. – Sohn heidnischer Eltern, studiert leidenschaftlich Philosophie bei den Stoikern, Peripatetikern, Pythagoräern, vor allem bei den Platonikern (»Ich bemühte mich, alle Systeme kennenzulernen.«); bewundert die Todesverachtung der Christen, predigt nach seiner Bekehrung als Wanderlehrer im Philosophenmantel das Wort Gottes, knüpft auf öffentlichen Plätzen mit Menschen aus verschiedensten Ständen Gespräche an, gründet in Rom eine Schule, wird unter Kaiser Marc Aurel zum Tode verurteilt und stirbt den Märtyrertod.

Ein amtliches Gerichtsprotokoll berichtet über das Ende Justins in Rom. Zusammen mit sechs anderen Christen wird er zum Verhör vor den Stadtpräfekten Rustikus geführt, der schließlich alle geißeln und enthaupten läßt: »Rustikus sagte: Du bleibst also dabei, ein Christ zu sein? Justinus entgegnete: Ja, ich bin ein Christ. [...] Der Präfekt Rustikus sagte: Du nimmt also an, du werdest in den Himmel aufsteigen, um einen Lohn zu erlangen? Justinus antwortete: Das nehme ich nicht an, sondern ich weiß es und bin ganz davon überzeugt. Der Präfekt Rustikus sagte: Treten wir endlich an die hier vorliegende Sache heran, die drängt: Kommt und opfert einmütig den Göttern! Justinus antwortete: Keiner, der recht gesinnt ist, verläßt die Gottseligkeit, um zur Gottlosigkeit überzugehen. Der Präfekt Rustikus sagte: Wenn ihr nicht gehorcht, werdet ihr erbarmungslos gestraft werden. Justinus antwortete: Unser Wunsch ist, um unseres Herrn Jesu Christi willen gemartert und so selig zu werden; denn das wird uns Heil und Zuversicht sein vor dem schrecklichen Richterstuhle unseres Herrn und Heilandes, vor dem die ganze Welt erscheinen muß. [...] Der Präfekt Rustikus sprach also das Urteil: Die, welche den Göttern nicht opfern und dem Befehle des Kaisers nicht gehorchen wollten, sollen gegeißelt und zur Enthauptung abgeführt werden, wie die Gesetze es vorschreiben.«[2]

Steht die Philosophie der Griechen im Widerspruch mit der Wahrheit, die Gott den Christen offenbart hat? Was hat Athen mit Jerusalem zu tun? Die Antworten, die die frühen Apologeten (Verteidiger des Christentums) geben, fallen unterschiedlich aus und zeigen, wie wenig die christlichen Lehrmeinungen ursprünglich festgelegt sind.

Justin steht der antiken Philosophie aufgeschlossen und zustimmend gegenüber. Dem Menschengeschlecht sind bereits von Natur aus Samen des göttlichen Logos eingepflanzt, so daß der Logos schon immer keimhaft, wenn auch unvollkommen, wirksam war. Besonders kam er bei herausragenden Philosophen zum Vorschein: bei Heraklit, bei Sokrates, bei Platon, bei den Stoikern. Die besten griechischen Philosophen waren bereits Christen, ohne es zu wissen. »Alles, was Richtiges von wem auch immer gesagt worden ist«, schreibt Justin in seiner zweiten Apologie, »gehört uns Christen zu.«

Der ganze Logos aber erscheint erst in Christus, der die Vernunft Gottes selbst ist: »Daher ist offenbar unsere Religion erhabener als jede menschliche Lehre, weil der unsretwegen erschienene Christus der ganze Logos, sowohl Leib als auch Logos und Seele ist. Denn was auch immer die Denker und Gesetzgeber jemals Treffliches gesagt und gefunden haben, das ist von ihnen nach dem Teilchen vom Logos, das ihnen zuteil geworden war, durch Forschen und Anschauen mit Mühe erarbeitet worden. Da sie aber nicht das ganze des Logos, der Christus ist, erkannten, so sprachen sie oft einander Widersprechendes aus.«[3]

Für Justin ist der Logos also nicht gleichbedeutend mit der allgemeinen Weltvernunft im Sinne der Stoa, sondern tritt als göttliche Person in Erscheinung. Im Hintergrund stehen die Paulusbriefe und das Johannes-Evangelium: »Im Anfang war der Logos – das Wort, und das Wort war bei Gott, und Gott war das Wort. Dieses war im Anfang bei Gott. Alles ist durch dieses geworden, und ohne es wurde auch nicht eines von dem, was geworden. [...] Und das Wort wurde Fleisch und wohnte unter uns, und wir schauten seine Herrlichkeit, eine Herrlichkeit als des Eingeborenen vom Vater, voll Gnade und Wahrheit« (Joh 1, 1–14).

Justin gestaltet den Begriff der Philosophie um. Er übernimmt ihn von den Griechen und überträgt ihn auf die christliche Religion. Der Glaube setzt die Vernunft in den Besitz der höchsten Wahrheit, eine Wahrheit, die keines argumentativ erweisenden Wortes bedarf, weil sie sich auf Augenzeugen berufen kann. Im christlichen Glauben erlangt die Philosophie ihre Erfüllung, indem sie zur unzweifelhaften Gewißheit wird.

TERTULLIAN:
»Die Weisheit dieser Welt ist Torheit vor Gott.« [4]

Leben. * um 160 Karthago, † um 220 Karthago. – Sohn einer heidnischen Familie, ist rhetorisch gebildet, verspottet zunächst die Christen, bevor er sich ihnen anschließt; ist verheiratet und wahrscheinlich kein Priester; gründet die Sekte der Tertullianisten, die noch zur Zeit Augustinus' in Karthago eine eigene Basilika besitzt, und ist vor Augustinus der einflußreichste Kirchenvater des lateinischen Westens.

Tertullian steht der schroffen Verwerfung der Philosophie durch den Apostel Paulus nahe. Die Philosophen sind die Patriarchen der Häretiker, die Philosophie ist das Werk der Dämonen. Lediglich um die Ohren zu kitzeln, erklären die Philosophen voreilig die Natur und die Ratschlüsse Gottes, weshalb der Herr ihre Weisheit Torheit nennt.

Vor dem leeren Trug der Philosophen muß man sich hüten: »Du armer Aristoteles! Du hast sie die Dialektik gelehrt, die Meisterin im Aufbauen und Zerstören, die so verschmitzt ist in ihren Sätzen, so gezwungen in ihren angeblichen Schlüssen, so hart in ihren Beweisen, so geschäftig im Wortstreit, die, sogar sich selbst zur Last fallend, alles behandelt, um schließlich gar nichts behandelt zu haben!« [5]

Die Philosophie äfft in fruchtlosen Streitereien die Wahrheit bloß nach und verfälscht sie. Der Herr ist in der Einfalt des Herzens zu suchen: »Wir indes bedürfen seit Christus Jesus des Forschens nicht mehr, auch nicht des Untersuchens, seitdem das Evangelium verkündet worden. Wenn wir glauben, so wünschen wir über das Glauben hinaus weiter nichts mehr . Denn das ist das erste, was wir glauben: es gebe nichts mehr, was wir über den Glauben hinaus noch zu glauben haben.«[6] – Die Philosophen suchen die Wahrheit, die Christen besitzen sie.

Tertullian kann sich seinerseits von philosophischen Einflüssen nicht freimachen. In seine Auffassungen von Seele und Gott gehen stoische, materialistische Vorstellungen ein. Die Seele ist ihm ein materieller, luftartiger Körper. Auch Gott ist für ihn etwas körperlich Materielles, wegen seines Glanzes jedoch unsichtbar.

AUGUSTINUS:

(1) »Im inneren Menschen wohnt die Wahrheit.«[7]

(2) »Zwei Staaten wurden durch zweierlei Liebe begründet, der irdische durch Selbstliebe, der himmlische durch Gottesliebe.«[8]

Leben. *354 Thagaste (Afrika), †430 Hippo Regius (Afrika). – Heidnischer Vater, christliche Mutter, genießt seine Jugend (urteilt später über sein sechzehntes Lebensjahr: »Sumpf fleischlicher Begierde«, »Wahnsinn wilder Wollust«), erwirbt sich in Karthago eine umfassende antike Bildung, geht ein Konkubinat ein, dem der Sohn Adeodatus entstammt; Ciceros (nicht mehr erhaltenes) Buch »Hortensius« mit seinem Loblied auf die Philosophie entflammt seine leidenschaftliche Liebe zur Weisheit; er kommt zu der Überzeugung, daß das Glück nur in der Philosophie, nicht aber in irdischen Hoffnungen zu finden ist, schließt sich für neun Jahre der manichäischen Sekte an, die den Kampf zwischen dem Gott des Lichts und dem Gott der Finsternis lehrt (Begründer ist der persische Prophet Mani, 3. Jh.), lehrt erfolgreich Rhetorik in Thagaste, Karthago und Rom, ist enttäuscht über die Widersprüche des Manichäismus, fällt in eine Krise; die Ausweglosigkeit des Denkens treibt ihn zur akademischen Skepsis, Plotins »Enneaden« machen ihn zum (Neu-) Platoniker und bauen ihm eine Brücke zum christlichen Glauben, zu dem er sich aufgrund eines persönlichen, religiösen Erlebnisses bekehrt; läßt sich 387 taufen, wird 391 Priester und 395 Bischof von Hippo Regius in Nordafrika, wo er seine unermüdliche schriftstellerische Tätigkeit fortsetzt und bis zum Ende seines Lebens bleibt.

In seiner Autobiographie »Bekenntnisse« bringt Augustinus zum Ausdruck, wie sehr ihn seine Unentschiedenheit im

Denken quälte und welches einschneidende Erlebnis er im Alter von dreiunddreißig Jahren hatte: »Ich aber warf mich, weiß nicht wie, unter einen Feigenbaum zur Erde und [...] weinte in bitterster Zerknirschung meines Herzens. Und sieh, da höre ich vom Nachbarhause her in singendem Tonfall, ich weiß nicht, ob eines Knaben oder eines Mädchens Stimme, die immer wieder sagt: ›Nimm und lies, nimm und lies!‹ Sogleich wandelte sich meine Miene, und angestrengt dachte ich nach, ob wohl Kinder bei irgendeinem Spiel so zu singen pflegten, doch konnte ich mich nicht entsinnen, dergleichen je vernommen zu haben. Da ward der Tränen Fluß zurückgedrängt, ich stand auf und konnte mir's nicht anders erklären, als daß ich den göttlichen Befehl empfangen habe, die Schrift aufzuschlagen und die erste Stelle zu lesen, auf die meine Blicke träfen. [...] Ich griff sie auf, öffnete und las stillschweigend den ersten Abschnitt, der mir in die Augen fiel: ›Nicht in Fressen und Saufen, nicht in Kammern und Unzucht, nicht in Hader und Neid, sondern ziehet an den Herrn Jesus Christus und hütet euch vor fleischlichen Gelüsten.‹ Weiter wollte ich nicht lesen, brauchte es auch nicht. Denn kaum hatte ich den Satz beendet, durchströmte mein Herz das Licht der Gewißheit, und alle Schatten des Zweifels waren verschwunden.«[9]

(1) Augustinus ist der bedeutendste Kirchenvater der Patristik. Er ist ein ruheloser Sucher nach Wahrheit, nach dem Licht des »ganz Anderen«. Nach seiner Bekehrung durchdringt er seine christlichen Erfahrungen leidenschaftlich mit philosophischen Reflexionen. Lieben, Denken, Leben sind bei ihm ganz eins.

Abgeschieden vom Treiben dieser Welt führt Augustinus mit seiner Mutter kurz vor ihrem Tod ein christliches Gespräch. Sie werden sich klar darüber, daß der Mensch, um wahrhaft Mensch zu sein, sich von der äußeren Welt, von aller »fleischlichen Sinnenlust«, von aller Gier nach Ehre und Gelderwerb abwenden muß. An ein Fenster gelehnt, erfüllt von Sehnsucht nach dem wahren jenseitigen Leben, so berichtet Augustinus über den weiteren Fortgang des Gesprächs, gelingt ihnen der Aufstieg der Seelen über die Körperwelt hinaus zur Geistwelt bis hin zur ekstatischen Annäherung an die ewige Weisheit der Person Gottes: »Wir durchwanderten von Stufe zu Stufe die ganze Körperwelt und auch den Himmel, von dem Sonne, Mond und Sterne auf die Erde niederscheinen. Bald in stillem Sinnen, bald Worte wechselnd und deine Werke bewundernd, stiegen wir weiter empor und kamen in das Reich unserer Seelen. Auch dieses durchschritten wir und gelangten endlich zu dem Lande unerschöpflicher Fülle, wo du Israel auf grüner Aue der Wahrheit ewig weidest. Da ist Leben Weisheit, jene Weisheit, durch die alles wird, auch was einst war und künftig sein wird; aber sie selbst wird nicht, sondern ist so, wie sie war, und wird immer so sein. Vielmehr in ihr war nichts und wird auch nichts sein, sondern in ihr gibt's nur Sein, denn ewig ist sie. Aber gewesen sein und künftig sein, ist nicht ewig. Und da wir von ihr sprachen und nach ihr seufzten, berührten wir sie mit vollem Schlage unseres Herzens ein kleines wenig.«[10]

So sehr Augustinus auch vom Neuplatonismus beeinflußt ist, die ewige Weisheit, die er meint, ist nicht das namenlos göttliche Eine von Plotin, das sonnenähnlich leuchtende Hen, sondern der personhafte, mit »du« ansprechbare Gott. In Augustinus' mystischem Gespräch mit der Mutter heißt es deshalb weiter: »Dann kehrten wir zurück zum tönenden Laut unserer Sprache, wo die Worte Anfang und Ende haben. Denn was ist deinem Worte gleich, das über uns herrscht und, nie alternd, alles erneuernd, in sich selbst verharrt?«

Diese erlebte Seligkeit im Innersten der Seele, diese kontemplative Ruhe bei Gott, diese mystische Liebe zur Wahrheit bildet den persönlichen Hintergrund von Augustinus' ureigenem, existentiell gefärbtem Philosophieren. Der Weg führt nach innen: »Geh nicht nach außen, kehr zu dir selbst zurück. Im innern Menschen wohnt die Wahrheit.«[11]

Gott aber ist innen in der Seele nicht einfach vorhanden wie ein Ding in der Welt. Es gilt, sich selbst noch einmal zu überschreiten, über die eigene unzuverlässige Wandelbarkeit hinauszugehen, um dorthin zu gelangen, wo das Licht der eigenen Vernunft angezündet wird. »Aber bleibe dir bewußt, daß du, wenn du über dich hinausgehst, dich über die vernünftig denkende Seele hinausschwingen mußt.«[12] – Der Weg führt von draußen nach innen und weiter zu dem, was beides – Welt und Ich – umgreift und »innerlicher als mein eigenes Inneres« ist.

Augustinus' Philosophie der Innerlichkeit steht fest auf dem Boden des christlichen Glaubens. Durch Christus, die Heiligen Schriften und die Kirche wird den Menschen die göttliche Autorität *(auctoritas divina)* auf eine anschauliche Weise vermittelt. Die Wahrheit der Heiligen Schriften ist unfehlbar, weil Gott selbst in ihnen durch Christus spricht. Die Kirche setzt die Autorität Christi in die Gegenwart hinein fort. »Ich aber«, bekennt Augustinus einmal, »würde dem Evangelium nicht glauben, wenn mich nicht die Autorität der katholischen Kirche dazu bewegte.« Angesichts dieser Autoritäten – Christus, Heilige Schriften, Kirche – ist jede weltliche, ungläubige Philosophie ohnmächtig und unzulässig. Der Glaube geht voraus, die Einsicht folgt nach. »Zuerst muß man den Nacken unter die Autorität der Heiligen Schriften beugen, damit man durch den Glauben zur Einsicht gelange.«[13]

(2) Augustinus verteidigt in seinem Werk »Über den Gottesstaat« das Christentum gegen den Vorwurf, es trage die Schuld am Verfall des römischen Staates. Er sucht die empirischen, historischen Ereignisse sowie die sündhafte Natur des Menschen vor dem Hintergrund der gesamten Heilsgeschichte zu erhellen und zu deuten.

»Gott sah alles, was er gemacht hatte, und fürwahr, es war sehr gut« (Gen 1, 31). Gottes Schöpfung aus dem Nichts ist der absolute Grund für die Gutheit der gesamten Natur. Auch der Mensch ist gut erschaffen worden.

Jedoch: Der Mensch hat im Paradies seinen freien Willen verkehrt gebraucht und sich von Gott abgewandt, weshalb das Menschengeschlecht an seiner Wurzel verfault ist. Durch eigene Schuld verderbt und dafür von Gott auf gerechte Weise verdammt, führt der Mensch in seinem täglich sterbenden Leib, in seinem »Lauf zum Tode«, ein jammervolles Leben bis zum endgültigen Untergang im Jüngsten Gericht. Auf dieses deutet der Heiland mit den Worten hin: »Fürchtet euch vor dem, der Leib und Seele verderben kann in der Hölle« (Mt 10, 28). Von der ewigen Verdammnis sind nur diejenigen ausgenommen, die durch Gottes Gnade, obgleich sie es nicht verdient haben, erlöst werden.

Durch den Sündenfall verlor die Seele ihre frühere Herrschaft über den Leib. »Damals also fing das Fleisch an, ›zu gelüsten wider den Geist‹, und mit diesem Widerstreit sind wir geboren.« Der gefallene Mensch hat verderbte und verdammte Nachkommen erzeugt. Das Unheile, das Krankhafte, das Faule liegt bereits darin, daß die ganze Nachkommenschaft einen wollüstigen Leib hat und fleischliche Lust empfindet.

Augustinus stellt im »Gottesstaat« die Ohnmacht des Geistes nachdrücklich und ausführlich am Beispiel der Zeugung dar. Die Paradiesmenschen konnten ihre Genitalien vollständig durch den Willen beherrschen. Nicht einmal eine unwillkürliche Erektion des männlichen Gliedes gab es. Ohne Sündenfall würden sich die Menschen der Zeugungsglieder ausschließlich aufgrund eines freien Willensentschlusses und in voller Absicht bedienen, ohne Erregung durch »krankhafte Lust« – so wie »einige ihre Ohren bewegen« können. »Durch denselben Willensantrieb wären die fraglichen Glieder bewegt worden wie die übrigen, und ohne den Stachel brünstigen Begehrens, in voller Ruhe des Geistes und Körpers und ohne Verletzung ihrer Unversehrtheit, hätte der Gatte seines Weibes Schoß befruchtet.«[14] – Augustinus fügt hinzu: »Kann man auch keinen Erfahrungsbeweis dafür liefern, so muß man es doch glauben.«

Die Seele hat ihr ursprünglich ruhevolles Wollen verloren. Sie kann die ererbte »sündige Lust« nicht tilgen, sie kann sie bestenfalls niederhalten. Zwiespalt, Widerstand, Streit, Unterdrückung kennzeichnen die Dynamik der Seele, die zwischen selbstsüchtiger Liebe zu den Dingen dieser Welt und der selbstlosen Liebe zu Gott hin und her gerissen ist. Alles hängt von der »Beschaffenheit des Willens« ab. Erkenntnis, philosophische Einsicht etwa, spielt hierbei eine geringe Rolle. Die göttliche Gnade allein kann den durch die Erbsünde verkehrten Willen, sein Ausgerichtetsein auf das Böse hin, umkehren und ihm dadurch eine andere, eine kraftvolle, himmlische Beschaffenheit verleihen. Einigen wird diese Gnade unverdientermaßen auf unverstehbare Weise zuteil.

Hinter den beiden Richtungen der Liebe – Gottesliebe und Ichliebe – steht der absolut unversöhnliche Kampf zweier unsichtbarer Reiche: des Gottesstaates *(civitas dei)* und des irdischen oder teuflischen Staates (*civitas terrena* oder *civitas diaboli)*. Zum Teufelsstaat gehören die von Gott abgefallenen Engel und die nicht zur Erlösung vorherbestimmten Menschen. Der Gottesstaat umfaßt die Engel, die Heiligen und die Erwählten. Die sichtbaren Erscheinungsformen beider Staaten können sich überschneiden, sind aber im wesentlichen Kirche und irdischer Staat (z. B. Rom).

Die Liebe – die Willensrichtung – ist das Prinzip der Staatsgründung: »Demnach wurden die zwei Staaten durch zweierlei Liebe begründet, der irdische durch Selbstliebe, die sich bis zur Gottesverachtung steigert, der himmlische durch Gottesliebe, die sich bis zur Selbstverachtung erhebt. Jener rühmt sich seiner selbst, dieser ›rühmt sich des Herrn‹. Denn jener sucht Ruhm von Menschen, dieser findet seinen höchsten Ruhm in Gott, dem Zeugen des Gewissens. Jener erhebt in Selbstruhm sein Haupt, dieser spricht zu seinem Gott: ›Du bist mein Ruhm und hebst mein Haupt empor.‹ In jenem werden Fürsten und unterworfene Völker durch Herrschsucht beherrscht, in diesem leisten Vorgesetzte und Untergebene einander in Fürsorge und Gehorsam liebevollen Dienst.«[15]

Die Geschichte der Welt ist die Geschichte der vollständigen Absonderung beider Reiche. Der einmalige Ablauf der Weltgeschichte erfolgt analog den sechs Schöpfungstagen in sechs Stufen oder Weltaltern: von Adam bis zur Sintflut, bis zu Abraham, bis zu David, bis zur Babylonischen Gefangenschaft, bis zu Christus, bis zum Weltende. Am siebten Tag sind beide Reiche vollständig voneinander geschieden: Auf der einen Seite stehen die, die Gott zur ewigen Seligkeit vorherbestimmt hat – auf der anderen die, die mit ewiger Verdammnis gerecht bestraft werden.

Die Verwirklichung des Gottesstaates mit der Erlösung seiner Bürger ist das gottgewollte Ziel und Ende aller Geschichte: die Erfüllung des heilsgeschichtlichen Zwecks. »Das siebte [Weltalter] aber«, sagt Augustinus am Schluß seines »Gottesstaates«, »wird unser Sabbat sein, dessen Ende kein Abend ist, sondern der Tag des Herrn, gleichsam der achte ewige, der durch Christi Auferstehung seine Weihe empfangen hat und die ewige Ruhe vorbildet, nicht nur des Geistes, sondern auch des Leibes! Dann werden wir stille sein und schauen, schauen und lieben, lieben und loben. Das ist's, was dereinst sein wird, an jenem Ende ohne Ende. Denn welch anderes Ende gäbe es für uns, als heimzugelangen zu dem Reich, das kein Ende hat?«[16]

ANSELM VON CANTERBURY:
»Der Glaube sucht einsichtig zu werden.« [17]

Leben. *1033 Aosta, †1109 Canterbury. – Seine Eltern sind von altem Adel; er entschließt sich nach einem mehrjährigen Wanderleben in Frankreich gegen den Willen des Vaters, Mönch zu werden, tritt 1060 zu Bec in der Normandie in ein Benediktinerkloster ein, wird 1063 Prior, 1073 Abt des Klosters, kämpft um die Rechte der Kirche mit den Königen Wilhelm II. und Heinrich I.; auf einer Englandreise wird er gezwungen, das Amt des Erzbischofs von Canterbury anzunehmen; mit Gewalt wird seine Hand geöffnet und um den Bischofsstab gelegt; ungeachtet seiner Proteste wird er in die Kirche getragen und muß die Zeremonie über sich ergehen lassen.

Nach vierjähriger Amtszeit schreibt er an den Papst: »Vielen ist es bekannt, Heiliger Vater, daß ich mit Gewalt und sehr gegen meinen Willen und trotz meines Widerspruchs für den Bischofssitz in England eingefangen und dort festgehalten worden bin, und wie sehr ich den Leuten vorgehalten habe, daß meine Wesensart, mein Alter, meine Schwäche, meine Unkenntnis so gar nicht zu diesem Amte passen. [...] Nun bin ich schon vier Jahre Erzbischof – und habe gar nichts erreicht. Ich habe nutzlos gelebt, in maßloser und abscheulicher Wirrsal der Seele, so daß ich Tag für Tag lieber fern von England zu sterben wünsche als dort zu leben.« [18] – Von der Last des ungewollten Amtes wird er nicht mehr befreit.

Anselms Wort – »Der Glaube sucht einsichtig zu werden« – kennzeichnet über weite Strecken den Standpunkt der Scholastik. Der Glaube sucht nach dem Verständnis seiner selbst. Zwar ist er dem Denken vorgeordnet, doch das Denken bemüht sich, das Geglaubte rational zu begreifen, soweit dies möglich ist. Die Scholastik betrachtet die Offenbarung in ihrem Verhältnis zur Vernunft.

In diesem Sinne redet Anselm im ersten Kapitel des »Proslogion« wißbegierig Gott an: »Ich versuche nicht, Herr, Deine Tiefe zu durchdringen, weil mein Geist dieser in gar keiner Weise gewachsen ist; aber ein wenig möchte ich Deine Wahrheit verstehen, die mein Herz glaubt und liebt. Auch will ich nicht verstehen, um zu glauben, sondern ich glaube, um zu verstehen [*credo, ut intelligam*]. Und ich glaube auch dies: nie könnte ich verstehen, wenn ich nicht glaubte.«[19]

Anselm fragt, ob sich durch bloßes Nachdenken ein Argument finden läßt, das – unabhängig von der Heiligen Schrift – zwingend darlegen kann, daß Gott in Wahrheit ist. Der gesuchte Gottesbeweis setzt den Glauben bereits voraus, will ihn aber jetzt beiseite lassen, um mit einem vernünftigen Argument auch ungläubige »Toren« überzeugen zu können.

Das Argument, das charakteristischerweise mit einem längeren Gebet anfängt und schließt, lautet: Unter Gott versteht man »etwas, über das hinaus nichts Größeres gedacht werden kann«. Dies ist, sagt Anselm, der übliche Wortgebrauch, und aus ihm läßt sich logisch schlüssig beweisen, daß Gott existiert. Denn Gott wäre nicht das Wesen, über das hinaus nichts Größeres gedacht werden kann, wenn er einen Mangel hätte, wenn ihm etwas fehlen würde: die Existenz.

Anselm führt aus: »Das, worüber hinaus Größeres nicht gedacht werden kann, kann nicht nur im Denken sein. Ist es nämlich nur in unserem Denken, so kann man sich es auch als wirklich seiend vorstellen; das aber ist mehr (als bloß in Gedanken wirklich sein). Wenn also das, worüber hinaus Größeres nicht gedacht werden kann, nur im Denken ist, so ist eben das, worüber hinaus Größeres nicht gedacht werden kann, etwas, über das hinaus etwas Größeres denkbar ist. Dies ist aber offenbar unmöglich. Daher ist zweifellos etwas, worüber hinaus Größeres nicht gedacht werden kann, sowohl dem Denken als der Sache nach wirklich.«[20]

Die Dialektik des Denkens, das heißt die Logik der Schlußfolgerungen, zwingt zur Einsicht, daß das, über dem Größeres nicht gedacht werden kann (Gott), nicht nur im Verstand desjenigen existieren kann, der Gott denkt. Gott ist mehr als ein Gedankengebilde, mehr als ein Hauch der Stimme. Andernfalls wäre der Gedanke, daß Gott zudem noch in Wirklichkeit existiert, größer – und der erste Gedanke hätte gar nicht das zum Inhalt gehabt, was er vorgab, nämlich etwas, über dem Größeres nicht gedacht werden kann. Anselm zieht daraus die Schlußfolgerung: Gott existiert wahrhaft.

Gott existiert nicht nur, es läßt sich nicht einmal *denken*, daß er nicht existiert: »Dank sei Dir, Herr, Dank sei Dir, dafür, daß ich durch Dich erleuchtet erkenne, was ich früher durch Dich beschenkt schon geglaubt habe; wollte ich auch an Dein Dasein nicht glauben, so wäre ich doch außerstande, es nicht zu erkennen.«[21]

Glaube und Einsicht stimmen widerspruchslos überein. Der Glaube ist vor der eigenen Vernunft gerechtfertigt. Voll freudiger Dankbarkeit wendet sich Anselm im letzten Kapitel des »Proslogion« noch einmal direkt an Gott: »Ich habe eine Fülle der Freude gefunden. [...] Ich bete zu Dir, Herr, daß ich Dich erkenne, Dich liebe, an Dir mich freue. Und wenn ich es in diesem Leben nicht voll und ganz vermag, lasse mich dahinwandern meine Tage, bis die Fülle der Freude kommt. Möge meine Erkenntnis von Dir hier sich vertiefen und dort sich vollenden; meine Liebe zu Dir hier wachsen und dort sich erfüllen, meine Freude hier groß sein in der Hoffnung und dort voll in der Wirklichkeit.«[22]

PETER ABAELARD:
»Ja und Nein.« (sic et non)[23]

Leben. *1079 bei Nantes, †1142 Kloster St. Marcel bei Châlon; Petrus Abaelardus ist sein lateinischer Name. – Verzichtet als Sohn eines Ritters auf den Glanz des Rittertums (»für die Waffen der Logik gab ich die Ritterwaffen dahin«) und entscheidet sich für die Wissenschaften, Schüler u.a. des Begriffsnominalisten Roscellin und des Begriffsrealisten Wilhelm von Champeaux; weil er seinen Lehrern überlegen ist, schafft er sich Neider und Feinde (»das erste Glied der Leidenskette«), sammelt eine große begeisterte Schülerschar um sich (»Ich bildete mir ein, ich sei der einzige Philosoph der Welt.«); 1117/18 Liebesaffäre mit seiner Schülerin Heloïsa (»Ich war damals so schwer erkrankt – Hoffart und Sinnlichkeit heißen die Krankheiten -, daß Gottes Gnadenhand eingreifen mußte.«); Heloïsa wird schwanger, nach der Geburt des Sohnes Astrolabius und der heimlichen Heirat folgt die Rache von Heloïsas Onkel, der Abaelard kastrieren läßt; das bedeutet das Ende seiner geistlichen Laufbahn; Abaelard und Heloïsa treten in Klöster ein, Abaelard nimmt seine Lehrtätigkeit wieder auf, muß demütigende Anklagen wegen seines Buches »Über die Dreieinigkeit« erdulden (»Ich trat vor das Konzil. Sie zwangen mich, mein Buch selbst ins Feuer zu werfen. [...] Die ruchlose Tat von damals [Kastration] erschien mir unbedeutend neben der Rechtsbeugung, die das Konzil an mir begangen hat, und ich beklagte die Schändung meines wissenschaftlichen Namens noch leidenschaftlicher als die meines Leibes.«), flieht wegen erneuter Anklagen, wird Abt in einem Kloster in der Bretagne; seine strengen Reformversuche werden mit Mordanschlägen beantwortet; er gründet eine Einsiedelei, die er später der Äbtissin Heloïsa schenkt, ist Verleumdungen ausgesetzt; 1140 Verurteilung seiner Lehre durch das Konzil zu Sens (»Oft war ich so verzweifelt, daß ich erwog, den Ländern der Christenheit den Rücken zu kehren und zu den Heiden zu gehen, um dort in Ruhe und Frieden [...] unter den Feinden Christi christlich zu leben.«).[24]

Über seine Liebe zu Heloïsa und ihre Folgen schreibt Abaelard in seiner »Leidensgeschichte«: »Während der Unterrichtsstunden hatten wir vollauf Zeit für unsere Liebe; und wenn Liebende sich wohl nach einem stillen Fleck sehnen, wir brauchten uns dafür nur zur Versenkung in die Wissenschaften zurückzuziehen. Die Bücher lagen offen da, Frage und Antwort drängten sich, wenn die Liebe das bevorzugte Thema war, und der Küsse waren mehr als der Sprüche. Meine Hand hatte oft mehr an ihrem Busen zu suchen als im Buch, und statt in den wissenschaftlichen Textbüchern zu lesen, lasen wir sehnsuchtsvoll eins in des anderen Auge. [...] In unserer Gier genossen wir jede Abstufung des Liebens, wir bereicherten unser Liebesspiel mit allen Reizen, welche die Erfinderlust ersonnen. Wir hatten diese Freuden bis dahin nicht gekostet und genossen sie nun unersättlich in glühender Hingabe, und kein Ekel wandelte uns an.«

»Aber«, so berichtet Abaelard über die Zeit nach ihrer heimlichen Heirat, »Heloïsas Oheim und seine Sippe konnten es immer noch nicht verwinden, daß ich Schimpf und Schande über ihre Familie gebracht. [...] Die Erbitterung dieser Leute wurde so stark, daß sie mein Verderben beschlossen. Mein Diener ließ sich bestechen und führte sie eines Nachts, als ich ganz ruhig schlief, in meine Kammer. Und nun nahmen sie an mir eine Rache, so grausam und so beschämend, daß die Welt erstarrte: sie schnitten mir von meinem Leib die Organe ab, mit denen ich sie gekränkt hatte. Auf der Flucht erwischte man zwei der Gesellen; sie wurden geblendet und außerdem auch entmannt; der eine war mein Diener. [...] Blieb mir überhaupt noch ein Weg offen, konnte ich es wagen, vor dem Publikum zu erscheinen, wenn alle mit dem Finger auf mich zeigen mußten und ihre Zungen an mir wetzten? Kurz gesagt, ich war für jedermann ein ungeheuerliches Schaustück. Und von der Meinung der Menschen einmal ganz abgesehen – mich ängstete Gottes Gesetz: nach seinem unerbittlichen Wortlaut sind Eunuchen ein Greuel vor dem Herrn.«[25] [»Zur Gemeinde des Herrn darf keiner kommen, der verstümmelte Hoden oder Geschlechtsteile hat.« (Dt 23, 2)]

Was soll geglaubt werden? Wie sieht der richtige Glaube aus? Der Glaube soll ein vernünftiger, kein blinder sein.

Die Dialektik – hier ist die aristotelische Logik gemeint – kommt dem Glauben zu Hilfe, um zu entscheiden, was die Heilige Schrift und die Kirchenväter wirklich meinen. Es ist nutzlos, sich auf dogmatische Formeln der Autoritäten zu berufen, wenn sie niemand mehr eindeutig versteht. Entweder haben die Worte eine bestimmte Bedeutung, oder sie sind nur Laute ohne Sinn. Die logische Analyse des sprachlichen Ausdrucks, die den historischen Abstand von Leser und Schriften mitberücksichtigt, leistet daher einen textkritischen Beitrag, ohne den der sinnverstehende Glaube nicht existieren kann.

Diese Textkritik führt zu einer gewichtigen Entdeckung: Die Autoritäten sind voll von Widersprüchen. So stimmen die Kirchenväter denselben Lehrsätzen z. B. über den Glauben, die Sakramente, die Liebe, einmal zu, ein andermal nicht. Der eine sagt: »ja« *(sic)*, der andere: »nein« *(non)*. Bisweilen auch sagt derselbe Kirchenvater über denselben Sachverhalt einmal: »ja«, ein andermal: »nein«.

Abaelard stellt in seiner Schrift »Sic et Non«, einem dicken Folianten, 158 derartige Widersprüche der Kirchenväter zusammen. Er fügt zu diesen mit über 1.800 Zitaten versehenen Streitfragen (*quaestiones*) außer einer Vorrede nichts hinzu. Ohne jeden Versuch einer Harmonisierung überläßt er provokativ zukünftigen Lesern die Befreiung ihres Glaubens von der erdrückenden Last historisch aufgetürmter Widerspruchsmassen.

Wer hat recht? Was muß geglaubt werden? Die Entscheidung zwischen Wahrem und Falschem kann nur die Dialektik treffen. Der Glaube steht vor dem Problem, daß der ursprüngliche Sinn der Heiligen Schrift durch Interpretationen erst ermittelt werden muß.

Abaelard erzählt eine kleine Episode, die seine antitraditionelle, textkritische Einstellung beleuchtet. Eines Tages besucht Alberich von Reims, der Leiter der dortigen Domschule, zusammen mit seinen Studenten Abaelard, um ihm eine Falle zu stellen: »Alberich machte zuerst ein paar höfliche Redensarten, aber dann kam er heraus mit einem Satz, den er in meiner Schrift [«Über die Einheit und Dreieinigkeit»] angestrichen hatte: Gott habe Gott gezeugt; aber da es doch nur den einen Gott gäbe, wie ich denn da erstaunlicherweise bestreiten möge, daß Gott sich selbst gezeugt habe? Ich warf ihm rasch ein: ›Ich werde das vernunftgemäß begründen, wenn Ihr es wollt.‹ Alberich lehnte das ab: ›In solchen Fragen kommt es gar nicht auf die menschliche Vernunft und auf unser Meinen an, sondern nur auf die maßgeblichen Zeugnisse unserer Kirchenväter.‹«[26]

Wenn Abaelard den Sachverhalt »vernunftgemäß begründen« will, macht er Alberich das Angebot, erklären zu wollen, wie der umstrittene Satz rational zu verstehen sei. Alberich ist aber nicht an der Bedeutung, am Sinn, interessiert, sondern er klebt am Buchstaben, am Wort. Hauptsache ist, die Autorität eines Kirchenvaters hat entschieden.

Abaelard fährt mit seiner Episode fort: »Da gab ich ihm zur Antwort: ›Schlagt das Blatt um, und Ihr werdet das gewünschte Väterzeugnis finden!‹ Alberich hatte das Buch nämlich mitgebracht, und so brauchte ich nur die eine Stelle zu suchen, die ich kannte, die aber er übersehen hatte vor lauter Eifer, Belastungsmaterial zu finden. Und Gott ließ mich schnell entdecken, was ich suchte; ich hatte den Satz mit der Stellenangabe – Augustinus, ›Über die Dreifaltigkeit‹, Buch I – zitiert: ›Wer da glaubt, Gott habe die Macht, sich selbst zu erzeugen, der irrt gewaltig: diese Fähigkeit kommt Gott nicht zu, sie kommt überhaupt keiner geistigen oder leiblichen Kreatur zu; es gibt schlechthin nichts, was sich selbst erzeugt.‹ Alberichs Schülern, die das mit anhören mußten, war diese Abfuhr so peinlich, daß sie nichts herausbrachten; Alberich selbst mußte doch das Gesicht wahren und meinte: ›Nun schön, das kann man ja verstehen.‹ Und da versetzte ich es ihm nun: es sei das zwar eine alte Weisheit, aber im Augenblick komme es darauf gar nicht an; Alberich suche ja doch nur die Worte und nicht den tieferen Sinn. Wenn er aber sich auf den wirklichen, tieferen Sinn dieser Frage hinführen lassen wolle, dann könne ich ihm an seinen eigenen Worten nachweisen, daß er der Ketzer sei mit seiner Lehre, Gott Vater sei sein eigener Sohn. Ich hatte kaum ausgeredet, da fuhr Alberich vor Wut schäumend hoch: Meine Vernunftgründe und meine schönen Kirchenväterzitate sollten mir jetzt gar nichts mehr nützen! Unter solchen Drohungen brach er seinen Besuch ab.«[27]

Abaelard liebt die Turniere der Logik. Indem er die Dialektik verteidigt, verstärkt er das Interesse an Aristoteles, von dem bis zu diesem Zeitpunkt nur die logischen Schriften ins Lateinische übersetzt und bekannt sind. Mit Abaelard beginnt der mittelalterliche Aristotelismus.

»Es heißt«, schreibt Abaelard in einem Brief, »ein Fuchs habe an einem Baume Kirschen erblickt und versucht, an ihm hinaufzuklettern und sich an ihnen zu laben. Da er nicht heranlangen konnte und herunterfiel, sagte er zornig: Ich mag die Kirschen nicht, sie schmecken ja ganz abscheulich. So schmähen auch gewisse Lehrer unserer Zeit die Kraft der dialektischen Begründungen, weil es bei ihnen soweit nicht langt; darum halten sie alle Lehren der Dialektik für Sophismen und betrachten sie mehr als Täuschungen denn als Begründungen. Diese blinden Führer von Blinden wissen nicht, wie der Apostel sagt, wovon sie reden, noch worüber sie etwas behaupten; was sie nicht kennen, verdammen sie, was ihnen unbekannt ist, klagen sie an. Sie halten einen Genuß für lebensgefährlich, den sie nie verkostet haben. Was sie nicht einsehen, heißen sie Torheit; was sie nicht begreifen können, halten sie für Wahnsinn. Da wir solche nicht durch die Vernunft widerlegen können – sind sie ja ohne Vernunft -, so wollen wir wenigstens ihren Hochmut dämpfen durch Zeugnisse der Heiligen Schrift, auf die sie sich doch besonders zu stützen vorgeben.«[28]

AVERROËS (MOHAMMED IBN RUSCHD): *»Die Lehre des Aristoteles ist höchste Wahrheit.«*[29]

Leben. *1126 Cordoba, †1198 Marrakesch. Ibn Ruschd ist der arabische Name des Philosophen. – Entstammt einer Richterfamilie, studiert islamische Theologie, Rechtswissenschaft und Medizin, stellt 1153 in Marrakesch astronomische Beobachtungen an; wird von dem Herrscher Abu Jakub Jusuf beauftragt, das gesamte Werk von Aristoteles zu kommentieren, wird 1169 Richter in Sevilla, 1182 Leibarzt des Kalifen Al-Mansur; wird beschuldigt, die antike Philosophie zum Nachteil des Islams zu pflegen, und verbannt, seine Bücher werden verbrannt; er kommt nach einiger Zeit wieder zu Ansehen.

Averroës berichtet über folgende Episode aus seinem Leben, die darauf hinweist, wie bedeutend für die mittelalterliche, orientalische Philosophie die metaphysische Frage ist, ob die Welt ewig (ohne Anfang) oder geschaffen sei. Als Averroës dem Herrscher Abu Jakub Jusuf vorgestellt wird, fragt ihn dieser: »Was meinen die Philosophen bezüglich der Welt? Halten sie sie für anfanglos oder für geschaffen?« Averroës gibt in ängstlicher Bestürzung und Verwirrung eine ausweichende Antwort. In seinen Aristoteles-Kommentaren vertritt er dagegen die – für den Islam wie für das Christentum unannehmbare – These von der Ewigkeit der Welt.[30]

Die arabisch-islamische Welt macht bis etwa Anfang des 13. Jahrhunderts das Abendland mit dem ganzen Aristoteles bekannt und fördert dadurch die Blütezeit der Hochscholastik. Averroës, der in seinen Kommentaren das originale Denken von Aristoteles darzulegen und zu erläutern sucht, ist einer der großen Mittler. Er gilt für das 13. Jahrhundert als »der Kommentator« des Aristoteles schlechthin. Seine Schriften zeigen, wie sehr auch das Morgenland um ein harmonisches Verhältnis von Glauben und Wissen bemüht ist.

Wahre Religion und höchste Vernunft – Koran und Aristoteles – sind vereinbar. Der Koran enthält die von Gott selbst erteilten Offenbarungen, und die Lehre des Aristoteles ist höchste Wahrheit. Der große Aristoteles wurde den Menschen durch die göttliche Vorsehung zuteil, damit sie wissen können, was zu wissen möglich ist. »Die Philosophie ist die Freundin der Religion und ihre Milchschwester.«[31]

Der Koran ermuntert, ja, verpflichtet die mit Einsicht Begabten, über die Pracht des Himmels und der Erde nachzudenken. Die Irrlehren einzelner Philosophen sind nicht der Philosophie insgesamt anzulasten. »Ja, wir sagen, ein Mann, der das Studium der Bücher über Philosophie einem Würdigen verbietet, weil man von gewissen gemeinen Individuen glaubt, daß sie in Folge des Studiums dieser Bücher in Irrtum gefallen sind, ist wie einer, der dem Durstigen verbietet, frisches süßes Wasser zu trinken, so daß er stirbt, weil einige am Wasser erstickt sind und so den Tod gefunden haben; denn der Tod durch Ersticken am Wasser ist etwas Zufälliges, der Tod in Folge des Durstes aber wesentlich und naturnotwendig.«[32]

Ist es den Alten der antiken Philosophie schon vor dem Auftreten des Islam gelungen, gültige und unbezweifelbare Ergebnisse auf vielen Gebieten zu erlangen, so geziemt es sich, ihre Bücher zu studieren. »Ist etwas davon mit der Wahrheit übereinstimmend, so haben wir es anzunehmen, uns darüber zu freuen und ihnen zu danken.«[33]

Beim Koran muß zwischen Wortlaut und Interpretation unterschieden werden. Mit dem häufig gleichnishaften Wortlaut hat es die populäre Theologie zu tun, die Rücksicht nimmt auf die Aufnahmefähigkeit der Gläubigen. Die Interpretationen des Wortlauts durch wenige auserwählte

Philosophen dürfen der großen Masse nicht mitgeteilt werden. Ihr ist vielmehr zu sagen, daß der Wortlaut der religiösen Texte dunkel sei und nur dem einigen, allmächtigen, allwissenden Gott das Wissen über sie zustehe. Bloß Gott kenne die Interpretation des Korans. Die auf diese Weise belehrte Masse gelangt durch Gottesfurcht – ohne Philosophie – zur Gesundheit der Seele. Der Koran weist diesen Weg des Glaubens durch religiöse Handlungen. So heißt es zum Beispiel: »O Gläubige, auch eine Fastenzeit ist euch wie euren Vorfahren vorgeschrieben, damit ihr gottesfürchtig bleibt.«[34]

Anders der Weg des Wissens. – Der größte Philosoph aller Zeiten ist Aristoteles, »der Weise«, »der Philosophie erster Meister«. Die Kommentierung seiner Werke dient der Wiedergewinnung seiner authentischen Lehre, die durch Interpretationen im Lichte neuplatonischer Quellen, durch verschiedene griechische und arabische Analysen, durch unangemessene Harmonisierungsversuche sowie durch Nachahmungen verfälscht worden war. Entscheidend ist: Lehrt der Koran scheinbar etwas Nichtvernünftiges, so muß der Wortlaut des religiösen Textes in dem Sinne ausgelegt werden, den die Vernunft – das heißt: Aristoteles – fordert. Die richtige Koraninterpretation und die unverfälschte ursprüngliche Lehre des Aristoteles stimmen überein: »Die Wahrheit kann der Wahrheit nicht widersprechen.«[35]

Averroës vertritt also nicht die Lehre von der sogenannten »doppelten Wahrheit«, wonach etwas philosophisch wahr, theologisch aber falsch sein könne. Diese Lehre wird erst im 13. und 14. Jahrhundert von den lateinischen Anhängern von Averroës, den »Averroisten«, aufgestellt.

Der Gott des Aristoteles – der unbewegte Beweger – und der Gott des Koran – der allbarmherzige Allah – meinen dasselbe ewig bewegende Prinzip, um dessentwillen die materielle Welt, die keinen Anfang hat, in ewiger Bewegung ist. »Der Koran widerspricht in keiner Weise einer anfanglosen Kette von zeitlichen Dingen.«[36] Die Philosophen vermeiden es jedoch, die Welt populär-theologisch, das heißt in der Sprache der großen Masse, »geschaffen« zu nennen.

Averroës führt aus: »Das Weltall ist ein (Harmonisches und) *Einheitliches* nur durch die Existenz eines *einzigen* ersten Prinzips (Einheit der *Ordnung*). Sonst könnte die Einheit im Weltall nur *per accidens* [durch Zufall] existieren, oder es ergäbe sich, daß sie überhaupt nicht vorhanden sei. Kurz, das Weltall verhält sich wie die Stadt edler Bürger. Wenn dieselben auch viele leitende Autoritäten (›Führerschaften‹) besitzen, so bilden diese doch eine kontinuierliche Kette, die hinführt zu einer einzigen (obersten) Leitung, und erstreben ein *einziges* Ziel. Sonst könnte die Stadt nicht eine einheitliche und harmonisch geordnete sein. Ebenso wie aus diesem Grunde die Stadt ihren dauernden Bestand erhält, verhält es sich auch im Weltall.«[37]

THOMAS VON AQUIN:
»Gott tut alles wegen eines Zieles.« [38]

Leben. *um 1225 auf dem Schloß Roccasecca (Süditalien), †1274 im Kloster Fossanuova. – Sohn eines wohlhabenden Grafen, im einsam gelegenen Benediktinerkloster Monte Cassino erzogen, nimmt 1239 in Neapel ein allgemeinbildendes Studium auf, tritt 1244 gegen den Willen seiner Familie in den Bettelorden der Dominikaner ein, wird daraufhin von seinen Brüdern mehrere Monate lang gefangen gehalten, bis seine Schwester ihn befreit; 1245–1248 Schüler von Albertus Magnus an der Universität von Paris, folgt seinem Lehrer an die Universität von Köln (1248–1252), lehrt seit 1252 in Paris, Rom und Neapel Theologie, 1259–1268 Hoftheologe des Papstes Urban VI.; macht sich mit neuen Aristotelesübersetzungen vertraut, 1269 Berufung nach Paris mit dem Auftrag, den Kampf gegen den Einfluß des islamischen Aristotelikers Averroës (Mohammed ibn Ruschd) aufzunehmen, stirbt auf dem Weg nach Lyon zu einem Konzil. – 1323 Heiligsprechung; 1879 wird die Lehre von Thomas durch eine päpstliche Enzyklika als verbindlich für die katholische Theologie und Philosophie erklärt.

Thomas lebt seine Philosophie aus der stillen Tiefe religiöser Kontemplation. Sein Biograph Wilhelm von Tocco überliefert folgende Szene: »Als (der Bruder Thomas) über Isaias schrieb und die tiefen Geheimnisse des Propheten erklärend und schreibend ans Licht hob, stieß er auf einen Text jenes Buches, den er nicht verstand. Und da er keine Erklärung der Worte fand, die ihn befriedigte, legte er sich viele Tage lang Fasten und Gebet auf. Sein inständiges Gebet erlangte, daß Gott ihm mündlich seinen Zweifel löste, wie er es fromm im Gebete erfleht hatte. Denn eines Nachts hörte der vorgenannte Gefährte (Reginaldus) ihn, der tagsüber fromm gefastet hatte, mit jemandem sprechen, wußte aber nicht mit wem. Er vernahm zwar den Laut der Rede, verstand aber den Gegenstand nicht, um den das Gespräch sich drehte. Als das Gespräch beendet war, sagte der vorgenannte Lehrer zu seinem Gefährten: ›Mein Sohn Reginald, steh auf, zünde die Kerze an, nimm das Heft, in dem du über Isaias geschrieben hast, und mache dich noch einmal fertig zum Schreiben.‹ Dieser schrieb rasch auf, was der Lehrer mit solcher Leichtigkeit diktierte, als läse er in einem Buche. Nach einer Stunde sagte der Lehrer seinem schreibenden Bruder: ›Mein Sohn, geh nun schlafen, denn es bleibt noch viel Zeit übrig zur Ruhe.‹«[39]

Thomas von Aquin vereinigt Aristoteles, dessen Schriften durch die arabisch-islamische Philosophie zugänglich geworden sind, mit dem platonisch-neuplatonisch-augustinischen Gedankengut. Aristoteles, von dem eine positive Bewertung des Diesseits ausgeht, wird in das mittelalterlich-christliche Weltbild eingearbeitet. Mit der Verteidigung des Eigenrechts der natürlichen Vernunft fördert Thomas die Selbständigkeit der Philosophie.

Die Grundidee der mittelalterlichen Philosophie, die Thomas teilt und mit dem gesamten Wissen seiner Zeit umfassend entfaltet, lautet: Die Welt ist ein *Ordo*, eine göttliche Weltordnung, ein sinnvoll geordnetes Ganzes. Gott ist von allem die letzte Ursache und das letzte Ziel.

Die *letzte Ursache* ist Gott durch seine Schöpfung aus dem Nichts. Bei der Erschaffung der Welt hat er keine Urmaterie vorgefunden, die er gleichsam als Architekt gestaltet hätte. Gott hat die Welt auch mit ihrem Stoff ins Dasein gerufen. Auf diese Weise bleibt die Welt stets auf Gott als ihre letzte Ursache bezogen und nimmt fortwährend am Sein und Gutsein Gottes teil. Die Welt ist kein neutrales, z. B. physikalisches Faktum. Jedes Ding ist aufgrund seines von Gott verliehenen Seins etwas in sich werthaft Gutes. »Alles, was ist, und sei es auf welche Weise auch immer – sofern es seiend ist, ist es gut.« – Thomas stellt die Wirklichkeit und Gutheit der Natur heraus.

Das *letzte Ziel* ist Gott durch die Vernunftordnung seiner Schöpfung, deren Plan er in die Welt hineingelegt hat. Auf unterschiedliche Weise – sei es mit Erkenntnis, sei es ohne – strebt die ganze Welt auf Gott zu, der das höchste Gut ist. Alles ist von Gottes weiser Vorsehung dazu gemacht worden, daß es Gottes Sein und Gutsein ähnlich werde. »Alles Unvollkommene strebt zur Vollendung.« Der gesamten Natur ist das göttliche Ziel der Vervollkommnung eingeschrieben: »Da nun alle Naturdinge von dem ersten Beweger, und das ist Gott, mit einer gewissen natürlichen Neigung auf ihre Ziele hingewendet sind, so muß das, zu dem ein jedes von Natur aus geneigt ist, das sein, was von Gott gewollt oder beabsichtigt ist. Da aber Gott kein anderes Ziel seines Willens hat als sich selbst und da Er selbst das Wesen der Güte selbst ist: darum muß alles von Natur aus zum Guten geneigt sein.«[40]

Indem Gott sich seiner selbst erfreut, lenkt er alle Naturdinge auf sein Sein und sein Gutsein hin und verhindert zugleich ununterbrochen, daß die Welt ins Nichts zurückversinkt. – Gott kann daher auch nicht der Grund des Übels sein; das Übel ist ein Mangel an Vollkommenheit, keine für sich existierende Realität.

Die ganze Natur ist auf eine sinnvolle Weise zweckmäßig und zielgerichtet aufgebaut, teleologisch strukturiert. Schon empirisch läßt sich beobachten, daß in der Welt Ordnung und kein Chaos herrscht. Diese Beobachtung stellt auch ein stichhaltiges Argument für das Dasein Gottes dar: »In der Welt aber sehen wir, daß sich Dinge verschiedener Natur zu einer einzigen Ordnung zusammenfinden, und zwar nicht selten und zufällig, sondern immer oder doch meistens. Es muß also jemanden geben, durch dessen Vorsehung die Welt gelenkt wird: und diesen nennen wir Gott.«[41]

Das letzte Ziel des Menschen besteht darin, in der Erkenntnis Gottes selig zu werden. Der kontemplative Intellekt – nicht der liebende Wille im Sinne des Augustinus –

führt in der Schau Gottes zur höchsten Vervollkommnung, zur höchsten Verähnlichung mit Gott. Dieses Glück ist eingeschränkt schon zu Lebzeiten erfahrbar, völlig aber erst nach dem Tode.

Thomas stellt die Intellektualität des wahren Glücks heraus, betont die Erkenntnis der Vernunft als die wesentliche Seligkeit: »Das letzte Ziel des Menschen und jeder geistigen Substanz wird ›Glückseligkeit‹ oder ›Seligkeit‹ genannt: denn dies ist es, wonach jede geistige Substanz als dem letzten Ziel und nur um seiner selbst willen verlangt. Letzte Seligkeit und Glückseligkeit jeder geistigen Substanz ist es also, Gott zu erkennen. Daher heißt es bei Mt 5, 8: ›Selig, die reinen Herzens sind, denn sie werden Gott schauen.‹ Und bei Joh 17, 3: ›Das aber ist das ewige Leben, daß sie Dich, den wahren Gott, erkennen.‹ Mit dieser Lehre stimmt auch Aristoteles im letzten Buch der *Ethik* überein, wo er sagt, die letzte Glückseligkeit des Menschen sei betrachtend, insofern sie sich auf die theoretische Betrachtung des besten Betrachtbaren richte.«[42]

Vor diesem Hintergrund bestimmt Thomas das Verhältnis von Glaube und Wissen, von Theologie und Philosophie. Der Wahrheit des Glaubens steht die Wahrheit der Vernunft nicht entgegen. Die von Gott erschaffene Vernunft und der Glaube als Offenbarung Gottes gehen auf denselben Urheber zurück und können sich daher unmöglich widersprechen. Entscheidend bleibt für die menschliche Erkenntnis, wie sie die Welt anschaut: Ob sie in ihr nur äußere, ziellose Naturnotwendigkeiten aufgrund eines bloßen Ursache-Wirkung-Zusammenhangs erkennt, oder aber den inneren, vernünftigen Sinn-Zusammenhang, das heißt die universale, zu Gott hin ausgerichtete Ordnung. Eine Ordnung, in der Gott selbst – das Endziel – alles zu sich, zum Guten, herbeizieht.

Ein jedes Ding verkörpert etwas vom Sinn des Ganzen, kündet von der Größe Gottes. Denn es steht geschrieben: »Von der Herrlichkeit des Herrn ist sein Werk erfüllt.«[43]

MEISTER ECKHART:
»Mit dem Fünklein ist die Seele Gott gleich.«
(Mit dem fünkelin ist diu sele gote glich.) [44]

Leben. * um 1260 Hochheim (bei Gotha oder Erfurt), † 1327 auf dem Weg nach Avignon. – Sohn adliger Eltern, tritt mit siebzehn Jahren dem Dominikanerorden bei, studiert in Köln und Paris Theologie, erteilt in Paris theologischen Unterricht, wird 1302 Professor der Theologie in Paris, 1307 Generalvikar seines Ordens in Böhmen, wo er organisatorische Aufgaben übernimmt, bis er 1311 erneut an die Pariser Universität berufen wird, was eine große Auszeichnung darstellt; zwei Jahre später widmet er sich der Nonnen- und Laienseelsorge in Straßburg, 1323 erfolgt ein Ruf an die Ordenshochschule in Köln; er lehrt und predigt mit großem Erfolg, für den Gebildeten wie für das einfache Volk. Jeder einzelne, so ermutigt er seine Zuhörer, soll aktiv werden und sich selbst auf den Weg machen, Gott zu erkennen; wird vom Kölner Erzbischof der Ketzerei angeklagt, verteidigt sich vergeblich in einer Rechtfertigungsschrift, in der er eine gelegentlich übertriebene Ausdrucksweise zugibt, stirbt zwei Jahre vor Beendigung des Inquisitionsprozesses, der 1329 durch eine Verdammungsbulle abgeschlossen wird, die 28 Sätze aus seinen Werken verurteilt.

In der »Bulle Johannes XXII.« heißt es: »Auf dem Acker des Herrn, dessen Hüter und Arbeiter Wir nach himmlischer Verfügung, wenn auch unverdientermaßen, sind, müssen Wir die geistliche Pflege so wachsam und besonnen ausüben, daß, wenn irgendwann ein Feind auf ihm über den Samen der Wahrheit Unkräuter sät, sie im Entstehen erstickt werden, bevor sie zu Schößlingen verderblichen Keimens aufwachsen, damit, nachdem der Same der Laster abgetötet und die Dornen der Irrtümer herausgerissen sind, die Saat der katholischen Wahrheit fröhlich aufgehe. Fürwahr, mit Schmerz tun Wir kund, daß in dieser Zeit einer aus deutschen Landen, Eckehart mit Namen, und, wie es heißt, Doktor und Professor der Heiligen Schrift, aus dem Orden der Predigerbrüder, mehr wissen wollte als nötig war.«

Drei der verurteilten Sätze lauten: »Ich habe neulich darüber nachgedacht, ob ich wohl von Gott etwas annehmen oder begehren wollte: Ich will mir das gar sehr überlegen, weil ich da, wo ich von Gott empfangen würde, *unter* ihm oder unterhalb seiner wäre wie ein Diener oder Knecht, er selbst aber im Geben wie ein Herr wäre – und so soll es mit uns nicht stehen im ewigen Leben.«

»Alles, was Gott Vater seinem eingeborenen Sohne in der menschlichen Natur gegeben hat, das hat er alles auch mir gegeben: hiervon nehme ich nichts aus, weder die Einigung noch die Heiligkeit, sondern er hat mir alles ebenso gegeben wie ihm.«

»Alles, was der göttlichen Natur eigen ist, das alles ist auch dem gerechten und göttlichen Menschen eigen; darum wirkt solch ein Mensch auch alles, was Gott wirkt, und er hat zusammen mit Gott Himmel und Erde geschaffen, und er ist Zeuger des ewigen Wortes, und Gott wüßte ohne einen solchen Menschen nichts zu tun.«[45]

»Von dem guten Morgen« ist eine in vielen Handschriften überlieferte Eckhart-Legende: »Meister Eckehart sprach zu einem armen Menschen: ›Gott gebe dir einen guten Morgen, Bruder!‹ – ›Herr, den behaltet für euch selber: ich habe noch nie einen bösen gehabt.‹ Er sagte: ›Warum denn, Bruder?‹ – ›Weil ich alles, was mir Gott je zu leiden aufgab, fröhlich um seinetwillen litt und mich seiner unwürdig dünkte, und drum ward ich nie traurig noch betrübt.‹ Er sprach: ›Wo fandest du Gott zu allererst?‹ – ›Als ich von allen Kreaturen abließ, da fand ich Gott.‹ Er sprach: ›Wo hast du denn Gott gelassen, Bruder?‹ – ›In allen lauteren, reinen Herzen.‹ Er sprach: ›Was für ein Mann bist du, Bruder?‹ – ›Ich bin ein König.‹ Er sprach: ›Worüber?‹ – ›Über mein Fleisch: denn alles, was mein Geist je von Gott be-

gehrte, das zu wirken und zu erleiden war mein Fleisch noch behender und schneller als mein Geist es aufzunehmen.‹ Er sprach: ›Ein König muß ein Königreich haben. Wo ist denn dein Reich, Bruder?‹ – ›In meiner Seele.‹ Er sprach: ›Wieso, Bruder?‹ – ›Wenn ich die Pforten meiner fünf Sinne verschlossen habe und ich Gottes mit ganzem Ernst begehre, so finde ich Gott in meiner Seele ebenso strahlend und froh, wie er im ewigen Leben ist.‹ Er sprach: ›Du magst wohl heilig sein. Wer hat dich heilig gemacht, Bruder?‹ – ›Das tat mein Stillesitzen und meine hohen Gedanken und meine Vereinigung mit Gott – das hat mich in dem Himmel emporgezogen; denn ich konnte nie bei irgend etwas Ruhe finden, das weniger war als Gott. Nun habe ich ihn gefunden und habe Ruhe und Freude in ihm ewiglich, und das geht in der Zeitlichkeit über alle Königreiche. Kein äußeres Werk ist so vollkommen, daß es die Innerlichkeit nicht hindere.‹«[46]

Eckhart unterstreicht in seinen lateinischen Texten Gottes Transzendenz und Unnennbarkeit. – Gott erkennt nicht, weil er ist, sondern weil Gott erkennt, darum ist er. »Im Anfang war das Wort, und das Wort war bei Gott, und Gott war das Wort« (Joh 1, 1). Erst dem – durch das Wort Gottes – Geschaffenen, dem Geschöpf, kommt der Ausdruck »Sein« zu. Gott selbst ist unerschaffen, weshalb er über dem geschöpflichen Sein steht. Als »reines Erkennen« *(totum intelligere)*, als schöpferisches ungegenständliches Tun, läßt Gott sich so wenig – oder so viel – durch Seiendes wie durch dessen Verneinung bestimmen. Gott kann nicht vorgestellt werden als etwas, das ist und das in seinem Sein Eigenschaften hat, wie dies für die seienden geschaffenen Dinge gilt. Wer nach ihrem Modell Gott sucht, der verfehlt ihn, der verfehlt sich selbst.

Die deutschen Texte behandeln das mystische Erlebnis der Einswerdung der Seele mit Gott. – In der Seele ist eine niedere und eine höhere Vernunft: »Sant Augustinus sprichet [...] von zwein antlützen der sêlen. Daz ein ist gekêret in dise welt und zuo dem lîbe, in dem würket si tugent unde kunst. Daz andere antlütze ist gekêret gerihte in got.«[47]

Im tiefsten Grund der Seele, die zu Gott gekehrt ist, ruht die unaussprechbare und unfaßbare Kraft des »Seelenfünkleins« (fünkelin der sele oder *scintilla animae*), das Eckhart auch andeutungsweise das »Bürglein in der Seele«, das »Haupt der Seele«, das »Licht des Geistes«, die »Vernünftigkeit« nennt. Das Seelenfünklein, gleichsam der verborgene »Mensch« im Menschen, berührt in unmittelbarer Geöffnetheit Gott, ja, ist »Gott« selbst: »Mit dem fünkelin ist diu sele gote glich.«

Der Weg, sich Gott in der Liebe zu vereinen, führt wie bei Augustinus von außen nach innen, von der niederen zur höheren Vernunft, von der höheren Vernunft zum Seelenfünklein und im Seelenfünklein zum Ungeschaffenen. Eckhart drückt sich unbestimmt, teilweise schwankend aus. Einmal gilt ihm das Seelenfünklein selbst als Ungeschaffenes, einmal wieder als etwas Geschaffenes.

Begehbar ist der Weg zu Gott nur für den, der allen weltlichen Freuden entsagt und in vollkommener Armut lebt; nicht nur in äußerer materieller Armut, auch in geistiger innerer. Der von der Welt Abgeschiedene, der von allen Affekten Freie, derjenige, der in verschwebender Stille ist, will nichts mehr, weiß nichts mehr, hat nichts mehr. Im Seelenfünklein geschieht ihm gleichsam eine Art Verwandlung, eine Art zweite Geburt, die in ihm zugleich Gott selbst widerfährt. Gott gebiert ihn als sich und sich als ihn.

Im Vergessen aller Dinge und seiner selbst tritt der Gottespilger – unabhängig von allen kirchlichen Hilfsmitteln und jenseits von allem Universitätswissen – in das mystische Dunkel des Nichtwissens ein: »Sol diz geschehen, sô wizzet, sô muostû allen andern werken empfallen unde muost komen in ein *unwizzen.*«[48]

WILHELM VON OCKHAM:
»Der Allgemeinbegriff ist nichts anderes als eine gewisse Fiktion.« [49]

Leben. *um 1288 Ockham (Grafschaft Surrey), †um 1349 München. – Tritt in den Franziskanerorden ein, beginnt um 1309 seine Studien der Theologie in Oxford und unterrichtet dort als Anfänger (*inceptor*) ab 1315; erhält trotz erfüllter Voraussetzungen keinen Magistergrad, also keine wirkliche Lehrbefugnis, wird stattdessen 1324 wegen verdächtiger Lehren angeklagt; Papst Johannes XXII. beruft eine Untersuchungskommission ein, Ockham flieht aus der vierjährigen Untersuchungshaft in Avignon und begibt sich in den Schutz des Kaisers Ludwig des Bayern (»Verteidige du mich mit dem Schwerte, ich will dich mit der Feder verteidigen.«), wird exkommuniziert, in Paris werden seine Schriften verboten, lebt bis zu seinem Tod als politisch-philosophischer Schriftsteller in München, stellt die Herrschaftsstrukturen der Kirche in Frage, erklärt, er werde den Kampf gegen den Papst fortsetzen, solange Papier und Tinte reichen.

Ockham schreibt zu Beginn seines Kommentars zur Physik des Aristoteles: »Und so wie ich gelegentlich die Meinungen anderer in aller Bescheidenheit und ohne jede Arglist zurückweisen werde, ebenso bin ich ohne Widerwillen bereit, getadelt zu werden, wenn ich etwas gesagt haben werde, was der Wahrheit entgegensteht. Der Kritiker gebe aber acht, daß nicht die Gewohnheit an falsche Prinzipien, die Gunst oder der Haß ihn, den Kritiker, zu einem Verdreher werden lasse; zudem beachte er, daß ich mich nicht den Meinungen Einzelner, die sich gegenseitig verwerfen, anpassen kann.«[50]

Sind die christlichen Glaubenssätze rational aufzulösen? Ist das scholastische Projekt, den Glauben einsichtig zu machen, überhaupt möglich? Ist auf die Sprache, auf die Allgemeinbegriffe, die verwendet werden, wirklich Verlaß? Welcher Weg der Erkenntnis ist der richtige?

Verkehrt ist es, von etwas Allgemeinem auszugehen – z. B. einer platonischen Idee – und dann nach den einzelnen Dingen zu fragen. Der umgekehrte Weg ist richtig: Es muß mit den einzelnen Dingen, wie sie in der äußeren und inneren Erfahrung intuitiv wahrnehmbar sind, angefangen werden, um von hier aus den Blick auf das Allgemeine zu lenken. Die Wirklichkeit besteht nur aus Einzeldingen, die an und für sich individuell und allein wirklich sind. Erklärungsbedürftig ist die Realität des Allgemeinen, die Realität dessen, was vielen Dingen begrifflich gemeinsam ist.

Wo Allgemeines angesprochen wird, da ist Denken, Abstraktion, Konvention, Fiktion im Spiel. Es gibt nur ein wo, keine Woheit; ein wann, keine Wannheit; viele Dinge, keine Vielheit; Dinge, die einzeln aufeinander bezogen sind, keine Beziehung usw. Da es nur Einzeldinge gibt, handelt es sich bei Allgemeinbegriffen *(universalia)* um sprachliche Absurditäten, um unberechtigte Hypostasierungen, also um Unterstellungen von erdichteten selbständigen Wesenheiten, die angeblich unabhängig vom Denken real sein sollen und die angeblich die Einzeldinge bestimmen würden.

Durch die Aussage »Sokrates ist ein Mensch« wird nicht ausgedrückt, daß es einen Allgemeinmenschen gibt. Dem Allgemeinbegriff, dem Universale »Mensch« z. B., entspricht keine wie auch immer geartete Allgemeinheit in den einzelnen Menschen. Das Universale »Mensch« ist ein Gedanke von Einzeldingen. »Mensch« wird für diesen da, für den Sokrates, ausgesagt oder für andere »diese da«, für andere einzelne Menschen. Ockham: »Kein Universale ist eine Substanz, wie man es auch betrachten mag. Jedes Universale ist eine Intention der Seele, welche gemäß einer wahrscheinlichen Meinung sich vom Erkenntnisakt nicht unterscheidet.«[51]

Ockham stellt heraus: Universalien sind sprachliche Zeichen der Dinge – nicht die Dinge selbst. Das Denken fingiert für die Einzeldinge ein System von Termini, die nur logisch gelten, nicht ontologisch. Ein *Satz* ist aus Termini zusammengesetzt, nicht die Wirklichkeit.

Es gilt einer grundsätzlichen Unterscheidung gerecht zu werden: »Alle Autoritäten, die sagen, dieses oder jenes Wissen handle von diesen oder jenen Dingen, müssen folgendermaßen ausgelegt werden: Sie handeln von Termini, welche für jene Dinge supponieren. Wenn gesagt wird, ein bestimmtes Wissen handle von werdenden und vergänglichen Dingen, so bedeutet dies, es handle von Termini, die in gewußten Aussagen für derartige werdende und vergängliche Dinge supponieren.«[52]

Der Gegenstand einer Wissenschaft sind nicht unmittelbar die Dinge selbst, sondern Termini, durch die die Dinge allein bekannt sind. Das Wissen um Dinge ist etwas anderes als die Dinge selbst.

Gottes Wille ist frei und allmächtig. In seiner (für den Menschen) irrationalen Machtfülle hat er keine geistigen, allgemeinen Strukturen in die Natur eingeschrieben, an die er selbst bis in alle Ewigkeit gefesselt wäre und die der Mensch mit seinen Universalien erkennend abbilden könnte. Die Universalien bilden nicht einmal die einzelnen intuitiv wahrnehmbaren Dinge hinreichend ab. Sein und Denken sind ungleichartig, unvergleichbar. Die übernommene Vorstellung von Wahrheit als Übereinstimmung von Denken und Sein (z. B. bei Thomas von Aquin: *»adaequatio intellectus et rei«*[53]) muß als illusorisch überwunden werden.

Alles, was ist, ist nicht notwendig so, wie es ist. Wenn es Gott gefiele, könnte alles anders sein. Gott hätte aufgrund seiner Allmacht statt der menschlichen auch die Natur eines Esels annehmen können. Im Hinblick auf seinen unerforschlichen Willen ist die Welt zufällig und gründet nicht in einer ewigen guten Ordnung, an die letztlich auch Gott gebunden wäre. Die Welt ist nicht, weil sie gut ist. Sie ist gut, weil sie ist.

Die Welt kann nicht auf einsichtige Weise nachgedacht, sie muß unbegriffen hingenommen werden. Die Vernunft macht dem Glauben Platz. Das philosophische, scholastische Band zwischen Geglaubtem und Gewußtem, zwischen *fides* und *ratio*, zerreißt. Dem fiktiven Wissen steht der unbeweisbare Glaube gegenüber.

NIKOLAUS VON KUES:
»Zusammenfall des Entgegengesetzten.« (coincidentia oppositorum) [54]

Leben. *1401 Kues an der Mosel, †1464 Todi (Umbrien), eigentlich Nikolaus Krebs, Cusanus ist sein lateinisierter Name. – Sohn eines Moselschiffers, studiert in Heidelberg (1416) und Padua (1417–1423) Rechtswissenschaft, Mathematik, Physik, Astronomie und Theologie, erschließt sich, angeregt durch den italienischen Humanismus, die antike griechische und römische Welt, wird zum Doktor des kanonischen Rechts promoviert, 1430 zum Priester geweiht; greift 1432 auf dem Konzil zu Basel in kirchenpolitische Spannungen der Zeit ein, stellt sich auf die Seite des Papstes, ist in diplomatischen Missionen unterwegs, begleitet 1438 den Kaiser von Konstantinopel nach Italien zum Unionskonzil, das die Wiedervereinigung der griechischen mit der römischen Kirche herbeiführen soll (gelingt nicht); auf der Rückreise geht ihm die Idee seines Hauptwerks »De docta ignorantia« auf: der Gedanke vom Zusammenfallen der Gegensätze im Unendlichen; 1448 Kardinal, 1450 Bischof von Brixen, reformiert deutsche Klöster, beschäftigt sich nach der Eroberung von Konstantinopel durch die Türken (1453) mit dem Problem des Religionsfriedens; politische Auseinandersetzungen mit dem Herzog Sigismund von Tirol, stirbt auf einer Reise in Todi (Umbrien), beerdigt in Rom, sein Herz aber wird seinem letzten Willen gemäß nach Deutschland zurückgebracht und in Kues beigesetzt.

Zu Beginn seines Werkes »Die belehrte Unwissenheit« schreibt Nikolaus von Kues: »Nach Meinung der Naturwissenschaft geht dem Verlangen eine Art beklemmenden Gefühls im Mageneingang voraus, eine Einrichtung, durch die die Natur um der Selbsterhaltung willen sich selbst zur Erneuerung antreibt. Es scheint mir daher sinnvoll, daß das Staunen, das zum Philosophieren hinführt, dem Drang nach Wissen vorangeht, damit der Geist, dessen Sein im Erkennen liegt, sich im Studium der Wahrheit vollende.«[55]

Was ist Gott? Ist Gott verhüllt? Nikolaus von Kues, ein Denker des Übergangs zwischen Mittelalter und Neuzeit, kommt zur Einsicht in die Unbegreiflichkeit Gottes und ordnet den Glauben allem Erkennen über.

Gott vereint Möglichkeit und Wirklichkeit. Das bloße Können ist in ihm überall unendliches Sein. Er ist alles Seinkönnende seiend. Um dies sprachlich aussagen zu können, schöpft Nikolaus von Kues ein neues Wort: »*Possest*«, was soviel wie »Können-Ist« oder »Seinkönnen« heißt. Der Ausdruck, der die höchste göttliche Kraft hervorhebt, ist dynamisch zu verstehen. Er ist ein einigermaßen passender Name für den verborgenen Gott, für das unbegreifliche Geheimnis der Welt.

Gott ist absolute Einheit. Keine Wirklichkeit ist außerhalb von ihm, kein Anderssein steht ihm entgegen. Selbst alle Gegensätze sind in ihm, denn er ist das Größte und Kleinste zugleich, das Allumfassende und das in jedem einzelnen Ding Wirkende. Aber Gott enthält die Gegensätze nicht in ihrer Gegensätzlichkeit, sondern in ihrer Koinzidenz als »Zusammenfall des Entgegengesetzten« *(coincidentia oppositorum)*.

Der menschliche Verstand *(ratio)* kommt dadurch, daß er unterscheidet, vergleicht, mißt, bejaht und verneint, über die Gegensätze in der Welt nicht hinaus und zu Gott nicht hin. Der Verstand fixiert die Gegensätze noch, da sein Entweder-Oder-Denken an die von Aristoteles herausgestellten logischen Grundsätze gebunden ist.

Nur ein Weg bleibt offen: Die Vernunft *(intellectus)* kann die endlichen Bestimmungen des Verstandes verneinen und gerade dadurch versuchen, sich Gottes Unbegreiflichkeit denkend zu nähern. Aus der Verneinung der Verstandeserkenntnis bildet sich ein Sowohl-als-auch-Denken heraus, das allerdings kein gewohntes gegenstandsbezogenes Wissen mehr ist, sondern ein Nichtwissen *(ignorantia)*.

Wissen im höchsten Sinne ist Nichtwissen. Es ist eine Art sokratisches Nichtwissen, ein um seine Unwissenheit wissendes Nichtwissen, also eine belehrte Unwissenheit *(docta ignorantia)*: »Auch der Lernbegierigste wird in der Wissenschaft nichts Vollkommeneres erreichen, als im Nichtwissen, das ihm seinsgemäß ist, für belehrt befunden zu werden. Es wird einer umso gelehrter sein, je mehr er um sein Nichtwissen weiß.«[56]

Die belehrte Unwissenheit kann sich mathematischer Kontemplationen bedienen, um das beschränkte Verstandesdenken zu übersteigen und sich dem Zusammenfallen des Entgegengesetzten bildhaft, überbegrifflich zu nähern. Die mathematischen Intuitionen werden dazu nicht in ihrer endlichen, sondern in ihrer unendlichen Dimension angeschaut und bedacht. Die *coincidentia oppositorum* offenbart sich mathematisch.

Nikolaus von Kues bringt eine Fülle von mathematischen Figuren, die der Erkenntnis Gottes gleichnishaft dienen sollen. Zum Beispiel: Wird der Durchmesser eines Kreises unendlich groß, so wird die Krümmung des Kreises unendlich klein. Der unendliche Kreis ist eine unendliche Gerade. Der Gegensatz von krumm und gerade fällt zusammen.

Oder: Der kleinste spitze und der größte stumpfe Winkel koinzidieren im Unendlichen.

Im »Gespräch über das Seinkönnen« *(de possest)* heißt es im Anschluß an die Metapher vom Kreisel, der zu ruhen scheint, je schneller er sich dreht:

»*Bernhard*. Ich sehe bis jetzt das Eine, und das ist fürwahr groß.

Johannes. Was ist das?

Bernhard. Daß in Gott irdische Gegensätze in keiner Weise fortbestehen. [...] So ist alles, was in dieser Welt zeitlich getrennt ist, gegenwärtig vor Gott; und was hier durch Gegensätze getrennt ist, ist dort verbunden, und was hier verschieden, ist dort gleich.

Johannes. Als gesichert kann also die Erkenntnis gelten: Gott ist über aller Verschiedenheit, Mannigfaltigkeit, Andersheit, Zeit, über jedem Ort und Gegensatz.»[57]

Der Logik des Aristoteles, dem Satz des Widerspruchs, zum Trotz: Es gibt eine Einheit der Gegensätze, eine gleichzeitige Wahrheit von Entgegengesetztem. Nikolaus von Kues sieht darüber hinaus vom selbst entworfenen göttlichen Blickwinkel der *coincidentia oppositorum* auch die Welt an und schaut in eine neue Grenzenlosigkeit. Nicht mehr Gott allein ist unendlich, auch die Welt, die das scholastische Mittelalter als Schöpfung endlicher Dinge aufgefaßt hat, ist es. So konzipiert an der Schwelle zur Neuzeit das religiöse, mathematische Schauen der *coincidentia oppositorum* eine neue endlich-unendliche Welt und steht sprachlos vor der entdeckten mittelpunktlosen Unendlichkeit des Universums.

NEUZEIT

ÜBERBLICK

1. Geistige Umbrüche

Der Beginn der Philosophie der Neuzeit ist umstritten. Eine exakte Grenzziehung und eine genaue Datierung sind nicht möglich. Der charakteristische Einschnitt zwischen Mittelalter und Neuzeit wird aber nicht erst bei Descartes (1596–1650), dem sogenannten »Vater der neuzeitlichen Philosophie«, anzusetzen sein, sondern reicht zurück zum italienischen Humanismus, der die Scholastik kritisiert, und zur weltoffenen europäischen Philosophie der Renaissance. Der Durchbruch des neuzeitlichen Denkens findet also nicht erst zu Beginn des 17. Jahrhunderts statt, sondern gehört zu den tiefgreifenden historischen Ereignissen des 15. und 16. Jahrhunderts: Erfindung des Buchdrucks durch Johannes Gutenberg (um 1450), Eroberung Konstantinopels durch die Türken (1453), Entdeckung Amerikas durch Christoph Kolumbus (1492), Beginn der Reformation durch Martin Luther (1517), erste Erdumseglung durch Ferdinand Magalhães (1519–1522, definitive Feststellung der Kugelgestalt der Erde), Entstehung europäischer Nationalstaaten aus der übernationalen, politischen Einheit des Mittelalters.

Vereinfacht gesagt: Der Grundgedanke der Neuzeit, ihre geistige Signatur, ist der Gedanke des *Fortschritts*. Fortschritt wohin? Zwei Motivkomplexe werden allmählich erkennbar, gehen vielfach ineinander über, treten auseinander oder werden beide kritisch befragt: moralischer Fortschritt als Vervollkommnung der Menschheit – wissenschaftlich-technischer Fortschritt als Herrschaft über die Natur. Der Mensch der Neuzeit fordert sich heraus, in eigener Verantwortung durch eigene welterobernde Aktivität ein neues (geistiges) Zuhause zu bauen. Er legt in der entdeckten grenzenlosen Diesseitigkeit neue Fundamente der Orientierung in der Hoffnung, daß sie tragen. Die geistigen Signaturen der Antike (*Einklang* mit dem geordneten, endlichen, überschaubaren Kosmos) und des Mittelalters (transzendente *Erlösung*) werden neu interpretiert, auf schöpferische Weise neu angeeignet.

Im Mittelalter ist der Gegenstand des Wissens nicht der Mensch, sondern das, was in Büchern über den Menschen geschrieben steht. Nicht die Natur wird erforscht (bis auf wenige Ausnahmen), sondern Texte, die Autorität haben, werden befragt und interpretiert. Kommentare werden verfaßt oder Kommentare zu Kommentaren. Das Wissen gründet auf der Lesung von Texten, die in der Scholastik durch die Universitäten verbindlich festgelegt werden. Eine strittige Frage kann nur durch eine noch bessere Interpretation des Aristoteles oder eines anderen anerkannten Textes entschieden werden.

Einer, der mit dieser Autoritäts- und Buchgläubigkeit bricht und den Mut zu einer neuen, experimentellen Methode aufbringt, ist Galileo Galilei. 1632 schreibt er in seinem großen »Dialog«, der den Prozeß vor der heiligen Inquisition auslöst: »Ich befand mich eines Tages im Hause eines in Venedig sehr angesehenen Arztes, wohin öfters Leute kamen, teils ihrer Studien wegen, teils aus Neugier, um eine Leichensektion von der Hand eines ebenso wahrhaft gelehrten, wie sorgfältigen und geschickten Anatomen ausführen zu sehen. Diesen Tag nun geschah es, daß man den Ursprung und den Ausgangspunkt der Nerven aufsuchte, welches eine berühmte Streitfrage zwischen den Ärzten aus der Schule des Galen und den Peripatetikern [Aristotelikern] ist. Als nun der Anatom zeigte, wie der Hauptstamm der Nerven, vom Gehirn ausgehend, den Nakken entlang zieht, sich durch das Rückgrat erstreckt und durch den ganzen Körper verzweigt, und wie nur ein ganz feiner Faden von Zwirnsdicke zum Herzen gelangt, wendete er sich an einen Edelmann, der ihm als Peripatetiker bekannt war und um dessentwillen er mit außerordentlicher Sorgfalt alles bloßgelegt und gezeigt hatte, mit der Frage, ob er nun zufrieden sei und sich überzeugt habe, daß die Nerven im Gehirn ihren Ursprung nehmen und nicht im Herzen. Worauf unser Philosoph, nachdem er ein Weilchen in Gedanken dagestanden, erwiderte: Ihr habt mir das alles so klar, so augenfällig gezeigt – stünde nicht der Text des Aristoteles entgegen, der deutlich besagt, der Nervenursprung liege im Herzen, man sähe sich zu dem Zugeständnis gezwungen, daß Ihr Recht habt.«[1]

Galilei setzt sich über die aristotelische Physik hinweg und begründet die moderne Naturwissenschaft als Lehre von rein quantitativen, meßbaren Bewegungsbeziehungen. »In den Naturwissenschaften, deren Folgerungen wahr und notwendig sind«, so Galilei, »können 1000 Demosthenes und 1000 Aristoteles nicht der Sache zum Trotz wahr machen, was falsch ist.« Wäre Galilei noch von der mittelalterlichen Überzeugung durchdrungen, die Schriften des Aristoteles enthielten bereits die Totalität aller möglichen Naturerfahrungen, er hätte erst gar kein verbessertes Fernrohr gebaut. So ermöglicht ihm das technische Werkzeug, etwas zu sehen, was noch nie in einem Buche stand: Der Jupiter hat Monde, und sie kreisen um ihn herum.

Im Jahre 1553 stellt sich der Renaissance-Philosoph Marius Nizolius gegen den starren Wissenschaftsbegriff der Scholastik und plädiert für ein richtiges Philosophieren, das »ohne die Verpflichtung, auf die Worte eines Lehrers zu schwören«, auskommt, das sich von allen »Sektenpriestern« und »Nachbetern« distanziert, das sich von keinem »sklavischen Gesindel« »bewußtlos zur Schlachtbank« führen läßt.

Eines der allgemeinen Prinzipien der Wahrheit, so führt Nizolius aus, »ist die Freiheit und Unvoreingenommenheit im Denken und Urteilen über alle Dinge, so wie es die Wahrheit und Natur des jeweiligen Gegenstandes selbst fordert. Das bedeutet, daß sich jeder, der sich um richtiges Philosophieren bemüht, von allen philosophischen Sekten fernhält und distanziert, und daß er sich durch den Ruf, der von der Lehre irgendeines, vielleicht auch bedeutenden

Mannes ausgeht, in seinem eigenen Urteil nicht derart gebunden und eingeschränkt weiß, daß er schließlich nicht mehr fähig wäre, das ihm positiv oder negativ Erscheinende über die Wahrheit einer Sache frei und uneingeschränkt zu akzeptieren oder abzulehnen. Am besten ist es, sich in seinen Urteilen und Stellungnahmen zu wichtigen Angelegenheiten weniger auf Autoritäten und vorgefaßte Meinungen, als auf rationale Argumente zu stützen; oder, um es konkret zu sagen: bei allem Erforschen der Wahrheit und beim Aufspüren verborgener Zusammenhänge nicht so sehr Platon, Aristoteles oder irgendeinen anderen älteren oder neueren Schriftsteller, als die eigenen fünf Sinne, seine Einsicht, sein Denken, sein Gedächtnis, den eigenen Umgang und die eigene Erfahrung mit den Dingen als die Lehrmeister anzusehen, denen man zu folgen habe.«[2]

Nikolaus Kopernikus bringt in seinem Hauptwerk (1543, im Jahr seines Todes erschienen) das Weltbild, das das Mittelalter von der Antike übernommen hatte, zum Einsturz. Die Erde ist nicht länger der Mittelpunkt des Universums. Sie ist ein Planet wie andere auch. Nicht die Sonne kreist um die Erde, sondern die Erde um die Sonne. Die Erde hat die Gestalt einer Kugel und dreht sich um die eigene Achse. Das geozentrische Weltbild, das mit der Autorität der aristotelischen Physik und des ptolemäischen Systems fast zweitausend Jahre Gültigkeit beanspruchen konnte, wird durch das heliozentrische Weltbild abgelöst.

Die Kopernikanische Wende wird noch einmal verschärft durch Giordano Brunos Vision von der Unendlichkeit der Welt und ihrer unendlich vielen Sonnensysteme. In diesen endlosen Weiten, in denen weder Erde noch Sonne im Zentrum stehen, ist überall Weltmitte und doch nirgends. Der Welt wird jetzt eine Eigenschaft zuerkannt, die bislang Gott vorbehalten war: Unendlichkeit. Die Vorstellung eines offenen Universums zertrümmert das geschlossene Weltbild des Mittelalters (wie das der Antike) vollends. Bruno wird wegen dieser Ungeheuerlichkeit, die zu widerrufen er sich standhaft weigert, im Jahre 1600 in Rom von der heiligen Inquisition bei lebendigem Leibe verbrannt und stirbt als – Märtyrer der Geistesfreiheit.

2. *Von der Philosophie der Renaissance zur Aufklärung*

Der *italienische Humanismus* wendet sich etwa in der Zeit von 1350–1460 gegen die mittelalterliche scholastische Tradition. Er lehnt eine Metaphysik ab, die zeitlose Gültigkeit beansprucht, etwa eine Lehre über allgemeine Strukturen des Seins. Demgegenüber stellt er die lebendigen, wechselvollen Belange der Menschen, wie sie sich in gesprochener und geschriebener Sprache kundtun, in den Vordergrund. Die Humanisten greifen hierbei auf antike Texte zurück, um durch Einsicht in Funktion und Wandel der Sprache Aufschluß über das geschichtliche Wesen des Menschen zu erlangen. Ihre Methode geht nicht von Objekten oder dem Sein aus, sondern von der Sprache (Lorenzo Valla). – Nicht gelehrter, sondern besser zu werden, ist humanistisches Ziel (Petrarca).

Die uneinheitliche *Philosophie der Renaissance*, deren ersten Abschnitt der italienische Humanismus bildet, dehnt sich über Europa aus und bleibt bis zur Reformation wirksam. In der für Metaphysik wieder aufgeschlosseneren Philosophie der »Renaissance« – »Wiedergeburt« der Antike – gewinnt das gesamte Erbe Platons und Plotins an Bedeutung, ebenso die römische Philosophie. Nach fast tausend Jahren wird die platonische Akademie wieder ins Leben gerufen (Florenz 1440, Übersetzung der platonischen Schriften ins Lateinische). Der Mensch wird neu gesehen: In der gestuften Hierarchie des Universums nimmt er eine zunächst unbestimmte Mittelstellung zwischen Tier und Gott ein. Die Würde des Menschen besteht in seiner Freiheit, durch eigene künstlerisch-schöpferische Tat sein Wesen zu modellieren, zu bestimmen und sich unter Ausnutzung der Schöpfung einen festen Ort zu geben. Die Tat bestimmt das Sein (Pico della Mirandola).

Die Renaissance-Philosophie im 16. Jahrhundert wird

durch unterschiedliche Richtungen gekennzeichnet: *Naturphilosophie* – symbolhaftes Wissen wie Magie, Alchimie und Astrologie hilft der Natur, sich zu vollenden (Paracelsus von Hohenheim); *Naturmystik* – die Natur ist erfüllt von Qualitäten, von »Quellgeistern«, die sich als Zeichen Gottes nicht mathematisch messen, quantifizieren, sondern nur sinnverstehend dechiffrieren lassen (Jakob Böhme); *Skeptizismus* – aus der skeptischen Tradition der Antike wird die Haltung eines freien kritischen Denkens (Michel de Montaigne); *Rechtsphilosophie* – Begründung des neueren Naturrechts (des Rechts, das aus der Natur des Menschen folgt) und des Völkerrechts (Hugo Grotius).

Parallel hierzu wird die mittelalterliche Tradition der *Scholastik* fortgesetzt, zum Beispiel in Spanien (Francisco Suarez).

Die Welt als ganze wird zunehmend zu einem der Erkenntnis gegenüberliegenden, handhabbaren Objekt geformt und als Gegenstand menschlicher Verfügung aufgefaßt. Die richtige *Methode* für eine im Fortschreiten begriffene Welterkenntnis und -aneignung wird gesucht. Galilei gelingt mit seinem mathematischen Programm der Meßbarmachung der Natur ein entscheidender, wirkungsgeschichtlich folgenreicher Durchbruch: »Alles messen, was zu messen ist, und alles meßbar machen, was nicht zu messen ist.« Galilei legt – auch für die Philosophie – die Grundlagen für das mechanische Denken des 17. und 18. Jahrhunderts im Zeitalter des Barock.

Zwei unterschiedliche Methoden und Vorgehensweisen des Erkennens teilen die Philosophie des 17. und 18. Jahrhunderts in zwei Lager: *Rationalismus* und *Empirismus*. Der Rationalismus baut auf die Vernunft, der Empirismus auf die Erfahrung. Für den Rationalisten, dessen Modell der Wahrheit die Mathematik ist, steht fest, daß die Vernunft von sich aus – weitgehend unabhängig von Sinneswahrnehmungen – das Wesen der Dinge rein begrifflich bestimmen kann. Der Empirist dagegen geht von Erfahrungen, von Tatsachen aus und hält alles, was nicht durch sinnliche

Wahrnehmungen belegt werden kann, für nicht wirklich oder für nicht erkennbar.

Für den Rationalisten Descartes z. B. gibt es Ideen, also Vorstellungen, die angeboren sind, wie etwa die Idee Gott. Rein rationale Erkenntnisse, die auf angeborenen Ideen aufbauen, gelten als unzweifelhaft gewiß. Ganz anders z. B. der Empirist Locke. Für ihn ist die Seele eine *tabula rasa*, ein unbeschriebenes weißes Blatt, das durch zufällige Erfahrungen vollgeschrieben wird. Angeborene Ideen sind eine irrige Annahme.

Die Hauptvertreter der großen metaphysischen Systeme des Rationalismus, die den Grundgedanken der universalen Herrschaft der Vernunft vertreten, sind: Descartes, Spinoza, Leibniz, Wolff. *Descartes* will mathematische Erkenntnisgewißheit. In seiner streng dualistisch konzipierten Zweiweltentheorie steht der rein geistigen Welt des Denkens eine rein körperlich ausgedehnte Welt gegenüber. Die entseelte Körperwelt ist eine große, nach den Gesetzen von Ursache und Wirkung ablaufende Mechanik, die sich exakt berechnen und zunehmend beherrschen läßt. Tiere zum Beispiel sind seelenlose, nützliche Maschinen. *Spinoza* folgt bei der rationalistischen Darstellung seines Pantheismus – die Gesamtheit der Natur ist zugleich Erscheinungsform der Gottheit – der Geometrie Euklids. Er geht von Definitionen und Axiomen aus und deduziert aus ihnen nach Art eines Beweises alle Lehrsätze. *Leibniz*' (nicht erreichtes) Ziel ist es, eine Art Algebra des Philosophierens zu finden, eine universale Mathematik, die auch allem Qualitativen, allem einmalig Individuellem gerecht würde. *Wolff*, der einflußreichste deutsche Philosoph der Aufklärung, lehnt sich an Leibniz' Metaphysik an und systematisiert sie. Vernunft, Tugend und Glück sollen unter den Menschen zunehmen.

Die Hauptvertreter des Empirismus mit seiner zum Teil antimetaphysischen Haltung sind: Bacon, Locke, Berkeley und Hume. *Bacon* strebt eine umfassende, methodische Erneuerung aller Wissenschaften an, der eine Reinigung der Erfahrung von Vorurteilen vorausgeht. Locke erforscht den

Begriff der Erfahrung. Sein oberster empiristischer Satz lautet: »Nichts ist im Verstand, was nicht vorher in den Sinnen war.« Für *Berkeley* gibt es nur noch Erfahrung. Die Existenz einer Körperwelt außerhalb und unabhängig von der Erfahrung lehnt er als unsinnige Verdopplung ab. Der Skeptiker *Hume* weist nach, daß die Grundstrukturen der alltäglichen Erfahrung auf ungesichertem Glauben beziehungsweise auf hinzugedachter Interpretation beruhen, z. B. die Grundstruktur Kausalität, also des Verhältnisses von Ursache und Wirkung. Wir können nur die zeitliche Abfolge, nicht die Verursachung von Geschehnissen wahrnehmen. Aus einem beobachteten Nacheinander wird leicht der Trugschluß eines Deswegen. Völlig unzulässig ist die Anwendung der Kausalität auf metaphysische, durch Erfahrung nicht mehr überprüfbare Sachverhalte.

Schon das 17., insbesondere aber das 18. Jahrhundert gilt als das Jahrhundert der *Aufklärung*. Es ist etwa die Zeitspanne zwischen der Glorreichen Revolution in England 1688 und der Französischen Revolution 1789, die Entwicklung vom Barock zum Rokoko. An der Aufklärung, die von rationalistischen, aber auch von empiristischen Denkansätzen getragen wird, sind mehr oder weniger alle Philosophen des 18. Jahrhunderts beteiligt (und sei es in kritischer Distanz). Die Epoche zeigt der Welt ein heiteres Gesicht. Die Vernunft soll die Welt erhellen. Die Sonne siegt über die Nacht (Mozarts »Zauberflöte«). Kant gibt den Wahlspruch aus: »Habe Mut, dich deines eigenen Verstandes zu bedienen!« und erklärt: »Aufklärung ist der Ausgang des Menschen aus seiner selbstverschuldeten Unmündigkeit.« Kritik an staatlichen und kirchlichen Autoritäten und Institutionen wird laut, die Forderung nach Gewaltenteilung und Recht der Minderheit auf Opposition wird gestellt (Locke, Montesquieu), Voltaire ruft aufsehenerregend nach Abschaffung der Kirche: »Vernichtet die Infame!« *(écrasez l'infâme!)*, die Vernunftreligion (Deismus) weist Gott höflich einen Platz außerhalb der Welt zu, wo er für sich bleibt, die Idee der allgemeinen Volksbildung dringt durch.

Die Aufklärung ist erfüllt vom Gedanken des Fortschritts des Menschengeschlechts durch Erkenntnis und Beherrschung der Natur. »Befreiung durch Wissenschaft!« lautet das Motto der französischen Enzyklopädisten (Diderot). Der optimistische, aufklärerische Fortschrittsgedanke, sich zu Herren und Eigentümern der Natur zu machen, schließt den moralischen Fortschritt noch ganz selbstverständlich und naiv mit ein. Lessing sieht in seiner Schrift »Die Erziehung des Menschengeschlechts« eine durch die Aufklärung herbeigeführte Zeit kommen, in der die Offenbarungswahrheiten (Altes und Neues Testament) durch lebendig gewordene Vernunftwahrheiten abgelöst werden, eine Zeit, in der der Mensch »das Gute tun wird, weil es das Gute ist, nicht weil willkürliche Belohnungen darauf gesetzt sind.« – Dennoch verschafft sich im Bürgertum, dem Träger der ökonomischen Entwicklung, der Gesichtspunkt der Nützlichkeit (Belohnung), auch der der klingenden Münze, eine größer werdende Geltung. Populärphilosophie, die sich im persönlichen Glück auszahlt, die rezeptartig anwendbares Wissen liefert, ist gefragt.

Kants Ethik stellt auf dem Gipfel der Aufklärung die Würde des Menschen heraus. Das sittliche Handeln erfolgt »aus der Idee der Würde eines vernünftigen Wesens, das keinem Gesetz gehorcht als dem, das es zugleich selbst gibt«. Vom Gesichtspunkt der Nützlichkeit aus läßt sich die Menschenwürde gerade nicht begreifen. Sie ist zu nichts nutze, weil sie sich nicht instrumentalisieren läßt, weil sie kein Mittel zum Zweck sein kann. Sie ist vielmehr ein Zweck an sich selbst, das heißt, sie ist durch keinen noch höheren Zweck zu relativieren oder gar auszuschalten. Der Mensch ist der Würde – der Vernünftigkeit seines Wesens – verpflichtet, nicht weil er etwas davon hat, sondern weil es sie gibt. Keiner soll den anderen bloß als Mittel, etwa als bloß gewinnbringende Maschine benutzen, sondern jeder soll jeden stets als Zweck achten.

In seiner mathematisch-naturwissenschaftlich orientierten Erkenntnistheorie erklärt Kant die Metaphysik im traditionellen Sinne – erfahrungsunabhängiges Wissen über Seele, Weltganzes, Gott (z. B. Gottesbeweise) – für beendet, weil unmöglich. Wie die Dinge unabhängig von unserer Erkenntnis beschaffen sind, ist nicht erkennbar. Übrig bleibt die mögliche, stets bruchstückhaft bleibende, empirisch-wissenschaftliche Forschung – und das bescheiden machende, philosophisch differenzierte Wissen um das eigene Nichtwissen.

3. Im Umkreis des Deutschen Idealismus

Die deutsche Philosophie um die Wende zum 19. Jahrhundert stellt einen Höhepunkt dar. Dichtkunst und Philosophie durchdringen sich wechselseitig so nachhaltig, daß klare Abgrenzungen weder möglich noch wünschenswert erscheinen. Goethes »Wilhelm Meister« läßt sich auch als bedeutende, in Einzelschicksalen lebendig gewordene Philosophie lesen, wie Hegels »Phänomenologie des Geistes« auch als Maßstäbe setzende hohe Literatur. Die verschiedenen, meist parallel verlaufenden literarisch-philosophischen Strömungen, die in sich noch verschiedene Entwicklungsstadien durchlaufen, sind: Neuhumanismus, Klassik, Romantik sowie der Deutsche Idealismus.

Der *Neuhumanismus* wendet sich als dritter Humanismus erneut dem Studium der Antike zu (Humanismus der Antike – Humanismus der Renaissance – Neuhumanismus). Sein Ziel ist, ideale Menschlichkeit zu befördern. Der Wegbereiter *Winckelmann*, ein Kritiker der rationalistischen, vernunftbetonten Aufklärung, entnimmt der griechischen Plastik das zeitlose Ideal des schönen Menschen. Alle Leidenschaft ist gebändigt, die irdisch vollkommene Einheit von Körper und Geist ist erreicht (»edle Einfalt und stille Größe«). *Herder* sieht in der Geschichte eine fortschreitende Entwicklung zur Humanität. Kultur ist »Erziehung des Menschen zum Menschen«. Auch *Wilhelm von Humboldt* sieht den Weltbezug des Menschen unter dem Blickwinkel seiner individuellen »inneren Verbesserung und Veredlung«. – Humanistische Bildung statt spezialisierter Erziehung. Ethisch-ästhetisches Menschsein statt bloß kalkulierender Verstandesmensch.

Auf vielfältige Weise verleihen Goethe und Schiller in der deutschen *Klassik* der Fortschrittsvision einer kommenden, freien, schönen Menschlichkeit Ausdruck. »Edel sei der Mensch / Hilfreich und gut! / Denn das allein / Unterscheidet ihn / Von allen Wesen, / Die wir kennen« (Goethe). Im verwirklichbaren Ideal der Humanität vereinigen sich Natürlichkeit und Geistigkeit. *Schiller* vertritt das Ideal einer Sittlichkeit, das Neigung (hierin sich von Kant unterscheidend) und Pflicht vereint. Das Ästhetische soll die sinnlichen und geistigen Kräfte harmonisch ausbilden. »Es gibt keinen anderen Weg, den sinnlichen Menschen vernünftig zu machen, als daß man denselben zuvor ästhetisch macht.« Ästhetisch heißt soviel wie »idealisch«, »klassisch«. *Goethes* Bildungsidee – »mich selbst, ganz wie ich da bin, auszubilden« – stellt die nach menschlicher Vollendung strebende, gestaltende Tat heraus: »Des Menschen größtes Verdienst bleibt wohl, wenn er die Umstände soviel als möglich bestimmt und sich so wenig als möglich von ihnen bestimmen läßt. Das ganze Weltwesen liegt vor uns wie ein großer Steinbruch vor dem Baumeister, der nur dann den Namen verdient, wenn er aus diesen zufälligen Naturmassen ein in seinem Geiste entsprungenes Urbild mit der größten Ökonomie, Zweckmäßigkeit und Festigkeit zusammenstellt. Alles außer uns ist nur Element, ja, ich darf wohl sagen, auch alles an uns; aber tief in uns liegt diese schöpferische Kraft, die das zu erschaffen vermag, was sein soll, und uns nicht ruhen und rasten läßt, bis wir es außer uns oder an uns auf eine oder die andere Weise dargestellt haben.«[3]

Die philosophische religiöse Gefühlswelt der *Romantik*, ihre Erforschung der Abgründe der Seele, steht dem Neuplatonismus, der Mystik Böhmes, dem Pietismus nahe. Die Kunst hat nicht auf das in sich Vollendete und Harmonische (Klassik) zu zielen, sondern steht vor der unabschließbaren Aufgabe, die ganze Welt zu romantisieren, das heißt, sie als

Ausdruck und Bedeutung des Unendlichen zu begreifen, dem Bekannten die Würde des Unbekannten zu geben. *Schleiermacher* versteht unter Religion die Entwicklung von Sinn und Geschmack fürs Unendliche: »Ich liege am Busen der unendlichen Welt: ich bin in diesem Augenblick ihre Seele, denn ich fühle alle ihre Kräfte und ihr unendliches Leben, wie mein eigenes, sie ist in diesem Augenblicke mein Leib.« Das Universum ist eine lebendige Ganzheit, ein ewiges Werden, eine unendliche Seele. Bei *Novalis* erschließt die dichterische Phantasie eine höhere Wirklichkeit. Mit dem sehnsüchtig liebenden Dichter feiert und tanzt der innerste Geist der Natur, unter den Händen des rationalistischen Naturforschers dagegen »starb die freundliche Natur und ließ nur tote, zuckende Reste zurück«. – »Wird nicht der Fels ein eigentümliches Du, eben wenn ich ihn anrede?«

Der *Deutsche Idealismus* sucht Kants Absage an die Metaphysik zu überwinden, arbeitet die gesamte Geschichte der Philosophie sowie das wissenschaftliche Wissen der eigenen Zeit auf und schafft in den mitgestalteten Horizonten von Neuhumanismus, Klassik und Romantik die letzten großen metaphysischen Systeme der Neuzeit. Philosophie soll als oberste Wissenschaft in einem vollständigen System philosophischer Begrifflichkeit und begriffener Gegenständlichkeit zu Ende geführt werden. Die Vertreter des Deutschen Idealismus, an dessen Schwelle Kant steht, sind Fichte, Schelling und Hegel.

Fichte trifft die Entscheidung: »Ich wollte nicht Natur, sondern mein eigenes Werk sein.« Wer eine Knechtsnatur ist, der unterwerfe sich dem Materialismus, einer Welt aus Dingen und einer vorgefundenen Ordnung. Wer sich aber als freier Mensch weiß, der entscheide sich für den Idealismus, für den etwas schöpferisch Geistiges die Grundlage der Welt ist, und der suche durch eigenes Handeln jedes unvernünftige Getriebenwerden zu überwinden. Von hier aus, vom tätigen, freien, mit sich selbst identischen Ich aus, hat die Philosophie ihren Anfang zu nehmen. Bestimme dich selbst im Denken zur Freiheit!

Schelling wendet sich in seinem Frühwerk der Kunst zu, um zu zeigen, daß dem Geist und der materiellen Natur eine unterschiedslose Ureinheit zugrunde liegt. Die Kunst beurkundet anschaubar das Prinzip der Identität von Geist und Natur, das philosophisch nicht beweisbar ist. Die Kunst kommt der Philosophie zu Hilfe. Durch die Kunst wird eine neue Sicht der Natur möglich: »Die Natur soll der sichtbare Geist, der Geist die unsichtbare Natur sein.«

In ihrer Spätphilosophie geraten Schelling wie auch Fichte in zunehmende Schwierigkeiten bei dem Versuch, philosophische Selbstbegründung und philosophischen Weltbezug rein aus Mitteln der Vernunft zu leisten. Beide kommen auf unterschiedlichen Wegen zu einer Abdankung des Allmachtsanspruchs der neuzeitlichen Vernunft.

Hegel stellt ein »vernünftiges Bild des Universums« auf. In der Welt ist Vernunft, die noch nicht bewußt ist, die tätig ist, die alles daran setzt, sich zu erkennen, die absolutes, wissendes Wissen sein will: »Alles, was im Himmel und auf Erden geschieht – ewig geschieht -, das Leben Gottes und alles, was zeitlich getan wird, strebt nur danach hin, daß der Geist sich erkenne, sich sich selber gegenständlich mache, sich finde, für sich selber werde, sich mit sich zusammenschließe.«[4]

Gegen Ende des ersten Drittels des 19. Jahrhundert bricht der Deutsche Idealismus zusammen. Die Todesjahre von Beethoven (1827), Hegel (1831) und Goethe (1832) markieren Endpunkte. Goethe sieht 1825 in rasendem Tempo Neues kommen und blickt mit Wehmut auf das Alte zurück: »Niemand kennt sich mehr, niemand begreift das Element worin er schwebt und wirkt, niemand den Stoff den er bearbeitet. Von reiner Einfalt kann die Rede nicht sein; einfältiges Zeug gibt es genug. Junge Leute werden viel zu früh aufgeregt und dann im Zeitstrudel fortgerissen; Reichtum und Schnelligkeit ist was die Welt bewundert und wonach jeder strebt; Eisenbahnen, Schnellposten, Dampfschiffe und alle mögliche Fazilitäten der Kommunikation sind es worauf die gebildete Welt ausgeht, sich zu überbieten, überbilden und dadurch in der Mittelmäßigkeit zu verharren. [...] wir werden, mit vielleicht noch wenigen, die Letzten sein einer Epoche die so bald nicht wiederkehrt.«[5]

FRANCESCO PETRARCA: *»Das Gute zu wollen ist wertvoller, als das Wahre zu erkennen.«*[6]

Leben. *1304 Arezzo, †1374 Arquà (Padua), italienischer Dichter, durch seine lateinischen Werke »Vater des Humanismus«. – Studiert Jura in Montpellier und in Bologna, wendet sich mit großer Begeisterung der antiken Literatur zu; erhält 1326 die niederen Priesterweihen in Avignon, begegnet 1327 einer verheirateten Frau, die er sein Leben lang aus der Ferne liebt und die unter dem Namen »Laura« in seine Dichtung eingeht (»Ich verschweige nicht, daß das wenige, das ich bin, ich durch jenes Weib geworden.«); steht von 1330–1347 im Dienst des Kardinals von Colonna, reist durch Frankreich, Belgien und Deutschland, um nach Handschriften antiker Texte zu suchen; wird 1341 auf dem Kapitol in Rom feierlich zum Dichter gekrönt, lebt von 1351–1361 in Mailand bei den Visconti, die über die Stadt herrschen, unternimmt für diese Adelsfamilie Gesandtschaften z. B. nach Prag zu Kaiser Karl IV. (»Die größten Könige haben mich geliebt.«); lebt ab 1362 in Venedig und die letzten Lebensjahre im Dorf Arquà.

Petrarca besteigt 1336 zusammen mit seinem Bruder den Mont Ventoux bei Avignon. Sie gehören zu den ersten Menschen, von denen wir wissen, daß sie aus reiner Neugierde und purer Lebensfreude diese zweckfreie Mühe auf sich nehmen. Petrarca beschreibt in einem Brief seine subjektiven Eindrücke. Überwältigt von der Aussicht blickt er zu den Alpen, zu seiner Heimat. Erinnerungen bemächtigen sich seiner. Noch auf dem Gipfel greift er zu Augustinus' »Bekenntnissen«, öffnet das Buch und liest – wie einst Augustinus in der Bibel – die Stelle, die ihm zufällig ins Auge springt: »Da gehen die Menschen hin und bewundern die Berge und die Fluten des Meeres und den Lauf der Ströme und die Bahnen der Gestirne, auf sich selbst aber sehen sie nicht.« Betroffen schließt er das Buch und spricht während des Abstiegs kein Wort. – Petrarcas innere Auseinandersetzung schlägt sich nieder in seinen späteren »Gesprächen über die Weltverachtung«.

In einem Gedicht blickt Petrarca aus der Ferne über die Alpen nach Italien: »Jenseits der Alpenkette, / Kanzone, wo so licht der Himmelsraum, / Wirst du am raschen Bach mich wiedersehn, / Wo man ein luftig Wehn / Fühlt unter frischem, würz'gem Lorbeerbaum: / Dort ist mein Herz und die es mir entwunden, / Dort wird allein mein wahres Bild gefunden.«

Petrarca ist der erste einflußreiche Humanist, der die mittelalterliche Scholastik dadurch kritisiert, daß er das Studium antiker Originaltexte *(studia humanitatis)* fordert, damit auf diesem Wege der Mensch und die Ordnung der menschlichen Gemeinschaft in den Mittelpunkt der Forschung gestellt werden. Philosophie ist keine Kunst abstrakter, leerer Worte, vielmehr eine Kunst des tugendhaften, guten Lebens.

Das reine, um seiner selbst willen erworbene Wissen der Scholastiker – Petrarca meint die Aristoteliker – ist unnütz, wenn nicht gar verderblich. Die »Altweibergeschwätzigkeit der Dialektiker« erschöpft sich im Wiederkäuen ihrer alten, ewigen Streitereien. »Ihr Ärmsten! Was arbeitet ihr immer so nutzlos in den Tag hinein und quält den Geist mit öden Haarspaltereien? Der Dinge Wesen kennt ihr nicht, und unter lauter leeren Wörtern altert ihr, und mit weißem Haar und runzeliger Stirne treibt ihr noch kindische Spielereien.«[7]

Der heulende Pöbel der Scholastiker kennt nur seinen Abgott Aristoteles und betet ihn nach. Diese Herde von Wichtigtuern klammert sich an Aristoteles' Worte wie ein Schiffbrüchiger an seinen Balken. Über die griechischen

Originalschriften des großen Platon dagegen, dieses »Fürsten der Philosophie«, herrscht große Unwissenheit, weil es von ihnen keine lateinischen Übersetzungen gibt. So wird behauptet, Aristoteles habe viel, Platon so gut wie nichts geschrieben. Petrarca fordert die Aristoteliker auf, seine private Bibliothek aufzusuchen und mit eigenen Augen zu sehen, wie die Sache sich in Wahrheit verhält: »Ich habe, obwohl ich kein Grieche noch ein Gelehrter bin, sechzehn oder noch mehr Werke von Platon zu Hause, und ich zweifle, ob sie [die Aristoteliker] auch nur einmal den Namen von einem derselben gehört haben. [...] Und wenn sie es nicht glauben wollen, so mögen sie kommen und sehen.«[8]

Aristoteles versagt in einem entscheidenden Punkt. Er erklärt zwar das Wesen der Tugend, aber so, daß Seele und Wille dabei kalt bleiben: »Es ist ein großer Unterschied, ob ich etwas weiß, oder ob ich es liebe; ob ich es verstehe, oder ob ich nach ihm strebe. *Aristoteles* lehrt uns, ich leugne es nicht, was Tugend ist; aber jene überzeugenden und begeisternden Worte, die uns zur Liebe der Tugend und zum Haß des Lasters bewegen, durch die der Geist entzündet und angefeuert wird, kennt er nicht oder doch nur selten. Wie häufig können wir sie dagegen bei den Unsrigen finden, wenn wir nur suchen, besonders bei *Cicero* und *Annaeus* [= Seneca].«[9]

Cicero und Seneca – diese wahren, neu zu entdeckenden Vorbilder der heidnischen römischen Antike – haben es verstanden, Philosophie und Rhetorik unter dem Vorzeichen der Tugend zu vereinigen. Die beiden Römer sprechen jeweils von einem konkreten Ort aus, in einer konkreten Zeit und haben auch das Individuelle, Einmalige, Geschichtliche im Blick. Sie treffen mit glühenden, begeisternden Worten die Seele und feuern sie an, mit Worten, die die Trägen aufstacheln, die Kalten erwärmen, die Schlafenden aufrütteln, die Kranken heilen. »Das also sind die wahren Philosophen und die besten Tugendlehrer, deren erste und letzte Absicht ist, den Hörer und Leser gut zu machen, die nicht nur lehren, was das Wesen von Tugend und Laster ist [...], sondern die uns Liebe und Sehnsucht nach diesem höchsten Gute einflößen.«[10]

Dieses Ziel, die Liebe zur Tugend, wird durch Briefe und Dialoge, durch persönliche, freundschaftliche Zuwendung zu unersetzbaren, einzigartigen Gesprächspartnern – zu lebenden wie toten – besser erreicht als durch anonyme, zeit- und ortlose scholastische Systeme. Und weil der Philosoph mit seiner literarisch eleganten Eloquenz die Gemüter der Menschen lenkt, muß er vor allem selbst rechtschaffen und gut sein. Allein dieser wahre Philosoph vermag durch seine Beredsamkeit *(eloquentia)* die herrliche Schönheit der menschlichen Gesittung – die wahre Humanität *(humanitas)* – in der geschichtlichen, zwischenmenschlichen Wirklichkeit zur Geltung zu bringen.

GIOVANNI PICO DELLA MIRANDOLA: *»Wir sind unter der Bedingung geboren, das zu sein, was wir wollen.«* [11]

Leben: *1463 Mirandola bei Modena, †1494 Florenz. – Sohn eines Grafen, beginnt 1477 in Bologna mit dem Studium des kanonischen Rechts; eignet sich an den Universitäten Ferrara und Padua eine umfassende humanistische Bildung an, liest Aristoteles und Platon im Urtext, befaßt sich gründlich mit den Scholastikern, lernt die jüdische Geisteswelt kennen, studiert ab 1486 in Perugia Hebräisch sowie Arabisch, beginnt die Kabbala zu lesen und in ihre mystisch-spekulative Tradition einzudringen, vertritt die These, daß sich die Lehrmeinungen aller Philosophen und Theologen in Einklang bringen lassen, daß ein philosophischer Friede (*pax philosophica*) möglich sei; stellt darüber 900 Thesen auf und plant 1487, in Rom eine umfassende, versöhnende Diskussion in der Gelehrtenwelt in Gang zu setzen; statt dessen beanstandet die Kirche 13 seiner Thesen und reagiert auf Picos Verteidigung mit der Verurteilung sämtlicher 900 Thesen als ketzerisch; Pico flieht nach Frankreich, wird verhaftet, kann 1488 unter dem persönlichen Schutz von Lorenzo de Medici nach Florenz zurückkehren und stirbt im Alter von einunddreißig Jahren.

Mit seiner Rede »Über die Würde des Menschen« übergibt Pico der Öffentlichkeit seine 900 Thesen und vertraut zuversichtlich auf die offene Diskussion verständiger und toleranter Gelehrter: »Euch, ihr hohen Gelehrten«, so beschließt Pico seine Rede, »die ich zum Kampfe freudig bereit und gerüstet sehe, soll meine Rede nicht länger davon abhalten: Das Signal ertönt; unser Unternehmen stehe unter einem glücklichen Stern. Kreuzen wir die Klingen!«

Mittelalterliche Menschenbilder suchen festzustellen, was die unveränderbare menschliche Natur sei. Sie bestimmen, was der Mensch unabhängig von seinen Bezügen zur Welt und zu anderen Menschen an sich sei. In der Renaissance-Philosophie kommt der sich verändernde, der sich wandelnde, der in seiner Geschichtlichkeit offene Mensch in den Blick, der Mensch, der seine Natur erst durch seine geistig-moralische Bildung entwerfen und verwirklichen muß.

Pico hebt die Sonderstellung des Menschen in der Ordnung des Universums hervor: Gott schafft den Menschen als Schöpfer seiner selbst. Der Mensch hat die Freiheit, durch eigenes entschiedenes Tätigwerden in freier Selbstbestimmung sein Wesen selbst zu modellieren, es selbst zu machen. Er kann als *homo faber* (als Handwerker, als tätiges Wesen) auf bewunderungswürdigste Weise seine Eigenart selbst schmieden.

Pico verleiht seiner Überzeugung dadurch Nachdruck, daß er auf die Schöpfungsgeschichte zurückgreift: Gott Vater, der große Baumeister des erhabenen und schön geordneten Hauses der Welt, sehnte sich bei Vollendung seines Werkes nach jemandem, der es gebührend würdigen konnte. Da der Erbauer jenes erhabenen Welttempels aber bereits alle Archetypen, alle ursprünglichen Wesensprägungen an die Lebewesen verteilt hatte, stand ihm für den Entwurf des Menschen keine besondere Eigenart mehr zur Verfügung, die er ihm als Erbgut hätte schenken können. Die schöpferische Tätigkeit des liebenden Vaters konnte aber doch nicht gerade bei seinem letzten Geschöpf nachlassen, das die Freigebigkeit Gottes zu preisen imstande sein sollte und womöglich diese Freigebigkeit bei sich vermissen und beklagen müßte.

»So beschloß der Werkmeister in seiner Güte«, schreibt Pico, »daß der, dem er nichts Eigenes mehr geben konnte, an allem zugleich teilhätte, was den einzelnen sonst je für sich zugeteilt war. Also ließ er sich auf den Entwurf vom Menschen als einem Gebilde ohne unterscheidende Züge ein; er stellte ihn in den Mittelpunkt der Welt und sprach zu ihm: ›Keinen festen Ort habe ich dir zugewiesen und kein eigenes Aussehen, ich habe dir keine dich allein auszeichnende Gabe verliehen, da du, Adam, den Ort, das Aussehen, die Gaben, die du dir wünschst, nach eigenem Willen und Ermessen erhalten und besitzen sollst. Die beschränkte Natur der übrigen Wesen wird von Gesetzen eingegrenzt, die ich gegeben habe. Du sollst deine Natur ohne Beschränkung nach deinem freien Ermessen, dem ich dich überlassen habe, selbst bestimmen. Ich habe dich in die Weltmitte gestellt, damit du umso leichter alles erkennen kannst, was ringsum in der Welt ist. Ich habe dich nicht himmlisch noch irdisch, nicht sterblich noch unsterblich geschaffen, damit du dich frei, aus eigener Macht, selbst modellierend und bearbeitend zu der von dir gewollten Form ausbilden kannst. Du kannst ins Untere, zum Tierischen, entarten; du kannst, wenn du es willst, in die Höhe, ins Göttliche wiedergeboren werden.‹« [12]

Der Mensch kann alles sein, was er will, weil er von Geburt an zu jedweder Lebensform angelegt ist. Während die Tiere auf spezifische Weise an ihre fertig vorgegebene Natur gebunden sind, kommt es beim Menschen darauf an, welche seiner Anlagen und Keime er pflegt und zur Entwicklung bringt. »Sind es die Keime pflanzlichen Daseins, so wird er dahinvegetieren; des Sinnlichen, so wird er wie ein Tier werden; des Verstandes, so wird er ein himmlisches Lebewesen; des Geistes, so wird er ein Engel sein und Gottes Sohn.« [13]

Die Eigenart des Menschen ist es, keine Eigenart zu haben. Er ist frei, sich zu sich selbst wie ein Künstler zu seinem Rohstoff zu verhalten und diesen nach seiner eigenen Vorstellung zu bearbeiten, zu modellieren, zu bilden. »Wer sollte so ein Chamäleon nicht bewundern?«

Der große Weltbaumeister hat den Menschen als einen Baumeister geschaffen, als ein ihm würdiges, ihn lobpreisendes Abbild. Es ist der Freiheit des Menschen überlassen, die gewordene Welt dem Werden seiner kulturellen Selbstgestaltungen zu unterwerfen. Das Sein des Menschen folgt aus seinem Tun.

FRANCIS BACON:
»Wissen ist Macht.« [14]

Leben. * 1561 London, † 1626 Highgate/London. – Sohn des Lordsiegelbewahrers von England, tritt mit zwölf Jahren für drei Jahre in das Trinity-College der Universität Cambridge ein; ist bereits beim Verlassen des College von der Fruchtlosigkeit der aristotelisch-scholastischen Lehre überzeugt, widmet sich nach zweijährigem Aufenthalt in Frankreich der juristischen Praxis, tritt 1584 in das Parlament ein, wird 1604 Rechtsbeistand der Krone, 1613 Oberstaatsanwalt, 1617 Großsiegelbewahrer, 1618 Lordkanzler und Baron von Verulam, 1621 Viscount von St. Alban; im selben Jahr erfolgt eine Anklage wegen nachgewiesener Bestechung (die politischen Hintergründe sind nicht restlos geklärt), Bacon verliert mit seinen sämtlichen Ämtern auch das Recht, bei Hof zu erscheinen, wird für kurze Zeit in den Tower eingekerkert und zu 40.000 Pfund Geldstrafe verurteilt; nach seiner Freilassung widmet er sich ganz den Wissenschaften, stirbt an den Folgen einer Bronchitis, die er sich bei einem naturwissenschaftlichen Experiment zur Erprobung der Konservierung von Lebensmitteln zuzieht: Er stopft ein Huhn mit Schnee aus, um die Wirkung auf die Verzögerung der Fäulnis zu beobachten.

Wie können die Wissenschaften erneuert werden? Welche Methode der wissenschaftlichen Forschung ist die richtige? Welchem Ziel dient sie?

Die traditionelle scholastisch-aristotelische Lehre ist völlig unbrauchbar und überflüssig. Es geht nicht darum, durch Worte den Gegner, sondern durch Werke die Natur zu besiegen. Gesucht wird das Wissen, das sich nützlich anwenden läßt. Beispiele für diese Art von Wissen, das die Herrschaft über die Natur erhöht, sind die drei Erfindungen, die die Welt verändert haben: die Buchdruckerkunst, das Schießpulver und der Kompaß. Nur durch eine Erneuerung der Wissenschaften kann dieses erfinderische Wissen in seiner ganzen Macht gezielt entfaltet werden: »Menschliches Wissen und Können fallen in Eins zusammen, weil Unkunde der Ursache uns um den Erfolg bringt. Denn der Natur bemächtigt man sich nur, indem man ihr nachgibt, und was in der Betrachtung als Ursache erscheint, das dient in der Ausübung zur *Regel*.«[15]

Bevor die Erneuerung der Wissenschaften durchgeführt werden kann, müssen zunächst die alten Irrtümer in Gestalt festsitzender Vorurteile beseitigt werden. Bacon unterscheidet vier Gruppen von vergötterten Vorurteilen (Idolen).

Vorurteile der menschlichen Gattung (*idola tribus*). Falsch ist die Voraussetzung, der Verstand aller Menschen gleiche einem Spiegel, der die Welt, wie sie ist, widerspiegelt. In Wirklichkeit ist der Verstand ein Zerrspiegel, der seine eigene Natur in die Dinge hineinmischt und diese dadurch entstellt und verfälscht.

Vorurteile des Standpunkts (*idola specus*). Zusätzlich zu den von Natur aus allen Menschen gemeinsamen Erkenntnisverzerrungen kommen noch individuell beigemischte Irrtümer hinzu, die durch unterschiedliche Erziehung, Gewohnheiten, Lieblingsideen, Umstände etc. entstehen.

Vorurteile der Gesellschaft (*idola fori*). Verkehrte Worte haben sich in die Sprache, durch die die Menschen miteinander verbunden sind, eingeschlichen. Wörter, die entweder gar nicht existierende Dinge bezeichnen (z. B. »Schicksal«, »Erster Beweger«) oder wirkliche Dinge nur verworren, nur unbestimmt benennen (z. B. die Bedeutungsschwankungen des Begriffs »flüssig«). »Die Menschen glauben nämlich, ihre Vernunft führe die Herrschaft über die Worte; allein nicht selten beherrschen gegentheils die Worte den Sinn so, daß dadurch die Philosophie und die Wissenschaften zu unnützer Sophisterei herabgesunken sind.«[16]

Vorurteile des Theaters (*idola theatri*). Philosophische und theologische Weltanschauungen haben sich des menschlichen Geistes bemächtigt. Alle bisherigen philosophischen Systeme sind bloß Fabeln und Spiele einer erdichteten Theaterwelt, wirklichkeitsfremde Fiktionen.

In das »Reich der Menschen auf Erden, welches in der Wissenschaft begründet ist«, kann nur eingehen, wer sich von diesen Vorurteilen, von diesen Götzenbildern »gereinigt«, »entsündigt« hat. Das grobe Ordnungsnetz, insbesondere das der tradierten, stur nachgebeteten scholastischen Vorurteile, bemächtigt sich allenfalls des Beifalls, nicht aber der Sachen selbst. »Nichts ist schlimmer als ein apotheosirter (verherrlichter) Irrthum und die Verehrung der Thorheit.«

Bacon stellt dem »Organon« des Aristoteles – der aristotelischen Logik, dem »Werkzeug« der deduktiven (aus einem Prinzip von oben her ableitenden) Methode – ein eher induktives (aus Einzelerfahrungen auf Gesetzmäßigkeiten schließendes) »Novum Organon«, ein neues Werkzeug entgegen. Das deduktive Denken des Mittelalters erklärt empirische Einzelheiten mit Hilfe überlieferter, feststehender Grundsätze, es ordnet damit alles empirisch Konkrete in ein fertiges, rationales Schema ein. Dieses starre, autoritäre Erklärungsmodell wird dem unüberschaubaren Spektrum empirischer Besonderheiten nicht gerecht. Was fehlt, ist ein neues Methodeninstrument (*novum organon*), das sich auf Beobachtung und Experiment stützt. Es mangelt an der Bereitschaft, von der Empirie zu lernen, sich von ihr also die eigenen Vorurteile kritisieren zu lassen. »Aller Belehrung Anfang ist sinnliche Erkenntniß und Thaten sind ihr Zweck.«[17]

Extreme Auffassungen helfen nicht weiter. Bloßes deduktiv-rationalistisches Denken mit abstrakten Begriffen ist ebenso unfruchtbar wie ein sprunghaftes, induktiv-empirisches Denken, das ohne Zwischenschritte von beobachteten Einzelfällen sofort auf höchste Grundsätze schließt. Erst die angemessene methodische Verbindung von Erfahrung und Vernunft führt zu dem erhofften technisch-praktischen, erfindungsreichen Fortschritt der Wissenschaft: »Die bisherigen Philosophen waren entweder Empiriker oder Rationalisten. Die Empiriker begnügen sich damit, Alles zum einstigen Gebrauche zusammenzutragen wie die Ameise. Die Rationalisten entwickeln ihre Gewebe aus sich selbst wie die Spinne. Zwischen beiden hält die Biene das Mittel; aus den Blumen der Felder und Gärten sammelt sie ihren Stoff, dann aber verarbeitet sie ihn durch eigne Kraft. Nicht ungleich diesem Bilde ist die wahre philosophische Thätigkeit. Sie läßt nicht Alles blos auf die Kräfte des Geistes ankommen, noch nimmt sie aus der Naturgeschichte und den mechanischen Versuchen den ihr dargebotenen Stoff – roh, wie er ist – ins Gedächtniß auf, sondern legt ihn erst verändert und umgearbeitet dem Verstande vor. *Aus solcher innigen Verbindung der Erfahrung mit der Vernunft, welche bisher noch nicht stattgefunden hat, ist nun Alles zu erwarten!*«[18]

Von diesem Projekt einer methodisch geleiteten Erfahrung darf die Wissenschaft etwas erwarten. Der Mensch soll mit dieser geistigen Rüstung, mit dieser antischolastischen, allen Autoritäten gegenüber kritischen Haltung das Neuland der Zukunft betreten. Er soll sich durch harte Arbeit, durch »steten Fleiß«, durch neue Entdeckungen und Erfindungen die Herrschaft über die Natur erobern. Dies steht auch im Einklang mit der Bibel: »Im Schweiße deines Angesichts sollst du dein Brot essen!«

Durchdrungen von einem starken, sich wie von selbst verstehenden Fortschrittsoptimismus schreibt Bacon: »Erwerbe sich nur das menschliche Geschlecht die Herrschaft über die Natur, wozu es von Gott bestimmt ist; bewältige es nur erst die Masse: für die rechte Anwendung wird die gesunde Vernunft und die Religion sorgen.«[19]

RENÉ DESCARTES:
»Ich denke, also bin ich.« (cogito ergo sum)[20]

Leben. *1596 La Haye, †1650 in Stockholm, lateinischer Name: Renatus Cartesius. – Sohn eines wohlhabenden Rechtsgelehrten, wird von 1604–1612 in einer Jesuitenschule erzogen; Lieblingsfach ist die Mathematik, studiert danach Rechtswissenschaft in Poitiers, entwickelt tiefe Skepsis gegenüber dem Studium der Sprachen und Schriften des Altertums und wendet sich eine Zeitlang von der Büchergelehrsamkeit ab: »Ich wollte keine andere Wissenschaft mehr suchen, als die *ich in mir selbst oder in dem großen Buche der Welt würde finden können*, und so verwendete ich den Rest meiner Jugend auf Reisen, Höfe und Heere kennenzulernen, mit Menschen von verschiedener Gemütsart und Lebensstellung zu verkehren, mannigfaltige Erfahrungen einzusammeln, in den Lagen, in welche das Schicksal mich brachte, mich zu erproben und alles, was sich mir darbot, so zu betrachten, daß ich einen Gewinn davon haben könnte. Denn ich würde, so schien mir, in den praktischen Urteilen der Geschäftsleute über die ihnen wichtigen Angelegenheiten, wobei sich das falsche Urteil gleich durch den Ausgang straft, weit mehr Wahrheit finden können als in den Theorien, die der Gelehrte in seinem Studierzimmer ausspinnt, mit Spekulationen beschäftigt, die keine Wirkung erzeugen und für ihn selbst keine andere Folge haben, als daß sie ihn um so eitler machen, je weiter sie selbst vom gesunden Menschenverstand entfernt sind, weil er ja um so viel mehr Geist und Kunst anwenden mußte, um ihnen den Schein der Wahrheit zu geben. Ich hatte eben stets eine außerordentlich große Begierde, das Wahre vom Falschen unterscheiden zu lernen, um in meinen Handlungen klar zu sehen und in meinem Leben sicher zu gehen.«[21]

Descartes erhält 1618 in den Niederlanden eine militärische Ausbildung und nimmt als Freiwilliger am Dreißigjährigen Krieg teil, zuletzt in der Streitmacht Maximilians von Bayern; in seinem Quartier bei Neuburg an der Donau schließt er sich 1619 an einem kalten Wintertag in einem warmen Raum ein und findet sein berühmtes *cogito ergo sum* (Ich denke, also bin ich); begibt sich nach seinem Kriegsdienst für mehrere Jahre auf Reisen, macht eine Wallfahrt nach Loretto, die er der heiligen Jungfrau versprochen hatte, wenn er Licht in seinen Zweifeln sähe, lebt von 1625–1628 in Paris, widmet sein Leben von nun an ganz der Wissenschaft und wechselt 1628 in die Niederlande über; 1635 Geburt einer Tochter (stirbt im Alter von fünf Jahren) von seiner Geliebten, einer Magd; folgt 1649 einem Ruf der Königin Christine von Schweden und siedelt nach Stockholm über.

Descartes hat nicht die Absicht, zum Märtyrer seiner Philosophie zu werden, und entzieht sich immer wieder Anfeindungen und Verfolgungen. So verteidigt er z. B. die kopernikanische Lehre nicht öffentlich, obwohl er sie als richtig anerkennt. Oder er stellt nach der Verurteilung Galileis (1633) die Veröffentlichung seines Werkes »Le Monde« (Die Welt) zurück, da auch seine Physik mit auf der Bewegung der Erde beruht. In einem Brief vom 23. 10. 1643 schreibt er: »Sie teilen mir mit, man habe Mittel gefunden, mein Verfahren nicht bis zur Urteilsverkündigung gedeihen zu lassen. Was mich betrifft, so wäre es mir bei meiner Veranlagung lieber, sie verurteilten mich und täten mir das Schlimmste an, was sie können – vorausgesetzt, daß ich mich nicht in ihren Händen befinde.«[22]

Descartes' Ziel ist es, das Gebäude der Philosophie auf einem zweifelsfreien, unumstößlichen Fundament, das es zu finden gilt, neu zu errichten. Wie kann dies geschehen?

Ausgangspunkt ist der grundsätzliche, schrankenlose Zweifel. Weil uns z. B. die Sinne bisweilen täuschen, ist es zweifelhaft, ob die Dinge so sind, wie sie uns vorgespiegelt werden. »Ich will glauben«, schreibt Descartes in seinen »Meditationen«, »Himmel, Luft, Erde, Farben, Gestalten, Töne und alle Außendinge seien nichts als das täuschende Spiel von Träumen, [...] mich selbst will ich so ansehen, als hätte ich keine Hände, keine Augen, kein Fleisch, kein Blut, überhaupt keine Sinne, sondern glaubte nur fälschlich, das alles zu besitzen.«[23]

Der radikale Zweifel enthält in sich seine eigene Überwindung und legt das gesuchte Fundament frei. Je mehr der Zweifel alles einbezieht, desto offensichtlicher wird, daß er sich nicht selbst miteinbeziehen kann. Wenn ich an allem zweifele, so kann ich doch nicht daran zweifeln, daß ich zweifle. Alles kann geleugnet werden, der Akt des Leugnens nicht.

Im Zweifel wird das Ich seiner selbst gewiß. Ich zweifele, ich denke, also bin ich. Descartes: »Alsbald aber machte ich die Beobachtung, daß, während ich so denken wollte, alles sei falsch, doch notwendig ich, der das dachte, irgend etwas sein müsse, und da ich bemerkte, daß diese Wahrheit *›ich denke, also bin ich‹ (je pense, donc je suis; Ego cogito, ergo sum, sive existo)* so fest und sicher wäre, daß auch die überspanntesten Annahmen der Skeptiker sie nicht zu erschüttern vermöchten, so konnte ich sie meinem Dafürhalten nach als das erste Prinzip der Philosophie, die ich suchte, annehmen.«[24]

Es ist unmöglich zu denken, ohne gleichzeitig zu sein. Ich existiere als denkendes Bewußtsein. Das Denken kann von mir nicht getrennt werden. »Ich bin also genau nur ein denkendes Wesen.«[25] Das Wesen des Menschen ist ein »denkendes Ding« *(res cogitans)*, »ein Wesen, das zweifelt, einsieht, bejaht, verneint, will, nicht will und das sich auch etwas bildlich vorstellt und empfindet«.[26] – In der Reflexion auf den Zweifel bin ich mir meines denkenden Seins unmittelbar gewiß, nicht aber meines Körpers oder der Welt.

Wie aber ist die im Zweifel (beziehungsweise in der evidenten Selbstgewißheit des Denkens) versunkene Realität der gegenständlichen Welt wiederzugewinnen? Wie komme ich zu ihr zurück? – Durch Gott. Die Idee der Unendlichkeit Gottes kann nicht in der Endlichkeit des Menschen ihren Ursprung haben. Gott existiert, und er wäre nicht vollkommen, wenn er mich über die Welt nur täuschen und betrügen würde. Da Gott mich nicht täuscht, existiert eine Körperwelt. Der Erkenntnisweg führt vom Ich zu Gott zur Welt. Der Sache nach ist Gott das erste, in dem alles gründet; für unsere Erkenntnis ist die Selbstgewißheit das erste.

Die Welt (z. B. unser Körper) ist ein »ausgedehntes Ding« (*res extensa*). Sieht man von Gott, der unendlichen Substanz, einmal ab, dann gibt es außer ihm nur noch zwei endliche, selbständige Substanzen: die *res cogitans* und die *res extensa*. Alles Seiende teilt sich dualistisch auf *entweder* in eine denkende *oder* in eine ausgedehnte Substanz. Beide Substanzen sind voneinander völlig unabhängig, die eine ist aus der anderen nicht ableitbar. Das Denken hat keine Ausdehnung in Länge, Breite und Tiefe, und die körperlichen Dinge denken nicht. – Die jahrhundertelange, bis heute einflußreiche Denkfigur des Dualismus von Geist und Materie wird hier dem neuzeitlichen Denken eingeschrieben. In veränderter Form tauchen hier die platonische Trennung von Idee und Abbild wie auch der augustinische Dualismus von *civitas dei* (Gottesstaat) und *civitas terrena* (irdischer Staat) wieder auf, die beide auch in den theologischen Ansätzen der Reformation wirksam geworden waren.

Das Zerreißen der Welt in zwei Teile ermöglicht es Descartes, eine dem menschlichen Denken gegenüberstehende entseelte, versachlichte Natur übrigzubehalten, die sich mit mathematischer Exaktheit vermessen, berechnen und beherrschen läßt. Eigenleben hat die Natur keines, auf Geistiges, Seelenhaftes, Subjekthaftes braucht in ihr keine Rücksicht genommen zu werden. Alles in ihr ist bloßes Material, das der Befriedigung menschlicher Bedürfnisse dient. Tiere z. B. sind seelenlose, empfindungslose »Automaten«, für den Menschen nützliche Maschinen ohne eigene Rechte.

Fortschritt der Naturerkenntnis ist Fortschritt der Naturbeherrschung. Es geht Descartes um eine der realen Welt zugewandte, methodisch zuverlässige Philosophie, die das »allgemeine Wohl aller Menschen« durch Steigerung ihrer Macht über die Natur fördert. Es geht ihm darum, »Ansichten zu gewinnen, die für das Leben sehr fruchtbringend sein würden, und statt jener theoretischen Schulphilosophie [Scholastik] eine praktische zu erreichen, wodurch wir die Kraft und die Tätigkeiten des Feuers, des Wassers, der Luft, der Gestirne, der Himmel und aller übrigen uns umgebenden Körper ebenso deutlich wie die Geschäfte unserer Handwerker kennenlernen und also imstande sein würden, sie ebenso praktisch zu allem möglichen Gebrauch zu verwerten und uns auf diese Weise zu Herrn und Eigentümern der Natur zu machen.«[27]

THOMAS HOBBES:
»Krieg aller gegen alle.« [28]

Leben. *1588 Westport bei Malmesbury, †1679 Hardwick. – Kommt vorzeitig zur Welt, seine Mutter führt die Frühgeburt auf ihren Schrecken über das Auftauchen der spanischen Kriegsflotte im Ärmelkanal zurück (»meine Mutter gebar Zwillinge, mich und die Angst«), sein Vater ist Landgeistlicher; 1603–1608 Studium an der Universität Oxford: aristotelische Scholastik, lernt die nominalistische Philosophie von Wilhelm von Ockham kennen, gewinnt kritische Einstellung gegenüber den Universitäten; 1608–1628 Hauslehrer, Reisebegleiter, Privatsekretär in adligen Familien, wird kurzfristig Francis Bacons Sekretär, schreibt in seiner Schrift »Vom Körper« ähnlich wie Bacon: »Wissenschaft dient nur der Macht!«[29], übersetzt Thukydides' Werk über den Peloponnesischen Krieg, Reisen nach Frankreich und Italien, trifft herausragende Gelehrte seiner Zeit (Mersenne, Descartes, Gassendi und Galilei), beschäftigt sich mit Mathematik, Physik und Physiologie, ist tief beeindruckt vom logischen Aufbau der Geometrie Euklids; 1640 verfaßt er seine Schrift »Anfangsgründe der natürlichen und bürgerlichen Gesetze«, um die Krone zu unterstützen, und flieht im selben Jahr aus Furcht vor Verfolgung von seiten des Parlaments ins Exil nach Paris; kehrt nach der Amnestie von 1651 nach England zurück, schreibt eine lateinische Autobiographie und übersetzt als fast Neunzigjähriger Homer.

Ist der Mensch ein friedliches Wesen? Möchte er »von Natur aus« in einer politischen Lebensgemeinschaft sittlich gut leben? Welche wahren Motive liegen der Entstehung der menschlichen Gesellschafts- und Staatsordnung zugrunde?

Im ursprünglichen Naturzustand ist der Mensch alles andere als friedfertig. Es herrscht der »Krieg aller gegen alle« *(bellum omnium contra omnes)*[30]. Die ungefesselten Triebe der Selbsterhaltung drängen die Menschen feindselig und zerstörerisch gegeneinander. Im Naturzustand ist keiner seines Lebens, seines Besitzes und der Früchte seiner Arbeit sicher: »Sooft daher jemand ein etwas einträglicheres Stück Land besitzt, es besät, bepflanzt und bebaut hat und sein Nachbar Lust bekommt, ihn anzugreifen, weil er nur den Widerstand dieses einen und sonst nichts zu fürchten hat, so muß er nur die freiwillige Beihilfe anderer abwarten, um jenem nicht bloß die ganze Frucht seiner Arbeit, sondern auch Leben und Freiheit zu rauben: indes werden sie, sobald Stärkere über sie kommen, ein Gleiches erleiden müssen.«[31]

Aus Furcht, ermordet zu werden, versucht ein jeder einem jeden durch Vergrößerung der eigenen Macht zuvorzukommen. Die bereits vorhandene Macht dient in der Regel dazu, noch größere Macht zu erlangen. Selbsterhaltung ist der Fortschritt der grenzenlosen Machtsteigerung. So leben zwar die Menschen, die sich von ihrer triebhaften Naturanlage leiten lassen, in völliger Gleichheit (selbst der Schwache kann durch List zum Stärkeren werden) und in völliger Freiheit (an keine Gesetze gebunden ist jeder sein eigener Herr) – aber sie leben ohne Sicherheit.

Die ursprüngliche Natur des Menschen ist wertfrei. Sie ist, wie sie ist. Es wäre unsinnig, sie anzuklagen oder in ihr etwas Sündhaftes zu sehen. Wo es keine Gesetze gibt, kann es auch kein Unrecht geben. Erst der Mensch im Staat – nicht der im Naturzustand – hat eine Vorstellung von Gerechtigkeit oder von mein und dein. Erst für ihn gibt es aufgrund von Vereinbarungen *gut* oder *böse*.

Aus dem Urzustand gibt es nur einen Ausweg: die Vernunft gegen die eigene raubtierhafte Selbstsucht einzusetzen und einen Staat zu gründen, der ein geregeltes Zusammenleben erzwingt. So entschließen sich die im Naturzustand lebenden Menschen, die Zwangsmacht des Staates zu errichten und sich ihr zu unterwerfen, um sich selbst zu erhalten und um ein bequemes Leben führen zu können. Es wird ein Vertrag aller mit allen geschlossen, der der Willkür eines jeden einzelnen Grenzen setzt und die Erhaltung aller garantiert. Es ist, »wie wenn ein jeder zu einem jeden sagte: *›Ich übergebe mein Recht, mich selbst zu beherrschen, diesem Menschen oder dieser Gesellschaft unter der Bedingung, daß du ebenfalls dein Recht über dich ihm oder ihr abtrittst‹.*«[32]

Indem die Menschen sich durch ein künstliches Vertragswerk zu einer Person vereinigen, bilden sie einen Staat *(civitas)*. Es ist dies die Geburt des riesigen furchteinflößenden »Leviathan«, des großen künstlichen Menschen, des sterblichen Gottes, dem allein Frieden und Schutz zu verdanken sind. Hobbes führt aus: »Der große Leviathan (so nennen wir den Staat) ist ein Kunstwerk oder ein künstlicher Mensch – obgleich an Umfang und Kraft weit größer als der natürliche Mensch, welcher dadurch geschützt und glücklich gemacht werden soll. Bei dem Leviathan ist derjenige, welcher die *höchste Gewalt* besitzt, gleichsam die Seele, welche den ganzen Körper belebt und in Bewegung setzt; die *Obrigkeiten und Beamten* stellen die künstlichen Glieder vor; die von der höchsten Gewalt abhängenden *Belohnungen und Bestrafungen,* wodurch jeder einzelne zur Erfüllung seiner Obliegenheiten angehalten wird, vertreten die Stelle der *Nerven*; das *Vermögen einzelner Personen* ist hier die *Kraft*, so wie das *Glück des Volkes* das allgemeine *Geschäft*; die *Staatsmänner*, von welchen die nötigen Kenntnisse erwartet werden, sind das *Gedächtnis*; *Billigkeit* und *Recht* eine künstliche *Vernunft*; *Einigkeit* ist *gesunder*, *Aufruhr* hingegen *kranker Zustand* und *Bürgerkrieg* der Tod.«[33]

Die Macht und Gewalt des ungeheuerlichen Staatsorganismus zwingt die widerstreitenden Interessen zueinander und bewegt sie zur Verteidigung gegen auswärtige Feinde. Der Leviathan ist der rationale Ausweg aus der sozialen Unordnung und Unsicherheit. Die natürliche Freiheit (Faustrecht des Stärkeren) wird durch die bürgerliche Freiheit (persönliche Sicherheit und gesetzliche Ordnung) ersetzt. Der Staatskörper unterdrückt die Wolfsnatur des Menschen und macht durch diese künstlich hergestellte Zähmung erst das aus ihm, wovon Aristoteles glaubte, es sei seine ursprüngliche Natur: ein *zoon politikon*, ein geselliges, ein nach staatlicher Gemeinschaft strebendes Wesen.

BARUCH DE SPINOZA:
»Gott oder Natur.« (deus sive natura) [34]

Leben. *1632 Amsterdam, †1677 Den Haag. – Sohn einer von spanischen Christen verfolgten jüdischen Kaufmannsfamilie, die in den Niederlanden Zuflucht suchte; vom Vater zum Rabbiner bestimmt, wird er in das jüdische Schrifttum eingeführt, seine Sprachkenntnisse erleichtern ihm die eigenständige Aneignung der nichtjüdischen Philosophie und Wissenschaft seiner Zeit; als Achtzehnjähriger kommen ihm Zweifel am Alten Testament als Offenbarung Gottes, am Dasein eines auserwählten Volkes, am Eingreifen eines persönlichen Gottes in menschliche Belange sowie an Vorrechten der Priester; wird 1656 wegen Irrlehren aus der jüdischen Gemeinde ausgestoßen; kurz nach dem »großen Bann« zeigt sich seine Tuberkulose; er gibt Privatunterricht und erlernt das Schleifen optischer Gläser; ausgewiesen aus seiner Vaterstadt begibt er sich 1660 mit seinem Bett, seiner Schleifmühle und einer Kiste voller Bücher nach Rijnsburg, 1670 nach Den Haag und überläßt sich ganz seinen philosophischen Studien; 1673 lehnt er eine Berufung als Professor nach Heidelberg ab, um seine Unabhängigkeit zu wahren.

Spinoza lebt auch wegen seiner Lungenerkrankung bescheiden und zurückgezogen, seine Mahlzeit für den ganzen Tag besteht oft nur aus Milch- oder Hafergrützsuppe, selten trinkt er Wein, raucht wenig, lehnt Einladungen ab, eine von einem Freund testamentarisch ausgesetzte Leibrente von 500 Gulden senkt er selbst auf 300 Gulden.

Der Bannfluch, den die Portugiesisch-Israelitische Gemeinde in Amsterdam 1656 über Spinoza verhängt hat, lautet: »Nach dem Urteil der Engel und der Aussage der Heiligen verbannen, verfluchen, verwünschen und verdammen wir Baruch d'Espinosa. Mit der Zustimmung des gesegneten Gottes und dieser ganzen heiligen Gemeinde, vor den heiligen Büchern der Thora und den 613 Vorschriften, so darin geschrieben sind, sprechen wir den Bannfluch über ihn aus, mit dem Josua Jericho verfluchte, mit den Verwünschungen, mit denen Elisa die bösen Knaben verwünschte, und mit allen Verfluchungen, die im Gesetz verkündet werden. Er sei verflucht bei Tag und verflucht bei Nacht, verflucht sein Hinlegen und verflucht sein Aufstehen, verflucht sein Gehen und verflucht sein Kommen; nimmer möge der Herr ihm vergeben und fortan der Zorn des Herrn und der Eifer Gottes über diesen Menschen kommen und ihn mit allen Flüchen beladen, geschrieben in diesem Buch des Gesetzes. Und der Herr wird seinen Namen austilgen unter den Himmeln und der Herr wird ihn zu seinem Verderb ausstoßen aus allen Stämmen Israels, mit allen Verwünschungen des Firmaments, geschrieben im Buche dieses Gesetzes. Und ihr, dem Herrn eurem Gott Verbundene, bleibt heute alle unversehrt! Hütet euch: daß niemand mündlich noch schriftlich mit ihm verkehre, niemand ihm die geringste Gunst erweise, niemand unter einem Dach mit ihm wohnte, niemand sich ihm auf vier Ellen nähere, niemand eine von ihm gemachte oder geschriebene Schrift lese.«[35]

Am 11.9.1675 wendet sich ein Katholik namens Albert Burgh in einem Brief an Spinoza und beschwört ihn, seine Seele noch rechtzeitig zu retten, indem er sich bekehren läßt: »Sie machen den Anspruch, endlich die wahre Philosophie gefunden zu haben. Woher wissen Sie, daß Ihre Philosophie die beste ist? [...] Wollen Sie, ein elendes Menschlein, ein armseliger Erdenwurm, ja Asche, Würmerspeise, sich in unaussprechlicher Blasphemie vermessen, sich der fleischgewordenen unendlichen Weisheit des ewigen Vaters selbst voranstellen? [...] Was mich betrifft, so habe ich Ihnen diesen Brief in ächt christlicher Absicht geschrieben, zunächst um Ihnen die Liebe zu zeigen, die ich Ihnen, obschon Sie Heide sind, entgegenbringe, und dann um Sie zu bitten, Sie möchten nicht fortfahren, auch andere ins Verderben zu ziehen.«

Spinoza antwortet Anfang 1676: »An den wohledlen Jüngling Albert Burgh [...]. Ich erhebe nicht den Anspruch, die beste Philosophie gefunden zu haben, sondern ich weiß, daß ich die wahre erkenne. Wenn Sie aber fragen, wieso ich das weiß, so werde ich antworten: geradeso wie Sie wissen, daß die drei Winkel eines Dreiecks gleich zwei Rechten sind. Und so wird niemand bestreiten, daß das genügt, solange er ein gesundes Hirn hat und nicht von unreinen Geistern träumt, die uns falsche, den wahren ähnliche Ideen einflößen. Denn das Wahre ist der Prüfstein seiner selbst und des Falschen. [...] Aber gesetzt, alle von Ihnen beigebrachten Gründe sprächen bloß für die römische Kirche. Glauben Sie damit die Autorität dieser Kirche mathematisch zu beweisen? Da nichts weniger als das der Fall ist, wie wollen Sie also, daß ich glauben soll, meine Beweise seien vom Fürsten der bösen Geister, die Ihrigen aber von Gott inspiriert? Zumal da ich sehe und Ihr Brief es deutlich zeigt, daß Sie ein Sklave dieser Kirche geworden sind, nicht sowohl aus Liebe zu Gott, als aus Furcht vor der Hölle, die die einzige Ursache des Aberglaubens ist. [...] Tun Sie diesen verwerflichen Aberglauben von sich und erkennen Sie die Vernunft an, die Gott Ihnen gegeben hat, und pflegen Sie sie, wenn Sie nicht unter die vernunftlosen Wesen gerechnet werden wollen. Hören Sie auf, sage ich, unsinnige Irrtümer Mysterien zu nennen.«[36]

Wie lassen sich Gott, Geist und Materie als einheitlicher Zusammenhang denken?

Gott ist kein jenseitiger Gott, der die Welt aus dem Nichts geschaffen hat und ihr auf eine transzendente Weise gegenübersteht. Die Welt ist ungeschaffen. Weder hat sie einen Anfang noch ein beabsichtigtes Ende, noch ist sie etwas von Gott Verschiedenes. Die Welt selbst ist der ewige Gott, die Erscheinungsform der Gottheit. Gott und Natur sind identisch (»Gott oder Natur«).

Nur eine Substanz *(substantia)* gibt es: Gott. Von den drei Substanzen, die Descartes lehrte – eine unendliche (Gott) und zwei endliche (Geist und Materie beziehungsweise Denken und Ausdehnung) – läßt Spinoza nur die unendliche Substanz (Gott) als Substanz gelten. Denken und Ausdehnung hingegen versteht er als Attribute *(attributa)* der einen Substanz, als allgemeinste Wesenseigenschaften Gottes. Zwar hat Gott unendlich viele Wesenseigenschaften, wir aber kennen nur diese beiden. Gott ist ganz Denken und ganz Ausdehnung und zugleich noch unendlich vieles andere, was uns verborgen bleibt. Die göttlichen Attribute Denken und Ausdehnung kommen in den Einzeldingen der Welt *(modi)* vielfältig zum Ausdruck. – Substanz, Attribut und Modus sind Grundbegriffe von Spinozas Metaphysik.

Spinozas Methode ist streng mathematisch, streng rationalistisch. Erfahrung spielt bei seinen logischen Ableitungen (Deduktionen), die absolute Gewißheit beanspruchen, keine Rolle. In seinem Hauptwerk, der »Ethik«, geht er von Definitionen und Axiomen aus, stellt Lehrsätze auf, beweist sie und schließt an die Beweise Folgesätze und Erläuterungen an. Nach der Art von Euklids Geometrie, nach geometrischer Lehrart *(more geometrico)* werden die Segmente der Weltordnung in ihrer Notwendigkeit exakt bestimmt und abgeleitet: Substanz, Attribute, Modi.

Substanz. Urgrund aller Wirklichkeit ist die Substanz. Sie wird definiert als »das, was in sich ist und aus sich begriffen wird«. Ihr Begriff ist von keinem anderen abhängig. Als vollkommenstes Wesen kann die Substanz nur als existierend gedacht werden. Der 7. Lehrsatz der Ethik lautet daher »*Zur Natur der Substanz gehört das Dasein*.« Diesem Lehrsatz folgt der Beweis, der auf früheren Beweisschritten aufbaut: »Beweis. Die Substanz kann nicht von etwas Anderm hervorgebracht werden und ist daher Ursache ihrer selbst, d.h. ihr Wesen schliesst nothwendig das Daseyn in sich, oder zu ihrer Natur gehört das Daseyn.«[37]

Die Substanz ist unendlich, unteilbar, ewig und notwendig. Alle Vermenschlichungen fallen weg: Sie ist keine Person, hat keinen Verstand oder Willen, handelt nicht nach Zwecken, die Vorstellungen von gut und böse sind unmaßgebend. Als absolut Unendliches, als Daß des Seins, als erzeugende Natur *(natura naturans)* wirkt sie nicht von außen auf die Dinge, sondern in ihnen. Alles ist in der Substanz, und sie ist in allem. Dies ist »jenes ewige und unendliche Seyende, welches wir Gott oder Natur *(deus sive natura)* nennen«.[38]

Attribute. Spinozas Definition lautet: »Unter *Attribut* verstehe ich das, was der Verstand von der Substanz als ihr Wesen ausmachend erkennt.«[39] Je größer die Realität eines Seienden, um so mehr Attribute hat es. Folglich ist nichts klarer, als daß das schlechthin unendlich Seiende – Gott – als das Seiende definiert werden muß, das aus unendlich vielen Attributen besteht. Jedes Attribut drückt eine »ewige und unendliche Wesenheit« aus.

Der menschliche Verstand kann von Gottes unendlich vielen Attributen nur die Attribute Denken und Ausdehnung fassen. Spinoza stellt deshalb die Lehrsätze auf: »Gott ist ein denkendes Wesen« *(Deus est res cogitans)* und »Gott ist ein ausgedehntes Wesen« *(Deus est res extensa)*. Denken und Ausdehnung – Geist und Materie – sind in der Substanz identisch, Ausdruck des einen Gottes.

Modi. Die beiden Attribute drücken sich in der Vielzahl aller einzelnen körperhaften Dinge (Modi der Ausdehnung) und aller einzelnen geistigen Vorstellungen (Modi des Denkens) aus. Die Modi sind die geschaffene Natur *(natura naturata)*, die Besonderungen der Attribute, das, was aus der Notwendigkeit der göttlichen Natur folgt, das Unselbständige, das Flüchtige, das Unwesentliche. Das konkrete Leben im Alltag hier und jetzt – dieser Tisch, an dem ich lese – ist ein Modus, eine »Affektion der Substanz«, gleichsam eine bewegte Oberfläche, der Schaum einer Welle. Auch der einzelne Mensch mit seinen unmaßgeblichen Belangen gehört zu den allesamt unbedeutenden Modi. – Diese bewegte Welt der vergänglichen Modi erweist sich, insofern sie unter dem Gesichtspunkt der Ewigkeit *(sub specie aeternita-*

tis) betrachtet, also gleichsam mit den Augen Gottes gesehen wird, als die göttliche Ruhe des ewigen mathematischen Zusammenhangs aller Dinge.

Aus der einen Substanz gehen alle Dinge mit derselben Notwendigkeit hervor, wie aus der Natur eines Dreiecks von Ewigkeit zu Ewigkeit folgt, daß die Summe seiner Winkel gleich zwei rechten ist. Alle Modi unterliegen dieser Notwendigkeit, auch der Mensch. Spinoza schreibt in einem Brief über die Unfreiheit des menschlichen Willens: »Ein Stein zum Beispiel empfängt durch eine äußere Ursache, die ihn stößt, eine gewisse Menge Bewegung, vermöge der er notwendig nachher fortfährt, sich zu bewegen, auch wenn die äußere Ursache aufhört. Dieses Beharren des Steins in der Bewegung ist ein gezwungenes, kein notwendiges, weil es durch den Stoß der äußeren Ursache definiert werden muß. Was hier vom Steine, dasselbe gilt von jedem beliebigen Einzeldinge, mag es als noch so zusammengesetzt und zu vielerlei geeignet vorgestellt werden, da nämlich jedes Ding notwendigerweise durch irgendeine äußere Ursache zum Existieren und zum Wirken in gewisser Weise bestimmt wird.

Stellen Sie sich nun weiter vor, wenn es beliebt, daß der Stein, der sich zu bewegen fortfährt, dabei denkt und weiß, daß er diese Bewegung, soweit er kann, fortzusetzen bestrebt ist. Sicherlich würde dieser Stein, da er sich nur seines Strebens bewußt und keineswegs indifferent ist, glauben, er wäre ganz frei und er verharre in der Bewegung aus keiner anderen Ursache, als weil er es so will. Und dies eben ist die menschliche Freiheit, die alle sich brüsten zu besitzen und die doch allein darin besteht, daß die Menschen sich ihrer Begierden bewußt sind, die Ursachen aber, durch die sie dazu veranlaßt werden, nicht kennen. So glaubt der Säugling, daß er die Milch frei begehrt, und der zornige Knabe glaubt, daß er die Rache, und der Furchtsame, daß er die Flucht freiwillig will. Der Betrunkene glaubt, daß er aus freiem Entschlusse heraus spricht, was er nachher als nüchtern verschwiegen haben möchte. So glauben der Fiebernde, der Schwätzer und die meisten dieses Schlages aus freien Entschlüssen zu handeln, nicht aber vom Triebe fortgerissen zu sein. Und weil dieses Vorurteil allen Menschen angeboren ist, werden sie nicht so leicht davon befreit. Denn, obgleich die Erfahrung genug und übergenug lehrt, daß die Menschen nichts weniger vermögen als ihre Begierden zu zügeln und daß sie häufig, wenn sie von entgegengesetzten Affekten bestürmt werden, das Bessere sehen und dem Schlechteren folgen, so halten sie sich doch für frei.»[40]

Der Mensch, der seinen Verstand läutert, die Welt unter dem ewigen, zeitlosen Blickwinkel Gottes betrachtet, erkennt die Notwendigkeit der göttlichen Natur als seine eigene an. Er gelangt zur intellektuellen Liebe Gottes *(amor Dei intellectualis)* und weiß sich liebend eins mit der Gott-Natur: *»Die verstandesmässige Liebe des Geistes zu Gott ist ein Theil der unendlichen Liebe, mit der Gott sich selbst liebt.«*[41]

GOTTFRIED WILHELM LEIBNIZ:
»Die Monaden sind die wahren Atome der Natur.«[42]

Leben. *1646 Leipzig, †1716 Hannover. – Sohn eines Professors der Moralphilosophie, studiert in Leipzig ab 1661 Jura, Philosophie und Mathematik, schreibt mit siebzehn Jahren die Abhandlung »De principia individui« (Über das Prinzip des Individuums); der Begriff des Individuellen bleibt lebenslang ein Hauptthema; wird 1666 zum Doctor juris promoviert, tritt 1670 in die Dienste des Kurfürsten von Mainz, ab 1676 Geheimer Rat und Bibliothekar im Dienst des Herzogs von Hannover, initiiert 1700 die Gründung der Berliner Akademie der Wissenschaften.

Leibniz nimmt rege am kulturellen und politischen Leben teil, z. B. durch Reisen oder umfangreiche Korrespondenz (ca. 300 Briefe im Jahr), erfindet gleichzeitig mit Newton die Infinitesimalrechnung (Prioritätsstreit mit Newton), ist auf praktische Anwendung der Wissenschaft bedacht: »Der Sinn und das Kennzeichen echter Wissenschaft«, schreibt er 1679 an Malebranche, »besteht nach meiner Meinung in den nützlichen Erfindungen, die man daraus herleiten kann.« In einem Brief von 1676 heißt es: »Je weiter wir in der Erforschung der natürlichen Ursachen gelangen, desto fähiger werden wir, die Natur zu beherrschen. Fürchten Sie nicht, daß die Menschen ihre Grenzen überschreiten!«[43] Leibniz konstruiert eine Rechenmaschine, eine tragbare Uhr, schlägt effektivere Abbaumethoden im Bergbau vor, regt das Trockenlegen von Sümpfen, die Brandbekämpfung und die Beleuchtung der Städte an, kümmert sich um das Schul- und Gesundheitswesen. – Er stirbt vereinsamt, nur sein Sekretär begleitet den Sarg. Es heißt, er wurde beerdigt wie ein Hund.

Worin gründet die Einzigartigkeit jedes Seienden? Sind die Einzeldinge, insbesondere die Menschen, so flüchtig und unselbständig wie der Schaum einer Welle? Oder gibt es eine unvergängliche, individuelle Substanz? Wie ist die Harmonie der Welt zu verstehen?

Im Alter von fast siebzig Jahren blickt Leibniz auf seine geistige Entwicklung zurück. Er schreibt 1714 in einem Brief: »Noch als Kind lernte ich den Aristoteles kennen und selbst die Scholastiker schreckten mich nicht ab, was ich auch heute noch nicht bedauere. Sodann las ich Platon und Plotin mit Befriedigung, ganz zu schweigen von den andren Alten, die ich späterhin zu Rate zog. Als ich mich nun von der trivialen Schulphilosophie befreit hatte, verfiel ich auf die Modernen und erinnere mich noch, daß ich im Alter von 15 Jahren allein in einem Wäldchen nahe bei Leipzig, dem sogenannten Rosental, spazieren ging und bei mir erwog, ob ich die substantiellen Formen beibehalten sollte.«[44]

Leibniz formuliert bereits als Fünfzehnjähriger das Problem, mit dem er sich sein Leben lang auseinandersetzt: die Frage nach der Natur des substantiellen Seins. Auf seinem Spaziergang wird er einer Natur gewahr, in der überall Leben ist. »Jedes Stück Materie«, schreibt er in einer Abhandlung, »kann wie ein Garten voller Pflanzen und wie ein Teich voller Fische aufgefaßt werden. Aber jeder Zweig der Pflanze, jedes Glied des Tieres, jeder Tropfen seiner Säfte ist wiederum ein solcher Garten oder ein solcher Teich.«[45]

Offensichtlich ist die Natur von vielfältig gestaltenden, formenden Aktivitäten durchdrungen, die die Scholastik »substantielle Formen« nannte und Aristoteles »Entelechien«. Die mathematische Physik, die die Natur auf eine ausgedehnte, seelenlose Masse zu reduzieren sucht, kann diesen lebendigen Aktivitäten nicht gerecht werden. Leibniz' Zweifel über die Angemessenheit mechanischer Naturerklärungen gewinnen in seinem Denken die Oberhand. In dem schon erwähnten Brief berichtet er weiter: »Als ich aber den letzten Gründen des Mechanismus und der Gesetze der Bewegung selbst nachforschte, war ich ganz überrascht, zu sehen, daß es unmöglich war, sie in der Mathematik zu finden, und daß ich zu diesem Zwecke zur Metaphysik zurückkehren mußte.«[46]

Die letzten Bausteine des Universums, so Leibniz' entscheidender Gedanke, sind nicht physische, kleinste Materieteilchen, tote Atome, sondern metaphysische, geistige Einheiten, individuelle Substanzen. Leibniz nennt sie »Monaden« nach dem griechischen Wort *Monas*, das Einheit bedeutet. Die Monaden sind die »wahren Atome der Natur«, elementare »Lebensprinzipien«, aus denen die Dinge zusammengesetzt sind.

Leibniz führt aus: »Ich nehme in der Tat an, daß die Lebensprinzipien in der ganzen Natur verbreitet und daß sie unsterblich sind, da sie ja unteilbare Substanzen oder *Einheiten* sind, während die Körper Vielheiten sind, die durch die Auflösung ihrer Teile dem Untergange unterworfen sind. Diese Lebensprinzipien oder Seelen haben Vorstellung und Streben. [...] Die Lebensprinzipien kommen nur den organischen Körpern zu. Allerdings gibt es nach meinem System keinen Teil der Materie, in dem nicht eine unendliche Anzahl von organischen und beseelten Körpern – worunter ich nicht nur die Tiere und Pflanzen, sondern auch möglicherweise noch andre, uns gänzlich unbekannte Arten einbegreife – enthalten ist. Man darf jedoch darum nicht sagen, daß jeder Teil der Materie beseelt ist, so wenig man einen Teich voller Fische darum einen beseelten Körper nennt, weil jeder Fisch beseelt ist.«[47]

Die Monaden – Leibniz spricht auch von »metaphysischen Punkten« *(points métaphysiques)* – lassen sich nicht durch physikalische Begriffe wie Ausdehnung, Gestalt oder Bewegung bestimmen. Das wichtigste Merkmal für ihre Definition ist »Tätigkeit« oder »tätige Kraft«. Ihre Aktivität ist rein geistiger Art. Sie haben die geistige Kraft, von sich aus, ohne äußere Veranlassung, Vorstellungen (Perzeptionen) unterschiedlichster Art hervorzubringen. Ihre Vorstellungskräfte sind etwas ursprünglich Individuelles, Einmaliges.

Die Monaden unterscheiden sich durch den Grad ihrer

Bewußtheit. Je stärker die Kräfte sind, desto heller sind ihre Vorstellungen. Die untersten Monaden der anorganischen Körper sind gleichsam schlafende Monaden, die nur dunkle Vorstellungen *(petites perceptions)* haben. Leibniz führt hier den Begriff »unbewußte Vorstellungen« ein. Die Tierseele hat neben den unbewußten, dunklen Vorstellungen auch klare. Erst die Menschenseele hat die Möglichkeit, sich ihrer Vorstellungen im eigentlichen Sinne bewußt zu werden, das heißt Selbstbewußtsein *(Apperzeption)* zu erlangen. Da der Mensch wie das Tier kein körperloser Geist ist, müssen auch bei ihm die unbewußten Vorstellungen mit in Betracht gezogen werden.

Allein Gott hat als höchste Monade, als Monade aller Monaden, ausschließlich klare und deutliche Vorstellungen. Er allein vermag die Natur im Glanz ihrer Geistigkeit zu erkennen. Der schwächeren Vorstellungskraft des Menschen erscheint die Natur ganz anders. Vom Blickwinkel seiner Erkenntnis sieht es so aus, als sei die Natur etwas Dinghaftes, etwas Ausgedehntes. Jeder Körper aber, jeder Leib, ist vom göttlichen Blickwinkel aus gesehen ein Ganzes geistiger Kräfte: Die Gegenständlichkeit der Natur ist ein substanzloser Schein.

Das Universum aller Monaden hat Gott von Anfang an harmonisch eingerichtet. Auch zwischen Leib und Seele gibt es eine harmonische Parallelität. Wie zwischen zwei Uhren, die miteinander vollkommen übereinstimmen, weil sie so geschickt angefertigt wurden, daß auf ihre zukünftige Übereinstimmung unbedingter Verlaß ist (»prästabilierte Harmonie«, das heißt im voraus festgelegter, vorherbestimmter Einklang). Die universelle Harmonie bekundet die vernünftige Ordnung alles Seienden. Die Welt ist die beste *(optimum)* aller möglichen Welten.

JOHN LOCKE:
»Der Geist ist ein unbeschriebenes Blatt.« (tabula rasa)[48]

Leben. *1632 Wrington bei Bristol, †1704 Oates. – Sohn eines puritanischen Rechtsgelehrten, erlebt als Zehnjähriger den Bürgerkrieg, als Siebzehnjähriger die Enthauptung Karl I., studiert in Oxford Philosophie, Naturwissenschaft und Medizin; die scholastische Tradition mit ihren Disputierübungen läßt ihn unbefriedigt, da sie Streitsüchtige statt Wahrheitssuchende heranbilde, von der Klarheit Descartes' dagegen ist er beeindruckt; der Chemiker Robert Boyle führt ihn in die empiristische Denkweise ein; lernt 1667 Lord Ashley (später erster Earl of Shaftesbury) kennen und wirkt in dessen Haus als Arzt, politischer Berater, Verwalter, Freund, erzieht den 1671 geborenen Enkel von Lord Ashley, den späteren Philosophen Shaftesbury; wird 1672 Staatssekretär, verliert dieses Amt wieder, weil sein Gönner, Lord Ashley, in Ungnade fällt; weilt von 1675–1679 in Frankreich wegen seines Asthmaleidens, lebt von 1683–1689 zusammen mit den Ashleys als Flüchtling in den Niederlanden, wo er nur nachts das Haus verläßt, weil er seine Auslieferung befürchtet; kehrt ein Jahr nach der »glorreichen Revolution« (1688) nach England zurück und übernimmt ein Staatsamt; lebt ab 1691 aus gesundheitlichen Gründen größtenteils auf dem Lande.

Seine Grabschrift hat er selbst verfaßt: »Halt an, Wanderer! Hier liegt *Johann Locke.* – Fragst du, was für ein Mann er gewesen, so antwortet er: einer, der mit seinem bescheidenen Loose zufrieden lebte. Von den Wissenschaften genährt, erreichte er doch nur so viel, dass er der Wahrheit allein diente. Lerne dies aus seinen Schriften; sie werden dir das, was von ihm übrig ist, wahrheitsgetreuer melden, als die verdächtigen Lobsprüche einer Grabschrift. Seine Tugenden, wenn er welche besass, waren zu klein, als dass er sich ihrer rühmen oder sie dir zur Nachahmung hinstellen könnte. Seine Fehler mögen mit ihm begraben sein. Wenn du ein Vorbild der Tugend suchst, du hast es im Evangelium: jenes der Laster mögest du lieber nirgends finden! Ein Bild des Todes (das diene dir zur Mahnung), findest du hier und überall.«[49]

Locke fragt nach dem Ursprung der menschlichen Erkenntnis: Wie kommt Erkenntnis zustande? Wie kommt der Mensch zu Ideen? Gibt es angeborene Ideen, wie Descartes behauptet?

Das Wort »Idee« (engl. *idea*) steht bei Locke nicht für platonische Idee im ontologischen Sinne von wahrhaft Seiendem, sondern für empirische Bewußtseinsinhalte, für alles, »was der Geist *in sich selbst* wahrnimmt oder was unmittelbares Objekt der Wahrnehmung des Denkens oder des Verstandes ist«.[50] Locke unterscheidet einfache und zusammengesetzte Ideen. Sie sind jeweils durch willkürlich gewählte Wörter sprachlich gekennzeichnet.

Für manchen ist es eine ausgemachte Sache, daß der menschliche Geist ganz zu Anfang seiner Existenz gewisse »angeborene Prinzipien«, gewisse primäre Begriffe und Erkenntnisse empfange und mit in die Welt bringe. Für Locke genügt es, den Weg zu zeigen, auf dem wir zu Ideen gelangen, um zu beweisen, daß weder einfache noch zusammengesetzte Ideen (Prinzipien) angeboren sind. Zunächst aber ist erst einmal der Irrtum der Verteidiger der angeborenen Ideen zu widerlegen, wenn sie behaupten, es gebe theoretische sowie moralisch-praktische Prinzipien, denen die gesamte Menschheit zustimme. Die Erfahrung spricht dagegen.

Nicht einmal so berühmte theoretische Prinzipien wie »Was ist, das ist« (Satz der Identität) oder »Ein Ding kann unmöglich zugleich sein und nicht sein« (Satz des Widerspruchs) sind einem großen Teil der Menschheit bekannt. Wer z. B. bei einem nicht unterrichteten Kind – Locke fügt hinzu: und wilden Bewohnern der Wälder – diese abstrakten Prinzipien zu finden sucht, wird sich getäuscht sehen. Es ist aber widersinnig anzunehmen, daß dem Geist theoretische Wahrheiten angeboren seien, wenn er von ihnen kein Bewußtsein und keine Erkenntnisse hat. Würde aber angeboren nur heißen, daß die Seele die *Fähigkeit* habe, jene Prinzipien zu erkennen, so müßten alle Ideen angeboren sein.

Nicht anders verhält es sich mit den praktischen Prinzipien. Wie die Erfahrung lehrt, haben die Menschen in der Fremde andere moralische Maßstäbe, die mit ihrem Gewissen durchaus vereinbar sind (z. B. das Aussetzen von Kindern, das Töten von Eltern, die dem Sterben nahe sind). Wo immer moralische Regeln allgemein gebilligt werden, geschieht dies nicht deshalb, weil sie angeboren, sondern weil sie nützlich sind. Deshalb darf man auch mit Recht für jedes praktische Prinzip eine Begründung verlangen.

Es gibt keine Vorstrukturiertheit des Geistes; sogar die Idee von Gott ist nicht angeboren. Die Prinzipien werden erst im Nachhinein durch Erziehung dem arglosen und noch vorurteilsfreien Verstand von Kindern eingeschrieben, »denn weißes Papier nimmt alle Schriftzeichen auf«.[51] Ist diese erworbene Einprägung erst einmal in Vergessenheit geraten, dann erscheint sie als ganz natürlich, als angeboren, ja, als göttlich, jedenfalls als etwas, dem man sich »vernünftigerweise« mit Ehrfurcht zu unterwerfen habe.

Die Rede von angeborenen Ideen entpuppt sich als ein nützliches Herrschaftsinstrument: »Es war für die, die sich als Meister und Lehrer aufspielten, von nicht geringem Vorteil, wenn sie das zum Prinzip aller Prinzipien machten, daß *Prinzipien nicht in Zweifel gezogen werden dürften*. Denn war es erst einmal zum Grundsatz erhoben, daß es angeborene Prinzipien gebe, so sahen sich deren Anhänger gezwungen, bestimmte Lehren als angeboren anzuerkennen; damit aber wollte man ihnen den Gebrauch ihrer eigenen

Vernunft und Urteilskraft entziehen und sie dazu veranlassen, diese Lehren auf Treu und Glauben anzuerkennen. In dieser Haltung blinder Leichtgläubigkeit ließen sie sich von gewissen Leuten leichter regieren und besser ausnützen.«[52]

Der Mensch kann sich auf keine angeborenen Prinzipien verlassen. Er muß selbst denken und erkennen. *»Die Vernunft muß unser oberster Richter und Führer in allen Dingen sein.«*[53] Es gilt daher, die eigene Vernunft zu üben und in der Betrachtung der Dinge selbst die Wahrheit zu suchen. »Daß in unserem Hirn die Meinungen anderer auf und ab wogen, macht uns keinen Deut klüger, mögen sie auch zufällig wahr sein.«[54]

Wenn der Geist aber ursprünglich ein unbeschriebenes Blatt ist, ohne alle Schriftzeichen, frei von allen Ideen, woher kommt dann der gewaltige Vorrat an Ideen? »Ich antworte darauf mit einem einzigen Worte: aus der *Erfahrung*.«[55]

GEORGE BERKELEY:
»Sein ist Wahrgenommenwerden.«
(esse est percipi)[56]

Leben. *1685 unweit Thomastown/Kilkenny, †1753 Oxford. – Studiert bereits mit 15 Jahren am Trinity College in Dublin Theologie, erhält dort eine Dozentur, begibt sich 1713 als Kleriker der anglikanischen Kirche nach London, wo ihn sein Landsmann Swift am Hofe der Königin Anna und in den Kreisen der bedeutendsten Literaten einführt; es folgt eine achtjährige Reiseperiode als Kaplan, Reisebegleiter und Hauslehrer nach Frankreich und Italien; 1721 kehrt er nach Dublin zurück, wird zum Divinity Lecturer (Professor der Theologie) ernannt, erhält von einer von Swift verlassenen Geliebten eine Erbschaft, wird 1724 zum Dekan von Derry ernannt.

Berkeley plant voller Enthusiasmus die Gründung einer Universität auf den Bermuda-Inseln, um »die Veredlung der Sitten unter den Engländern in unseren westlichen Pflanzungen und die Ausbreitung des Evangeliums unter den amerikanischen Wilden« zu fördern (Brief an Percival vom 8. 6. 1724), er spricht vom Zerfall Europas und von einem neuen goldenen Zeitalter im Westen; um sein Vorhaben zu bekräftigen, unternimmt er 1728 mit seiner jungen Gemahlin eine Reise nach Amerika und läßt sich in Newport (Rhode Island) nieder; da sich die englische Regierung weigert, sein missionarisches Bermuda-Unternehmen zu finanzieren, kehrt er 1731 nach London zurück.

Ab 1734 ist er Bischof von Cloyne (Cork) in Irland. Als sein hoffnungsvoller, geliebter Sohn im Alter von fünfzehn Jahren von einer Krankheit dahingerafft wird, schreibt er 1751: »Ich war ein Mann, der sich von den Vergnügungen der Politik, der Besuche und was die Welt sonst noch Vergnügen nennt, zurückgezogen hatte. Ich hatte einen kleinen Freund, den ich stets unter meinen eigenen Augen erzogen habe, dessen Malerei mich entzückte, dessen Musik mich hinriß und dessen lebhafter und lebensfroher Geist mir ein ununterbrochenes Fest war. Es hat Gott gefallen, ihn von mir zu nehmen.«[57]

Wie läßt sich der Atheismus widerlegen?

Die Hauptstütze des Unglaubens ist der Materialismus. Die philosophischen Systeme, die eine selbständige »nichtdenkende Materie« behaupten und auf sie alles zurückführen, untergraben den Glauben an einen weisen und gütigen Gott, der die Materie aus Nichts geschaffen hat und der uns einst im Jenseits richten wird. Daher: »Ist einmal die Materie aus der Natur ausgetrieben, so nimmt sie so manche skeptischen und unfrommen Vorstellungen mit sich fort.«[58] – Wie kann die in Frage stehende selbständige »materielle Substanz« als Irrtum erkannt werden? Wie läßt sich die Unhaltbarkeit des Materialismus – und damit auch die des Atheismus – erweisen?

Der materialistische Grundgedanke, daß die natürlichen, materiellen Dinge eine Existenz außerhalb oder unabhängig von einem sie wahrnehmenden Bewußtsein haben, enthält einen logischen Widerspruch. Es ist nicht möglich, eine Vorstellung von einem Gegenstand zu haben, dessen Existenz von dieser Vorstellung völlig unabhängig wäre. Ein Gedankenexperiment, das Hylas (»Materialist«) und Philonous (»Freund des Geistes«) in einem Dialog von Berkeley durchführen, soll diesen Widerspruch aufdecken:

»Phil.: Wenn du dir die Möglichkeit vorstellen kannst, daß irgendein beliebiger sinnlicher Gegenstand unabhängig vom Geist Dasein habe, so will ich zugeben, daß er wirklich so besteht.

Hyl.: Wenn es *dazu* kommt, so wird die Frage bald entschieden sein. Was leichter, als sich einen Baum oder ein Haus vorzustellen, die für sich bestehen, von keinerlei Geist abhängig und wahrgenommen? Ich stelle mir ihr Dasein im gegenwärtigen Augenblick in dieser Weise vor.

Phil.: Aber, Hylas, kannst du denn etwas sehen, das zu gleicher Zeit nicht gesehen wird?

Hyl.: Nein – das wäre ein Widerspruch.

Phil.: Ist es nicht ein ebenso großer Widerspruch, über das *Vorstellen* von etwas, das nicht *vorgestellt* wird, zu reden?

Hyl.: Natürlich.

Phil.: Also ist der Baum oder das Haus, an welches du denkst, von dir vorgestellt?

Hyl.: Wie könnte es anders sein?

Phil.: Und das Vorgestellte ist doch sicherlich im Geist?

Hyl.: Ohne Frage, das Vorgestellte ist im Geist.

Phil.: Wie kamst du denn zu der Behauptung, daß du dir ein Haus oder einen Baum vorstelltest, der unabhängig und außerhalb jeglichen Geistes bestünde?

Hyl.: Ich gebe zu, das war ein Versehen. Doch halt, laß mich bedenken, was mich dazu verleitete. Es ist ein ganz spaßhafter Fehler. Als ich mir einen Baum an einem einsamen Ort dachte, und niemanden dabei, ihn zu sehen, da dünkte mich, das hieße einen Baum vorstellen, der von niemand wahrgenommen und unbeachtet da sei, ohne zu bedenken, daß ich selbst ihn die ganze Zeit vorstellte. Aber jetzt sehe ich klärlich: ich kann weiter nichts als Vorstellungen in meinem eignen Geist bilden. Ich kann allerdings in meinen eigenen Gedanken die Vorstellung eines Baumes, eines Hauses oder eines Berges fassen – aber das ist auch alles. Und das beweist noch lange nicht, daß ich ihr *Dasein außerhalb des Geistes aller Seelenwesen* vorstellen kann.

Phil.: Du erkennst also an, daß du unmöglich dir vorstellen könntest, wie irgendein körperliches sinnliches Ding anders als in einem Geist bestehen sollte?

Hyl.: Jawohl.

Phil.: Und dennoch willst du ernstlich für etwas, das du nicht einmal vorstellen kannst, streiten?

Hyl.: Ich weiß mir wahrhaftig nicht zu helfen.»[59]

Das Gedankenexperiment – sich materielle Gegenstände ohne ein erkennendes Subjekt vorzustellen – muß scheitern, weil es das voraussetzt, was gerade ausgeschlossen werden soll: das erkennende Subjekt. Das einzige, was mir gegeben ist, sind Vorstellungen (*ideas*) meines Bewußtseins. Von etwas, das nicht Vorstellung wäre, kann ich niemals etwas wissen. Von welchem Ding ich auch immer spreche, stets meine ich Bewußtseinsvorstellungen (Wahrnehmungskomplexe, *collections of ideas*) und das Wort «existieren» besagt, daß ich diese Vorstellungen in meinem Bewußtsein wahrnehme. Die wirkliche Existenz einer Vorstellung ist von ihrem Perzipiertwerden (Wahrgenommenwerden) nicht verschieden.

Alles Sein ist nur Bewußtsein. Es gibt nicht hier das Bewußtsein von Materie und dort die wirkliche Materie, sondern beide fallen in eins – in bewußtes Sein – zusammen. Das Sein der Dinge besteht in ihrem Wahrgenommenwerden, in ihrem Vorgestelltwerden: – *esse est percipi*.

Berkeleys Leugnung der Materie halten viele seiner Zeitgenossen für einen irischen Scherz. Sie stellen aber irritiert fest, so auch David Hume, daß Berkeleys Beweise einerseits keinen Widerspruch zulassen, andererseits keine rechte Überzeugung bewirken. Von einem zeitgenössischen, verzweifelten Widerlegungsversuch heißt es: »Als wir aus der Kirche kamen, standen wir eine Weile beisammen und sprachen über Bischof Berkeleys witzige Sophisterei, die Nichtexistenz der Materie zu beweisen und daß alles im ganzen Weltall nur in der Idee existent sei. Obwohl wir froh sind, daß seine Lehre nicht zutreffend ist, bemerkte ich, daß es unmöglich sei, sie zu widerlegen. Ich werde nie die Promptheit vergessen, mit der Johnson antwortete, indem er mit aller Kraft seinen Fuß gegen einen großen Stein stieß, so daß er davon zurückprallte: Das ist meine Widerlegung!«[60]

Berkeley bestreitet die bewußtseinsunabhängige Existenz einer materiellen Wirklichkeit. Die Realität unserer Erfahrung stellt er dagegen nicht in Frage. Nur wird sie – interpretiert als bewußtes Sein – nicht durch eine materielle Substanz, sondern durch die geistige Substanz des übergeordneten göttlichen Bewußtseins garantiert. Die Welt ruht im Geiste Gottes, der sie in sich enthält und trägt. Berkeley kann deshalb schreiben: »Die Bäume stehen im Park, d. h., ob ich will oder nicht, ob ich mir irgendetwas über sie einbilde oder nicht, laß mich nur dorthin gehen und meine Augen öffnen, und ich werde sie unweigerlich sehen.«[61]

DAVID HUME:
»Ursachen und Wirkungen sind nicht durch Vernunft, sondern durch Erfahrung zu entdecken.« [62]

Leben. *1711 Edinburgh, †1776 Edinburgh. – Sohn eines schottischen Landadligen, ist sehr lernbegierig (»von meiner frühesten Kindheit an empfand ich eine starke Hinneigung zu Büchern und zur Wissenschaft«), studiert ab 1726 Rechtswissenschaft an der Universität Edinburgh, bricht 1729 das Studium ab, beschäftigt sich eigenständig mit der Philosophie (»Ich war nicht geneigt, mich irgend einer Autorität in diesen Dingen zu unterwerfen.«), fällt in schwere Depressionen, die bis 1734 anhalten (»meine Krankheit war ein grausames Hindernis«); arbeitet 1734 als Schreibgehilfe bei einem Kaufmann, 1734–1737 Aufenthalt in Frankreich (»ich war allein in Frankreich und lebte in tiefer Stille«), hat mit seinen Veröffentlichungen keinen Erfolg, leidet an der materiellen Unsicherheit seiner Arbeitslosigkeit; bei einer Bewerbung um eine Professur für Ethik wird er 1744 – behaftet mit dem Stigma des Atheisten und Freidenkers – für ungeeignet gehalten, wird notgedrungen Gesellschafter eines Marquis sowie Sekretär eines Generals; ab 1752 Bibliothekar an der juristischen Fakultät in Edinburgh, geht 1763 als Sekretär des englischen Botschafters nach Paris; enge Kontakte zu den französischen Aufklärern, wird in Frankreich geachtet und geehrt (»Ich bin entschlossen, die feinen Leute zu verlassen, bevor sie mich verlassen.«), reist mit dem hilfebedürftigen und leicht reizbaren Rousseau nach London zurück, der ihm kurz darauf Heuchelei und Verrat vorwirft, was großes Aufsehen erregt (Rousseau führt später sein Benehmen auf das neblige Klima in England zurück); nimmt 1767 für ein Jahr die Stelle eines Unterstaatssekretär im Auswärtigen Amt in London an, lebt ab 1769 bis zu seinem Tod in seiner schottischen Heimatstadt (»Ich habe allen Grund, zufrieden zu sterben.«).

Nach den Stürmen seiner Jugend bejaht Hume das Leben in heiterer Gelassenheit. In einem Brief vom 5. 1. 1753 schreibt er: »Endlich bin ich, da ich schon die 40 überschritten habe [...] in die Würde eines Haushaltungsvorstandes eingetreten. Vor ungefähr 7 Monaten habe ich mir ein eigenes Haus erworben und ein richtiges Familienleben eröffnet; meine Familie besteht aus einem Oberhaupt, nämlich mir selbst, und zwei untergeordneten Mitgliedern, einem Dienstmädchen und einer Katze. Meine Schwester ist zu mir gezogen und leistet mir Gesellschaft. Mit Sparsamkeit kann ich, wie ich sehe, alles in Fülle haben, Reinlichkeit, Wärme, Licht und Zufriedenheit. Was kann man noch mehr verlangen? Unabhängigkeit? Ich besitze sie im höchsten Grade. Ehre? Daran fehlt es mir keineswegs ganz. Gunst? Die wird mit der Zeit kommen. Eine Frau? Das gehört nicht zu den unentbehrlichen Erfordernissen des Lebens. Bücher? die gehören allerdings dazu; und ich habe mehr, als ich lesen kann. Kurz und gut, ich bin mit allen wichtigen Dingen in mehr oder weniger hohem Grade gesegnet. Und ohne große Anstrengungen in der Philosophie machen zu müssen, lebe ich sorglos und zufrieden.«[63]

Ein wichtiger Aspekt der Philosophie Humes ist seine Erörterung des Begriffs »Kausalität« (Ursächlichkeit). – Einmal angenommen, Adam sähe zum ersten Mal eine Billardkugel, die in gerader Linie auf eine andere zurollt. Wird sich die zweite Kugel durch den Stoß der ersten bewegen? Werden beide Kugeln in absoluter Ruhe bleiben? Kann nicht die erste Kugel in gerader Linie zurückrollen? Woher weiß unser naiver Beobachter, was passieren wird? Wie kommt er zur Erkenntnis von Ursache und Wirkung?

Wenn wir unsere Gedanken (*thoughts*) oder Vorstellungen (*ideas*) analysieren, stellen wir fest, daß sie sich stets auf lebhafte Eindrücke (*impressions*) zurückführen lassen, die z. B. entstehen, wenn wir hören, sehen, fühlen, lieben, hassen, denken, begehren oder wollen. Der ganze Stoff des Denkens ist entweder der äußeren oder der inneren Sinnesempfindung (*outward or inward sentiment*) nachgebildet. Die sinnlichen Erlebnisse sind das Urmaterial der Erkenntnis. Unser Denken ist auf dieses Material angewiesen, weshalb es in sehr enge Grenzen eingeschlossen ist. Es besteht mit Ausnahme der mathematischen Erkenntnisse nur in dem Vermögen, empirische Vorstellungen zu verbinden, zu transportieren, zu vermehren oder zu verringern.

Selbst die Vorstellung von Gott geht auf Erfahrung zurück: »Die Vorstellung Gottes, in der Bedeutung eines allwissenden, allweisen und allgütigen Wesens, entsteht aus der Besinnung auf die Operationen unseres eigenen Geistes und die grenzenlose Steigerung dieser Eigenschaften der Güte und Weisheit.«[64]

Einzig in Geometrie, Algebra und Arithmetik gibt es apriorische, d.h. unabhängig von sinnlichen Erlebnissen notwendig miteinander verknüpfte Vorstellungen. Dies gilt zum Beispiel für den Satz: Das Quadrat der Hypotenuse ist dem Quadrat der beiden Katheten flächengleich. Hier handelt es sich um beweisbare, für alle Zeiten feststehende reine *Vorstellungsbeziehungen* (*relations of ideas*), die uns allerdings über die Wirklichkeit der Dinge keinen Aufschluß geben.

Tatsachen (*matters of fact*) der Wirklichkeit dagegen, also Vorstellungen über die Wirklichkeit der Dinge, sind nicht auf die gleiche Weise verbürgt wie mathematische Vorstellungsbeziehungen. Das Gegenteil jeder Tatsache ist – logisch betrachtet – immer möglich und ohne Widerspruch denkbar. »*Daß die Sonne morgen nicht aufgehen wird* ist ein nicht minder einsichtiger Satz und enthält keinen größeren Widerspruch als die Behauptung, *daß sie aufgehen wird*. Wir würden deshalb vergeblich versuchen, seine Falschheit zu beweisen. Wäre er nachweislich falsch, dann würde er einen Widerspruch enthalten und könnte niemals vom Geiste deutlich vorgestellt werden.«[65] Der Lauf der Natur könnte sich ändern. Keiner weiß, was morgen sein wird.

Um die Kontinuität unseres Gegenstandsbezugs zu gewährleisten, werden die Tatsachen der Wirklichkeit, die im Gegensatz zur Mathematik mit einem Außerhalb des Denkens in Verbindung gebracht werden, durch die Beziehung von *Ursache und Wirkung* (*cause and effect*) miteinander verknüpft. Nur mit Hilfe dieser Beziehung können wir über die Evidenz (das unmittelbar Einleuchtende) unseres Gedächtnisses und unserer Sinne hinausgehen. Eine Tatsache (jemand ist abwesend) wird durch eine andere (etwa eine Einladung) erklärt.

Diese Ursache-Wirkung-Beziehung kann nicht dem reinen Denken entspringen, sondern muß in der Erfahrung begründet sein: »Ich wage es, den Satz als allgemeingültig und keine Ausnahme duldend aufzustellen, daß die Kenntnis dieser Beziehung in keinem Falle durch Denkakte *a priori* gewonnen wird, sondern ausschließlich aus der Erfahrung stammt.«[66] – Niemals kann durch apriorische Argumente die Explosion von Schießpulver oder die Anziehungskraft des Magneten entdeckt werden. Denn Ursache und Wirkung haben gar keine Ähnlichkeit miteinander.

Wenn es im Bereich der Tatsachen keine apriorische Gewißheit von Ursache und Wirkung gibt, woher kommt dann unser Vertrauen auf die Gleichförmigkeit kausaler Abläufe? Humes Antwort lautet: Unsere Gewohnheit (*custom*) ist es, die uns von ähnlich erscheinenden Ursachen assoziativ ähnliche Wirkungen erwarten läßt. Die Gewohnheit ist die große Führerin im Menschenleben. Hat man durch häufige gleichartige Erfahrungen herausgefunden, daß zwei Arten von Tatsachen in Zusammenhang stehen, dann wird der Geist aus Gewohnheit daran glauben, daß dies auch in Zukunft so sei. Dieser Glaube (*belief*) ist ein seelischer Vorgang und mit dem Gefühl der Liebe oder des Hasses vergleichbar. Er ist eine Art natürlicher Instinkt, den kein Denkprozeß jemals hervorzubringen oder zu verhindern vermag.

Metaphysik ist absolut undurchführbar, Naturwissenschaft ist eine Anhäufung von Wahrscheinlichkeiten, Alltagswissen ist ein lebenspraktischer Behelf. Es gibt keine Erkenntnis außer der Erfahrung (mit Ausnahme der Mathematik). Die philosophische Besonnenheit eines gemäßigten Skeptizismus könnte zu größerer Bescheidenheit führen, vielleicht auch zu weniger Dogmatismus, Fanatismus und Aberglaube (Hume denkt hier z. B. an den zeremoniellen »Mummenschanz« der römisch-katholischen Kirche, den die Anhänger »dieses befremdlichen Aberglaubens« pflegen).[67]

Die »Untersuchung über den menschlichen Verstand« schließt mit dem Resultat: »Wenn wir, von diesen Prinzipien überzeugt, unsere Bibliotheken durchgehen, welche Verwüstung müßten wir dann anrichten! Nehmen wir irgendein Buch zur Hand, z. B. über Theologie oder Schulmetaphysik, so laßt uns fragen: *Enthält es eine abstrakte Erörterung über Größe und Zahl?* Nein. Enthält es eine auf Erfahrung beruhende Erörterung über Tatsachen und Existenz? Nein. So übergebe man es den Flammen, denn es kann nichts als Sophisterei und Blendwerk enthalten.«[68] – Alle Bücher der Metaphysik müßten demnach verbrannt werden.

JEAN-JACQUES ROUSSEAU:
»Der Mensch wird frei geboren, und überall liegt er in Ketten.« [69]

Leben. * 1712 Genf, † 1778 Ermenonville. – Sohn eines Uhrmachers, nach einer unglücklichen Kindheit unstetes Wanderleben (»zu Fuß, in schöner Landschaft, ohne Eile«), schläft auf Parkbänken; eine adlige Dame wird ihm 1728 mütterliche Freundin und später Geliebte; tritt zum katholischen Glauben über, dem er später wieder abschwört, ergreift einen Beruf nach dem anderen (z. B. Diener, Kassierer, Musiklehrer, Sekretär), ist Autodidakt, erfindet eine eigene Notenschrift, tritt in den Kreis um Diderot und d'Alembert ein, schreibt Artikel für die Encyclopédie, lernt auch Voltaire kennen; begegnet 1745 der Wäscherin Thérèse Levasseur, die er nach zwanzig Jahren Zusammenleben heiratet, gibt seine fünf Kinder ins Findelhaus; seine preisgekrönte Schrift über den Zusammenhang von fortschreitender Zivilisierung und Sittenverfall macht ihn über Nacht berühmt; wirkt auf seine Zeitgenossen zwiespältig (Diderot: »Dieser Mensch erfüllt mich mit Unruhe; in seiner Gegenwart ist es mir, als stünde eine verdammte Seele neben mir.«); 1755 unterstreicht er seine Kulturkritik, indem er Degen, seidene Hemden und Kavalierskleidung gegen kleinbürgerliche Kleidung eintauscht; lebt vom Notenabschreiben, wird Sekretär des französischen Botschafters in Paris (»Ich hatte gesehen, daß alles im letzten Grunde auf die Politik ankäme und daß, wie man es auch anstellte, jedes Volk stets nur das würde, was die Natur seiner Regierung aus ihm machen würde.«); wegen seines Erziehungsromans *»Émile«* und seiner staatsphilosophischen Abhandlung *»Contrat social«* von Thron und Altar verurteilt (z. B. weil er alle Religionen als gleich gut betrachtet); die Bücher werden verbrannt; sucht im Fürstentum Neuchâtel in der Schweiz Zuflucht, das der Jurisdiktion Friedrichs des Großen untersteht (Friedrich: »Wir müssen diesem armen Unglücklichen helfen. Sein einziges Vergehen ist es, wunderliche Meinungen zu haben, von denen er glaubt, daß sie richtig seien.«); lebt später eine Zeitlang in England, die letzten Jahre in Frankreich, mißtrauisch und einsam.

Rousseau führt in seinen autobiographischen *Bekenntnissen* schonungslos offen in das »dunkle und schmutzige Labyrinth« seiner eigenen Gefühle und Leidenschaften ein. Er sucht in einer Art Selbstbetrachtung alle Masken abzulegen und nichts zu verschweigen, um den menschlichen Charakter zu ergründen. Über seine Pubertät schreibt er beispielsweise: »Mein erhitztes Blut erfüllte mir das Gehirn unaufhörlich mit Mädchen und Frauen, [...]. Meine Aufregung wuchs bis zu dem Grade, daß ich, da ich mein Verlangen nicht befriedigen konnte, es durch die wunderlichsten Kunstgriffe noch immer mehr anreizte. Ich suchte dunkle Alleen, abgelegene Orte auf, wo ich mich von weitem den Personen weiblichen Geschlechtes in dem Zustande zeigen könnte, in dem ich hätte bei ihnen sein mögen. Was sie zu sehen bekamen, war kein unzüchtiger Anblick – daran dachte ich nicht einmal –, sondern ein lächerlicher. Das einfältige Vergnügen, das ich empfand, ihn ihren Augen darzubieten, läßt sich nicht beschreiben. Es bedurfte nur noch eines einzigen Schrittes darüber hinaus, um der ersehnten Behandlung theilhaftig zu werden, und ich zweifle nicht, daß mir irgend eine Entschlossene beim Vorübergehen dieses Vergnügen verschafft hätte, wenn ich die Kühnheit gehabt, es abzuwarten.«[70]

Voltaire liest die Schrift über die »Ungleichheit unter den Menschen« und schreibt am 30. 8. 1755 in einem Brief an Rousseau: »Man bekommt Lust, auf allen vieren zu laufen, wenn man Ihr Buch liest. Da es jedoch mehr als sechzig Jahre her ist, daß ich mir das abgewöhnt habe, merke ich unglücklicherweise, daß es mir unmöglich ist, es mir wieder anzugewöhnen. Und ich lasse diese naturgemäße Fortbewegungsart denjenigen, die ihrer würdiger sind als Sie und ich.

Ich kann mich auch nicht einschiffen, um die Wilden in Kanada aufzusuchen, erstens weil die Krankheiten, zu denen ich verurteilt bin, mir einen europäischen Arzt nötig machen, zweitens weil Krieg in jenem Lande herrscht und das Beispiel unserer Nationen die Wilden fast ebenso böse gemacht hat, wie wir sind. Ich beschränke mich darauf, ein friedfertiger Wilder in der Einsamkeit zu sein, die ich in der Nähe Ihres Heimatlandes gewählt habe, in dem Sie sein sollten.«

Rousseau schreibt am 7. 9. 1755 an Voltaire zurück: »Es geht mir nicht darum, uns in unsere tierhafte Ungebildetheit zurückzuversetzen, obwohl ich für mein Teil sehr dem wenigen nachtrauere, das ich davon verloren habe. Was Sie betrifft, mein Herr, wäre diese Rückkehr ein so großes Wunder, daß es nur Gott zukommt, es zu vollführen, und ein so verderbliches, daß nur der Teufel es wünschen kann. Versuchen Sie daher nicht, wieder auf vier Füßen zu gehen, niemandem auf der Welt würde das schlechter gelingen als Ihnen: Sie richten uns zu gut auf unseren zwei Füßen auf, um aufhören zu können, sich auf den Ihren zu halten.«[71]

Ist die menschliche Geschichte eine Geschichte des moralischen Verfalls?

»Alles ist gut, wie es aus den Händen des Schöpfers der Dinge hervorgeht; alles entartet unter den Händen des Menschen. Er zwingt ein Land, die Erzeugnisse eines andern hervorzubringen, einen Baum, die Früchte eines andern zu tragen. Er vermengt und vertauscht die Klimaverhältnisse, die Elemente und die Jahreszeiten. Er verstümmelt seinen Hund, sein Pferd und seinen Sklaven; er stürzt alles über den Haufen und entstellt alles, er liebt das Mißgestaltete und Ungeheuerliche. Er will nichts so haben, wie es die Natur gebildet hat, selbst den Menschen nicht.«[72]

Wie ein Schulpferd wird der Mensch dressiert und der Mode angepaßt. Die Menge kriecht im Elend dahin. Alle sind Sklaven des Lasters. Die zukünftigen Verbrechen liegen in den Herzen schon bereit.

Während bei Hobbes der Mensch von Natur aus ungesellig ist und nur durch Zwang in friedlichen Formen der Gemeinschaft lebt, heißt es bei Rousseau: »Der Mensch ist von Natur gut.«[73] Diese Gutartigkeit ist einem Prozeß steter Verschlechterung ausgesetzt, den Rousseau auf die verderblichen Einflüsse von Gesellschaft, Wissenschaft und Künsten zurückführt.

Ursprünglich leben in den Wäldern selbstgenügsame Wesen, die gar nicht daran denken, anderen Leiden zuzufügen. Waldbrände, Überschwemmungen und ähnliche Katastrophen führen sie zu lockeren Verbindungen zusammen. Der »Wilde« (*le sauvage*) entsteht. Zunächst ernährt er sich von Jagd und Fischfang. Später entwickelt sich die Hirtengesellschaft der »Barbaren« (*barbares*), die glücklichste Epoche der Menschheitsgeschichte, gleichsam ihr »goldenes Zeitalter«.

Der unaufhaltsame moralische Verfall setzt mit dem Seßhaftwerden und dem Ackerbau ein. Ein folgenschweres Ereignis wird zum Verhängnis der menschlichen Gesellschaft und Geschichte: »Der erste, der ein Stück Land eingezäunt hatte und dreist sagte: 'Das ist mein' und so einfältige Leute fand, die das glaubten, wurde zum wahren Gründer der bürgerlichen Gesellschaft. Wieviele Verbrechen, Kriege, Morde, Leiden und Schrecken würde einer dem Menschengeschlecht erspart haben, hätte er die Pfähle herausgerissen oder den Graben zugeschüttet und seinesgleichen zugerufen: 'Hört ja nicht auf diesen Betrüger. Ihr seid verloren, wenn ihr vergeßt, daß die Früchte allen gehören und die Erde keinem!«[74]

Aus dem Privateigentum (an Boden, an Pflügen) entsteht die soziale Ungleichheit zwischen Besitzenden und Besitzlosen. Zur natürlichen Ungleichheit (Alter, Gesundheit, Stärke) tritt verschärfend die historisch-gesellschaftliche hinzu (Reichtum, Ansehen, Macht). Die Reichen werden immer (einfluß-)reicher, die Armen immer ärmer. Privateigentum und Arbeitsteilung machen die Menschen auf unterschiedliche Weise voneinander abhängig.

In dieser ersten Phase der *Civilisation* entwickeln die Besitzenden ein Bedürfnis nach Staat, Rechtsordnung und Regierung. Die Besitzlosen (die Zuspätgekommenen) werden von den Besitzenden durch »Scheingründe« zum Abschluß eines Vertrags zur Staatsgründung verleitet, der auf ungerechte Weise die Ungleichheit unter den Menschen festschreibt. (Dieser Vertrag ist noch nicht der von Rousseau als Lösung ins Auge gefaßte *gerechte* Gesellschaftsvertrag.) So unterwerfen die Besitzenden zuerst die Natur und schließlich ihre Mitmenschen.

Im Zuge dieser Entwicklung verändert sich ganz wesentlich der Mensch. Aus Eigenliebe (*amour de soi*) und Mitleid (*commisération*), den ursprünglichen Instinkten, wird Selbstsucht (*amour-propre* oder *égoisme*). Die Eigenliebe ist ein natürliches Gefühl der Selbsterhaltung. Von Vernunft geleitet und von Mitleid (das jeglicher Reflexion vorhergeht) gemildert, bringt sie Menschlichkeit und Tugend hervor. Die Selbstsucht dagegen ist ein unnatürliches, in der Gesellschaft entsprungenes Gefühl. Durch sie macht der einzelne zuviel Aufhebens um sich, vergleicht sich ständig mit anderen, will an die Spitze kommen, wird neidisch und haßerfüllt, ja, ergötzt sich an den Übeln, die anderen widerfahren.

Die Zeiten der Unschuld sind unwiederbringlich dahin. Das Rad der Geschichte läßt sich nicht wieder zurückdrehen. Die ursprüngliche menschliche Natur ist nicht wieder einholbar. Ein Mensch z. B., den man unter den gegebenen Verhältnissen von Geburt an sich selbst überließe, würde der entstellteste von allen werden. Der Wahlspruch kann daher gerade *nicht* naiv heißen: Zurück zur Natur!

Es wäre schon viel erreicht, wenn der Fortschritt, der mehr Schaden stiftet als Vorteile bringt, aufgehalten oder wenigstens verlangsamt werden würde. Am meisten allerdings ließe sich durch eine neue Gesellschaftsordnung erreichen, die der gesellschaftlichen Ungleichheit und Unfreiheit von Grund auf Einhalt geböte: durch die Errichtung der Republik.

Die Republik ist die einzig legitime Staatsform, weil sie durch den gerechten Gesellschaftsvertrag *(contrat social)* zustandekommt. In ihr tritt jeder seine Rechte vollständig an die Gemeinschaft ab, so daß die Vertragsbedingungen für alle gleich sind. »Jeder von uns stellt gemeinschaftlich seine Person und seine ganze Kraft unter die oberste Leitung des allgemeinen Willens [*volonté générale*], und wir nehmen jedes Mitglied als untrennbaren Teil des Ganzen auf.«[75]

Die Republik ist eine »vollständige Vereinigung«, die etwas qualitativ Neues schafft: den allgemeinen Willen, die lebendige Einheit eines »gemeinsamen Ich«, einen »geistigen Gesamtkörper«. Bei diesem idealen Körper kann man keines seiner Glieder verletzen, ohne ihn selbst anzugreifen, und noch weniger den Körper verletzen, ohne daß die Glieder darunter litten. Rousseau denkt hierbei etwa an den Stadtstaat der griechischen Antike oder die Verfassung seiner Heimatstadt Genf, jedoch befreit von jeglicher Sklaverei oder Unterdrückung.

Der urspünglichen Gleichheit, so läßt sich Rousseaus Geschichtsauffassung zusammenfassen, folgt das Verderben durch Ungleichheit und diesem die mögliche Wiederherstellung der Gleichheit auf einer höheren Ebene: natürlicher Mensch – sittlich verkommener Mensch – Citoyen (Bürger) der Republik.

IMMANUEL KANT:
(1) »Die Gegenstände müssen sich nach unserer Erkenntnis richten.« (Kopernikanische Wende)[76]

(2) »Handle so, daß die Maxime deines Willens jederzeit zugleich als Prinzip einer allgemeinen Gesetzgebung gelten könne.« (Kategorischer Imperativ)[77]

Leben. *1724 Königsberg, †1804 Königsberg. – Stammt aus einer ärmeren Handwerkerfamilie, wird im Geist des protestantischen Pietismus erzogen (die Pietisten »besaßen das Höchste, was der Mensch besitzen kann, jene Ruhe, jene Heiterkeit, jenen inneren Frieden, der durch keine Leidenschaft beunruhigt wurde«), leidet aber in der Schule am Übermaß religiöser Andachten (»Jugendsklaverei«), ist Klassenprimus; studiert ab 1740 an der Königsberger Universität Philosophie, Mathematik und Naturwissenschaften, ferner aus »Wißbegierde« auch Theologie; von 1746–1755 Hauslehrertätigkeit, 1755 Promotion (»Über das Feuer«) und Habilitation (»Erste Prinzipien der metaphysischen Erkenntnis«), Privatdozent für Logik, Metaphysik, Mathematik und Physik; leidet unter Geldnot sowie unter seiner schwächlichen und kränklichen Konstitution, versucht, durch strenge Regelmäßigkeiten mit seinen Kräften hauszuhalten; sein Lieblingsspruch von Vergil lautet: »Gib dem Unglück nicht nach, sondern trete ihm umso mutiger entgegen!«; erhält 1765 die Stelle eines Unterbibliothekars an der königlichen Schloßbibliothek, ab 1770 ordentlicher Professor für Metaphysik und Logik in seiner Heimatstadt, deren Umkreis er nie verläßt; schärft den Hörern seiner anspruchsvollen Vorlesungen ein: selbst denken, selbst forschen, auf eigenen Füßen stehen!; bis zu dieser Zeit noch keine Veröffentlichung seiner kritischen Schriften; ab 1781 erscheint nach zehnjährigen Vorarbeiten die »Kritik der reinen Vernunft«; wird daraufhin von Moses Mendelssohn der »Alleszermalmer« genannt; 1786 Rektor der Universität, 1796 Beendigung der Lehrtätigkeit; seine eigene kritische Philosophie war niemals Gegenstand seiner Vorlesungen.

1794 gerät Kant mit seinem Buch »Die Religion innerhalb der Grenzen der bloßen Vernunft« mit der preußischen Zensurbehörde in Konflikt; Vorwurf: er entstelle herabsetzend die christliche Religion und müsse seine Lehren schleunigst ändern (König Friedrich Wilhelm II.: »Desgleichen Kantens schädlichen Schriften muß es auch nicht länger fortgehen«, »diesem Unwesen muß absolut gesteuert werden«); Kant antwortet, er verdiene zwar diese Vorwürfe nicht, doch unterwerfe er sich als »Euer Majestät getreuester Untertan« und werde sich in Zukunft aller öffentlichen religionsphilosophischen Äußerungen enthalten. In einer privaten Notiz schreibt er: »Widerruf und Verleugnung seiner inneren Überzeugung ist niederträchtig, aber Schweigen in einem Falle wie der gegenwärtige ist Untertanenpflicht, und wenn alles, was man sagt, wahr sein muß, so ist es darum doch nicht Pflicht, alle Wahrheit öffentlich zu sagen.«

Kants Tagesablauf: 4.45 Uhr Wecken durch den Zuruf seines Dieners: »Es ist Zeit!« (zwei Tassen Tee, eine Pfeife), 5–7 Uhr Vorbereitung auf Vorlesungen, 7–9 Uhr Vorlesungen, 9–12.45 Uhr theoretische Arbeit mit Niederschrift, bis 16 Uhr Entspannung und Geselligkeit beim Mittagessen (wer Anstalten zum Beten macht, wird durch Nötigen zum Hinsetzen unterbrochen, drei Gänge: z. B. mürbes Rindfleisch mit selbstgemachtem Senf, dicke Erbsen, Braten, dazu zwei Flaschen guten Wein, dann Obst; Gespräche über Philosophie sind verpönt, neue Nachrichten z. B. über die Französische Revolution dagegen sehr erwünscht); 16–19 Uhr Lesen, Nachdenken, 19 Uhr Spaziergang (pünktlich, angeblich stellten die Königsberger ihre Uhren nach dem Umlauf des Philosophen). 1783 erwirbt Kant ein Haus. Ein einziges Bild hängt an der Wand: Rousseau, die »gefühlvolle Seele«. Er war der einzige, der es fertigbrachte, Kant so zu fesseln – durch die Lektüre des »Émile« -, daß er seinen Abendspaziergang vergaß (»Ich verachtete den Pöbel, der nichts weiß.« »Rousseau hat mich zurecht gebracht. Ich lerne die Menschen ehren.«).

Als der Arzt wenige Tage vor seinem Tode – 1804 – einen Hausbesuch macht, richtet Kant sich mit viel Mühe auf und bleibt solange in dieser für ihn qualvollen Stellung, bis der Arzt sich setzt. Dann sagt er mit mühsamer Stimme: »Das Gefühl für Humanität hat mich noch nicht verlassen.«

(1) Der erste Leitsatz ist aus Kants theoretischer, der zweite aus seiner moralisch-praktischen Philosophie. Es geht im ersten Leitsatz – bei der kopernikanischen Wende – um die Frage: »Was kann ich wissen?«

Die Einbildung (Hypochondrie) des Geistersehens veranlaßt Kant, folgenden Ausspruch zu zitieren: *»Wenn ein hypochondrischer Wind in den Eingeweiden tobt, so kommt es darauf an, welche Richtung er nimmt; geht er abwärts, so wird daraus ein F-, steigt er aber aufwärts, so ist es eine Erscheinung oder eine heilige Eingebung.«*[78] – Sind die Esoteriker, die z. B. behaupten, mit Seelen von Verstorbenen in Verbindung treten zu können, »Candidaten des Hospitals«? Steht nicht auch die philosophische Erkenntnis des Übersinnlichen (Metaphysik) mit ihren traditionellen Gegenständen – Seele, Weltganzes, Gott – inmitten von hypochondrischen Fürzen, Ammenmärchen, Aberglauben oder Klosterwundern?

Das Vertrauen in die Metaphysik ist erschüttert. Der eine Philosoph sagt über das Wesen der Dinge dogmatisch dies, der andere das. Kants Hauptwerk, die »Kritik der reinen Vernunft«, will diesen Skandal der sich selbst widersprechenden Vernunft beheben und dem dadurch heraufbeschworenen Skeptizismus eines David Hume Einhalt gebieten. Vor allem geht es um eine Kritik der »reinen« Vernunft, also um die Vernunft, die den Anspruch erhebt, *rein* gedanklich zu einer Erkenntnis unabhängig von der Erfahrung zu gelangen. »Rein« heißt hier soviel wie spekulativ oder apriorisch (vor aller Erfahrung).

Die »Kritik der reinen Vernunft« versucht zu klären, was die Vernunft zu erkennen vermag. Das Vermögen der Erkenntnis untersucht das Vermögen der Erkenntnis. Die Vernunft nimmt sich selbst kritisch unter die Lupe. – Ist sie überhaupt für eine wissenschaftliche, für eine begründete Metaphysik tauglich? Und muß nicht zuerst einmal das untersucht werden, was durch Metaphysik überschritten (transzendiert) werden soll: die Erfahrung? Was ist überhaupt Erfahrung?

Kant kommt zu dem Resultat, daß Erfahrung nicht etwas ursprünglich Einfaches ist – sondern etwas aus Teilen Vereinheitlichtes (synthetische Einheit). Bei jeder Erfahrung, die ich mache – sei es, daß ich etwas anschaue, sei es, daß ich etwas bedenke –, findet diese Verbindung (Synthese, gr. *synthesis*) statt. Aber sie geschieht so spontan, daß ich davon gar nichts merke. Ich komme normalerweise nicht auf den Gedanken, daß sich meine jeweilige Erfahrung aus Faktoren zusammensetzt, daß meine jeweilige Erfahrung kein Unmittelbares, kein Einfaches ist; denn zu jedem Zeitpunkt habe ich es nur mit dem *Produkt* des Erfahrungsprozesses zu tun. Wenn aber, sozusagen hinter meinem Rücken, etwas in meine Erfahrung eingreift, wovon ich nichts weiß, weil ich es nicht miterfahre, dann muß geklärt werden, was Erfahrung überhaupt ist.

Erfahrung, so Kant, setzt sich einmal zusammen aus dem, was wir durch Sinneseindrücke empfangen (»Stoff«), und zum anderen aus dem, was unser Erkenntnisvermögen aus sich selbst hinzufügt. Kant nennt diese Hinzufügungen »Formen«. Sowohl das Anschauen als auch das Denken verwendet solche Formen. Sie sind »apriorisch«, weil sie den Erfahrungen als notwendige Bestandteile vorausgehen, weil erst durch ihre Beteiligung Erfahrungen zustandekommen können. Form + Stoff = Erfahrung.

Die apriorischen Formen der Erfahrung sind bei allen Menschen gleich. Es sind unveränderliche Strukturen des

Geistes, die in den »rohen Stoff sinnlicher Eindrücke«, in das Chaos der Empfindungen, etwas Ordnendes, Zusammenhangstiftendes hineinbringen. Mit diesen apriorischen Formen wird durch das Anschauen und das Denken in den Stoff etwas Notwendiges und Allgemeingültiges hineingeschrieben und dadurch eine gesetzmäßig strukturierte Erfahrung hergestellt. Im Nachhinein (a posteriori) kann dieses Notwendige und Allgemeingültige aus der Welt, wie wir sie erfahren, wieder mit Hilfe der Wissenschaften herausgefunden werden: da »wir nämlich von den Dingen nur das *a priori* erkennen, was wir selbst in sie legen«[79].

Bildhaft gesprochen: Angenommen, der Mensch könnte nur dann überhaupt etwas sehen, wenn er eine Brille mit blauem Glas trüge. Und angenommen, er trüge schon immer eine solche Brille, wüßte aber nichts davon. Beim Sehen würden dann die Sehempfindungen (Stoff) durch die Brille (Form) zu blauen Seherfahrungen geformt werden. Ohne Form – aber auch: ohne Stoff – käme keine Erfahrung zustande. Mißlich wäre es, von einer solchen gleichsam apriorischen Brille gar nichts zu wissen und subjektive Bedingungen des Erkennens – hier: blaues Glas – mit Eigenschaften des Objekts zu verwechseln (die Gegenstände sind blau). Infolge dieser Verwechslung verfiele das erkennende Subjekt dem Schein einer falschen Unmittelbarkeit.

Um dies zu verhindern, sucht Kant alle apriorischen Formen – alle Erkenntnisbrillen – zu ermitteln. Seine Philosophie ist deshalb eine Transzendentalphilosophie, eine Lehre von den apriorischen Voraussetzungen jeder Art von Erfahrung. Hier gilt es, auf einen begrifflichen Unterschied zu achten sowie ein mögliches Mißverständnis zu vermeiden. *Erstens.* Der Ausdruck »transzendental« (das, was der Erfahrung a priori vorhergeht und durch geistige, formgebende Zutaten Erfahrung möglich macht) ist nicht zu verwechseln mit »transzendent« (das, was über alle Erfahrung hinausgeht; übersinnlich, jenseitig). *Zweitens.* Apriorische Formen meinen bei Kant keinesfalls zum Beispiel psychologische oder biologische, im Verlauf der Evolution erworbene Erkenntnisvoraussetzungen. Unser Brillenbeispiel ist nur eine Metapher und greift, um das Verständnis zu erleichtern, unerlaubterweise auf Dinghaftes zurück.

Kant beschreitet einen neuen Weg. Erkennen heißt für ihn nicht, daß sich der jeweilige Gegenstand in einem erkennenden Subjekt widerspiegelt, sondern von diesem erzeugt wird (im Hinblick auf seine Form). Das, was wir – bewußt – an formalen Gesetzmäßigkeiten in der erfahrbaren Realität erkennen, ist das, was wir selbst vorgängig – vorbewußt – in diese Realität hineingeformt haben. Unsere Sinnlichkeit formt a priori Raum und Zeit (Anschauungsformen) in das Gewühl der Sinnesempfindungen, so daß aus diesen Empfindungen die räumlich und zeitlich strukturierte Sinneswahrnehmung entsteht. Der Verstand überformt diese Sinneswahrnehmung noch einmal a priori mit seinen Denkformen (zwölf Kategorien, zu denen z. B. die Kausalität gehört).

Die Gegenstände, die von uns räumlich oder zeitlich angeschaut oder kategorial gedacht werden, sind Erscheinungen (Phänomena), nicht Dinge *an sich* (Noumena). Nur *für uns*, für unsere Art zu erkennen, erscheinen die Gegenstände in Raum und Zeit oder z. B. als Ursache-Wirkungs-Zusammenhänge. Was die Gegenstände unabhängig von den Bedingungen unserer Erkenntnis sind, ist uns ganz und gar unbekannt.

In der aktiven schöpferischen Tätigkeit unseres Erkennens wird das, worauf sich unser Erkennen richtet, geformt, gegenständlich anschaubar und begrifflich denkbar gemacht. Grundbedingung alles Erkennens ist die formale Einheit unseres Selbstbewußtseins. Wäre ich kein identisches, denkendes Ich, gäbe es für mich keine *einheitliche* Erkenntnis, keine Erfahrung von identischen Gegenständen. Kant sagt: »Das: *Ich denke* muß alle meine Vorstellungen begleiten *können*.«[80] Er nennt diese höchste Erkenntnisbedingung des *Ich denke* »transzendentale Apperzeption«. (Apperzeption ist das Bewußtsein, das ich von mir selbst habe. Es ist »transzendental«, wenn es nicht empirisch psychologisch aufgefaßt wird, also nicht so, wie ich mich gerade hier und jetzt selbst wahrnehme. Vielmehr ist damit eine apriorische Form der Identität gemeint, die alle Erfahrungsteile annehmen müssen, um *für uns* eine einheitliche Gegenstandserfahrung zu ermöglichen.)

Kant vergleicht seine Revolutionierung des Denkens mit Kopernikus: »Es ist hiemit eben so, als mit den ersten Gedanken des *Copernicus* bewandt, der, nachdem es mit der Erklärung der Himmelsbewegungen nicht gut fort wollte, wenn er annahm, das ganze Sternheer drehe sich um den Zuschauer, versuchte, ob es nicht besser gelingen möchte, wenn er den Zuschauer sich drehen und dagegen die Sterne in Ruhe ließ.«[81]

In der Vorrede zur 2. Auflage der »Kritik der reinen Vernunft« faßt Kant seinen Ansatzpunkt pointiert zusammen. Zunächst stellt er die herkömmliche Auffassung, die in seinen Augen gescheitert ist, heraus: »Bisher nahm man an, alle unsere Erkenntniß müsse sich nach den Gegenständen richten.« Dann kehrt Kant diesen traditionellen Ansatz um, vollzieht eine Wendung. Dies ist seine Revolution in der Erkenntnistheorie: »Man versuche es daher einmal, ob wir nicht in den Aufgaben der Metaphysik damit besser fortkommen, daß wir annehmen, die Gegenstände müssen sich nach unserem Erkenntniß richten.«[82]

Also, vereinfacht gesagt: Nicht das Bewußtsein macht sich dem Sein ähnlich, sondern das Bewußtsein macht das Sein sich ähnlich. Dies ist Kants berühmte »kopernikanische Wende«.

Weil wir keine Erfahrung machen können – keine Anschauung bilden, keinen Gedanken fassen können –, ohne dabei unsere apriorischen Formen anzuwenden, deshalb müssen sich die Gegenstände der Erkenntnis nach uns richten, nach der *apriorischen Logik* unserer Erkenntnisausstattung. Das, was dabei die Einheit möglicher Erfahrungen produziert – unser transzendentales »Ich denke« –, und das, was diesen Erfahrungen von ihrer stofflichen Seite vor unseren Formungen zugrunde liegt, bleibt uns gleichermaßen unbekannt. Eine ungekannte Größe, ein X, ist sowohl unser Ich wie auch die Dinge an sich. Und zwischen diesen beiden X, zwischen diesen beiden eigentlich leeren Bestimmungen, zwischen diesen beiden dimensionslosen Punkten ist unsere, von uns erzeugte erfahrbare Realität – als Erscheinung für uns – ausgespannt.

Die »Kritik der reinen Vernunft« kommt zu folgendem Resultat: Metaphysik im traditionellen Sinn als Wesenswissen von Seele, Weltganzem, Gott ist nicht möglich, geht über die Kräfte des Menschen. Mit keiner einzigen Anschauung, mit keinem einzigen Gedanken können wir die Welt unserer Erfahrungen metaphysisch übersteigen. Wir erkennen die Dinge an sich (wie auch unser Ich) nur als Erscheinungen in den apriorischen Formen der Anschauung und des Denkens. Die Begriffe Seele, Welt, Gott sind »Ideen« unserer *Vernunft*, mit denen wir zur besseren Orientierung die von unserer Sinnlichkeit und unserem Verstand geformten einzelnen Erfahrungen noch einmal zusammenfassen.

Angeblich übersinnliche Erkenntnisse (Esoterik, Mystik, Metaphysik) sind falsch interpretierte Erfahrungen. Deshalb sagt Kant, der »Alleszermalmer«, sich auch gegen Schwärmer und Erleuchtete richtend: »Man kann allen *Schein* darin setzen: daß die *subjective* Bedingung des Denkens für die Erkenntniß des *Objects* gehalten wird.«[83]

Die traditionelle Metaphysik als theoretische Erkenntnis von Gegenständen, die nicht Gegenstände von möglicher Erfahrung sind, erweist sich als gescheitert. »Vom Übersinnlichen ist«, sagt Kant, »was das spekulative Vermögen der Vernunft betrifft, keine Erkenntnis möglich«, weil wir »nie über die Grenze möglicher Erfahrung hinauskommen können«. Kant trägt in der »Kritik der reinen Vernunft«, vor allem in dem Abschnitt »transzendentale Dialektik«, seine grundsätzlichen Einwände gegen die Verirrungen der Metaphysik vor. Mit »Dialektik« meint er etwas Verwerfliches, etwas Unredliches, nämlich sophistische Spielerei mit bloßen Begriffen, Vorspiegelung metaphysischer Erkenntnisse. Zur Aufgabe der »Kritik der reinen Vernunft« gehört es daher, den »falschen Schein« des sophistischen Blendwerks zu kritisieren und abzuweisen.

Kant untersucht in der »transzendentalen Dialektik« die *Vernunft*. Sie ist für ihn das »oberste Erkenntnisvermögen« oder die »oberste Erkenntniskraft«, die das durch den Verstand schon bearbeitete Erfahrungsmaterial »unter die höchste Einheit des Denkens« bringt. Dies leisten die »Ideen«: Seele, Weltganzes und Gott.

Die Ideen *scheinen* Begriffe von Objekten zu sein, stellen aber statt dessen oberste Gesichtspunkte dar, nach denen einzelne Erscheinungen geordnet, systematisiert werden können. Die *Seele* steht dabei für die Totalität aller inneren Erscheinungen, das *Weltganze* für die Totalität aller äußeren Erscheinungen, *Gott* für die Totalität aller Erscheinungen überhaupt. Die Ideen lenken die menschliche Erkenntnis, die immer nur aus Teilerfahrungen bestehen kann, in Richtung auf die höchste Einheit des Erkenntnisprozesses.

Die Vernunft verfällt in dem Moment dem dialektischen Schein, in dem sie aufhört, die Ideen bloß ordnend, richtungweisend (regulativ) zur Vervollständigung der Erfahrungserkenntnis zu gebrauchen, also als unerreichbare Ideale der Erkenntnis, und stattdessen meint, es handle sich bei ihnen um Begriffe von Objekten, um erkennbare Realitäten. Setzt die Vernunft die Ideen zur Erkenntnis der Dinge an sich ein – zum Beispiel in einem Gottesbeweis –, dann bringt sie nichts als Schein hervor, »metaphysische Gaukelwerke«, Fehlschlüsse, oder aber sie verstrickt sich in Antinomien (Widerstreit von zwei Aussagen, die sich beide gleich gut begründen lassen), die sie selbst nicht mehr auflösen kann. Sie meint Wissen zu haben, wo sie nur Vermutungen aufstellen kann.

Gegen Ende der »transzendentalen Dialektik« gibt Kant eine kurze Zusammenfassung seiner Metaphysikkritik: »So erhält die reine Vernunft, die uns anfangs nichts Geringeres als Erweiterung der Kenntnisse über alle Grenzen der Erfahrung zu versprechen schien, wenn wir sie recht verstehen, nichts als regulative Principien, die zwar größere Einheit gebieten, als der empirische Verstandesgebrauch erreichen kann, aber eben dadurch, daß sie das Ziel der Annäherung desselben so weit hinausrücken, die Zusammenstimmung desselben mit sich selbst durch systematische Einheit zum höchsten Grade bringen, wenn man sie aber mißversteht und sie für constitutive Principien transcendenter Erkenntnisse hält, durch einen zwar glänzenden, aber trüglichen Schein Überredung und eingebildetes Wissen, hiemit aber ewige Widersprüche und Streitigkeiten hervorbringen.«[84]

Metaphysik der reinen Vernunft ist jedoch in einem neuen Sinn möglich: als Transzendentalphilosophie, die alle apriorischen Voraussetzungen der Erfahrung im weitesten Sinne in einen systematischen Zusammenhang bringt. Die Transzendentalphilosophie ist eine erkenntniskritische Wissenschaft von den Grenzen der menschlichen Vernunft. Diese Art von Metaphysik handelt nicht mehr von Objekten, sondern von Erkenntnissen. Sie entdeckt keine neuen Wahrheiten, sondern hilft Irrtümer zu vermeiden. Im letzten Absatz der »Kritik der reinen Vernunft« heißt es: »Der kritische Weg ist allein noch offen.«

(2) Im zweiten Leitsatz – beim Kategorischen Imperativ – geht es um die Frage: »Was soll ich tun?«

Alle Dinge haben einen Preis, allein der Mensch hat Würde. »Werdet nicht der Menschen Knechte; – laßt euer Recht nicht ungeahndet von Anderen mit Füßen treten«, schreibt Kant in einem Artikel »Von der Kriecherei«. »Das Hinknien oder Hinwerfen zur Erde, selbst um die Verehrung himmlischer Gegenstände sich dadurch zu versinnlichen, ist der Menschenwürde zuwider.« Aufrecht geht der Mensch. »Wer sich aber zum Wurm macht, kann nachher nicht klagen, daß er mit Füßen getreten wird.«[85]

Das erste Gebot aller Pflichten gegen sich selbst lautet: Erkenne dich selbst! Nicht nach deiner physischen Vollkommenheit, sondern nach der moralischen in Beziehung auf deine Pflicht. – »Was ist das in dir, was sich getrauen darf, mit allen Kräften der Natur in dir und um dich in Kampf zu treten und sie, wenn sie mit deinen sittlichen Grundsätzen in Streit kommen, zu besiegen?«[86] – Prüfe dein Herz! Ist es gut oder böse?

Diese moralische Selbsterkenntnis geht in schwer zu ergründende Tiefen und verlangt, in den Abgrund des Herzens zu dringen. Aber ihre Einsicht ist aller menschlichen Weisheit Anfang. Der Weg zur moralischen Persönlichkeit führt über die Beseitigung der inneren Hindernisse (eines bösen, im Menschen »genistelten Willens«) zur Bestrebung, die nie verlierbare ursprüngliche Anlage eines guten Willens in sich zu entwickeln. »Nur die Höllenfahrt der Selbsterkenntnis bahnt den Weg zur Vergötterung.«[87]

Der Mensch ist »Vernunftmensch« und »Thiermensch« in einem. Seiner tierischen Natur nach ist er ein körperliches, von sinnlichen Begierden bedrängtes »Sinnenwesen«. Wie jedes Ding in der Natur (hier Ding als *Erscheinung*, nicht als Ding an sich) wird auch er durch andere Dinge bedingt. Er steht unfrei in gesetzmäßigen, kausalen Zusammenhängen der Erfahrungswelt. Seiner vernünftigen Natur nach aber gehört er einem anderen Reich als dem der Natur an: dem Reich der Freiheit. Hier ist er »Person«: ein freies moralisches Subjekt. Ein Subjekt, das kraft seiner Persönlichkeit aus eigener Vernunft heraus sich selbst – seinem Tiermenschen – das Sittengesetz gibt. Das freie moralische Subjekt weiß sich diesem Sittengesetz um des Sittengesetzes willen ohne äußere Autorität, weder weltlicher noch himmlischer, zum Gehorsam verpflichtet.

Allein als Subjekt der moralisch-praktischen Vernunft ist der Mensch über allen Preis, über alle Käuflichkeit erhaben. Sein Wert mißt sich auf dieser Ebene nicht an seiner Brauchbarkeit, als nützliches Mittel einem bestimmten Zweck zu dienen. Als Person ist der Mensch um seiner selbst willen (als Zweck an sich selbst) zu schätzen, d. h. er besitzt Würde, einen »absoluten inneren Werth«, einen Wert jenseits aller

Nützlichkeit. Der Mensch verdient als Mensch und nicht aufgrund von Leistungen Achtung.

Alle Menschen sollen daher so miteinander umgehen, daß sie ihrer aller Würde nicht verletzen. Sie sollen sich nicht als bloße Mittel gebrauchen und auch nicht gebrauchen lassen. Sie sollen sich nicht gegenseitig zu nützlichen Sachen erniedrigen. Kein Mensch darf einen anderen Menschen instrumentalisieren. Die Anerkennung der Persönlichkeit eines jeden Menschen ist *allen* Zwecken übergeordnet.

Eine Version von Kants Sittengesetz lautet daher: *»Handle so, daß du die Menschheit sowohl in deiner Person, als in der Person eines jeden andern jederzeit zugleich als Zweck, niemals bloß als Mittel brauchst.«* [88]

Dieses Sittengesetz nennt Kant »kategorischen Imperativ«. Es heißt »Imperativ«, weil es die Form eines *Befehls* hat. Es heißt »kategorisch«, weil dieser Befehl nicht etwa nur unter bestimmten Bedingungen, sondern *unbedingt*, also ohne Ausnahme gilt. Ein bedingter (»hypothetischer«) Imperativ läßt sich daran erkennen, daß er die sprachliche Gestalt hat: *Du mußt* so handeln, wenn du dies oder das erreichen willst, wenn du z. B. glücklich sein willst. Der kategorische Imperativ tritt in der Form *Du sollst* auf. Er gibt keine Auskunft darüber, *welche* Zwecke zu verfolgen sind und *wie* sie erfolgreich verwirklicht werden können. Er ist das Gesetz, das den Willen bestimmen, »nötigen« muß, damit dieser ohne Einschränkung gut ist. In erster Linie kommt es auf den guten Willen – die sittliche Gesinnung – an, nicht auf den Handlungserfolg.

Eine andere Fassung desselben kategorischen Imperativs lautet: *»Handle so, daß die Maxime deines Willens jederzeit zugleich als Princip einer allgemeinen Gesetzgebung gelten könne.«* [89]

Was ich zu tun habe, damit mein Handeln moralisch gut sei, ist einfach: Ich frage mich, ob ich wollen kann, daß alle so handeln, wie ich jetzt. Ich frage mich, ob ich wollen kann, daß der von mir befolgte subjektive Grundsatz (Maxime) ein objektives allgemeines Gesetz wird.

Kant gibt ein Beispiel. Eine Maxime meines Willens könnte lauten: Wenn es für mich vorteilhaft ist, gehe ich ein lügenhaftes Versprechen ein mit der Absicht, es nicht zu halten. Das geliehene Geld gebe ich nicht wie versprochen zurück. Kann ich aber wirklich wollen, daß meine Maxime des geschickten Lügens ein allgemein anerkanntes Gesetz wird? Kants klare Antwort lautet: nein. Ich kann zwar allenfalls die Lüge wollen, aber ein allgemeines Gesetz zu lügen nicht. Keiner könnte sich auf den anderen mehr verlassen. Jedes Versprechen verlöre seinen Sinn. Und im Hinblick auf die zuerst genannte Version des kategorischen Imperativs hieße dies: Der, der ein lügenhaftes Versprechen bejaht, bedient sich eines anderen Menschen bloß als Mittel, verneint, daß der andere Zweck an sich selbst ist.

Das Sittengesetz zielt auf die Revolution des eigenen Willens, auf das Hervorbringen eines an sich selbst guten Willens. Es leistet einem spießbürgerlich, opportunistisch orientierten Leben keinen Vorschub. Weil es alle Neigungen außer acht läßt und rigoros keine Ausnahmen zuläßt, fordert es den einzelnen heraus, sein Handeln als moralisches Subjekt auch von widrigsten Umständen nicht knechten zu lassen. Eine Herausforderung, die statt Behaglichkeit den Tod bringen kann.

In Schillers »Die Bürgschaft« kehrt der Freund zum Freund zurück, um sein Versprechen einzulösen, obwohl er weiß, daß dies sein Leben kosten kann: »Des rühme der blut'ge Tyrann sich nicht, / Daß der Freund dem Freunde gebrochen die Pflicht.« Ein weiteres Beispiel ist Sokrates' Verzicht auf Flucht in Platons »Kriton«. Solche stirnbietende Gesinnung will Kant nicht verwechselt wissen mit dem »trivialen«, sich auf subjektives Empfinden berufenden Spruch: Was du nicht willst, daß dir geschehe, das füge auch keinem andern zu. Nicht jedem das seine, vielmehr der Vernunft das ihre.

Der kategorische Imperativ ist ein apriorisches »Faktum der Vernunft«. Kant beansprucht, sich dieses Faktum nicht ausgedacht, sondern entdeckt zu haben. Es kann weder aus einem höheren Prinzip abgeleitet werden, noch gibt es stichhaltige empirische Beweise für seine Existenz. Was das letztere angeht, so vertritt Kant den Standpunkt: Wenn die Menschen erfahrungsgemäß mit dem Sittengesetz wenig anfangen können, wenn ihr wirkliches Handeln mit ihm kaum etwas zu tun hat, dann spricht dies gegen das, was geschieht, nicht gegen das, was geschehen soll, dann ist es nicht das Sittengesetz, das es zu ändern gilt.

Das Sittengesetz ist kein religiöses Gebot, es entstammt keiner weltlichen Tradition, hinter ihm steht keine fremde Autorität, es ist keine pragmatische Handlungsanweisung, kein Denken hat es ersonnen. Es ist vielmehr das ureigenste Gesetz der Vernunft selbst. Wo immer es Vernunft gibt – auf fremden Planeten, in himmlischen Regionen gar –, das moralische Gesetz der Vernunft ist ein und dasselbe, und es vereint uns alle in der Perspektive einer universalen Gemeinschaft vernünftiger Wesen. Diesem Gesetz in uns verpflichtet sein, heißt autonom sein, heißt sittlich sein, heißt mit sich selbst übereinstimmen, heißt: *vernünftig* sein. Einem solchen Wesen gereicht es zur Zierde, wenn es zu seiner Identität »Ich« sagt. In Ehrfurcht verbeugt sich Kant vor dem Menschen: Er ist ein Vernunftwesen und Subjekt des moralischen Gesetzes.

JOHANN GOTTLIEB FICHTE:
»Was für eine Philosophie man wähle, hängt davon ab, was man für ein Mensch ist.« [90]

Leben. *1762 Rammenau, †1814 Berlin. – Sohn eines armen Bandwebers, hilft am Webstuhl des Vaters und hütet Gänse; 1774–1780 besucht der »Gänsejunge Fichte«, der durch seine Redebegabung auffällt, die Fürstenschule in Schulpforta, 1780 Beginn des Theologiestudiums in Jena, dann Wechsel nach Leipzig; schämt sich wegen seiner Armut, gibt Privatunterricht, hat kein Geld, Bücher zu kaufen, kann wegen seiner Not sein Studium nicht beenden; verdient sich ab 1788 zwölf Jahre lang als Hauslehrer seinen Lebensunterhalt, stößt 1790 auf die »ebenso herzerhebende wie kopfzerbrechende Philosophie Kants«, die sein Denken revolutioniert (»Ich lebe in einer neuen Welt.«), besucht 1791 Kant in Königsberg, findet bei ihm Anerkennung mit dem anonym erschienenen, zunächst Kant zugeschriebenen Werk »Versuch einer Kritik aller Offenbarung«, das seinen Ruhm als Philosoph begründet; in äußerster Geldnot bittet er Kant um ein Darlehen, was dieser ihm verwehrt; heiratet 1793 eine Nichte Klopstocks; propagiert begeistert den weltbürgerlichen Freiheitsgedanken der Französischen Revolution.

1794 wird Fichte als Professor für Philosophie an die Universität Jena berufen, begeistert seine Studenten als philosophischer Redner und akademischer Lehrer, wird infolge eines Streits u. a. wegen seiner Identifikation der Gottesidee mit einer moralischen Weltordnung sowie wegen der provozierenden Form der Verteidigung seiner Auffassungen von der kursächsischen Regierung des Atheismus angeklagt und aus seinem Lehramt entlassen (unter Mitwirkung und Gutheißung Goethes); wirkt in Berlin als Privatgelehrter, bekommt 1805 in Erlangen eine Professur, hält 1807/08 in dem von französischen Truppen besetzten Berlin unter Gefahr seine patriotischen »Reden an die deutsche Nation« (»Es ist kein Ausweg; wenn ihr [das deutsche Volk] versinkt, so versinkt die Menschheit mit, ohne Hoffnung einer einstigen Wiederherstellung.«), 1809 wird er Professor für Philosophie an der Universität Berlin.

Der Brief vom 5. 8. 1790 an seine Verlobte dokumentiert, wie sehr Kant Fichtes Denken beeinflußt: »Ich hatte mich ganz dem Studium der Kant'schen Philosophie hingegeben; einer Philosophie, welche die Einbildungskraft, die bei mir immer sehr mächtig war, zähmt, dem Verstande das Übergewicht und dem ganzen Geist eine unbegreifliche Erhebung über alle irdischen Dinge gibt. Ich habe eine edlere Moral angenommen und, anstatt mich mit Dingen außer mir zu beschäftigen, mich mehr mit mir selbst beschäftigt. Dies hat mir eine Ruhe gegeben, die ich noch nie empfunden; ich habe bei einer schwankenden äußern Lage meine seligsten Tage verlebt. – Ich werde dieser Philosophie wenigstens einige Jahre meines Lebens widmen, und alles, was ich, wenigstens in mehreren Jahren von jetzt an, schreiben werde, wird über sie sein. Sie ist über alle Vorstellung schwer und bedarf es wohl, leichter gemacht zu werden.«[91]

Wie können Wahrheit und Gewißheit gesichert werden in einem vollendeten und einheitlichen System des menschlichen Geistes? Gibt es einen höchsten und absolut ersten Grundsatz, von dem aus ein solches System abgeleitet werden muß?

Der Ausgangspunkt des frühen Fichte ist die Selbstgewißheit des auf sich reflektierenden Subjekts. »Die Philosophie lehrt uns alles im Ich aufsuchen.« Denke dich selbst! Das Denken soll gedacht werden. Am Anfang von Fichtes Philosophie steht eine Forderung an den Leser, keine Behauptung. Die Forderung kann nicht bestritten, nur vollzogen werden – oder nicht. Kehre deinen Blick in dein Inneres!

Wenn ich mich selbst beobachte, nehme ich wahr, daß es in meinem Bewußtsein Vorstellungen gibt, die von dem Gefühl der Notwendigkeit begleitet werden. Ich fühle, daß sie von mir nicht frei phantasiert oder erfunden sind. Das System dieser Vorstellungen heißt *Erfahrung*. Die Aufgabe der Philosophie besteht in der Beantwortung der Frage: Was ist der Grund aller Erfahrung? Die Philosophie, die diese Aufgabe löst, ist Grundwissenschaft. Sie ist kein Wissen von Gegenständen, vielmehr das Wissen vom Wissen und wird daher *Wissenschaftslehre* genannt. Der gesuchte Grund aller Erfahrung wird das Prinzip der Wissenschaftslehre abgeben.

Wie kann der Grund aller Erfahrung gefunden werden? Wir kennen nichts außer unserer Erfahrung. Der Philosoph jedoch kann sich durch Abstraktion über die Erfahrung erheben. Er kann die Faktoren, aus denen sich die Erfahrung zusammensetzt, sondern und bedenken, welcher Faktor der ursprüngliche ist: Dieser wird der Grund der Erfahrung sein.

Es gibt nur zwei Bestandteile in meiner Erfahrung: Ding und Intelligenz. Mit anderen Worten: das, worauf sich meine Erkenntnis richtet, und das, was erkennt. In der gemachten Erfahrung sind beide Teile untrennbar miteinander verbunden.

Wird vom Ding abgesehen (abstrahiert), so bleibt die *Intelligenz an sich* übrig. Fichte meint mit diesem Terminus etwas Unbedingtes, etwas Geistiges: das *reine Ich*, das meinem empirischen Ich noch vorausliegt. Umgekehrt: Wird von der Intelligenz abstrahiert, so bleibt das *Ding an sich* übrig. Mit *Ding an sich* meint Fichte etwas von meinem Bewußtsein unabhängig Seiendes, etwas selbständig Materielles. Diese abstrahierende Reflexion löst zum einen die Intelligenz an sich, zum anderen das Ding an sich als etwas aus der Erfahrung heraus, das jeweils für sich genommen nicht erfahrbar ist. – Der Grund aller Erfahrung ist entweder die Intelligenz an sich oder das Ding an sich. Eines von beiden wird die Wissenschaftslehre zu ihrem Prinzip erheben.

Der Standpunkt, der sich auf die Intelligenz an sich gründet, heißt *Idealismus*. Der entgegengesetzte Standpunkt, der sich auf das Ding an sich gründet, heißt *Dogmatismus*. (Fichte nennt die Position des Realismus Dogmatismus.) Es gilt also entweder die Annahme, daß es in unserer Intelligenz etwas absolut Geistiges gibt, aus dem die Erfahrung entsteht – sowohl die Erfahrung des eigenen, empirischen Ich als auch die der dinghaften, materiellen Welt (Idealismus). Oder es gilt die Annahme, daß die Dinge der Welt für sich allein bestehen und sie es sind, die in unserer Intelligenz Erfahrungen hervorrufen (Dogmatismus).

Worauf Fichte hinaus will ist: Der Dogmatiker, der konsequenterweise Materialist ist, muß in der Freiheit eine Chimäre sehen, eine Einbildung, die von der letztlich alles determinierenden Materie in uns hervorrufen wird. Ist die Materie erst einmal absolut gesetzt, dann kann nichts Nichtmaterielles, also nichts Geistiges, nichts Freiheitliches mehr selbständigen Bestand haben. Für den Idealisten dagegen ist das Ding an sich (absolute Materie) eine Chimäre und die Freiheit etwas Absolutes, etwas Ursprüngliches, etwas Geistiges, also nichts aus der Materie Abgeleitetes, von ihr Bedingtes.

So geht es bei dem Streit zwischen dem Idealisten und dem Dogmatiker um etwas Grundlegendes mit einer schwerwiegenden praktischen Konsequenz: »ob der Selbständigkeit des Ich die Selbständigkeit des Dinges, oder umgekehrt, der Selbständigkeit des Dinges die des Ich aufgeopfert werden solle.«[92]

Beide Standpunkte sind folgerichtig. Kein Standpunkt kann den anderen widerlegen. Sie streiten um das erste Prinzip, das nicht weiter zu begründen ist. Es gibt keinen Entscheidungsgrund aus Vernunft. Nicht die Erkenntnis fällt die Entscheidung, sondern das *Vernunft-Interesse*. Verschiedene Interessen, Richtungen des Willens, Neigungen,

Motive geben der einen oder der anderen Seite den Vorzug.

Der, der sich den Gegebenheiten der Außenwelt angepaßt, ja, untergeordnet hat, verspürt in sich ein (leidenschaftliches) Interesse am Dogmatismus. Diese Knechtsnatur nämlich braucht eine geistige Stütze oder Ausrede, die ihm erklärt, wie wenig er vermag und wie sehr doch die Dinge in Ordnung sind. Anders steht es mit dem, der sich zum vollen Gefühl der Freiheit erhoben hat, der sich durch sich selbst, durch eigenes Handeln zu etwas machen will und der den Gegebenheiten spottet.

In der *Entscheidung* – für oder gegen den Idealismus der Freiheit – zeigt es sich, zu welcher Entwicklungsstufe der Menschheit man selbst gehört. In einem grundsätzlichen Sinn, der über den psychologischen, individuellen Aspekt noch hinausgeht, sagt daher Fichte: »Was für eine Philosophie man wähle, hängt sonach davon ab, was man für ein Mensch ist: denn ein philosophisches System ist nicht ein todter Hausrath, den man ablegen oder annehmen könnte, wie es uns beliebte, sondern es ist beseelt durch die Seele des Menschen, der es hat. Ein von Natur schlaffer oder durch Geistesknechtschaft, gelehrten Luxus und Eitelkeit erschlaffter und gekrümmter Charakter wird sich nie zum Idealismus erheben.«[93]

Als wahrer Standpunkt der Wissenschaftslehre hat sich beim frühen Fichte der Idealismus ergeben. Im weiteren Verlauf soll die Wissenschaftslehre zeigen, wie aus der Intelligenz an sich die Erfahrung entsteht. Hier beginnt die Ausarbeitung von Fichtes theoretischer Philosophie.

Auch für die Sittenlehre gilt der idealistische Standpunkt. Die Menschheit soll aus eigener Kraft ihre Unmündigkeit, ihr unvernünftiges Getriebenwerden überwinden. Ihr sittlicher Zweck liegt darin, alle ihre Verhältnisse mit Freiheit nach Vernunft einzurichten. Die gegenwärtige, unvollkommene Lage der Menschen – Unterdrückung durch andere Menschen oder durch Naturgewalten – kann nur ein Durchgangsstadium der Geschichte sein. Die Forderung nach einer sittlich humanen, nach einer »besseren Welt« ist absolut verpflichtend. »Ich kann mir die gegenwärtige Lage der Menschheit schlechthin nicht denken als diejenige, bei der es nun bleiben könne; schlechthin nicht denken als ihre ganze und letzte Bestimmung.«[94]

FRIEDRICH WILHELM JOSEPH SCHELLING:
»Das Unendliche endlich dargestellt ist Schönheit.« [95]

Leben. *1775 Leonberg, †1854 Bad Ragaz. – Entstammt einer schwäbischen Pfarrersfamilie, studiert ab 1790 in Tübingen Philosophie und Theologie, bewohnt im Tübinger Stift zusammen mit Hölderlin und Hegel dasselbe Zimmer (gemeinsam begrüßen die drei Freunde die Französische Revolution, um 1796 entsteht das Fragment »Ältestes Systemprogramm des deutschen Idealismus«, ob es von Schelling, Hölderlin oder Hegel stammt, ist bis heute unklar, wahrscheinlich von Schelling); distanziert sich innerlich vom traditionellen Christentum (schreibt an Hegel: die orthodoxen Begriffe von Gott »sind für uns nicht mehr«, »Wir reichen *weiter* noch als zum persönlichen Wesen«, »zur Theologie tauge ich nicht«); ab 1795 Hauslehrer in Stuttgart und Leipzig, widmet sich dem Studium der Mathematik, Naturwissenschaften und Medizin, plant philosophische Synthese von Natur und Geist; Begegnungen mit den Frühromantikern um die Gebrüder Schlegel, lernt Fichte, Novalis, Goethe, Schiller, Tieck kennen; 1798 außerordentliche Professur in Jena auf Empfehlung Goethes, heiratet 1803 Caroline, die frühere Frau von August Wilhelm Schlegel, im selben Jahr Berufung als ordentlicher Professor nach Würzburg; der Tod Carolines 1809 wird zu einem Wendepunkt; in den restlichen 43 Jahren seines Lebens gibt es keine größere Veröffentlichung mehr.

Schelling widmet sich mit philosophischem Sendungsbewußtsein romantisch-religiösen Fragen, lebt ohne zu lehren von 1806 bis 1820 in München; sein Interesse an Mystik und Magie wächst; heiratet 1812 Pauline Gotter, zieht sich mehr und mehr zurück, alte Freundschaften zerbrechen; 1820 Honorarprofessor in Erlangen, erhält 1827 einen Ruf an die Münchner Universität, gestaltet den bayerischen Schulplan mit: tritt für mehr klassische Bildung und akademische Freiheit ein; wird 1841 von König Friedrich Wilhelm IV. an die Universität Berlin berufen, um den Einfluß Hegels (Tod 1831) und der radikalen Hegelianer zu bannen (der König spricht von der jetzt aufgehenden »Drachensaat des Hegelschen Pantheismus, der flachen Vielwisserei und der gesetzlichen Auflösung häuslicher Zucht«); seine Antrittsrede, in der er sich als Vollender aller bisherigen Philosophie versteht, hören Engels, Kierkegaard und Bakunin, erntet mit seiner konservativen Spätphilosophie viel Spott und Ablehnung.

Der folgende Brief von Schelling an Fichte vom 12.8.1799, fünf Jahre vor Kants Tod, läßt die zum Teil heftigen Diskussionen und Richtungskämpfe erahnen, die zwischen den großen Philosophen dieser Zeit stattfinden, aber auch die damit verbundenen persönlichen Kränkungen. Kant hatte in einer öffentlichen Erklärung Fichtes Wissenschaftslehre als ein »gänzlich unhaltbares« System und ihren Verfasser als einen falschen, ja, hinterlistigen »Freund« bezeichnet. In diesem Brief stellt sich Schelling auf die Seite Fichtes und schreibt ihm: »Es ist Zeit, daß Sie das zweideutige Verhältnis mit Kant verlassen, was Ihnen vielleicht mehr als alles Andre geschadet hat – glüklich genug, daß es Kant selbst aufhebt. Mag er hinführo die todten Gypsabdrücke seiner Critik [der reinen Vernunft] hinter sich schleppen [...] offenbar ist 1) daß er von Ihrer Wissenschaftslehre nur den Titel kennt [...] daß er also abspricht über etwas, das er gar nicht versteht und kennt; 2) daß er der seligen Einbildung lebt, das Zeitalter stehe noch da, wo es gerade vor 10 Jahren gestanden hat, nämlich beim Nachbeten der Critik, was er mit dürren Worten verlangt; 3) daß er glaubt, die Critik hätte nicht etwa nur für jezt, sondern für alle folgenden Zeitalter die Herkulessäulen des Denkens errichtet, – so hat er sich offenbar selbst annihilirt [für nichtig erklärt], und Sie brauchen weiter nichts, als diese Selbstannihilation anzuerkennen und utiliter [mit Nutzen] zu acceptiren. Da Sie überzeugt seyn müssen (ich weiß es aus Ihren Erklärungen nicht nur, sondern auch aus der Evidenz, mit der ich davon überzeugt bin), daß Kants Philosophie entweder in sich null und widersprechend ist, oder gerade dasselbe behaupten muß, was die Ihrige behauptet, so ist ja Kants Lossagung vom Sinn Ihrer Philosophie die offenbarste Declaration, daß für ihn die *Nachwelt* schon gekommen ist, die ihn (wie er selbst einmal von Plato sagt) besser versteht, als er sich selbst versteht; und da jeder nur in seinem Zeitalter mitzusprechen hat, weil er über die Schranken desselben doch nicht hinaus kann, so hat er eben darum alles Recht, weiter mitzusprechen, verwirkt, und ist philosophisch todt.«[96] – Auch Schelling überwirft sich in den folgenden Jahren sowohl mit Fichte als auch mit seinem Jugendfreund Hegel.

Welche Bedeutung hat die Kunst für die Philosophie?

Bereits in dem kleinen Textstück »Ältestes Systemprogramm des deutschen Idealismus« heißt es, daß die Idee der Schönheit alle übrigen Ideen vereinigt. Nur in der Schönheit sind Wahrheit und Güte verschwistert. »Der Philosoph muß ebensoviel ästhetische Kraft besitzen als der Dichter. Die Menschen ohne ästhetischen Sinn sind unsre Buchstabenphilosophen.«[97] – Die Kunst nimmt in Schellings Denken, das vielfältigen Wandlungen unterzogen war, eine besondere Stellung ein.

Im »System des transzendentalen Idealismus« wird die ursprüngliche Identität von Natur und Geist postuliert. Alles, was ist, ist an sich eins, ist etwas »schlechthin Identisches«, muß auf einen gemeinsamen Ursprung, auf eine universale, geistige Kraft zurückgeführt werden. Dieselbe Tätigkeit, die im freien menschlichen Handeln mit Bewußtsein produktiv ist, ist im Hervorbringen der Natur ohne Bewußtsein produktiv. Der Geist ist bewußte, die Natur bewußtlose Intelligenz. »Was wir Natur nennen, ist ein Gedicht, das in geheimer wunderbarer Schrift verschlossen liegt.«[98] Im Dialog »Bruno« sagt Schelling, das Universum »schläft wie in einem unendlich fruchtbaren Keim«.[99] Die Philosophie kann die »schlechthin nichtobjektive« Identität von Natur und Geist, von Unbewußtem und Bewußtem, von Notwendigkeit und Freiheit nur postulieren, nicht aber durch Begriffe auffassen und äußerlich darstellen.

Anders die Kunst. Sie dokumentiert für alle sichtbar das ursprünglich Identische. Durch das »Wunder der Kunst« wird die Vereinigung von unbewußter und bewußter Vernunfttätigkeit als gegenständliche Anschauung zurückgestrahlt.

Eine unbegreifliche Macht wirkt auf den Künstler – insbesondere auf das Genie – ein, treibt ihn unwillkürlich, zwingt ihn, Dinge auszusprechen, die er selbst »nicht vollständig durchsieht«. Eine »dunkle unbekannte Gewalt« mischt sich mit der hellen, bewußten Absichtlichkeit seines Schaffens zusammen. Das Unbewußte der Natur spricht gleichsam mit seiner ganzen Unendlichkeit selbst in das Kunstwerk hinein und verleiht ihm eine »unergründliche Tiefe«, einen »unendlichen Sinn«, der einer »unendlichen Auslegung« fähig ist. Der Grundcharakter des Produkts des Genies ist eine »bewußtlose Unendlichkeit«. Im Gegensatz hierzu steht das geheuchelte Kunstwerk, das lediglich eine bewußte, absichtliche Tätigkeit getreu ausdrückt und bloß ein endliches, oberflächliches Objekt für die Reflexion darstellt.

Die Kunst – nicht die Philosophie – beweist anschaubar, offenbarend das philosophische Prinzip der Identität von Natur und Geist. Schelling ist (in dieser Periode seines Denkens) überzeugt, »daß die Kunst das einzige wahre und ewige Organon zugleich und Document der Philosophie sey, welches immer und fortwährend aufs neue beurkundet, was die Philosophie äußerlich nicht darstellen kann, nämlich das Bewußtlose im Handeln und Produciren und seine ursprüngliche Identität mit dem Bewußten. Die Kunst ist eben deßwegen dem Philosophen das Höchste, weil sie ihm das

Allerheiligste gleichsam öffnet, wo in ewiger und ursprünglicher Vereinigung gleichsam in Einer Flamme brennt, was in der Natur und Geschichte gesondert ist, und was im Leben und Handeln, ebenso wie im Denken, ewig sich fliehen muß.«[100]

Der frei handelnde Künstler steht inmitten des Widerspruchs zwischen dem Bewußtlosen und dem Bewußten, inmitten der unendlichen Entzweiung der entgegengesetzten Tätigkeiten von Natur und Geist. Ihm gelingt instinktmäßig das Unmögliche: die vollständige Aufhebung eines unendlichen Gegensatzes in einem endlichen Produkt. So geht der Künstler vom Gefühl eines scheinbar unauflöslichen Widerspruchs aus und endet bei Vollendung seines Werkes im Gefühl einer »unendlichen Harmonie«. Der äußerste Ausdruck seines Kunstprodukts – selbst da, wo es um Darstellungen höchsten Schmerzes oder tiefster Freude geht – ist der »Ausdruck der Ruhe und der stillen Größe«. – »Das Unendliche endlich dargestellt ist Schönheit.«

GEORG WILHELM FRIEDRICH HEGEL:
»Das Wahre ist das Ganze.« [101]

Leben. * 1770 Stuttgart, † 1831 Berlin. – Eifriger Student der Philosophie und Theologie in Tübingen, schnupft Tabak, spielt Karten und trinkt gern (ein Kommilitone im Tübinger Stift: »O Hegel, Du saufscht Dir g'wiß noch Dein ganz bißle Verstand vollends ab.«); begeistert sich für die Französische Revolution, hält vor Freunden politische Reden (Losungen aus seinem Stammbuch: »Gegen die Tyrannen«, »Es lebe die Freiheit«), will nicht Pfarrer werden; ab 1793 Hauslehrer in Basel, dann in Frankfurt am Main, 1801 Habilitation in Jena; seinen wenigen Studenten gilt er als höchstes Wesen, als Orakel, beendet 1806 am Vorabend der Schlacht bei Jena »Die Phänomenologie des Geistes«; als Soldaten in sein Zimmer stürmen, bringt er in einem Korb sein Manuskript aus der Stadt, verläßt damit auch die Frau des Hauseigentümers, die von ihm ein Kind erwartet; übernimmt 1807 die Redaktion der »Bamberger Zeitung«, wird 1808 Direktor eines humanistischen Gymnasiums in Nürnberg (gegen alle »Schnurrpfeifereien von Technologie, Ökonomie, Papillonfangen usf.«), heiratet 1811 die zwanzigjährige Marie von Tucher (»Ich habe damit im ganzen [...] mein irdisches Ziel erreicht, denn mit einem Amte und einem lieben Weibe ist man fertig in dieser Welt.«), trägt nach schwäbischer Sitte in einem Hauskalender alle Ausgaben ein; die Ehe ist seiner Arbeit nicht hinderlich (»Es ist keine Kleinigkeit, im ersten Semester seiner Verheuratung ein Buch [«Wissenschaft der Logik»] des abstrusesten Inhalts von 30 Bogen zu schreiben.«); 1816 Professur an der Universität Heidelberg, 1818 bis zu seinem Tod an der Universität Berlin; lobpreist Preußen in seiner Antrittsvorlesung, wird vom allgemeinen patriotischen Aufschwung mitergriffen (die Philosophie »hat sich zu den Deutschen geflüchtet und lebt allein noch in ihnen fort«); seine Anhängerschaft wächst, sein Ruhm wird immer größer, stirbt 1831 vermutlich an Cholera.

Hegels anfängliche Begeisterung für die Französische Revolution, die allmählich einer realistischeren und kritischeren Beurteilung weicht, klingt noch in seinen späten »Vorlesungen über die Philosophie der Geschichte« nach. In seinen Vorlesungen, die er fünfmal zwischen 1822 und 1831 hält, heißt es gegen Ende: »Solange die Sonne am Firmamente steht und die Planeten um sie herumkreisen, war das nicht gesehen worden, daß der Mensch sich auf den Kopf, d. i. auf den Gedanken stellt und die Wirklichkeit nach diesem erbaut. Anaxagoras hatte zuerst gesagt, daß der νοῦς [nous: der Geist] die Welt regiert; nun aber erst ist der Mensch dazu gekommen, zu erkennen, daß der Gedanke die geistige Wirklichkeit regieren solle. Es war dieses somit ein herrlicher Sonnenaufgang. Alle denkenden Wesen haben diese Epoche mitgefeiert. Eine erhabene Rührung hat in jener Zeit geherrscht, ein Enthusiasmus des Geistes hat die Welt durchschauert, als sei es zur wirklichen Versöhnung des Göttlichen mit der Welt nun erst gekommen.«[102]

In Gedanken versunken, kommt Hegel einmal eine Stunde zu früh zu seiner Vorlesung, statt um drei schon um zwei Uhr nachmittags. Er nimmt seinen Platz am Katheder ein, ohne zu merken, daß er andere Zuhörer vor sich hat, und beginnt vorzutragen. Ein Student versucht ihn auf seinen Fehler aufmerksam zu machen. Vergebens. Hegel ist beim Denken Hören und Sehen vergangen. Professor Augusti, der nach dem Stundenplan an der Reihe ist, nähert sich der Tür, hört Hegels Stimme, glaubt, er sei eine Stunde zu spät gekommen, und zieht sich eilig zurück. Um drei Uhr warten mit Spannung Hegels Studenten, von dem Vorfall schon unterrichtet, wie ihr Lehrer die Situation meistert. »M[eine] H[erren]«, beginnt Hegel, »von den Erfahrungen des Bewußtseins über sich selbst ist die Erste Wahrheit oder vielmehr Unwahrheit die der sinnlichen Gewißheit. Bei dieser sind wir stehen geblieben, und ich habe selbst vor einer Stunde eine besondere Erfahrung davon gemacht.«[103] Die Sache geht ihren Gang weiter.

Wer denkt abstrakt, wer konkret?

Im täglichen Leben bedeutet das Wort »konkret« das, was in der körperlichen Wirklichkeit sichtbar und greifbar ist, was an einem bestimmten Ort zu einer bestimmten Zeit vorhanden ist: dieses Einzelding da. »Abstrakt« dagegen meint üblicherweise etwas, das nicht mehr auf dem Boden des Anschauens steht, das von Besonderheiten absieht, etwas Begriffliches, also etwas von der Realität Abgehobenes.

Hegel kehrt diesen Sprachgebrauch des »gesunden Menschenverstandes« vollkommen um: Das Abstrakte ist ihm das vereinzelte, momentan Sichtbare, das Konkrete der durch Denken erfaßte Zusammenhang des Sichtbaren.

Ein Beispiel. Ein Mörder wird zur Richtstätte geführt. Den Leuten, die ihn sehen, ist er nichts weiter als ein Mörder. Für Hegel heißt hier *abstrakt denken*, ein Moment eines Menschen abtrennen und in der vordergründigen Sichtbarkeit und Feststellbarkeit dieses Moments alle übrigen Momente zu tilgen (z. B. die Momente schlechte Erziehung, erlittene Ungerechtigkeit). *Konkret denken* bedeutet demgegenüber, nach dem Zusammenhang der Lebensgeschichte zu fragen, auch wenn dies von Seiten des gesunden Menschenverstandes den Vorwurf einbringen könnte, man wolle bloß diesen Mörder entschuldigen.

Wer also denkt abstrakt, wer konkret? Hegels Antwort lautet: Der ungebildete Mensch denkt abstrakt, nicht der gebildete. Wer ungebildet ist, der schematisiert, der hält sich an sinnfällige Tatsachen und verleiht ihnen sofort einen festen Begriff. Der Gebildete dringt tiefer in die Sache, sieht eine ganze Milchstraße von Besonderheiten, Beziehungen und Bewegungen, begnügt sich nicht mit empirischen Feststellungen, daß etwas so ist, wie es ist. – Philosophie ist in besonderem Maße konkretes Denken, Denken aller Zusammenhänge in ihrer Notwendigkeit, Denken der Totalität des Konkreten.

Hegels Ziel ist »wissenschaftliche Erkenntnis der Wahrheit«. Er versteht unter Wahrheit nicht, daß es hier einen Gegenstand gibt und dort eine richtige Vorstellung von ihm. Wahrheit ist keine Gegebenheit, nichts »Abstraktes«, keine »ausgeprägte Münze, die fertig gegeben und so eingestrichen werden kann«. Von der Wahrheit muß vielmehr gesagt werden, daß sie etwas Lebendiges, etwas »Konkretes«, etwas sich Entwickelndes ist.

Der Keim einer Pflanze zum Beispiel ist Teil des Ganzen der sich entwickelnden Pflanze (in Hegels Terminologie: ist Moment), ist Wahrheit, aber noch nicht die ganze Wahrheit. Erst im Prozeß der Pflanze zeigt sich ihre Wahrheit. Etwas ist wahr, wenn es ist, was es (seiner eigenen idealen Bestimmung nach) sein soll, wenn es seine Möglichkeiten, seine Anlagen – oder wie Hegel auch sagt, seinen »Begriff« – verwirklicht. Wahrheit ist nichts Statisches, vielmehr ein Prozeß der Verwirklichung, der allem Sein und allem Denken zukommt. Aufgabe der Philosophie ist es, diese dynamische Form der Wahrheit aufzudecken, durchzudenken und damit zu Ende zu bringen. – »Übrigens«, bemerkt Hegel, »findet sich die tiefere (philosophische) Bedeutung der Wahrheit zum Teil auch schon im gewöhnlichen Sprachgebrauch. So spricht man z. B. von einem *wahren* Freund und versteht darunter einen solchen, dessen Handlungsweise dem Begriff der Freundschaft gemäß ist; ebenso spricht man von einem *wahren* Kunstwerk. Unwahr heißt dann soviel als schlecht, in sich selbst unangemessen.«[104]

Alle endlichen Dinge haben etwas Schlechtes, etwas Unwahres, an sich, weil sie noch nicht die ganze, konkrete Wahrheit sind. Der Verstand hat recht, wenn er die einzelnen Dinge in ihrer vordergründigen, abstrakten Gegebenheit identifiziert, definiert. Aber: Die Philosophie darf hierbei nicht stehenbleiben. Jede Identifikation, die der Verstand vornimmt, unterschlägt das, was der identifizierte Gegenstand über seine jeweilige Gegebenheit hinaus außerdem noch ist. Der Verstand läßt konkrete Bezüge außer acht, die für den Gegenstand bestimmend sind, und betrachtet ihn ganz isoliert, ganz abstrakt. Bei jeder Identifikation hat daher die Philosophie diejenigen Bestimmungen mitzudenken, die in der Identifikation nicht berücksichtigt werden. Dieses unberücksichtigte Nichtidentische artikuliert den Widerspruch gegen die Verabsolutierung dessen, was angeblich schon alles sei. Hierbei wird dieser Widerspruch nicht willkürlich von einem Philosophen ausgedacht, sondern liegt in der Sache selbst begründet, in der Spannung zwischen dem, was ist, und dem, was sein soll.

Hegel unterscheidet zwischen »Verstand« und »Vernunft«. Der *Verstand* ist das identifizierende Denken. Das philosophische Mitdenken des widerspenstigen Nichtidentischen dagegen ist das »dialektische Denken« der *Vernunft*. Die *Dialektik* ist der Widerstand der Vernunft gegen die endgültigen Fixierungen des Verstandes. Die Vernunft findet sich mit den Feststellungen von (im Hegelschen Sinne) »abstrakten« Tatsachen, auf die der Verstand große Stücke hält, nicht ab. »Der Kampf der Vernunft besteht darin«, sagt Hegel, »dasjenige, was der Verstand fixiert hat, zu überwinden.«[105] Die Dialektik der Vernunft steht über dem »toten Gebein der Logik« des Verstandes.

Dialektik ist zunächst Kritik am beschränkten Denken des Verstandes, der von vornherein Widersprüche als Denkfehler ausschließt und sich an ein starres Entweder-Oder-Schema hält. Gegen dieses Denken wendet Hegel ein: »Es gibt in der Tat nirgends, weder im Himmel noch auf Erden, weder in der geistigen noch in der natürlichen Welt, ein so abstraktes Entweder-Oder, wie der Verstand solches behauptet. Alles, was irgend ist, das ist ein Konkretes, somit in sich selbst Unterschiedenes und Entgegengesetztes. Die Endlichkeit der Dinge besteht dann darin, daß ihr unmittelbares Dasein dem nicht entspricht, was sie an sich sind. [...] Was überhaupt die Welt bewegt, das ist der Widerspruch, und es ist lächerlich zu sagen, der Widerspruch lasse sich nicht denken.«[106]

Hegels Grundgedanke ist: Das Weltganze, die Totalität aller geistigen und materiellen Gegenstände, ist vernünftig, ist von einer Vernunft geprägt, die ihrer selbst noch nicht bewußt ist, die zur Selbsterkenntnis drängt. In der Welt ist Vernunft, die im Inneren wühlt, tätig ist, daran arbeitet, sich zu erkennen, sich zu finden. Das, worauf alles angelegt ist und worauf alles abzielt, ist das sich wissende Wissen, ist Geist, ist das Absolute, letztendlich der sich offenbare, selbstbewußte, unendlich schöpferische Geist: »Alles, was im Himmel und auf Erden geschieht – ewig geschieht -, das Leben Gottes und alles, was zeitlich getan wird, strebt nur danach hin, daß der Geist sich erkenne, sich sich selber gegenständlich mache, sich finde, für sich selber werde, sich mit sich zusammenschließe.«[107] – Der Prozeß dieser zunehmenden Selbsterkenntnis des Geistes ist der Prozeß der Weltgeschichte.

Zunächst ist das Absolute sich seiner nicht bewußt. Es muß aus sich heraustreten, sich gegenständlich machen, um sich in seinem Selbstbewußtsein gleichsam einzuholen, um auch »für sich« zu werden, was es »an sich« schon immer ist. Alles ist auf die Entwicklung der Vernunft, die Vollendung des Geistes oder der in ihrer Ordnung und Regelhaftigkeit erkannten Welt hin angelegt.

Der Mensch nimmt aktiv und leidend an diesem gewaltigen Prozeß teil (Weltgeschichte). Es geht aber hierbei nicht in erster Linie um ihn, schon gar nicht um sein persönliches Glück, sondern um die wahrhafte Wirklichkeit des Allgemeinen, um dessen überindividuelle Selbsterkenntnis. Die einzelnen Menschen sind innerhalb des Ganzen wie »Blinde«, getrieben vom inneren Geist, der sie listigerweise unbemerkt, gleichsam hinter ihrem Rücken für *sein* Endziel arbeiten und kämpfen läßt. Das Absolute täuscht die Menschen, indem es ihnen vorspiegelt, sie würden aufgrund ihrer Leidenschaften ihre eigenen egoistischen Ziele verfolgen. Da sich die Menschen an ihren gesunden Menschenverstand halten und die Vordergründigkeit empirischer Feststellungen für bare Münze nehmen (abstraktes Denken), gehen sie dieser List auf den Leim und verwirklichen so ihr eigentliches Wohl (»List der Vernunft«).

Das Absolute entwickelt sich in einer dreifachen Bewegung: von der logischen Grundlage der Wirklichkeit über die Vernünftigkeit der äußeren Natur bis zum Sichbegreifen des Geistes als subjektiver, objektiver und absoluter Geist. »Das Logische wird zur Natur und die Natur zum Geiste.«[108] Hegel teilt seine Philosophie dementsprechend in drei Teile ein: Logik, Naturphilosophie, Philosophie des Geistes.

Stufe 1. Die göttliche Idee ist vorab das *Logische*: eine Art logisches Skelett, die nackte Wahrheit ohne jedes Fleisch, ohne jede Materie, gleichsam die ewigen, reinen Gedanken Gottes vor Erschaffung der Welt (»vor« ist nicht zeitlich zu verstehen, die Gedanken Gottes liegen als *logischer* Grund »vor« der Welt), die unbewußte Vorwelt von Bauplänen (»Reich der Schatten«), in sich aber nicht starr, sondern voller Bewegungen und Umwälzungen.

Stufe 2. Der lebendige Prozeß des Absoluten setzt die *Natur* als sein Anderes. »Die göttliche Idee ist eben dies, sich zu entschließen, dieses Andere aus sich herauszusetzen und wieder in sich zurücknehmen, um Subjektivität und Geist zu sein.«[109] Die Natur ist der sich entfremdete Geist, der darin nur ausgelassen ist, ein »bacchantischer Gott«, der sich selbst nicht zügelt und faßt, oder, anders gesagt, versteinerte Intelligenz, eingekerkerter Geist. Aber die göttliche Idee bleibt nicht versteinert, sondern »die Steine schreien und heben sich zum Geiste auf«.

Stufe 3. Aus der Natur tritt der *Geist* heraus. Als »subjektiver Geist« arbeitet er sich in der Subjektivität des Individuums zum Bewußtsein seiner Freiheit durch. Als »objektiver Geist« sucht er, seine bewußt gewordene Freiheit in der Welt des Rechts, der Moralität und der Sittlichkeit (Sittlichkeit schließt ein: Familie, bürgerliche Gesellschaft, Staat) zu realisieren. Als »absoluter Geist« erfaßt er sich selbst, wird wissendes Wissen von seiner Freiheit, indem er sich in der *Kunst* anschaut, in der *Religion* andächtig vorstellt und in der *Philosophie* abschlußhaft denkend begreift.

Vom ständigen inneren Widerspruch, vom ständigen Stachel des Ungenügens aller einzelnen Entwicklungsetappen vorangetrieben, versöhnt sich im absoluten Geist die göttliche logische Idee mit sich selbst. Alles Höhere entsteht nur dadurch, daß seine niedrigeren Entwicklungsstufen mit ihren eigenen Ansprüchen in Widerspruch geraten, daß also das Niedrigere sich als Widerspruch in sich zu dem Höheren aufhebt (Dialektik). In der Kunst, in der Religion und in der Philosophie versöhnt sich die Idee mit allen Formen ihres Andersseins, ihrer Entfremdungen und erlangt eine vollkommenere Absolutheit, als sie zu Beginn des Prozesses besaß. Das Absolute ist sein eigenes Resultat geworden.

Von hier aus sagt Hegel: »Das Wahre ist das Ganze. Das Ganze aber ist nur das durch seine Entwicklung sich vollendende Wesen. Es ist von dem Absoluten zu sagen, daß es wesentlich *Resultat*, daß es erst am Ende das ist, was es in Wahrheit ist; und hierin eben besteht seine Natur, Wirkliches, Subjekt oder Sichselbstwerden zu sein.«[110]

Hegels Philosophie beansprucht, die Entwicklung des Ganzen (Dialektik) ebenso abzubilden wie das Zusammenfallen von Anfangs- und Endpunkt (System). Wie das Universum ist auch seine Philosophie »rund« und kennt »kein Erstes und kein Letztes«. Das Absolute hat sich zum Denken Hegels emporgearbeitet und erkennt sich in ihm wieder. Der Geist weiß sich nunmehr als Geist. Indem Hegel das Absolute denkt, denkt das Absolute sich selbst – als Totalität des Konkreten.

19. UND
20. JAHRHUNDERT

ÜBERBLICK

Im 19. und 20. Jahrhundert findet ein Verweltlichungsprozeß der Philosophie statt. Mit der industriellen Revolution, in Deutschland seit etwa 1830, setzt eine radikale Verdiesseitigung des Denkens ein. Die Hoffnung, die Welt im ganzen durch eine Metaphysik vernünftig erklären zu können, schwindet oder wird ganz aufgegeben. Die Wissenschaften emanzipieren sich von der Autorität der Philosophie. Der Fortschrittsoptimismus setzt auf Wissenschaft und Technik. Die Zeit der großen philosophischen Systeme ist vorbei.

Schopenhauer ist ein Philosoph des geistigen Umbruchs. Er nimmt eine »Veränderung am Fundament der Philosophie« vor, indem er den Willen von der Erkenntnis trennt und die Welt aus der »Allmacht des Willens« erklärt. Das innerste Wesen der Welt wie auch des Menschen ist etwas Nicht-Vernünftiges, ein dunkler Drang, ein blinder Wille. Der Mensch ist kein Geschöpf Gottes, sondern stammt empirisch gesehen, wie Schopenhauer mutmaßt, vom Schimpansen ab. Der Grundzug der Welt ist Leiden, Negativität, Sinnlosigkeit. Der universalen Willensgetriebenheit – vor allem der Sexualität – ist nur durch Kunst, Mitleid und Entsagung zu entkommen.

Antimetaphysische Richtungen bestimmen das Denken der zweiten Hälfte des 19. Jahrhunderts und wirken in das 20. Jahrhundert hinein. Der *Positivismus* hält alle Spekulationen für überwunden und beschränkt sich auf die Zusammenfassung naturwissenschaftlicher Tatsachen. Ausgangspunkt ist das »Positive«, das heißt das tatsächlich Gegebene, das empirisch Prüfbare. Die geistige Entwicklung der Menschheit verläuft in drei Stadien, dem theologischen, dem metaphysischen, dem positivistischen (Comte). Der Materialismus behauptet, daß die Natur gegenüber dem Geist das Ursprünglichere ist. Er fordert: »Wissenschaft an der Stelle von Religion«, »Menschheitsdienst statt Gottesdienst«, »Arbeit für das Wohl der Menschheit« (Ludwig Büchner). Der *Historische Materialismus* kommt zu dem Resultat, daß der Proletarier wie der Kapitalist gleichermaßen, jedoch mit unterschiedlichem Nutzen, »Anhängsel« des Kapitals sind, weil beide materiell und geistig von selbstgeschaffenen ökonomischen Gesetzmäßigkeiten abhängen, die ihnen wie unveränderbare Naturgesetze gegenübertreten. Wirklichkeitsveränderung statt Wirklichkeitsinterpretation steht auf der Tagesordnung (Marx). Der *Utilitarismus* sieht im Nützlichen, insofern es das Glück der meisten fördert, die kalkulierbare Grundlage einer sittlichen Lebensführung. Zweck des Handelns ist »das größte Glück der größten Zahl« (Bentham). Der *Pragmatismus* will nicht auf dem Faulbett metaphysischer Theorien liegen. Tatsachen, Handeln, Macht zählen. Wahr ist, was Erfolg hat. »Theorien werden zu Werkzeugen« (James).

Nietzsche führt die Metaphysik auf die Unfähigkeit derer zurück, die mit dem Leben, so wie es ist, nicht fertig werden. »Leiden war's und Unvermögen – das schuf alle Hinterwelten.« Nietzsche diagnostiziert seine Gegenwart als eine Zeit des Zusammenbruchs der Metaphysik. Die obersten Werte entwerten sich, es gibt kein Ziel, Gott ist tot. Das Nichts tritt an die Stelle Gottes. Die »Heraufkunft des Nihilismus« ist die Geschichte der nächsten zwei Jahrhunderte. »Seit Kopernikus scheint der Mensch auf eine schiefe Ebene geraten – er rollt immer schneller nunmehr aus dem Mittelpunkt weg – wohin? ins Nichts?« Alles hängt vom lebensstarken Menschen der Zukunft ab, vom Übermenschen, dem »Besieger Gottes und des Nichts«.

Im 19. Jahrhundert kommen Erneuerungsbewegungen auf, die sich im 20. Jahrhundert fortsetzen. Der *Neukantianismus*, der den Materialismus bekämpft und ein Fundament für die Naturwissenschaften sucht, mit seiner Devise: »Also muß auf Kant zurückgegangen werden« (Liebmann). Oder der *Neuthomismus (Neuscholastik)* mit seiner Erneuerung der mittelalterlichen Philosophie des Thomas von

Aquin. Die Enzyklika »Aeterni Patris« von Papst Leo XIII. erklärt 1879, daß die Philosophie des hl. Thomas für die katholische Kirche verbindlich ist.

Die Philosophie des 20. Jahrhunderts ist durch einen unübersichtlichen Positionenpluralismus gekennzeichnet. Es gibt Anknüpfungen an antike, mittelalterliche oder neuzeitliche Philosophien, ferner Anlehnungen an jeweils favorisierte Wissenschaften wie etwa Mathematik, Physik, Soziologie, Biologie. Der Begriff »Philosophie« nimmt zusätzliche Bedeutungsaspekte an und reicht von Weltanschauungen aller Art bis hin zur Werbung. In den achtziger Jahren z. B. wirbt eine Autofirma für motorsportliche Accessoires mit dem Angebot: »Philosophie zu verkaufen.« – Zu den herausragenden Richtungen gehören: Phänomenologie, Existenzphilosophie und Analytische Philosophie.

Die *Phänomenologie* richtet sich gegen diffuse »Weltanschauungsphilosophien« und beabsichtigt, Philosophie im Sinne einer strengen Wissenschaft zu begründen. Sie entwickelt ein methodisches Vorgehen, um das, was dem Bewußtsein jeweils gegeben ist, möglichst unvoreingenommen zu beschreiben sowie zu analysieren und zu erklären. Ihr Ziel ist, das objektive Wesen der Bewußtseinsinhalte zu schauen und »zur Sache selbst zu gelangen« (Husserl).

Die *Existenzphilosophie*, beeinflußt durch Kierkegaard, will sich nicht mehr mit bloß gedachter Philosophie zufrieden geben. Sie fordert persönlich betroffenes Denken statt wirklichkeitsfremder Systeme, philosophisches Dasein statt Dasein von Philosophien. Alles kommt darauf an, betont Jaspers, daß der Mensch in seinen »Grenzsituationen« (Tod, Zufall, Schuld) durch Kommunikation mit anderen er selbst wird und sich für seinen eigenen existentiellen Weg zum transzendenten Sein entscheidet: »Als Existenz sind wir auf Gott – die Transzendenz – bezogen und dies durch die Sprache der Dinge, die sie zu Chiffern oder Symbolen werden läßt.« Sartre dagegen geht in seinem atheistischen Existentialismus von der völligen Freiheit eines nicht auf Gott bezogenen Menschen aus. Wie der einzelne sich konzipiert, so ist er: »Der Mensch ist nichts anderes als wozu er sich macht.«

Auch *Heidegger* geht von der menschlichen Existenz aus und nimmt von hier aus die Wiedererweckung der Frage nach dem Sein in Angriff: »Haben wir heute eine Antwort auf die Frage nach dem, was wir mit dem Wort ›seiend‹ eigentlich meinen? Keineswegs. So gilt es denn, die Frage nach dem Sinn von Sein erneut zu stellen.« Das Sein offenbart sich nicht durch abstraktes Theoretisieren, sondern im menschlichen Dasein, in existentiellen Stimmungen (z. B. Angst). »Es gilt, das Sein des Seienden zum Vorschein zu bringen; freilich nicht mehr nach der Art der Metaphysik, sondern so, daß das Sein selbst zum Scheinen kommt.«

Ein Hauptinteresse der empirisch ausgerichteten *Analytischen Philosophie*, deren Wurzeln im Positivismus des 19. Jahrhunderts liegen, ist die logische Sprachanalyse. Unter welchen Bedingungen sind Aussagen wissenschaftlich sinnvoll? Für den frühen Carnap ist ein Satz dann sinnvoll, wenn darin keine sinnlosen Wörter vorkommen, die sich empirisch nicht bewahrheiten lassen (z. B. Gott, das Absolute, das Sein des Seienden, das Nichts), und wenn er grammatisch-syntaktisch korrekt gebildet ist. Der *frühe Wittgenstein* sucht den logischen und philosophischen Zusammenhang von Wirklichkeit und Sprache, von Welt und Satz, exakt zu bestimmen und dabei störende Zufälligkeiten der Alltagssprache auszuschließen. Der *späte Wittgenstein* entdeckt, daß die Bedeutung von Wörtern nicht von ihrem alltäglichen, vielfältigen Gebrauch zu trennen ist. An der Kritik der Sprache als eigentliche Aufgabe der Philosophie hält er fest: »Die Philosophie ist ein Kampf gegen die Verhexung unsres Verstandes durch die Mittel unserer Sprache. [...] Die Ergebnisse der Philosophie sind die Entdeckung irgendeines schlichten Unsinns und Beulen, die sich der Verstand beim Anrennen an die Grenze der Sprache geholt hat.«

Weitere bedeutende und einflußreiche Richtungen des 20. Jahrhunderts sind: die *Hermeneutik* – Dilthey grenzt die Natur- von den Geisteswissenschaften ab und arbeitet an einer Hermeneutik, also an einer Lehre vom Verstehen und Auslegen von Sinnzusammenhängen. »Die Natur erklären wir, das Seelenleben verstehen wir«; die *Philosophische Anthropologie* – Scheler greift auf die Forschungsergebnisse der Wissenschaften zurück und fragt interdisziplinär nach der »Sonderstellung« des Menschen im Kosmos; die *Kritische Theorie* der Frankfurter Schule – Horkheimer knüpft u.a. an Kant, Hegel, Schopenhauer, Marx, Freud an und hält am »Ziel einer vernünftigen Gesellschaft«, an der »Emanzipation des Menschen aus versklavenden Verhältnissen« fest; der *Kritische Rationalismus* – Popper vertritt eine Wissenschaftstheorie, die jede Art von Dogmatismus auszuschließen sucht. Wissenschaftliche Theorien sind vorläufig und nur dadurch zu verbessern, daß sie kritisiert werden. »Keine Theorie ist endgültig.«

Zwei Weltkriege, bürokratisch geplante und fabrikmäßig durchgeführte Massentötung, Erprobung der Atombombe... bringen in der Mitte des 20. Jahrhunderts den Fortschrittsoptimismus ins Stocken. Hinzu tritt im letzten Drittel des Jahrhunderts der unsichere Ausgang einer sich abzeichnenden globalen, ökologischen Krise. Die Großverbrechen im 20. Jahrhundert demonstrieren drastisch, daß Wissenschaft und Technik für barbarische Zwecke mißbraucht werden können, wenn die philosophisch-ethische Orientierung – etwa die an der unverletzlichen Würde jedes einzelnen Menschen – relativiert oder unverbindlich wird. Jede technische Verbesserung kann dann als Fortschritt ausgegeben werden, unabhängig davon, welchen moralischen Rückschritt sie mit sich bringt. Im Sinne dieses ethisch erblindeten Fortschrittsdenkens informiert der Kommandant von Auschwitz sachlich: »Eine andere Verbesserung gegenüber Treblinka war, daß wir Gaskammern bauten, die 2000 Menschen auf einmal fassen konnten, während die 10 Gaskammern in Treblinka nur je 200 Menschen faßten.«

Die unterschiedlichen, ja, unvereinbaren Positionen von *Popper* und *Adorno*, der eine Vertreter des *Kritischen Ra-*

tionalismus, der andere der *Kritischen Theorie*, lassen sich auch aus den Schockerfahrungen totalitärer Menschenverachtung verstehen. Popper sieht in den westlichen Demokratien bereits verwirklichte Gemeinschaften freier Menschen, noch schrittweise verbesserbar, Adorno dagegen diagnostiziert an ihnen ein Zusteuern auf Totalität. Beiden gemeinsam aber ist – trotz komplizierter und heftiger gegenseitiger Befehdungen – das Engagement für die Rettung des einzelnen, um dessentwegen sie hartnäckig nach den politischen Konsequenzen jeder Philosophie, jeder Theorie, jeder Ideologie fragen. »Das Leben des vergessenen, des unbekannten individuellen Menschen«, so Popper, »seine Trauer, seine Freude, seine Leiden und sein Tod – sie sind der wirkliche Gehalt der menschlichen Erfahrung durch alle Zeiten.« – Adorno betont auf unnachgiebig radikale Weise das utopische, noch uneingelöste Moment: »ein Miteinander des Verschiedenen«, »eine versöhnte Menschheit«. Vor dem Kontrast eines unerreichten, besseren, ganz anderen Lebens kann alles Leid, das abschaffbar ist, aber von der Gesellschaft in Kauf genommen wird (wie z. B. die jährliche Todesquote bei Autounfällen), gar nicht erst im Ansatz gerechtfertigt, eingeordnet oder vergessen werden, sondern bleibt bis auf den letzten Grund – in Frage gestellt.

ARTHUR SCHOPENHAUER:
»Alles Leben ist Leiden.«[1]

Leben. *1788 Danzig, †1860 Frankfurt/M. – Sohn eines wohlhabenden Kaufmanns und der Schriftstellerin Johanna Schopenhauer; 1793 Umsiedlung der Familie in die Freie und Hansestadt Hamburg; soll Kaufmann werden, wird weltoffen erzogen, lernt Sprachen, wird auf Reisen mitgenommen, will gegen den Willen des Vaters die Gelehrtenlaufbahn einschlagen; der Vater stellt ihn vor die Wahl: entweder Kaufmann und Teilnahme an einer zweijährigen Vergnügungsreise durch Europa oder Gelehrter und keine Reise; entscheidet sich für die große Reise 1803/04 und erlebt unmittelbar – nicht durch Bücher – Kultur, Gesellschaft, Natur, aber auch menschliches Leiden (»In meinem 17ten Jahre, ohne alle Schulbildung, wurde ich vom *Jammer des Lebens* so ergriffen, wie Buddha in seiner Jugend, als er Krankheit, Alter, Schmerz und Tod erblickte.«); bricht nach dem Tod seines Vaters die Kaufmannslehre ab, studiert ab 1809 zunächst Naturwissenschaften, dann ab 1810 hauptsächlich Philosophie in Göttingen, ab 1811 in Berlin u. a. bei Fichte und Schleiermacher; erwidert 1811 dem Dichter Wieland, der ihm von der Philosophie abrät: »Das Leben ist eine mißliche Sache: ich habe mir vorgesetzt, es damit hinzubringen, über dasselbe nachzudenken.«; diskutiert kontrovers mit Goethe über dessen und seine eigene Farbentheorie; reist 1818 nach Beendigung seines Hauptwerks »Die Welt als Wille und Vorstellung« nach Italien, 1820 Habilitation an der Universität Berlin, liest über seine gesamte Philosophie, jedoch ohne durchschlagenden Erfolg; flieht 1831 vor der Cholera (der wahrscheinlich Hegel zum Opfer fällt) aus Berlin, sein Hauptwerk (Auflage 800 Exemplare) verkauft sich nicht und wird als Altpapier verwertet; lebt von 1833 bis zu seinem Tod zurückgezogen in Frankfurt/M. (»Mein Zeitalter und ich passen nicht für einander.«); das väterliche Erbe ermöglicht ihm ein unabhängiges Leben als Privatgelehrter und freier Schriftsteller; sein Ruhm beginnt etwa ab 1850, seine ersten Anhänger nennt er halb scherzhaft, halb im Ernst »Apostel« oder »Evangelisten«.

Schopenhauer schreibt am 10.12.1836 als fast Fünfzigjähriger an seinen französischen Jugendfreund Anthime einen sehr offenen Brief, in dem er mitteilt, was aus ihm geworden ist: »Du brauchst nicht zu glauben, daß ich ein alter Kerl bin; im Gegenteil. Meine Haare und mein Backenbart, das ist wahr, sind fast ganz weiß: Wirkung des Studiums und des Kummers; aber mein Geist ist jung, ohne Runzeln, rosig und frisch und ich habe (wie man sagt) sehr schöne Augen, leuchtend, von einem eigentümlichen Glanz, was ich als junger Mensch nicht hatte: meine Haltung und mein Gang sind sicher und flink; ich gehe noch gewöhnlich schneller als alle andern: ich habe immer noch meine kleine, recht notwendige Liaison! Endlich habe ich gute Anlagen, 70 bis 80 Jahre alt zu werden. [...] Ich habe den Kummer gehabt, meine Werke vernachlässigt zu sehen, während man das falsche Verdienst anpries. Jedoch kenne ich die Gründe, das materielle Interesse spielt herein: die Absichten der deutschen Regierungen, deren Kreaturen unsere armen Professoren sind, und die das wankende und seinem unvermeidlichen Sturz ganz nahe Christentum wieder aufrichten möchten durch die Philosophie (wozu die meine sich nicht eignet, im Gegenteil!) [...] Mein vermindertes Einkommen genügt noch für ein Leben als Junggeselle, in möbliertem Zimmer, mit Essen an der Table d'hôte, alles ohne Luxus, aber anständig, ich habe das Notwendige und nichts weiter und danke dem Schicksal, daß ich weder Frau noch Kinder habe: zwei uneheliche Kinder, die ich hatte, sind jung gestorben.[...] Endlich, was das leibliche Wohlbefinden angeht, ist es [Frankfurt am Main] der beste Ort von Deutschland: und was die Menschen angeht, die Gesellschaft, die, glaube ich, hier noch dümmer ist als anderswo, – ich lasse mich nicht stören, da ich seit langem vom Verkehr mit den Menschen angeekelt bin und weiß, daß sie nicht der Mühe wert sind, meine Zeit mit ihnen zu verlieren: sie bilden überall, von außen betrachtet, ein Kabinett von Karikaturen, dem Geiste nach ein Hospital von Narren und dem moralischen Charakter nach ein Kabarett von Spitzbuben. Die Ausnahmen sind sehr selten und jede hat sich in ein Eckchen von Zufluchtsort zurückgezogen. Ich lebe also einsam, mit einem weißen Pudel, einem guten und sehr klugen Tier, mit meiner Bibliothek, die ich kommen ließ, und ich bin fern jeder Langeweile, weil die Zeit davonrast.«[2]

Überall leiden Lebewesen, allenthalben ringen sie mit dem Tod. Allein der Mensch hat ein Wissen davon, sieht mit Bewußtsein seinem eigenen Tod entgegen, verwundert sich und wirft metaphysische Fragen auf: Warum gibt es Leiden? Was heißt moralisch handeln angesichts des Leids? Gibt es nicht noch etwas ganz anderes – ohne Leid?

Es ist ein unsinniger Streit, ob es auf der Welt mehr Genuß gibt als Schmerz, mehr Freude als Leid. Es gibt Elend, und dieses ist ungeheuer groß. Wer die Behauptung, sagt Schopenhauer, daß in der Welt der Genuß den Schmerz überwiegt, oder wenigstens sie einander die Waage halten, in der Kürze prüfen will, vergleiche die Empfindung des Tieres, welches ein anderes frißt, mit der Empfindung des Tieres, das gefressen wird. Selbst wenn Tausende in Glück und Wonne gelebt hätten, höbe dies nie die Angst und Todesmarter eines einzigen Lebewesens auf.

»Inzwischen«, so Schopenhauer, »heißt ein Optimist mich die Augen öffnen und hineinsehn in die Welt, wie sie so schön sei, im Sonnenschein, mit ihren Bergen, Thälern, Ströhmen, Pflanzen, Thieren u.s.f. – Aber ist denn die Welt ein Guckkasten? Zu *sehn* sind diese Dinge freilich schön; aber sie zu *seyn* ist ganz etwas Anderes.«[3] Der Optimismus ist eine ruchlose Denkungsart, ein bitterer Hohn über die namenlosen Leiden von Mensch und Tier.

Schopenhauer untersucht die Welt, wie wir sie uns innerhalb unseres Bewußtseins vorstellen, und fragt nach dem metaphysischen Grund dieser »Welt als Vorstellung«. Von allen möglichen Gesichtspunkten aus analysiert er die menschliche Vorstellungswelt und stößt dabei auf einen gewichtigen Sachverhalt, der zu einer ganz anderen Art von Welt hinführt: Unsere Erfahrungen von Ich und Welt, unsere Selbst- und Welterkenntnisse werden von »Begehrungen« verschiedenster Art, die von den leisesten Wünschen bis zu den stärksten Leidenschaften reichen, beeinflußt, dirigiert, bewertet, gefiltert, ignoriert, verdrängt. Von diesen Vorgängen, von dieser »geheimen Werkstätte«, haben wir keine genauen Vorstellungen, kein klares Bewußtsein. »Was dem Herzen widerstrebt, läßt der Kopf nicht ein.«

Das Vernünftige des menschlichen Intellekts ist von Grund auf bedingt und abhängig von etwas Nicht-Vernünftigem. Schopenhauer nennt dieses Nicht-Vernünftige »Wille«. Jeder hat bis zu einem gewissen Grad durch seine eigenen Begehrungen eine unmittelbare, innere Erfahrung von diesem Willen. Schopenhauer geht von dieser Erfahrung aus und unterstellt der gesamten Natur eine für unsere Vorstellungen nicht zugängliche Innenseite, die unserem Willen *ähnlich* ist. Er nennt daher auch das metaphysische Wesen der Welt »Wille«. Dieser Wille hat dabei die eingeschränkte Bedeutung eines »relativ Letzten«, weil er nicht vollständig erkannt werden kann. »Das innerste Wesen der Welt ist kein erkennendes.«[4]

Der Welt als Vorstellung liegt demnach eine »Welt als Wille« zugrunde. Der Titel des Hauptwerks bringt dies auf die kurze Formel: »Die Welt als Wille und Vorstellung«.

Im Menschen – so stellt es sich uns im Rahmen unserer Vorstellungen dar – nimmt der »Wille als Weltschaffendes« die Gestalt eines menschlichen Leibes an und tritt auch auf diese Weise als »Wille zum Leben« in Erscheinung. Hierbei bringt er, wie »Fühlhörner nach außen«, ein Gehirn hervor, das Bewußtsein ermöglicht. Der menschliche Intellekt ist nichts weiter als ein animalisches Werkzeug wie Klauen, Geweihe, Zähne oder Flügel. Der Wille trägt den Intellekt gleichsam wie eine Laterne vor sich her, um in ihrem Lichte – im Lichte der »Welt als Vorstellung« – seine wahre Absicht durchzusetzen: seinen »Kampf um Leben und Dasein«. – Etwas ganz anderes ist es, wie die Laterne sich selbst versteht, ob sie sich ihre Knechtschaft durch Idealisierungen, durch ein falsches Bewußtsein erträglich macht, indem sie glaubt, sie selbst sei der Herr, der Wille dagegen ihr Knecht.

Schopenhauer hebt den springenden Punkt seines Denkens deutlich hervor: »Alle Philosophen machen die Erkenntniß zum *Grundwesen* und lassen, mehr oder minder ausdrücklich, den *Willen* aus der *Erkenntniß* entspringen.« Das ist die größte philosophische Verdrehung, die überhaupt möglich ist. »Ich habe daher eine Veränderung am *Fundament* der Philosophie vorgenommen, indem ich den *Willen* als *von der Erkenntniß* unabhängig und als das Erste, das wahrhaft metaphysische Ding an sich setze, sodann als das 2te den Leib als die bloße Sichtbarkeit des Willens, und die Erkenntniß erst als das 3te, sofern sie eine Funktion des thierischen Leibes ist.«[5]

Der Wille, der in keiner (göttlichen) Vernunft mehr aufgehoben ist, ist die Quelle allen Leidens. Er will mit blinder Gewalt Leben, koste es, was es wolle. So stellt er sich in der Natur als Lebewesen dar, die nur dadurch bestehen, daß das eine das andere verzehrt. Auch im menschlichen Egoismus, das heißt im »Drang zum Dasein und Wohlsein«, bringt er sich unbarmherzig zur Geltung. Der Egoismus macht die »Haupt- und Grundtriebfeder« im Menschen aus und reicht in seiner Grenzenlosigkeit bis zur Grausamkeit, die sich am Anblick fremden Leids weidet, um eigenes zu dämpfen.

Der Wille – ein und derselbe in all seinen Erscheinungen – weiß nichts von seiner Einheit und wendet seine blinde Heftigkeit gegen sich selbst. Das Leiden entspringt bereits dem bloßen Lebenwollen. Wer leben will, bejaht und verschuldet Leiden, ist ihm selbst unausweichlich ausgesetzt.

Im alltäglichen Leben gibt es eine Macht, die der »antimoralischen Potenz« des Egoismus Zaum und Gebiß anzulegen imstande ist: das Mit-Leiden, für Schopenhauer das Fundament der Ethik. Wie aber kann bei einer Handlung, die um eines anderen willen geschieht, das fremde Wohl und Wehe unmittelbar zu meinem Beweggrund werden? »Offenbar nur dadurch, daß jener Andere *der letzte Zweck* meines Willens wird, ganz so wie sonst ich selbst es bin: also dadurch, daß ich ganz unmittelbar *sein* Wohl will und *sein* Wehe nicht will, so unmittelbar, wie sonst nur das *meinige*. Dies aber setzt nothwendig voraus, daß ich bei *seinem* Wehe als solchem geradezu mit leide, *sein* Wehe fühle, wie sonst nur meines, und deshalb sein Wohl unmittelbar will, wie sonst nur meines. Dies erfordert aber, daß ich auf irgend eine Weise *mit ihm identificirt* sei, d.h.: daß jener gänzliche *Unterschied* zwischen mir und jedem Andern, auf welchem gerade mein Egoismus beruht, wenigstens in einem gewissen Grade aufgehoben sei [...] Der hier analysirte Vorgang aber ist kein erträumter, oder aus der Luft gegriffener, sondern ein ganz wirklicher, ja, keineswegs seltener: es ist das alltägliche Phänomen des Mitleids. [...] Dieses Mitleid ganz allein ist die wirkliche Basis aller *freien* Gerechtigkeit und aller *ächten* Menschenliebe. Nur sofern eine Handlung aus ihm entsprungen ist, hat sie moralischen Werth.«[6]

Wer von Mitleid erfüllt ist, wird – dem Ausmaß seiner Betroffenheit entsprechend – niemandem mehr weh tun, nachsichtig sein, verzeihen und helfen, soviel er vermag. Der mitleidende Mensch nimmt fremdes Leid als *eigenes* auf sich, weil er sich mit allen lebenden Wesen – auch mit den Tieren – *eins* weiß.

Der Blick schaut auf den anderen nicht mehr egoistisch und unverständig von außen, sondern einfühlend von innen. Im Mitleiden – weit davon entfernt, ein herablassendes Bemitleiden zu sein – werden die Anliegen und Nöte des anderen unmittelbar als meine eigenen erkannt. »Daher möchte ich«, sagt Schopenhauer, »folgende Regel aufstellen: bei jedem Menschen, absolut mit dem man in Berührung kommt, unternehme man nicht eine objektive Abschätzung desselben nach Werth und Würde, ziehe also nicht die

Schlechtigkeit seines Willens, noch die Beschränktheit seines Verstandes und die Verkehrtheit seiner Begriffe in Betrachtung; da Ersteres leicht Haß, Letzteres Verachtung gegen ihn erwecken könnte: sondern man fasse allein seine Leiden, seine Noth, seine Angst, seine Schmerzen ins Auge: – da wird man sich stets mit ihm verwandt fühlen, mit ihm sympathisiren und, statt Haß oder Verachtung, jenes Mitleid mit ihm empfinden, welches allein die αγαπη [Liebe] ist, zu der das Evangelium aufruft. Um keinen Haß, keine Verachtung gegen ihn aufkommen zu lassen, ist wahrlich nicht die Aufsuchung seiner angeblichen ›Würde‹, sondern, umgekehrt, der Standpunkt des Mitleids der allein geeignete.«[7]

Das Mitleid, das die ganze Welt umfassen kann, verneint den egoistischen Willen, der das Leiden unabsehbar vergrößert. Im Mitleiden tritt an die Stelle der Sorge um das eigene Dasein die Sorge um alles Lebendige. »Ich weiß mir kein schöneres Gebet«, sagt Schopenhauer, »als das, womit die altindischen Schauspiele [...] schließen. Es lautet: ›Mögen alle lebenden Wesen von Schmerzen frei bleiben.‹«[8]

Erst durch die Resignation, die völlige Verneinung des Willens zum Leben (nicht durch Selbstmord), kann mit dem Willen auch alles Leid endgültig überwunden werden. Der Entsagende hat sich gewandelt und die Welt in größter Gleichgültigkeit losgelassen. »Kein Wille: keine Vorstellung, keine Welt.« »Nur die Erkenntniß ist geblieben, der Wille ist verschwunden.«[9] Es ist dies das »relative Nichts« oder, wie die Buddhisten es nennen: das Nirwana.

AUGUSTE COMTE:
»Jede Wissenschaft hat die Voraussicht zum Zweck.« [10]

Leben. * 1798 Montpellier, † 1857 Paris. – Sohn streng katholischer, royalistisch gesinnter Eltern, fällt wegen seiner Frühreife auf (»Ich war noch nicht einmal vierzehn Jahre alt, als ich, spontan alle wesentlichen Stadien revolutionärer Gesinnung durchlaufend, ein unwiderstehliches Verlangen nach alles umfassender politischer wie philosophischer Erneuerung empfand.«); seine mathematische Begabung öffnet ihm den Zugang zur École Polytechnique in Paris, die er wegen Widerständigkeit vorzeitig verlassen muß; studiert auf eigene Faust weiter, bis er tief beeindruckt 1817 den Theoretiker des Frühsozialismus, Graf Henri de Saint-Simon, kennenlernt, der ihn als Sekretär und Mitarbeiter an seiner Zeitschrift »Organisateur« gewinnt; beschäftigt sich zeitlebens mit der Frage, auf welche Weise die seit der Französischen Revolution anhaltende Krise der politischen Ordnung beendet werden kann; hält ab 1826 nach dem Bruch mit Saint-Simon in Paris Privatvorlesungen über seine Philosophie, übernimmt 1835 eine Lehrtätigkeit an der École Polytechnique, die er mit der Veröffentlichung seines Hauptwerks wieder aufgeben muß; führt eine unglückliche, von Eifersucht geplagte Ehe, wird nach einem Tobsuchtsanfall in eine Irrenanstalt eingeliefert, heiratet 1844 zum zweitenmal (»moralische Wiedergeburt«); seine zweite Frau stirbt nach wenigen Monaten, er ist auf die finanzielle Unterstützung seiner Freunde angewiesen; gibt in seiner späteren Arbeitsphase seiner Philosophie die Gestalt einer atheistischen »Religion der Humanität«, in deren Mitte die Liebe zur Menschheit steht; weiht sich selbst zu ihrem Pontifex Maximus, richtet Sendschreiben an Zar Nikolaus und an den

Großwesir des Osmanischen Reiches, um sie zu der neuen Menschheitsreligion zu bekehren, deren Wahlspruch heißt: »Liebe als Grundgesetz, Ordnung als Basis und Fortschritt als Ziel.«

Läßt sich eine Gesetzmäßigkeit in der geistigen Entwicklung der Menschheit feststellen?

Comte bejaht diese Frage und unterscheidet drei Stadien der Entwicklung: Das *theologische* oder *fiktive Stadium* ist der behelfsmäßige Ausgangspunkt. Ihm folgt als notwendiger Übergang das *metaphysische* oder *abstrakte Stadium*. Der natürliche Endpunkt der geistigen Evolution ist das *positive Stadium* der *wissenschaftlichen* Forschung. Diesem Drei-Stadien-Gesetz ist auch die individuelle Entwicklung unterworfen: »Jeder von uns war Theologe in seiner Kindheit, Metaphysiker in seiner Jugend, Physiker in seinem Mannesalter.«

Das *theologische Stadium* stellt den Kindheitszustand menschlichen Wissens dar. Die Naturerscheinungen werden aus dem Willen menschenähnlicher Geister oder Götter erklärt, die durch magische Handlungen und Gebete günstig gestimmt werden sollen. Der polytheistischen Götterwelt folgt schließlich das monotheistische Phantasiegebilde eines einzigen Gottes. Die Beobachtungen werden nach erdachten Vorstellungen interpretiert. Das Wissen über die ersten Ursachen und die letzten Ziele alles Geschehens wird für absolut gehalten.

Im *metaphysischen Stadium* treten an die Stelle personhafter Götter abstrakte, d. h. unpersönliche Kräfte und Wesenheiten, von denen angenommen wird, daß es sie wirklich gibt. Diese metaphysischen Wesen sollen den Dingen innewohnen (z. B. dem Opium eine Kraft, die Schlaf bringt) und ihre jeweiligen äußeren Erscheinungsweisen verursachen. Jede Naturerscheinung gilt als hinreichend tief erklärt, wenn sie auf eine dieser ausgedachten, angeblich existierenden Abstraktionen zurückgeführt wird. Das metaphysische

Stadium, in dem der Glaube an absolute Erkenntnisse noch bestehen bleibt, schwankt bereits zwischen Altem und Neuem, ist eine »Zwischenphilosophie«, »eine Art chronische Krankheit«, gewissermaßen eine geistige Pubertät.

Im *positiven Stadium* verliert die Einbildungskraft ihre alte geistige Vorherrschaft und wird der Beobachtung untergeordnet. Die wissenschaftliche Forschung beschränkt sich auf das, was »positiv« ist, d. h. auf das, was tatsächlich, wirklich vorhanden, gegeben, beobachtbar ist. Alle Behauptungen, die sich nicht auf nachprüfbare Tatsachen zurückführen lassen, werden als sinnlos abgewiesen. Comte wird damit zum Begründer der philosophischen und wissenschaftlichen Richtung des *Positivismus*. Im Jahre 1822 formuliert er die Grundregel der positivistischen Vorstellung von Wissenschaftlichkeit: »Man stellt keine Hypothese auf, welche nicht die Beschaffenheit hat, daß sie eines Tages durch die Beobachtung verifiziert [bewahrheitet] werden kann.«[11]

Das positive Stadium hat sich der Metaphysik entledigt. Das, was angeblich »hinter« den Erscheinungen als deren eigentliche Ursache verborgen liegt, wird als nichtig erkannt, interessiert nicht mehr, ist gegenstandslos geworden. Nur feststellbare Tatsachen zählen. In *allen* Wissenschaften wird jetzt nur noch nach dem gesetzmäßigen Zusammenhang der Tatsachen, den Regelmäßigkeiten der beobachteten Phänomene gefragt. Unter welchen empirischen Bedingungen treten bestimmte empirische Phänomene auf? Mit dieser Art des Fragens und Forschens wird der Anspruch auf absolutes Wissen fallen gelassen.

Comte führt aus: »Mit einem Wort, die grundlegende Revolution, die das Mannesalter unseres Geistes charakterisiert, besteht im wesentlichen darin, überall anstelle der unerreichbaren Bestimmung der eigentlichen Ursachen die einfache Erforschung von *Gesetzen*, d. h. der konstanten Beziehungen zu setzen, die zwischen den beobachteten Phänomenen bestehen. Ob es sich nun um die geringsten oder die höchsten Wirkungen, um Stoß und Schwerkraft oder um Denken und Sittlichkeit handelt, wahrhaft erkennen können wir hier nur die verschiedenen wechselseitigen Verbindungen, die ihrem Ablauf eigentümlich sind, ohne jemals das Geheimnis ihrer Erzeugung zu ergründen.«[12]

Die erkannten Gesetze ermöglichen eine wirklichkeitsnahe, rationale Voraussicht, die die Welt erst für den Menschen verfügbar macht. Die Voraussicht des Zukünftigen ist der nützliche Ertrag der Wissenschaften: »wissen, um vorauszusehen« *(savoir pour prévoir)*. Alle Wissenschaften sollen positiv werden und durch ihre Voraussicht dem unaufhaltsamen Fortschritt der menschlichen Kultur dienen. Auch soll es eine eigene positive Wissenschaft der Gesellschaft geben, die durch Voraussicht der sozialen Zukunft die soziale Organisation verbessern helfen kann. Comte nennt diese neue Wissenschaft erstmals »Soziologie«.

LUDWIG FEUERBACH:
»Das göttliche Wesen ist nichts andres als das menschliche Wesen.«[13]

Leben. *1804 (Todesjahr Kants) Landshut, †1872 Rechenberg bei Nürnberg. – Entstammt einer angesehenen Gelehrtenfamilie, interessiert sich mit fünfzehn für religiöse Fragen (»rein aus mir selbst«), beginnt 1823 in Heidelberg protestantische Theologie zu studieren, wechselt 1824 nach Berlin, um Hegel zu hören, ist begeistert von dessen Vorlesungen und wechselt gegen den Willen des Vaters zur philosophischen Fakultät (»Palästina ist mir zu eng; ich muß in die weite Welt, und diese trägt bloß der Philosoph auf seinen Schultern.«); widmet sich in Erlangen im Wintersemester 1825/26 den Naturwissenschaften, die Promotion 1828 in Erlangen steht noch unter Hegels Einfluß, hält von 1829–1832 als Privatdozent geschichtsphilosophische Vorlesungen, die weitgehend Hegels Denken folgen; verwirkt sich 1830 mit seinem anonym erscheinenden Buch »Gedanken über Tod und Unsterblichkeit« für alle Zeiten die Aussicht auf eine Professur; bricht mit der Philosophie Hegels, hält im Revolutionsjahr 1848 in Heidelberg öffentliche Vorträge über Religionskritik (Zuhörer u. a. Gottfried Keller); lebt zurückgezogen als Privatgelehrter in Bruckberg bei Ansbach, von 1860–1872 am Fuße des Rechenbergs bei Nürnberg; liest 1868 Marx' »Kapital«, schließt sich am Ende seines Lebens (1870) der Sozialdemokratischen Partei an, stirbt verarmt.

Feuerbach heiratet 1837 Bertha Löw, Mitbesitzerin einer kleinen Porzellanfabrik, und wohnt mit ihr im Schloß Bruckberg. In seinen autobiographischen Fragmenten schreibt er: »Einst in Berlin und jetzt auf dem Dorfe! Welch ein Unsinn! Nicht doch, mein teurer Freund! Siehe, den

Sand, den mir die Berliner Staatsphilosophie in die Zirbeldrüse, wohin er gehört, aber leider! auch in die Augen streute, wasche ich mir hier an dem Quell der Natur vollends aus. Logik lernte ich auf einer deutschen Universität, aber Optik – die Kunst zu *sehen*, lernte ich erst auf einem deutschen Dorfe.«[14]

Als die Tochter Mathilde 1844 im Alter von drei Jahren stirbt, ist Feuerbach von der völligen Sinnlosigkeit des Todes überzeugt: »Die Macht des Todes erscheint als eine blinde, kalte, gefühllose Macht, der es ebenso gleichgültig ist, ob sie den Würdigen oder Unwürdigen trifft, als es dem Stein gleichgültig ist, ob er auf einen Klotz oder Menschen fällt. Und diese Macht wartet nicht etwa, wie der fromme Wahn wähnt – am wenigsten gilt dieser fromme Wahn bei jungen Wesen –, bis die Anlagen entwickelt, das Lebensvermögen angewandt ist. Nein! Sie zertritt die Knospe, noch ehe sie sich zur Blume entfaltet.«[15]

Feuerbach interessieren die Fragen: Was ist das Wesen des Christentums? Wie kommt der Mensch zu seinen religiösen Vorstellungen? Was ist das wirkliche Geheimnis seines Glaubens?

Gott ist der Spiegel des Menschen. Aber der Mensch hat kein Bewußtsein davon, daß er im Verlauf seiner Geschichte diesen Spiegel selbst geschaffen hat und in ihm nichts anderes sieht als sich selbst. Wie er denkt, wie er gesinnt ist, wie er liebt, so ist sein jeweiliger Gott: »Gott ist das *offenbare* Innere, das ausgesprochne Selbst des Menschen, die Religion ist die feierliche Enthüllung der verborgnen Schätze des Menschen, das Eingeständnis seiner innersten Gedanken, das *öffentliche Bekenntnis seiner Liebesgeheimnisse*.«[16] – Die Religion ist das »bewußtlose Selbstbewußtsein« des Menschen.

Zuerst verlegt der Mensch sein Wesen – »die Vernunft, den Willen, das Herz« – außer sich, ehe er es in sich findet. So auch in der Religion. Er bezieht sich in ihr auf sein eigenes Wesen, ohne zu wissen, daß es sein eigenes ist. Religion ist das Verhalten des Menschen zu seinen eigenen Kräften, aber so als wären seine Kräfte die Kräfte eines anderen. »Der Mensch – dies ist das Geheimnis der Religion – vergegenständlicht sich sein Wesen und macht dann wieder sich zum *Objekt* dieses vergegenständlichten, in ein Subjekt verwandelten Wesens.«[17]

In der Religion spaltet der Mensch sein unendliches, unbeschränktes Gattungswesen von seinem endlichen Individualwesen ab. Er setzt sich das unerschöpflich verschiedenartige, das unendlich bestimmungsreiche, das grenzenlos sinnlich-wirkliche Wesen seiner Gattung (Menschheit) in einem Jenseits gegenüber, personifiziert es, schmückt es vorzüglich mit den Prädikaten, die ihm am meisten bedeuten – und genießt unbewußt in dieser Wunschphantasie, aber auf entfremdete Weise, sich selbst als Gott. Zurück bleibt ein isoliertes, unvollkommenes, zeitliches, schwaches, sündhaftes Ich. Die eine Hälfte Mensch (individuelles Ich) gerinnt zum Inbegriff aller Nichtigkeiten, die andere (überindividuelles Gattungswesen) zum Inbegriff aller Realitäten. Die Religion entzweit den Menschen mit sich selbst.

Feuerbachs Ziel ist die Verwandlung der Theologie in Anthropologie, der Lehre von Gott in die Lehre vom Menschen. Die Unwahrheit und Wesenlosigkeit des Übersinnlichen soll in die konkrete Wahrheit des Sinnlichen zurückgeführt werden. »Die Religion ist der Traum des menschlichen Geistes. Aber auch im Traume befinden wir uns nicht im Nichts oder im Himmel, sondern auf der Erde – im Reiche der Wirklichkeit, nur daß wir die wirklichen Dinge nicht im Lichte der Wirklichkeit und Notwendigkeit, sondern im entzückenden Scheine der Imagination und Willkür erblicken. Ich tue daher der Religion – auch der spekulativen Philosophie oder Theologie – nichts weiter an, als daß ich ihr die Augen öffne oder vielmehr nur ihre einwärts gekehrten Augen auswärts richte, d.h., ich verwandle nur den Gegenstand in der Vorstellung oder Einbildung in den Gegenstand der Wirklichkeit.«[18]

Die Wahrheit des Abendmahls ist schlicht diese: Brot ist Brot, und Wein ist Wein. Die *natürlichen* Qualitäten des Brotes und des Weines sind es, denen der Mensch – wie sich selbst – Dank und Lobpreisung schuldet. Essen und Trinken sind selbst religiöse Akte diesseitiger, illusionsloser Sinnlichkeit: »Denke daher bei jedem Bissen Brotes, der dich von der Qual des Hungers erlöst, bei jedem Schlucke Wein, der dein Herz erfreut, an *den Gott*, der dir diese wohltätigen Gaben gespendet – an den *Menschen*! Aber vergiß nicht über der Dankbarkeit gegen den Menschen die Dankbarkeit gegen die heilige Natur! Vergiß nicht, daß der Wein das Blut der Pflanze und das Mehl das Fleisch der Pflanze ist, welches dem Wohle deiner Existenz geopfert wird! Vergiß nicht, daß die Pflanze dir das Wesen der Natur versinnbildlicht, die sich liebevoll dir zum Genusse hingibt! Vergiß also nicht den Dank, den du der *natürlichen Qualität* des Brotes und Weines schuldest!«[19] – Heilig sei uns darum das Brot, heilig der Wein!

Die »Philosophie der Zukunft« legt den Gänsekiel als das vormals einzige Offenbarungsorgan der Wahrheit beiseite. Die Wahrheit ist der ganze Mensch aus Fleisch und Blut, nicht die empfindungsunfähige Vernunft *in abstracto*; das sinnliche Leben, nicht der Gedanke, der auf dem Papier bleibt. Sagte die alte Philosophie, nur das Vernünftige ist das Wahre und Wirkliche (Hegel), so sagt die neue Philosophie, nur das Menschliche ist das Wahre und Wirkliche; denn nur das Menschliche ist das Vernünftige. Der atmende, soziale Mensch, der Mensch unter Menschen, ist das Maß der Vernunft.

Die Liebe muß wieder als ursprüngliche – nicht als abgeleitete – Macht erfahrbar sein. Das oberste praktische Gesetz der zukünftigen Philosophie ist die Liebe des Menschen zum Menschen, die Einheit von Kopf und Herz, der Dialog zwischen Ich und Du. »Homo homini deus est« (Der Mensch ist dem Menschen Gott). Dies ist der »Wendepunkt der Weltgeschichte«.

KARL MARX:
»Die Philosophen haben die Welt nur verschieden interpretiert, es kömmt drauf an, sie zu verändern.« (11. Feuerbach-These)[20]

Leben. *1818 Trier, †1883 London. – Sohn eines Rechtsanwalts, studiert ab 1835 Jura, Philosophie, Literatur- und Kunstgeschichte in Bonn und Berlin; intensive Auseinandersetzung u. a. mit Hegel; hat »Sehnsucht, von der Gegenwart zu reden«; 1841 Promotion in Philosophie (»Differenz der demokritischen und epikureischen Naturphilosophie«), eine Universitätslaufbahn verbietet sich aus politischen Gründen; verdient sein Geld als Journalist, wird 1842 Chefredakteur der »Rheinischen Zeitung« (Köln), emigriert 1843 wegen der »Zensurverhältnisse« nach Paris, trifft Heine; nach Ausweisung aus Frankreich 1845 Übersiedlung nach Brüssel, Begegnungen mit Engels, Bakunin, Proudhon; schriftstellerische Tätigkeit, verfaßt 1848 zusammen mit Engels im Auftrag des »Bundes der Kommunisten« das »Manifest der Kommunistischen Partei«, das weit über bürgerliche Forderungen der Revolution hinausgeht und erstmals Interessen der bislang kaum beachteten Industriearbeiterschaft artikuliert; Verhaftung und Abschiebung, Rückkehr nach Paris, dann nach Köln, gründet die »Neue Rheinische Zeitung«; ein Antrag auf Wiedererteilung der preußischen Staatsbürgerschaft wird abgelehnt, wird wegen Majestätsbeleidigung und Anstiftung zum Aufruhr angeklagt und freigesprochen; 1849 Ausweisungsbefehl aus Preußen, zieht mit seiner Familie nach Paris und nach erneuter Ausweisung nach London, wo er bis zu seinem Lebensende wohnt; ausgedehntes Studium der politischen Ökonomie in der Bibliothek des Britischen Museums (Vorarbeiten zum »Kapital«), schreibt für verschiedene Zeitungen Artikel (»Ich arbeite ganz kolossal, meist bis 4 Uhr morgens.«), leidet jahrzehntelang unter verschiedenen Krankheiten und unter drückenden wirtschaftlichen Schwierigkeiten (»Ich bin schon seit zwei Monaten rein auf das Pfandhaus lebend«; sein Freund Engels, Mitautor vieler Werke und wohlhabender Sohn eines Industriellen, hilft finanziell aus); liest 1860 Darwins »Entstehung der Arten« (»Dies ist das Buch, das die naturhistorische Grundlage für unsere Ansicht enthält.«); 1861 wird ihm die preußische Staatsbürgerschaft erneut verweigert, beteiligt sich 1864 an der Gründung der Internationalen Arbeiterassoziation (I. Internationale) in London; ist 1881 zu krank, um am Begräbnis seiner Frau teilnehmen zu können, stirbt im Exil.

Marx verlobt sich 1836 mit der adligen Jenny von Westphalen. Sie heiraten 1843 und haben sechs Kinder zusammen. Am 21.6.1856 schreibt er ihr: »Mein Herzensliebchen. [...] Meine Liebe zu Dir, sobald Du entfernt bist, erscheint als was sie ist, als ein Riese, in die sich alle Energie meines Geistes und aller Charakter meines Herzens zusammendrängt. Ich fühle mich wieder als Mann, weil ich eine große Leidenschaft fühle, und die Mannigfaltigkeit, worin uns das Studium und moderne Bildung verwickeln, und der Skeptizismus, mit dem wir notwendig alle subjektiven und objektiven Eindrücke bemängeln, sind ganz dazu gemacht, uns alle klein und schwach und quengelnd und unentschieden zu machen. Aber die Liebe, nicht zum Feuerbachschen Menschen, nicht zum Moleschottschen Stoffwechsel, nicht zum Proletariat, sondern die Liebe zum Liebchen und namentlich zu Dir, macht den Mann wieder zum Mann.«[21]

Ein frühes Epigramm von Marx lautet: »Kant und Fichte gern zum Äther schweifen, / Suchten dort ein fernes Land, / Doch ich such' nur tüchtig zu begreifen, / Was ich – auf der Straße fand!«[22]

»Die Voraussetzungen, mit denen wir beginnen«, sagen Marx und Engels, »sind keine willkürlichen, keine Dogmen, es sind wirkliche Voraussetzungen, von denen man nur in der Einbildung abstrahieren kann. Es sind die wirklichen Individuen, ihre Aktion und ihre materiellen Lebensbedingungen.«[23]

Kinderarbeit ist keine eingebildete philosophische Abstraktion, sondern ein empirisch konstatierbares Faktum der wirklichen Welt. Marx bringt im ersten Band des »Kapital« Dutzende von zeitgenössischen Beispielen: »Die Atmosphäre der Flachsspinnereien, worin die Kinder [...] arbeiten, ist geschwängert mit so unzähligen Staub- und Faserpartikelchen des Rohmaterials, daß es außerordentlich unangenehm ist, auch nur 10 Minuten in den Spinnstuben zuzubringen, denn ihr könnt das nicht ohne die peinlichste Empfindung, indem Auge, Ohr, Nasenlöcher und Mund sich sofort füllen mit Flachsstaubwolken, vor denen kein Entrinnen ist. Die Arbeit selbst erheischt, wegen der Fieberhast der Maschinerie, rastlosen Aufwand von Geschick und Bewegung, unter der Kontrolle nie ermüdender Aufmerksamkeit, und es scheint etwas hart, Eltern den Ausdruck ›Faulenzerei‹ auf die eignen Kinder anwenden zu lassen, die, nach Abzug der Essenszeit, 10 volle Stunden an solche Beschäftigung, in einer solchen Atmosphäre, geschmiedet sind.«[24]

»J. Lightbourne: ›Ich bin 13 Jahre alt... Wir arbeiteten letzten Winter bis 9 Uhr abends und den Winter vorher bis 10 Uhr. Ich pflegte letzten Winter fast jeden Abend vom Schmerz wunder Füße zu schreien.‹ G. Aspden: ›Diesen meinen Jungen pflegte ich, als er 7 Jahre alt war, auf meinem Rücken hin und her über den Schnee zu tragen, und er pflegte 16 Stunden zu arbeiten!... Ich habe oft niedergekniet, um ihn zu füttern, während er an der Maschine stand, denn er durfte sie nicht verlassen.‹«[25]

Was hat ein ganz bestimmtes siebenjähriges Kind, das an eine Maschine gefesselt ist, mit Philosophie zu tun? Ist dieser Sachverhalt für die geistige Welt der Philosophie nicht zu wirklich, zu profan, zu unerbaulich? Muß der Sachverhalt nicht erst durch Interpretation *begrifflich* verändert werden, damit er in verschiedene Philosophien paßt? Die Lebensbedingungen bleiben einstweilen in ihrer *Wirklichkeit* unverändert: »Immer noch werden mindestens 2000 Jungen in Großbritannien als lebendige Schornsteinfegermaschinen (obgleich Maschinen zu ihrem Ersatz existieren) von ihren eignen Eltern verkauft.«[26]

Viele der Überarbeiteten sterben rasch, aber die Plätze derer, die untergehen, sind sofort wieder ausgefüllt. Marx nennt dies »Verwandlung von Kinderblut in Kapital«. Dem erwachsenen Arbeiter ergeht es nicht anders. Seine Arbeit ist ihm fremd geworden, ja, er ist sich selbst und seinen Mitmenschen fremd geworden. Marx spricht von »Entfremdung« im Sinne von *Entäußerung*, von Weggeben einer Sache in fremden Besitz. Der Arbeiter veräußert, verausgabt sich in sein Arbeitsprodukt, das ihm fremd, nicht mehr ihm gehörend, gegenübersteht. Er legt mit seiner Arbeit auch sein Leben in den Gegenstand, aber nun gehört sein eigenes Leben nicht mehr ihm. Die Früchte seiner Arbeit erntet ein anderer. »Die Arbeit produziert Wunderwerke für die Reichen, aber sie produziert Entblößung für den Arbeiter.«

1844 stellt Marx als Sechsundzwanzigjähriger den »kategorischen Imperativ« der universalen menschlichen Emanzipation auf: *»alle Verhältnisse umzuwerfen*, in denen der Mensch ein erniedrigtes, ein geknechtetes, ein verlassenes, ein verächtliches Wesen ist.«[27]

Philosophie muß beim wirklichen Leben einsetzen. Insbesondere der junge Marx spottet über Metaphysik und Theologie, weil sie die wirklichen materiellen Lebensbedingungen in tiefsinnige Mystifikationen verwandeln. Er wendet sich gegen ein Denken, das zuerst das konkrete Leben in abstrakte, nur in der Vorstellung vorhandene Wesenheiten verwandelt und dann so tut, als sei das konkrete Leben von diesen abstrakten Wesenheiten tatsächlich abhängig (»verselbständigte Abstraktionen«). Solche Hirngespinste sagen dem »träumerischen und duseligen deutschen Volk« zu, und es gibt genug »spintisierende eklektische Flohknacker« – gemeint sind Philosophieprofessoren –, die nicht müde werden, die ihnen über den Kopf gewachsenen Ausgeburten ihres Kopfes mit ernster Miene zu verbreiten. Von Theologen ganz zu schweigen. – »Philosophie und Studium der wirklichen Welt verhalten sich zueinander wie Onanie und Geschlechtsliebe.«[28]

Marx verdeutlicht mit einem Beispiel das Schema philosophischer Verdrehungen der Wirklichkeit: »Erst wird eine Abstraktion aus einem Faktum gezogen; dann erklärt, daß dies Faktum auf dieser Abstraktion beruhe. Wohlfeilste Methode, deutsch, tief und spekulativ zu erscheinen.

Z.B.: *Faktum:* Die Katze frißt die Maus.

Reflexion: Katze – Natur, Maus – Natur, Verzehren der Maus durch die Katze = Verzehren der Natur durch die Natur = Selbstverzehren der Natur.

Philosophische Darstellung des Faktums: Auf dem Selbstverzehren der Natur beruht das Gefressenwerden der Maus von der Katze.«[29]

Ein gemeinsamer Grundzug der traditionellen Philosophie (einschließlich der religionskritischen Feuerbachs) ist ihre Überzeugung, daß die Welt durch Ideen, Vorstellungen, Begriffe beherrscht wird. So sehr sich auch die Philosophen voneinander unterscheiden mögen, so einig sind sie sich doch in ihrem Glauben an die Macht des Gedankens, an die »Gedankenherrschaft«: Das Denken brauche nur von sich aus ein anderes, ein richtigeres, ein moralisch besseres zu werden – dann werde die Welt sich schon ändern. In dieser Hinsicht steht die gesamte philosophische Tradition kopf.

Diese Tradition mit ihrem idealistischen Kopfstand suchen Marx und Engels durch eine materialistische Geschichtsauffassung auf die Füße zu stellen. In der »Deutschen Ideologie« kommen sie zu dem Resultat: »Ganz im Gegensatz zur deutschen Philosophie, welche vom Himmel auf die Erde herabsteigt, wird hier von der Erde zum Himmel gestiegen. D. h., es wird nicht ausgegangen von dem, was die Menschen sagen, sich einbilden, sich vorstellen, auch nicht von den gesagten, gedachten, eingebildeten, vorgestellten Menschen, um davon aus bei den leibhaftigen Menschen anzukommen; es wird von den wirklich tätigen Menschen ausgegangen und aus ihrem wirklichen Lebensprozeß auch die Entwicklung der ideologischen Reflexe und Echos dieses Lebensprozesses dargestellt. Auch die Nebelbildungen im Gehirn der Menschen sind notwendige Sublimate ihres materiellen, empirisch konstatierbaren und an materielle Voraussetzungen geknüpften Lebensprozesses. Die Moral, Religion, Metaphysik und sonstige Ideologie und die ihnen entsprechenden Bewußtseinsformen behalten hiermit nicht länger den Schein der Selbständigkeit. Sie haben keine Geschichte, sie haben keine Entwicklung, sondern die ihre materielle Produktion und ihren materiellen Verkehr entwickelnden Menschen ändern mit dieser ihrer Wirklichkeit auch ihr Denken und die Produkte ihres Denkens. Nicht das Bewußtsein bestimmt das Leben, sondern das Leben bestimmt das Bewußtsein.«[30]

In späteren Arbeiten sprechen Marx und Engels von »Basis« und »Überbau«. Die Gesamtheit der Produktionsverhältnisse bildet die »ökonomische Struktur der Gesellschaft«, die Basis, worauf sich ein juristischer und politischer *Überbau* erhebt, der bestimmte philosophische, moralische, weltanschauliche Bewußtseinsformen hervorbringt. Mit der Veränderung der ökonomischen Basis wälzt sich der ganze »ungeheure Überbau« langsamer oder rascher um. – Marx' und Engels' Kritik ist als »Ideologiekritik« zu verstehen, die die materiellen Interessen zu entlarven sucht, die den angeblich reinen Gedankengebäuden zugrunde liegen.

In einem Brief verwahrt sich Engels 1890, sieben Jahre nach Marx' Tod, gegen eine vereinfachte, schematisierte Auslegung und Anwendung ihrer materialistischen Geschichtsauffassung. Eine automatische, einseitige Wirkung der Basis auf den Überbau lehnt Engels ab und weist auf die vielfältige, komplexe *Dialektik* von Basis und Überbau hin. Das Wort »Dialektik« schließt hierbei an Hegel an, meint aber keinen Prozeß der Selbstverwirklichung der Vernunft, sondern den Fortgang der Verhältnisse wirklich existierender Menschen und ihrer materiellen Bedingungen. In dem Brief heißt es: »Nach materialistischer Geschichtsauffassung ist das *in letzter Instanz* bestimmende Moment in der Geschichte die Produktion und Reproduktion des wirklichen Lebens. Mehr hat weder Marx noch ich je behauptet. Wenn nun jemand das dahin verdreht, das ökonomische Moment sei das *einzig* bestimmende, so verwandelt er jenen Satz in eine nichtssagende, abstrakte, absurde Phrase. [...] Sonst wäre die Anwendung der Theorie auf eine beliebige Geschichtsperiode ja leichter als die Lösung einer einfachen Gleichung ersten Grades.«[31]

Die Geschichte kann im Verständnis von Marx und Engels keinen wirklichen Fortschritt haben ohne die radikale Veränderung der ökonomischen Ursachen des gesellschaftlich bedingten Elends. Ohne Veränderung der ökonomischen Basis läuft die Forderung, das *Bewußtsein* zu verändern, auf die Forderung hinaus, das Bestehende lediglich anders zu interpretieren, »d. h. es vermittelst einer neuen Interpretation anzuerkennen«[32]. Eine solche Anerkennung geschieht z. B. faktisch durch die metaphysische Interpretation, menschliches Leid sei unabänderlich vorherbestimmt.

Ein Interesse an wirklicher sozialer wie politischer Veränderung hat zunächst nur das Proletariat wegen seiner künstlich produzierten Armut, seiner Krankheiten (»industrielle Pathologie«), seiner Entfremdung, mit einem Wort: wegen seiner Entmenschlichung. Sein Interesse daran, daß die Welt sich verändert, fällt aber zusammen mit dem allgemeinmenschlichen Interesse an der universellen Emanzipation aller Menschen zu »menschlichen Menschen«. Als »politische Gewalt«, als »revolutionäre Kühnheit«, ist das Proletariat zudem auch materiell dazu imstande, die in der Geschichte noch nicht verwirklichten Ideale der bürgerlichen Philosophie – etwa Humanismus, Vernunft, Freiheit, Gerechtigkeit – einzulösen. Die Philosophie, so der junge Marx, findet im Proletariat ihre materiellen, das Proletariat in der

Philosophie seine geistigen Waffen. Auch Engels spricht davon (1886), daß die deutsche Arbeiterbewegung die Erbin der deutschen klassischen Philosophie sei.

Die Emanzipation des Proletariats ist die Verwirklichung der Philosophie: »Der *Kopf* dieser Emanzipation ist die *Philosophie*, ihr *Herz* das *Proletariat*. Die Philosophie kann sich nicht verwirklichen ohne die Aufhebung des Proletariats, das Proletariat kann sich nicht aufheben ohne die Verwirklichung der Philosophie.«[33]

SØREN KIERKEGAARD:
»Alles wesentliche Erkennen betrifft die Existenz.«[34]

Leben. *1813 Kopenhagen, †1855 Kopenhagen. – Sohn eines vermögenden, schwermütigen Vaters, der einmal als armer Hirtenjunge im Gefühl der Verzweiflung Gott verfluchte; erfährt später dieses unbewältigbare Leiden seines Vaters, dessen Lieblingskind er ist, als psychologisches »großes Erdbeben«; liest Hegel und wird von dem alles erhellenden »Blitzstrahl« seiner Philosophie getroffen, was ihm zunächst Ruhe, Sicherheit, Selbstbewußtsein gibt; studiert ab 1830 in Kopenhagen Theologie und Philosophie; sucht sich zeitweilig von seiner starken Vaterbindung zu lösen, lebt aus Trotz als lebensfroher Lebemann, was ihm gründlich mißlingt (1836: »Ich komme jetzt eben aus einer Gesellschaft, wo ich die Seele war, die Witze strömten aus meinem Munde, alle lachten, alle bewunderten mich – aber ich, ja, der Gedankenstrich müßte genau so lang sein wie die Radien der Erde ———— ging fort und wollte mich erschießen.«); bleibt zeitlebens schwermütig (»Grundelend meines Lebens«), zweifelt, ob Gott der Gott der Liebe ist, fühlt sich seines »Mannestums« vom Christentum beraubt (statt als »Hengst« fühlt er sich als »Wallach«), flieht aus einem Bordell, ohne die Sünde aller Sünden vollzogen zu haben, die Prostituierte lacht hinter ihm her (11.11.1836: »Mein Gott, mein Gott ...«, »Dies tierische Kichern ...«), Angst, Ekel, Schuldbewußtsein kennzeichnen diese vermutlich einzige sexuelle Begegnung mit einer Frau; 1840 theologische Staatsprüfung, 1841 Promotion (»Der Begriff der Ironie mit ständiger Beziehung auf Sokrates«); verlobt sich im September 1840 mit Regine Olsen, entlobt sich wieder im Oktober 1841; hört im Winter 1841/42 Schelling in

Berlin (»Schelling schwätzt ganz unerträglich«), verfaßt in den nächsten zwölf Jahren seine Werke, übt etwa ab 1844 scharfe Kritik an Hegel; lebt zurückgezogen, polemisiert gegen das verbürgerlichte, leidenschaftslos gewordene Christentum, besonders gegen die Amtskirche, fordert in seiner Schrift »Der Augenblick« die Schließung der Kirche, weil sie von Christus statt für ihn lebt (»das Bumslokal dicht machen«); erleidet mit zweiundvierzig Jahren auf der Straße einen Schlaganfall. »Grüße alle Menschen«, bittet er sterbend seinen Freund, »und sage ihnen, mein Leben ist ein großes, unbekanntes und unverständliches Leiden.«

Fast das gesamte Werk Kierkegaards ist, wie die Tagebücher zeigen, von seiner zerrissenen Beziehung zu Regine Olsen geprägt, für deren Mißlingen er sündhafte Familienschuld (Fluch Gottes) und eigene hoffnungslose Schwermut verantwortlich macht. Nie kommt es zu einer offenen Aussprache. 1843: »Hätte ich alles erklären sollen, dann hätte ich sie in entsetzliche Dinge einweihen müssen, in mein Verhältnis zu Vater, seine Schwermut, die ewige Nacht, die im tiefsten Innern brütet, meine Verirrung, meine Lüste und Ausschweifungen, die vielleicht in Gottes Augen doch nicht so himmelschreiend sind; denn es war doch Angst, die mich dazu trieb, zu fehlen, und wo sollte ich einen Halt suchen, da ich wußte oder ahnte, daß der einzige Mann, den ich um der Stärke und Kraft willen bewundert hatte, schwankte.«

Als sich Regine Olsen 1843 öffentlich erneut verlobt, stürzt für ihn eine Welt zusammen. Weil sie ihm versichert hatte, seine Trennung würde ihr Tod sein, fühlt er sich zum Besten gehalten, ist aufgebracht und anhaltend verbittert.

1851/52 begegnen sich beide häufiger auf der Straße und in der Kirche. Sie gehen stumm, aber aufmerksam vielsagend aneinander vorbei. 9.5.1852: »Ich kann mich nicht enthalten, zu lächeln, wenn ich sie erblicke – ach, welch eine Bedeutung hat sie nicht bekommen! – Sie lächelte wieder, und darauf grüßte sie. Ich ging einen Schritt vorbei, darauf zog ich den Hut, und ging weiter.«[35]

Welche Wahrheit ist meine ganz persönliche?

Hiob, erlebt von einem Verzweifelten: »Ich lese ihn nicht, wie man sonst ein Buch liest, mit dem Auge, sondern ich lege das Buch gleichsam auf mein Herz, und mit des Herzens Auge lese ich es, verstehe wie in Hellsichtigkeit das Einzelne auf die verschiedenste Weise. Gleich wie das Kind das Lehrbuch unter das Kopfkissen legt, um sicher zu sein, daß es seine Lektion nicht vergessen hat, wenn es am Morgen erwacht, ebenso nehme ich das Buch nachts mit ins Bett.« – »Ich habe nicht die Welt besessen, hab nicht sieben Söhne gehabt und drei Töchter, indes, alles kann ja auch der verloren haben, der nur wenig besessen, Söhne und Töchter kann ja gleichsam auch der verloren haben, der die Liebste verloren.« – »Mein Leben ist bis zum Äußersten gebracht; es ekelt mich des Daseins, welches unschmackhaft ist, ohne Salz und Sinn. Wäre ich gleich hungriger als Pierrot, ich möchte dennoch nicht die Erklärung fressen, welche die Menschen anbieten. Man steckt den Finger in die Erde, um zu riechen, in welch einem Lande man ist, ich stecke den Finger ins Dasein – es riecht nach nichts.«[36]

Am Anfang der Philosophie steht nicht, wie Platon und Aristoteles meinten, die Verwunderung, auch nicht der Zweifel im Sinne Descartes – am Anfang der Philosophie steht die *Verzweiflung*. Diesem leidenschaftlichen Konflikt des Ich mit sich selbst ist mit der Logik der objektiven Vernunft nicht beizukommen. Wenn Philosophieren einen Sinn hat, dann ist es der, sich der Macht der objektiven Reflexion, die ständig von der subjektiven Innerlichkeit fortführt, zu entwinden, um sich den Schrecknissen der eigenen Existenz unmittelbar – ohne Ausweichen in eine Gedankenwelt – zu stellen. Alles kommt darauf an, wie der Einzelne in seiner Verzweiflung sich zu sich selbst verhält, für welches Selbstverhältnis er sich entscheidet.

Der Mensch ist eine Synthese von Unendlichkeit und Endlichkeit, von Ewigem und Zeitlichem, von Freiheit und Notwendigkeit. Diese Synthese steht aber bei keinem von vornherein fest. Sie wird in der Verzweiflung, wie in anderen leidenschaftlichen Stimmungen (z. B. Angst, Sündenbewußtsein), aufgebrochen und muß neu gewählt werden. In der eigenen Existenz – nicht in einem abstrakten, unpersönlichen Denken – muß das Ewige im Zeitlichen verwirklichst werden. Durch die Handlungen des Existierenden *entsteht* das *Ewige*. Die Vernunft stößt bei diesem Paradox auf eine undurchdringliche Mauer. Das Leben ist absurd.

Der letzte Grund, warum das widersinnige Leben sich nicht rationalisieren und objektivieren läßt, ist ein religiöser: »Das Absurde ist, daß die ewige Wahrheit in der Zeit entstanden, daß Gott entstanden, geboren, gewachsen ist u.s.w., daß er ganz wie der einzelne Mensch entstanden, von einem anderen Menschen nicht zu unterscheiden ist.«

Die großen philosophischen Systeme (z. B. Hegels) geben auf Existenzprobleme keine Antworten. Der »abstrakte Denker« kümmert sich in seinem Denken nicht um *meine* Verzweiflung, nicht um Probleme *meiner* existentiellen Selbstwahl. Indem er die Welt von einem absoluten, ewigen Standpunkt aus *(sub specie aeternitatis)* zu betrachten beliebt, sieht er von den Eigenschaften *meiner* konkreten endlichen Existenz ab und löst sie in zeitlose, abstrakte Begriffe auf.

Sprechen die philosophischen »Spekulanten« vom Ich, sprechen sie nicht von *meinem*: »Wenn also einer unter dem Ich, das im *cogito* steckt, einen einzelnen existierenden Menschen versteht, dann ruft die Philosophie: Torheit, Torheit, hier ist nicht von meinem Ich oder deinem Ich die Rede, sondern von dem reinen Ich.« »Aber«, fügt Kierkegaard hinzu, »dieses reine Ich kann doch wohl keine andere Existenz haben als Gedankenexistenz.«[37] – Das objektive Denken hat kein Verhältnis zur existierenden Subjektivität.

Der »abstrakte Denker« ist jemand, der sich in seinen Gedanken ein Schloß baut, ohne selbst darin zu wohnen, so daß ihm nichts passieren kann, wenn es abbrennt. Anders der »existentielle Denker«. Er ist mit seinen Fragen durch ein leidenschaftliches Interesse verbunden. Er lebt sein Denken. Was seinem Denken widerfährt, widerfährt seiner Existenz und umgekehrt. Für ihn gibt es keine allgemeingültige Objektivität. Wahrheit ist subjektiv, d.h. sie steht in einem Verhältnis zu einem existierenden Subjekt. Stets ist es ein Existierender, der nach der Wahrheit fragt. »Alles wesentliche Erkennen betrifft die Existenz.«

Hiob ist ein ständiger Begleiter des »existierenden Denkers«, der seiner schwindelerregenden Selbständigkeit und unfaßlichen Ungeborgenheit gewahr wird. »Kein Mensch weiß Zeit noch Stunde, wo die Botschaften zu ihm kommen werden, die eine furchtbarer als die andere.« Ein geschlossenes philosophisches System macht aus Verzweiflungen allgemeine Sachverhalte, die sich vernünftig in ein Ganzes einordnen lassen. Die wirkliche Existenz aber ist etwas Offenes, etwas Unabgeschlossenes. System und Dasein lassen sich nicht zusammendenken.

In seiner Verzweiflung ist der Existierende völlig auf sich selbst angewiesen und steht dem Absoluten einsam gegenüber. Hier und jetzt im eigenen Scheitern und nicht in dem, was andere sagen (Philosophen, Priester, Politiker etc.), findet er, wenn überhaupt, zu sich selbst als Einzelner und – zu Gott. Er sieht bewußt dem unheimlich Unvorhersehbaren seiner Existenz ins Auge.

»Vorsicht, meine schöne Unbekannte! Vorsicht; aus einer Kutsche steigen ist keine so leichte Sache, mitunter ein entscheidender Schritt. Ich könnte Ihnen eine Novelle von Tieck leihen, aus der Sie ersehen würden, wie eine Dame durch Absteigen von einem Pferde sich dermaßen in eine Verwicklung verstrickte, daß dieser Schritt unwiderruflich ward für ihr ganzes Leben.«[38]

FRIEDRICH NIETZSCHE:
»Der Übermensch ist der Sinn der Erde.« [39]

Leben. *1844 Röcken bei Lützen, †1900 Weimar. – Sohn eines protestantischen Pfarrers; 1858 – 1864 Schüler der strengen humanistischen Internatsschule in Pforta, zieht sich von seinen Schulkameraden zurück, hängt seinen Gedanken nach, schreibt und komponiert, leidet unter Kopfschmerzen; wird zusammen mit Paul Deussen konfirmiert (Deussen: »Wir wären ganz bereit gewesen, sogleich abzuscheiden, um bei Christo zu sein.«), verehrt Hölderlin (»Lieblingsdichter«), studiert ab 1864 Theologie und klassische Philologie in Bonn, findet in einem Antiquariat Schopenhauers »Welt als Wille und Vorstellung« und hat ein durchschlagendes Bildungserlebnis (»Hier war jede Zeile, die Entsagung, Verneinung, Resignation schrie, hier sah ich einen Spiegel, in dem ich Welt, Leben und eigen Gemüt in entsetzlicherer Großartigkeit erblickte. Hier sah mich das volle interessenlose Sonnenauge der Kunst an, hier sah ich Krankheit und Heilung, Verbannung und Zufluchtsort, Hölle und Himmel. Das Bedürfnis nach Selbsterkenntnis, ja Selbstzernagung packte mich gewaltsam.«); wechselt 1865 an die Universität Leipzig und gibt sein Theologiestudium auf; begegnet 1868 Richard Wagner (»der wie kein anderer das Bild dessen, was Schopenhauer ›das Genie‹ nennt, mir offenbart«); seine philologischen Arbeiten finden Anerkennung, 1869 wird ihm als Vierundzwanzigjährigem noch vor Abschluß seiner Promotion eine Professur in Basel angetragen, die er annimmt; pflegt im Deutsch-Französischen Krieg 1870 freiwillig Kranke und wird selbst krank; seine »Geburt der Tragödie« führt 1872 zum Bruch mit der traditionellen Altphilologie, sein Ruf ist ruiniert, die Studenten bleiben aus, der Gesundheitszustand verschlechtert sich von nun an zunehmend; 1876 Bruch mit Wagner, distanziert sich von dem nationalistischen, reichsdeutschen »Kultur-Philistertum« Bayreuths sowie von Wagners Antisemitismus und christlichen Auffassungen (»Richard Wagner, scheinbar der siegreichste, in Wahrheit ein morsch gewordener verzweifelnder décadent, sank plötzlich, hilflos und zerbrochen, vor dem christlichen Kreuze nieder.« »Alles erwogen, hätte ich meine Jugend nicht ausgehalten, ohne Wagnerische Musik. Denn ich war *verurteilt* zu Deutschen. Wenn man von einem unerträglichen Druck loskommen will, so hat man Haschisch nötig. Wohlan, ich hatte Wagner nötig. Wagner ist das Gegengift gegen alles Deutsche par excellence – Gift, ich bestreite es nicht.«); verschiedene Pläne, eine bürgerlich nützliche Heirat einzugehen (»die Verheiratung mit einer zu mir passenden, aber notwendig vermöglichen Frau«), scheitern, gibt 1878 wegen ständiger Kopf- und Augenschmerzen seine Baseler Professur auf, schließt Freundschaft mit der Schriftstellerin Lou Andreas-Salomé, überwirft sich mit seiner Schwester, die einen führenden Vertreter der deutschen antisemitischen Bewegung heiratet, bezeichnet sich in einem Brief an sie als einen »unverbesserlichen Europäer und Anti-Antisemiten« (»Zum Enthusiasmus für ›deutsches Wesen‹ habe ich's freilich noch wenig gebracht, noch weniger als zum Wunsche, diese ›herrliche‹ Rasse gar *rein* zu erhalten. Im Gegenteil, im Gegenteil.«), erfährt, daß eine Rückkehr an eine Universität wegen seiner Stellung zum Christentum unmöglich ist (»Bravo! Dieser Gesichtspunkt gab mir meinen Mut wieder.«), sein Selbstlob beginnt sich ins Maßlose zu steigern, sieht sich begeistert zwanzig Aufführungen von Bizets »Carmen« an und spielt Bizet gegen Wagner aus; 1889 sieht er, wie ein Droschkengaul geschlagen wird, umarmt weinend das Tier und bricht zusammen, er wird nach Hause getragen, wo er Zettel an Bekannte schreibt, die er mit »Dionysos« oder »Der Gekreuzigte« unterzeichnet.

»Meinem maestro Pietro. Singe mir ein neues Lied: die Welt ist verklärt und alle Himmel freuen sich. Der Gekreuzigte.«

Nietzsches elfjährige Geisteskrankheit, wahrscheinlich von einer Syphilis herrührend, führt zu Größenwahnvorstellungen und völliger Umnachtung. Deussen berichtet von seinem Besuch bei Nietzsche am 15. 10. 1894: »Ich erschien in der Frühe, da ich bald nachher abreisen mußte. Seine Mutter führte ihn herein, ich wünschte ihm Glück, erzählte ihm, daß er heute fünfzig Jahre alt werde, und überreichte ihm einen Blumenstrauß. Von alledem verstand er nichts. Nur die Blumen schienen einen Augenblick seine Teilnahme zu erregen, dann lagen auch sie unbeachtet da.«[40]

Was bleibt nach dem Zusammenbruch der Metaphysik? Wohin führt die Odyssee durch das unendliche Nichts? Ist der bisherige Mensch gleichsam nur ein Embryo des Menschen der Zukunft?

Kennzeichen der nächsten zweihundert Jahre in Europa ist die »Heraufkunft des Nihilismus«. Der Nihilismus ist keine philosophische Theorie, sondern ein geschichtliches Geschehen. Der vielgestaltige Komplex von Voraussetzungen und Folgen des Nihilismus ist um den Untergang des Christentums zentriert. »Der Sinn der Wahrhaftigkeit, durch das Christentum hoch entwickelt, bekommt *Ekel* vor der Falschheit und Verlogenheit aller christlichen Welt- und Geschichtsdeutung.« Die nihilistischen Konsequenzen dieser Entwertung der obersten, metaphysisch sanktionierten moralischen Werte erfassen bis in die letzten Winkel hinein alle Lebensbereiche, z. B. auch Wissenschaft, Politik, Ökonomie, Kunst. Der in seinen Auswirkungen noch unübersehbare Nihilismus könnte nur durch eine radikale Umwertung aller bisherigen Werte überwunden werden. Dazu aber bedürfte es eines neuen Typus von Mensch, der seine moralischen Wertmaßstäbe nicht länger aus Schwachem, Krankem, Mitleiderregendem, Lebensverneinendem, Dekadentem schöpft, sondern lebensbejahend, lebenssteigernd aus körperlich Gesundem und geistig Starkem. Es bedürfte eines »Übermenschen«.

Gott ist tot. – Nicht etwa gab es Gott einst und jetzt nicht mehr. Es gab Gott noch nie. Die Menschen, getrieben von Leidenschaft, Irrtum und Selbstbetrug haben diese »angebliche Zweck- und Sittlichkeitsspinne hinter dem großen Fangnetzgewebe der Ursächlichkeit« selbst erfunden. »Sie haben ihren Gott aus Nichts geschaffen: was Wunder: nun ward er ihnen zu nichte.« Die Kirchen sind nur noch Grüfte und Grabmäler des toten Gottes.

Der Tod Gottes äußert sich in einer »ungeheuren Logik des Schreckens«. Es wird bis in das dritte Jahrtausend hinein zu einer »langen Fülle und Folge von Abbruch, Zerstörung, Untergang, Umsturz« kommen, zu einer »Verdüsterung und Sonnenfinsternis, dergleichen es wahrscheinlich noch nicht auf Erden gegeben hat«. Unsere Fassungskraft ist überfordert.

Auch der »tolle Mensch«, den Nietzsche den Tod Gottes verkünden läßt, konnte das epochale Ereignis nicht fassen und lief voller Entsetzen am hellen Vormittag mit einer Laterne auf den Markt und schrie unaufhörlich: »Ich suche Gott! Ich suche Gott!« Er durchbohrte die Menschen mit seinen Blicken: »›Wohin ist Gott?‹, rief er, ›ich will es euch sagen! *Wir haben ihn getötet* – ihr und ich! Wir alle sind seine Mörder! Aber wie haben wir dies gemacht? Wie vermochten wir das Meer auszutrinken? Wer gab uns den Schwamm, um den ganzen Horizont wegzuwischen? Was taten wir, als wir diese Erde von ihrer Sonne losketteten? Wohin bewegt sie sich nun? Wohin bewegen wir uns? Fort von allen Sonnen? Stürzen wir nicht fortwährend? Und rückwärts, seitwärts, vorwärts, nach allen Seiten? Gibt es noch ein Oben und ein Unten? Irren wir nicht wie durch ein unendliches Nichts? Haucht uns nicht der leere Raum an? Ist es nicht kälter geworden? Kommt nicht immerfort die Nacht und mehr Nacht? Müssen nicht Laternen am Vormittage angezündet werden? Hören wir noch nichts von dem Lärm der Totengräber, welche Gott begraben? Riechen wir noch nichts von der göttlichen Verwesung? – auch Götter verwesen! Gott ist tot! Gott bleibt tot! Und wir haben ihn getötet!

Wie trösten wir uns, die Mörder aller Mörder? [...] Ist nicht die Größe dieser Tat zu groß für uns? Müssen wir nicht selber zu Göttern werden, um nur ihrer würdig zu erscheinen?‹«[41]

Es gibt keine Seele. – Auch die Seele ist so wenig wie Gott etwas Wahres, etwas Substanzhaftes, etwas Ewiges. Sie ist der »Gesellschaftsbau der Triebe und Affekte«, das schmerzhafte Resultat eines triebunterdrückenden Prozesses der Selbstzähmung, auf dem die Kultur beruht. Der abergläubische Begriff Seele hat eine reale psychopathologische Genese: »Alle Instinkte, welche sich nicht nach außen entladen, *wenden sich nach innen* – dies ist das, was ich die *Verinnerlichung* des Menschen nenne: damit wächst erst das an den Menschen heran, was man später seine ›Seele‹ nennt. Die ganze innere Welt, ursprünglich dünn wie zwischen zwei Häute eingespannt, ist in dem Maße auseinander- und aufgegangen, hat Tiefe, Breite, Höhe bekommen, als die Entladung des Menschen nach außen gehemmt worden ist.«[42]

Insbesondere das schlechte Gewissen – alles andere als eine göttliche Instanz der Moral – ist eine Art bleibende Erkrankung, die der Mensch sich bei der staatlich organisierten Unterdrückung und Zähmung seiner Triebe zugezogen hat. Es ist eine Art chronische Selbstmißhandlung der gesunden Trieb- und Instinktvitalität.

Die Welt ist sinnloses Chaos. – Die Welt ist Irrtum, Wechsel, Werden, Vielheit, Gegensatz, Widerspruch, Krieg, im Flusse, Wiederkehr. Der Gesamtcharakter der Welt, der nicht länger als Inbegriff einer göttlichen Vernünftigkeit anzusehen ist, ist in alle Ewigkeit Chaos. Die Welt, in der wir leben, ist ungöttlich, unmoralisch, unmenschlich. »Es gibt kein Ereignis an sich. Was geschieht, ist eine Gruppe von Erscheinungen, zusammengefaßt von einem interpretierenden Wesen.« Hinter den Interpretationen – die versachlichenden, erklärenden Wissenschaften nicht ausgenommen – stehen unsere Triebe, Interessen, Wertschätzungen. Das Verstehen der Welt erfolgt aus dem perspektivischen Blickwinkel des menschlichen Trieblebens. Die höchsten moralischen Wertvorstellungen, zu denen auch der Begriff der Wahrheit gehört, sind interessegebundene Instrumente zur Durchsetzung von Macht.

Demokratie bedeutet Sklaverei. – Die Demokratisierung Europas radikalisiert den Nihilismus durch »Vermittelmäßigung« der großen Masse. Der Mensch wird Herdentier: nützlich, arbeitsam, vielfach brauchbar. Die demokratische Nivellierung Europas läuft auf die Erzeugung eines neuen Sklaven-Typus heraus. Anpassung, Abflachung, Verkleinerung sind die Zeichen der Zeit. Die unvermeidlich bevorstehende Wirtschafts-Gesamtverwaltung der Erde bedient sich in einer »bis zum Großartigen gehenden Monotonie der Tätigkeit« der Menschheit als Maschinerie, als eines ungeheuren Räderwerks von immer kleineren, immer feiner anzuspannenden Rädern. Die Sklavenmasse der Gleichen ist mit »Maschinen-Tugenden« ausgestattet.

Doch der Nihilismus mit seinen tausendfachen Aspekten behält nicht das letzte Wort. Der *Übermensch* ist ein »Gleichnis« für den diesseitigen, stets vereinzelt auftretenden »Besieger Gottes und des Nichts« – und der Demokratie. Er sagt *Ja* zum Leben, wie es ist, aber er sagt es als eine für uns noch unvorstellbar andere Art von Persönlichkeit. Auf sie kann von uns aus gesehen nur in negativer, provokativer, metaphorischer Weise hingewiesen werden, weil wir noch in unseren alten nihilistischen Wertmaßstäben verhaftet sind. Der Übermensch ist der von Menschen selbst geschaffene, höchstmögliche Sinn der Erde.

Nietzsche macht über diese aristokratische Idee eines Menschen der Zukunft nur vage Andeutungen. In seinem »Nachlaß der Achtzigerjahre« schreibt er: »Die *Notwendigkeit* zu erweisen, daß zu einem immer ökonomischeren Verbrauch von Mensch und Menschheit, zu einer immer fester ineinander verschlungenen ›Maschinerie‹ der Interessen und Leistungen *eine Gegenbewegung gehört*. Ich bezeichne dieselbe als *Ausscheidung eines Luxus-Überschusses der*

Menschheit: in ihr soll eine *stärkere* Art, ein höherer Typus ans Licht treten, der andre Entstehungs- und andre Erhaltungsbedingungen hat als der Durchschnitts-Mensch. Mein Begriff, mein *Gleichnis* für diesen Typus ist, wie man weiß, das Wort ›Übermensch‹.«[43]

LUDWIG WITTGENSTEIN:
»Wovon man nicht sprechen kann, darüber muß man schweigen.«[44]

Leben. * 1889 Wien, † 1951 Cambridge. – Sohn eines reichen Industriellen jüdischer Herkunft; fühlt sich von Kindheit an unglücklich, erhält bis zum vierzehnten Lebensjahr zu Hause strengen Privatunterricht; Tod seiner beiden Brüder (möglicherweise Selbstmord); studiert 1906 nach seinem Schulabschluß in Linz an der Technischen Hochschule in Berlin-Charlottenburg Maschinenbau, geht 1908 nach Cambridge und widmet sich aerodynamischen Experimenten, erhält auf seine Erfindungen Patente; begegnet Schopenhauers »Die Welt als Wille und Vorstellung«, freundet sich mit Bertrand Russell an und streitet mit ihm intensiv über Probleme der Logik; setzt seine Logikstudien einsam in einer Blockhütte in Norwegen fort, enge Kontakte zu G. E. Moore; spendet 1913 ein Drittel seines Millionenerbes an »unbemittelte österreichische Künstler«, ringt um seine Identität, schreibt an Russell: »Wie kann ich Logiker sein, wenn ich noch nicht Mensch bin! *Vor allem* muß ich mit mir selbst in's Reine kommen.«; meldet sich freiwillig zum Kriegsdienst und spendet für die österreichische Artillerie (»Mörserspende«); sucht verzweifelt seine Sexualität zu unterdrücken, quält sich mit Selbstbeschuldigungen, zweifelt am Sinn des Lebens, stößt auf Tolstois Evangelien-Kommentar (»Dieses Buch hat mich seinerzeit geradezu am Leben erhalten.«); schreibt während des Krieges seinen »Tractatus logico-philosophicus«, verschenkt nach dem Krieg sein Restvermögen an seine Geschwister; will die Philosophie aufgeben, sucht das einfache Leben, beschäftigt sich intensiv mit Musik, wird 1920 Volksschullehrer in einem entlegenen Dorf (»Ich will bei kärglichem Lohne anständige Arbeit verrichten und einmal als anständiger Mensch krepieren.«); 1926 entwirft er in Wien für seine Schwester ein Haus im Stil nüchterner Sachlichkeit, hat seit 1927 Kontakte zum »Wiener Kreis« (Moritz Schlick), promoviert 1929 bei Russell und Moore in Cambridge, wird dort 1939 Philosophieprofessor als Nachfolger Moores, arbeitet während des Zweiten Weltkriegs in einem Londoner Hospital; 1947 legt er alle Ämter nieder und verzichtet auf ein geregeltes Auskommen, lebt zurückgezogen an verschiedenen Orten, stirbt an Krebs; seine letzten Worte sind: »Sagen Sie ihnen, daß ich ein wundervolles Leben gehabt habe!«

Wittgenstein macht sich während des Ersten Weltkriegs neben seinen streng exakten philosophischen Tagebuchnotizen noch zusätzliche private Eintragungen, die er in Geheimschrift verschlüsselt. Sie geben aspekthaft Einblick in sein leidenschaftliches Ringen um Erkenntnis und Identität in schwierigsten Umständen. Er schreibt u.a.:

»5.9.14

Ich bin auf dem Wege zu einer grossen / Entdeckung. Aber ob ich dahingelangen / werde?! [...]

12.9.14

Die Nachrichten werden immer schlech- / ter. Heute Nacht wird strenge Bereit- / schaft sein. Ich arbeite täglich / mehr oder weniger und recht zuver- / sichtlich. Immer wieder sage ich mir / im Geiste die Worte Tolstojs / vor: ›Der Mensch ist *ohnmächtig* / im Fleische aber *frei* durch den / Geist.‹ Möge der Geist in mir sein! / Nachmittags hörte der Leutnant / Schüsse in der Nähe. Ich wurde / sehr aufgeregt. Wahrscheinlich werden / wir alarmiert werden. Wie werde ich / mich benehmen, wenn es zum Schiessen / kommt? Ich fürchte mich nicht davor, / erschossen zu werden, aber davor, / meine Pflicht nicht ordentlich zu / erfüllen. Gott gebe mir die Kraft! / Amen. Amen. Amen.

21. 11. 14

Anhaltende Kanonade. Grosse / Kälte. Fast ununterbrochener / Donner von den Werken. Ziem- / lich gearbeitet. Aber noch / immer kann ich *das eine er- / lösende Wort* nicht ausspre- / chen. Ich gehe rund um es / herum und ganz nahe, aber / noch konnte ich es nicht / selber erfassen!! Über meine Zukunft immer ein wenig besorgt, / weil ich nicht ganz in mir / ruhe! ——!——.

23. 4. 16

Seit ein paar Tagen in neuer / Stellung. Den ganzen Tag über / *schwere* körperliche Arbeit; / ausser Stande zu denken. / Gott helfe mir. Ich habe / ungeheuer viel zu leiden. / Habe heute angesucht, auf / den Beobachtungsstand / zu kommen. Beim Halbzug / hasst mich alles, weil mich / keiner versteht. Und weil / ich kein Heiliger bin! Gott / helfe mir!/

4. 5. 16

Komme morgen vielleicht / auf mein Ansuchen zu / den Aufklärern hinaus. / Dann wird für mich erst / der Krieg anfangen. Und / kann sein – auch das / Leben! Vielleicht bringt / mir die Nähe des Todes / das Licht des Lebens. / Möchte Gott mich erleuch- / ten! Ich bin ein Wurm, / aber durch Gott werde ich / zum Menschen. Gott stehe / mir bei. Amen.

6. 7. 16

Kolossale Strapazen im letzten / Monat. Habe viel über alles / Mögliche nachgedacht, / kann aber merkwürdigerweise / nicht die Verbindung / mit meinen mathematischen / Gedankengängen herstellen.

Aber die Verbindung wird / hergestellt werden! / Was sich nicht sagen lässt, / lässt sich nicht sagen!«[45]

Welche Bedeutung hat die Sprache für die Philosophie? Gibt es einen philosophischen Mißbrauch der Sprache? Was ist die Aufgabe der Philosophie?

Das meiste, was Philosophen je geschrieben haben, ist nicht falsch, sondern »unsinnig«. Dies liegt daran, daß sie von vornherein solchen Fragen nachgingen, auf die es keine sinnvollen Antworten geben kann. Hätten sie die »Sprachlogik« verstanden, so hätten sie erkannt, daß ihre tiefsten Probleme *keine* sind. Die herkömmliche Philosophie beruht auf einem logischen Mißbrauch der Sprache. Die einzig mögliche Philosophie besteht darin, ihre eigene Unsinnigkeit festzustellen – und nicht einmal dazu ist sie streng genommen in der Lage. – In seinem »Tractatus«, dessen Thesen und Unterthesen durchnumeriert sind, schreibt Wittgenstein: »4.0031 Alle Philosophie ist ›Sprachkritik‹.«[46]

Philosophie soll helfen, das Dickicht des Denkens zu lichten. Sie soll eine eindeutige Grenze ziehen zwischen dem, was sich denken läßt, und dem, was sich nicht denken läßt:

»4.112 Der Zweck der Philosophie ist die logische Klärung der Gedanken.

Die Philosophie ist keine Lehre, sondern eine Tätigkeit. Ein philosophisches Werk besteht wesentlich aus Erläuterungen.

Das Resultat der Philosophie sind nicht ›philosophische Sätze‹, sondern das Klarwerden von Sätzen.

Die Philosophie soll die Gedanken, die sonst, gleichsam, trübe und verschwommen sind, klar machen und scharf abgrenzen.«

Genau genommen kann dem Denken keine Grenze gezogen werden. Andernfalls müßten wir beide Seiten dieser Grenze – Denkbares *und* Undenkbares – bereits überblickt, bereits erkannt haben. Dies hieße aber: auch das Undenkbare *gedacht* haben. Eine Grenze kann also nur dem »Ausdruck der Gedanken«, d. h. dem sprachlichen Ausdruck gezogen werden. »Die Grenze wird also nur in der Sprache gezogen werden können und was jenseits der Grenze liegt, wird einfach Unsinn sein.«[47] »4.114 Die Philosophie [...] soll das Undenkbare von innen durch das Denkbare begrenzen.« Die Grenze besagt, was innerhalb der Sprache klar gesagt werden kann.

»1 Die Welt ist alles, was der Fall ist.« »2 Was der Fall ist, die Tatsache, ist das Bestehen von Sachverhalten.« Alle Sachverhalte ergeben die Welt. Das Bestehen und Nichtbestehen der Sachverhalte machen die »Wirklichkeit« aus. Der einzige Typus von Wissenschaft, in dem sinnvolle Sätze über Sachverhalte vorkommen, ist die Naturwissenschaft. »4.11 Die Gesamtheit der wahren Sätze ist die gesamte Naturwissenschaft (oder die Gesamtheit der Naturwissenschaften).« Alles Denkbare fällt zusammen mit dem naturwissenschaftlich Denkbaren.

Die naturwissenschaftliche Sprache gibt das Modell ab für sinnvolles Sprechen – für die ideale Sprache. Insofern die Philosophie eine logische Analyse der naturwissenschaftlichen Sprache vornimmt, dient sie damit gewissermaßen sprachreinigend, gedankenabgrenzend den Naturwissenschaften. »4.113 Die Philosophie begrenzt das bestreitbare Gebiet der Naturwissenschaft.«

Mit dieser Grenzziehung hebt sich Philosophie – abgesehen von ihrer klärenden Hilfstätigkeit, die aber zu keiner inhaltlichen Erweiterung der naturwissenschaftlichen Erkenntnis führt – selbst auf. Sie macht sich zugunsten der Naturwissenschaft überflüssig. Insbesondere negiert sie jede Art von Metaphysik: »6.53 Die richtige Methode der Philosophie wäre eigentlich die: Nichts zu sagen, als was sich sagen läßt, also Sätze der Naturwissenschaft – also etwas, was mit Philosophie nichts zu tun hat –, und dann immer, wenn ein anderer etwas Metaphysisches sagen wollte, ihm nachzuweisen, daß er gewissen Zeichen in seinen Sätzen keine Bedeutung gegeben hat. Diese Methode wäre für den anderen unbefriedigend – er hätte nicht das Gefühl, daß wir ihn Philosophie lehrten –, aber *sie* wäre die einzig streng richtige.«

Wittgensteins »Tractatus« führt zu einem grundlegenden Paradox, das er bewußt in Kauf nimmt. Seine Schrift erklärt einzig naturwissenschaftliche Sätze für sinnvolle Sätze, enthält aber selbst keine Sätze dieser Art. Wittgenstein erläutert mit – in seinem Sinne – unsinnigen Sätzen, daß Metaphysik unsinnig sei. Der »Tractatus« zielt auf eine »äußerst radikale Weise darauf ab, daß der Leser die Scheinsätze dieser Schrift als unsinnig durchschaut und hinter sich läßt – und mit ihnen zugleich *alle* unsinnigen Sätze bisheriger Philosophie: »6.54 Meine Sätze erläutern dadurch, daß sie der, welcher mich versteht, am Ende als unsinnig erkennt, wenn er durch sie – auf ihnen – über sie hinausgestiegen ist. (Er muß sozusagen die Leiter wegwerfen, nachdem er auf ihr hinaufgestiegen ist.)

Er muß diese Sätze überwinden, dann sieht er die Welt richtig.«

Indem Philosophie klar darstellt, was sagbar ist, »zeigt« sich Unaussprechliches. Zu diesem gehören Ethik und Ästhetik. »6.522 Es gibt allerdings Unaussprechliches. Dies *zeigt* sich, es ist das Mystische.« Das Mystische kündigt sich im Aussprechbaren als dessen Grenze an, kann aber nicht selbst ausgesprochen werden, weil es mit der Welt, mit Tatsachen, mit Sachverhalten nichts zu tun hat. *Daß* die Welt ist, nicht *wie* sie ist, ist das Mystische.

In einem Brief gegen Ende 1919 an Ludwig von Ficker schreibt Wittgenstein: »Der Sinn des Buches ist ein Ethischer. Ich wollte einmal in das Vorwort einen Satz geben, der nun tatsächlich nicht darin steht, den ich Ihnen aber jetzt schreibe, weil er Ihnen vielleicht ein Schlüssel sein wird: Ich wollte nämlich schreiben, mein Werk bestehe aus zwei Teilen: aus dem, der hier vorliegt, und aus alledem, was ich *nicht* geschrieben habe. Und gerade dieser zweite Teil ist der Wichtige.«[48] Der ethische Sinn des »Tractatus« ist still. – »Wovon man nicht sprechen kann, darüber muß man schweigen.«

MARTIN HEIDEGGER:
»Warum ist überhaupt Seiendes und nicht vielmehr Nichts?« [49]

Leben. *1889 Meßkirch (Schwarzwald), †1976 Freiburg (Breisgau). – Sohn eines Küfermeisters; stammt aus einem armen und einfachen Elternhaus, wird im katholischen Glauben auf dem Jesuitenkolleg in Konstanz erzogen; studiert von 1909–1911 Theologie, bricht seine Ausbildung zum Priester ab und studiert von 1911–1913 Philosophie, belegt auch Vorlesungen in Mathematik, Naturwissenschaften und Geschichte; 1913 Promotion (»Die Lehre vom Urteil im Psychologismus«), 1916 Habilitation (»Die Kategorien- und Bedeutungslehre des Duns Scotus«), 1919 Assistent von Edmund Husserl, 1923 Berufung nach Marburg, dort Professor bis 1928; übt mit seinen Studenten intensives Interpretieren klassischer Originaltexte, bisweilen nur zwei bis drei Seiten pro Semester; Bau einer einfachen Hütte in Todtnauberg im Schwarzwald, wohin er sich oft zurückzieht; tritt 1928 die Nachfolge von Edmund Husserl in Freiburg an; bekennt sich zum Nationalsozialismus, 1933–1934 Rektor der Universität, reicht 1934 sein Rücktrittsgesuch ein; 1945–1951 Lehrverbot durch die französische Besatzungsmacht; eine Selbstkritik wegen seines Bekenntnisses zum Nationalsozialismus erfolgt nicht.

In einer Freiburger Studentenzeitung vom 3. 11. 1933 wendet sich Heidegger auf folgende Weise an die »Deutschen Studenten«: »[...] Täglich und stündlich festige sich die Treue des Gefolgschaftswillens. Unaufhörlich wachse Euch der Mut zum Opfer für die Rettung des Wesens und für die Erhöhung der innersten Kraft unseres Volkes in seinem Staat. Nicht Lehrsätze und ›Ideen‹ seien die Regeln Eures Seins. Der Führer selbst und allein *ist* die heutige und künftige deutsche Wirklichkeit und ihr Gesetz. Lernet immer tiefer zu wissen: Von nun an fordert jedwedes Ding Entscheidung und alles Tun Verantwortung. Heil Hitler! *Martin Heidegger*, Rektor«[50]

Heideggers Heimat ist der Schwarzwald. Er sieht seine ganze Arbeit »getragen und geführt« von der Welt dieser Berge und ihrer Bauern: »Die philosophische Arbeit verläuft nicht als abseitige Beschäftigung eines Sonderlings. Sie gehört mitten hinein in die Arbeit der Bauern. Wenn der Jungbauer den schweren Hörnerschlitten den Hang hinaufschleppt und ihn alsbald mit Buchenscheiten hoch beladen in gefährlicher Abfahrt seinem Hof zulenkt, wenn der Hirt langsam-versonnenen Schrittes sein Vieh den Hang hinauftreibt, wenn der Bauer in seiner Stube die unzähligen Schindeln für sein Dach werkgerecht herrichtet, dann ist meine Arbeit *von derselben Art*. Darin wurzelt die unmittelbare Zugehörigkeit zu den Bauern. Der Städter meint, er ginge ›unter das Volk‹, sobald er sich mit einem Bauern zu einem langen Gespräch herabläßt. Wenn ich zur Zeit der Arbeitspause abends mit den Bauern auf der Ofenbank sitze oder am Tisch im Herrgottswinkel, dann reden wir *meist gar nicht*. Wir rauchen schweigend unsere Pfeifen.«[51]

»Warum ist überhaupt Seiendes und nicht vielmehr Nichts? Das ist die Frage. Vermutlich ist dies keine beliebige Frage. ›Warum ist überhaupt Seiendes und nicht vielmehr Nichts?‹ – das ist offensichtlich die erste aller Fragen. Die erste, freilich nicht in der Ordnung der zeitlichen Aufeinanderfolge der Fragen. Der einzelne Mensch sowohl wie die Völker fragen auf ihrem geschichtlichen Gang durch die Zeit vieles. Sie erkunden und durchsuchen und prüfen Vielerlei, bevor sie auf die Frage stoßen ›Warum ist überhaupt Seiendes und nicht vielmehr Nichts?‹ Viele stoßen überhaupt nie auf diese Frage, wenn das heißen soll, nicht nur den Fragesatz als ausgesagten hören und lesen, sondern: die Frage fragen, d.h.

sie zustandbringen, sie stellen, sich in den Zustand dieses Fragens nötigen.«[52]

Die metaphysische, schon von Leibniz und Schelling gestellte Grundfrage – das Staunen darüber, *daß* überhaupt etwas »ist« – stellt alles in Frage. Sie macht bei keinem Seienden welcher Art auch immer halt. Das gegenwärtige, das gewesene und das künftige Seiende büßt in dieser Frage seine Selbstverständlichkeit ein: z. B. ganz unmittelbar das Gebäude der Oberrealschule dort, dieses Stück Kreide hier, jenes Gemälde von van Gogh.

Das Gebäude der Oberrealschule ist etwas Seiendes. Vom Keller bis ins Dachgeschoß finden wir Seiendes: Gänge, Treppen, Schulzimmer. Wo aber ist das Sein dieser Schule? Sie *ist* doch. – Worin besteht das Sein dieser Kreide? Sehen, hören, riechen, schmecken, tasten wir Sein? – »Jenes Gemälde von van Gogh: ein Paar derbe Bauernschuhe, sonst nichts. Das Bild stellt eigentlich nichts dar. Doch was da *ist*, mit dem ist man sofort allein, als ginge man selbst am späten Herbstabend beim Verschwelen der letzten Kartoffelfeuer mit der Hacke müde vom Feld nach Hause. Was ist da seiend? Die Leinwand? Die Pinselstriche? Die Farbflecke?«[53]

Gefragt wird nach dem Grund dessen, daß Seiendes *ist* und was es *ist* und vielmehr nicht Nichts ist. Gefragt wird danach, was »ist« bedeutet: Was ist der »Sinn von Sein«? In den drei Beispielen vermag das jeweils Seiende das Fragwürdige nicht von sich abzuwälzen. Es könnte als das, was es ist und wie es ist, auch *nicht* sein. Durch den Fragezusatz der metaphysischen Grundfrage – »und nicht vielmehr Nichts« – verliert das Fragen selbst jeden festen Boden. Dieses Fragen ist außer der Ordnung.

Philosophie kann die »Frage aller Fragen« nicht lehren. Es genügt nicht, sie mitgeteilt zu bekommen, sie sich als bildungsmäßige Kenntnis angeeignet zu haben. Wer diese Grundfrage von sich aus wirklich stellt, ist aus jeder Geborgenheit seines Daseins herausgesprungen und erfährt das Fragen als erregendes Geschehnis.

»Jeder wird einmal, vielleicht sogar dann und wann, von der verborgenen Macht dieser Frage gestreift, ohne recht zu fassen, was ihm geschieht. In einer großen Verzweiflung z. B., wo alles Gewicht aus den Dingen schwinden will und jeder Sinn sich verdunkelt, steht die Frage auf. Vielleicht nur einmal angeschlagen wie ein dumpfer Glockenschlag, der in das Dasein hereintönt und mählich wieder verklingt. In einem Jubel des Herzens ist die Frage da, weil hier alle Dinge verwandelt und wie erstmalig um uns sind, gleich als könnten wir eher fassen, daß sie nicht sind, als daß sie sind und so sind, wie sie sind. In einer Langeweile ist die Frage da, wo wir von Verzweiflung und Jubel gleichweit entfernt sind, wo aber die hartnäckige Gewöhnlichkeit des Seienden eine Öde ausbreitet, in der es uns gleichgültig erscheint, ob das Seiende ist oder ob es nicht ist, womit in eigenartiger Form wieder die Frage anklingt: Warum ist überhaupt Seiendes und nicht vielmehr Nichts?«[54]

Das Sein, sagt Heidegger in seiner späteren Philosophie, hat den Menschen immer schon in Anspruch genommen. Nur als der so Angesprochene kann er jeweils Mensch sein. Der verhängnisvolle Irrtum des Menschen ist, er könne auf irgendeine Weise des Seins mächtig werden, es sich unterwerfen. Dies vermag weder Metaphysik noch Wissenschaft, noch Technik. »Das Sein ist kein Gemächte des Menschen.«[55]

Nicht der Mensch ist das Wesentliche, sondern das Sein. Statt um Autonomie des Menschen um seiner selbst willen geht es darum, daß der Mensch als solcher im Bezug zum Sein steht. Ein Bezug, der dunkel ist. Bedeutung hat der Mensch dadurch, daß sich durch ihn das Offenbarwerden des Seins vollziehen kann, daß das Sein das Wesen des Menschen beansprucht. Alles hängt vom Geschehen des Seins ab, das der Mensch nicht erzwingen kann. Nicht Herr, sondern Hirte des Seins ist er.

Auch die Seinsvergessenheit der gesamten abendländischen Metaphysik von Platon bis Nietzsche geht vom Sein selbst aus, ist also kein Versäumnis des Menschen. »Seinsvergessenheit« heißt, daß das Sein in der Metaphysik ungedacht bleibt. Von Anfang an wird das Sein vergessen, von Anfang an wird versäumt, die Grundfrage – Warum ist überhaupt Seiendes und nicht vielmehr Nichts? – als ursprünglichste Frage tief genug zu fragen.

Die Metaphysik des Abendlandes verharrt – seit zweieinhalbtausend Jahren – nicht beim Sinn des Seins, denkt *nicht* das Sein selbst, weicht vor dem Rand völliger Dunkelheit zurück. Zwar weiß sie, daß Seiendes nicht ohne Sein ist. Aber kaum hat sie dies anerkannt, verlegt sie das Sein wiederum in ein Seiendes, gründet alles Seiende in einem höchsten Seienden. Das Sein des Seienden aber *ist* nicht selbst ein Seiendes: »Doch das Sein – was ist das Sein? Es ist Es selbst. Dies zu erfahren und zu sagen, muß das künftige Denken lernen. Das ›Sein‹ – das ist nicht Gott und nicht ein Weltgrund. Das Sein ist weiter denn alles Seiende und ist gleichwohl dem Menschen näher als jedes Seiende, sei dies ein Fels, ein Tier, ein Kunstwerk, eine Maschine, sei es ein Engel oder Gott. Das Sein ist das Nächste. Doch die Nähe bleibt dem Menschen am weitesten. Der Mensch hält sich zunächst immer schon und nur an das Seiende.«[56]

Die Seinsvergessenheit der Metaphysik ist das »Verhängnis des Abendlandes«. Daß die Metaphysik das Sein vergißt, bestimmt die Geschichte im ganzen. Der Mensch ist nicht das Subjekt der Geschichte. Das Sein selbst ist es, das ausbleibt, das sich verhüllt, das sich in seinem Entbergen noch verbirgt. Es ist ein Geschehen im Sein selbst. Diesem Geschehen ist der Mensch ausgeliefert.

Dem Denken bleibt übrig, darauf zu warten, daß das Sein sich wende und in einer neuen Zuwendung von sich selber her den gegenwärtigen Nihilismus überwinde. Nihilismus ist das Ausbleiben des Seins selbst, das bloße Betreiben des Seienden in der Vergessenheit des Seins. Entweder wird es eine neue Ankunft des Seins geben, entweder wird das Sein dem Denken neu zusprechen – oder das Ausbleiben des Seins wird die »Weltverdüsterung« im Zeitalter der Technik besiegeln.

Dies kann der Mensch bedenken. Seine Bindung an das Seiende kann er lösen, und er kann sich offenhalten im Horchen auf den »Anruf des Seins«, sich offenhalten im Fragen: Warum ist überhaupt Seiendes und nicht vielmehr Nichts? – »Fragen können heißt: warten können, sogar ein Leben lang.«[57]

KARL RAIMUND POPPER:
»Wir wissen nicht, sondern wir raten.« [58]

Leben. *1902 in Wien. – Sohn eines gelehrten Juristen und einer sehr musikalischen Mutter, beide jüdischer Abstammung; langweilt sich in der Schule (»Stunden und Stunden hoffnungsloser Qual«), verläßt sie 1918 vor dem Abitur und studiert auf eigene Faust an der Wiener Universität; bekennt sich »für zwei oder drei Monate« zum Marxismus, erlebt, wie Arbeiter von der Polizei erschossen werden, macht dafür die aufwiegelnde, marxistische Theorie sowie sich selbst mitverantwortlich, distanziert sich (»Mit siebzehn Jahren war ich Anti-Marxist.«); besucht 1919 eine Vorlesung von Einstein, arbeitet in Alfred Adlers Erziehungsberatungsstellen, legt 1922 als Privatschüler die Reifeprüfung ab, studiert Mathematik und theoretische Physik, liest Kant, macht von 1922 bis 1924 eine Tischlerlehre, lernt in einem Erziehungsinstitut für sozial gefährdete Kinder seine spätere Frau kennen, die bis zu ihrem Tod (1985) seine Arbeit tatkräftig unterstützt, promoviert 1928 in Philosophie mit einer Arbeit über die Psychologie des Denkens, unterrichtet an einer Wiener Hauptschule Mathematik und Physik; knüpft Kontakte zum »Wiener Kreis«, erhält aufgrund der 1934 veröffentlichten »Logik der Forschung« 1937 in Neuseeland eine Dozentenstelle für Philosophie und beginnt seine an den Naturwissenschaften orientierte Wissenschaftstheorie auch auf die Sozialwissenschaften zu übertragen, um die vom Totalitarismus bedrohte Freiheit westlicher Demokratien geistig zu verteidigen; lehrt seit 1949 als Professor für Logik und wissenschaftliche Methode an der Universität London, wird 1965 von Königin Elisabeth II. in den Ritterstand erhoben, übernimmt verschiedene Gastprofessuren in Amerika und Australien, bezieht häufig zu aktuellen Gegenwartsproblemen entschieden Stellung (so nennt er zum Beispiel 1989 in München bei einem Vortrag die Sorge um Umweltzerstörung »Geschrei« von Intellektuellen, die nicht wahrhaben wollen, daß es den Menschen in den westlichen Demokratien so gut geht wie noch nie zuvor).

In seiner 1979 in Deutsch erschienenen Autobiographie »Ausgangspunkte. Meine intellektuelle Entwicklung« berichtet Popper von seiner Lehrzeit als Tischler. Sein Lehrmeister pflegte ihm eine knifflige Frage nach der anderen zu stellen, auf die der Lehrling nichts zu antworten wußte: »›Und wissen S‹, fragte er [der Lehrmeister] mich, ›wer die Schaftstiefel erfunden hat? Nein? Dös wissen S' net? Das war der Wallenstein, der Herzog von Friedland, im Dreißigjährigen Krieg!‹ Und nachdem er ein oder zwei noch schwierigere Fragen gestellt und triumphierend selbst beantwortet hatte, pflegte er mit bescheidenem Stolz zu sagen: ›Da können S' mi' frag'n, was Sie woll'n: *ich weiß alles.*‹

Ich vermute, daß ich über Erkenntnistheorie mehr von meinem lieben, allwissenden Meister Pösch gelernt habe als von irgendeinem anderen meiner Lehrer. Keiner hat so viel dazu beigetragen, mich zu einem Jünger von Sokrates zu machen. Denn mein Meister lehrte mich nicht nur, daß ich nichts wußte, sondern auch, daß die einzige Weisheit, die zu erwerben ich hoffen konnte, das sokratische Wissen von der Unendlichkeit meines Nichtwissens war.«[59]

Wie kann dogmatisches Denken verhindert werden? Wie kann der Fortschritt der Erkenntnis, die ständige Annäherung an die Wahrheit, gewährleistet werden? Worin besteht die einzig gültige Methode der Wissenschaft?

Am Anfang unseres Wissens stehen Mutmaßungen. Wir lernen durch Versuch und Irrtum. Wir lernen aus unseren Fehlern – nicht aus Erkenntnissen. Wenn es gut geht, bewähren sich unsere Einfälle, Vermutungen, Erwartungen: unsere Theorien im weitesten Sinne. Bewähren sie sich nicht, müssen wir bessere finden und darauf gefaßt sein, daß auch diese fehlerhaft und eines Tages überholt sind. Die Ausmerzung von Fehlern ist die »Methode des kritischen Denkens«.

Die Enttäuschung von Erwartungen gleicht der Erfahrung eines Blinden, der gegen ein Hindernis läuft und dadurch von dessen Existenz erfährt. Die Widerlegung unserer Irrtümer ist positiv einzuschätzen. Wir bekommen durch diese Korrektur »Kontakt« mit der Wirklichkeit, nähern uns der Wahrheit an, machen Fortschritte in unserer Erkenntnis. Dies gilt insbesondere für die Wissenschaft, die der ständigen Verbesserung bedarf. Die Wissenschaft, ein »grandioses Abenteuer des Geistes«, ist »ein unermüdliches Erfinden von neuen Theorien und Ausprobieren von Theorien an der Erfahrung«.

Einer weitverbreiteten, aber falschen Auffassung zufolge wird die Wissenschaft (gemeint sind alle empirischen Wissenschaften) durch die Methode der *Induktion* charakterisiert. Eine Induktion ist ein logischer Schluß von besonderen, einzelnen Fällen auf eine allgemeine Gesetzmäßigkeit. Diese Methode ist für die Wissenschaft völlig untauglich.

Ein induktiver Schluß ist problematisch. Noch so viele Beobachtungen von weißen Schwänen berechtigen noch nicht zu dem Satz, daß *alle* Schwäne weiß sind. Keine Theorie – wie zum Beispiel die Annahme eines Naturgesetzes – läßt sich durch eine sehr große, zwangsläufig immer begrenzte Anzahl von Beobachtungen im logisch strengen Sinne beweisen. Welche abweichenden Beobachtungen wir morgen machen, wissen wir heute noch nicht. »Theorien sind somit niemals verifizierbar« (bewahrheitbar). Alle Theorien sind Hypothesen. Eine letzte, d. h. endgültige Begründung von Theorien ist unmöglich.

Induktive Verallgemeinerungen haben etwas Dogmatisches an sich. Popper grenzt sich in diesem Zusammenhang vom Dogmatismus des Positivismus (des »Wiener Kreises«) ab. Induktionen machen aus einem Bruchstück unserer gemachten Erfahrung ein Ganzes und geben dieses dogmatisch als sicheres Wissen aus. – Ein anderer Weg muß beschritten werden: der Weg der kritischen Methode von Versuch und Irrtumsbeseitigung, den alle Organismen gehen, »von der Amöbe bis zu Einstein«.

Popper wurde 1919 von Einstein beeindruckt, als dieser sagte, er würde seine Theorie als unhaltbar aufgeben, wenn sie gewissen, genau definierten Überprüfungen nicht standhielte. Einstein schlug also keine Experimente zur Bewahrheitung (Verifikation), sondern zur Widerlegung (Falsifikation) vor. Aus dieser undogmatischen Aufforderung Einsteins entwickelt Popper seine Auffassung von Wissenschaft: die engagierte Einstellung seines »kritischen Rationalismus«. »Meine zentrale Idee im Jahre 1919 war die folgende. Wenn jemand eine wissenschaftliche Theorie aufstellt, dann soll er, wie Einstein, die Frage beantworten: ›Unter welchen Bedingungen würde ich zugeben, daß meine Theorie falsch ist?‹ Mit anderen Worten, welche möglichen Tatsachen würde ich als Widerlegungen (als ›Falsifikationen‹) meiner Theorie akzeptieren?«[60]

Der wissenschaftliche Fortschritt resultiert aus der Methode, kühne Theorien, Hypothesen, Vermutungen zu raten – »Wir wissen nicht, sondern wir raten« – und sie der schärfsten Kritik auszusetzen, um herauszufinden, wo die Irrtümer liegen. *»Ein empirisch-wissenschaftliches System muß an der Erfahrung scheitern können.«* Darüber hinaus muß es in sich logisch stimmig sein.

Die anmaßende Ausdrucksweise des Dogmatikers – Die *Sache selber* verhält sich so – wird ersetzt durch die bescheidene: *Der Wissenschaftler* erkennt mittels seiner derzeitigen Theoriewerkzeuge, daß sich die Sache so verhält. Die Wirklichkeit an sich bleibt unerkennbar. Der Forscher stellt gleichsam im Lichtkegel seiner stets verbesserungswürdigen Theorien seine Beobachtungen an. Je weniger falsch seine Theorien werden, um so stärker wird der »Scheinwerfer« seines Wissens. Mit einer anderen Metapher gesagt: »Die Theorie ist das Netz, das wir auswerfen, um ›die Welt‹ einzufangen – sie zu rationalisieren, zu erklären und zu beherrschen. Wir arbeiten daran, die Maschen des Netzes immer enger zu machen.«[61]

Das Netz, das die Welt einfangen soll, ist nach einer einzigen, fest definierten Maschenart geknüpft. Die Maschen heißen kausale Erklärungen (und nicht etwa Dialektik oder hermeneutisches Verstehen). Eine kausale Erklärung hat die Form einer logischen Ableitung, einer *Deduktion*. Popper erläutert das Erklärungsschema an einem konkreten Beispiel: »Wir haben z. B. das Zerreißen eines Fadens ›kausal erklärt‹, wenn wir festgestellt haben, daß der Faden eine Zerreißfestigkeit von 1 kg hat und mit 2 kg belastet wurde. Diese ›Erklärung‹ enthält mehrere Bestandteile; einerseits die Hypothese: ›Jedesmal, wenn ein Faden mit einer Last von einer gewissen Mindestgröße belastet wird, zerreißt er‹ – ein Satz, der den Charakter eines Naturgesetzes hat; andererseits die besonderen, nur für den betreffenden Fall gültigen Sätze (in unserem Beispiel sind es zwei): ›Für diesen Faden hier beträgt diese Größe 1 kg‹, und: ›Das an diesem Faden angehängte Gewicht ist ein 2-kg-Gewicht‹.«[62] – Der Sachverhalt, der hier erklärt werden soll, wird aus einem hypothetischen, allgemeinen Satz (allgemeines Gesetz) mit Hilfe von fallbezogenen, besonderen Sätzen (»Randbedingungen«) deduziert: »Dieser Faden wird, wenn man dieses Gewicht an ihn hängt, zerreißen.«

Nur wenn eine Theorie Erklärungen findet, die diesem Schema exakt entsprechen und die durch Beobachtung falsifizierbar sind – hier: Dieser Faden reißt nicht –, kann sie den Anspruch auf Wissenschaftlichkeit erheben. Das kausale Erklärungsschema mit eingebauter Selbstkorrektur (Falsifikationsmöglichkeit) soll ohne Ausnahme für alle Wissenschaften gelten, auch für die Sozialwissenschaften (»Einheit der Methode«). Das Denken, das diesem hypothetisch-deduktiven Schema nicht entspricht, ist als nicht wissenschaftlich oder »pseudowissenschaftlich« abzugrenzen von dem wissenschaftlichen Netz des undogmatischen Erkenntnisfortschritts.

Metaphysik ist demzufolge keine Wissenschaft. Sie ist

nicht überprüfbar, nicht falsifizierbar. Sie bezieht sich nicht auf die erfahrbare Wirklichkeit: *»Insofern sich die Sätze einer Wissenschaft auf die Wirklichkeit beziehen, müssen sie falsifizierbar sein, und insofern sie nicht falsifizierbar sind, beziehen sie sich nicht auf die Wirklichkeit.«*[63]

THEODOR W. ADORNO:
»Das Ganze ist das Unwahre.«[64]

Leben. *1903 Frankfurt am Main, †1969 Visp (Wallis, Schweiz). Vollständiger Name: Theodor Ludwig Wiesengrund-Adorno. – Sohn eines jüdischen Weingroßkaufmanns und einer erfolgreichen Sängerin; studiert ab 1921 Philosophie, Soziologie, Psychologie und Musikwissenschaft in Frankfurt; bereits 1923 Aufführung eines von ihm komponierten Streichquartetts, verehrt den Komponisten Arnold Schönberg, den Begründer der freien Atonalität, betätigt sich als Musikkritiker für avantgardistische Zeitschriften, promoviert 1924 mit einer Arbeit über Husserl, lernt Alban Berg kennen und siedelt 1925 nach Wien über, um bei ihm Kompositionsunterricht zu nehmen; hat in Berlin Umgang mit Ernst Bloch, Otto Klemperer, Walter Benjamin, Bertolt Brecht, Kurt Weill, Hanns Eisler, knüpft erste Kontakte zum Institut für Sozialforschung in Frankfurt, dessen Direktor seit 1927 Max Horkheimer ist; habilitiert sich 1931 mit einer Arbeit über Kierkegaard, in seiner Antrittsvorlesung sagt er: »Wer heute philosophische Arbeit als Beruf erwählt, muß von Anbeginn auf die Illusion verzichten, mit der früher die philosophischen Entwürfe einsetzten: daß es möglich sei, in Kraft des Denkens die Totalität des Wirklichen zu ergreifen«; verliert wegen Hitlers Machtergreifung an seinem dreißigsten Geburtstag die Lehrerlaubnis, darf privaten Musikunterricht nur »Nichtariern« erteilen; heiratet Margarete Karplus, emigriert 1938 nach New York, 1941–1949 lebt er in Los Angeles und führt ein umfangreiches Forschungsprojekt über Wesen und Ursachen des Antisemitismus durch; unterstützt musiktheoretisch Thomas Mann bei der Abfassung des »Doktor Faustus«, schreibt zusammen mit Horkheimer die »Dialektik der Aufklärung«;

insgesamt fällt es ihm schwer, sich in den U.S.A. zurechtzufinden, ein Verleger gibt ihm ein Manuskript zurück mit der Bemerkung, es sei »badly organized«; 1949 kehrt er nach Frankfurt zurück, lehrt als Professor für Philosophie und Soziologie am wiedererrichteten Institut für Sozialforschung und an der dortigen Universität; 1963 wird er Vorsitzender der Deutschen Gesellschaft für Soziologie.

Der Studentenbewegung der späten sechziger Jahre und ihren Vorstellungen von gesellschaftsverändernder Praxis steht er zwiespältig, ängstlich und mißtrauisch gegenüber. Einerseits befürwortet er theoretisch ihre Ziele, andererseits lehnt er ihre praktische, aktivistische Durchsetzung ab. In seiner Soziologievorlesung am 14. Mai 1968 sagt er: »Das Beglückende für einen älteren Menschen wie mich an der Bewegung der Studenten ist das, daß die Annahme, wie sie zum Beispiel in den negativen Utopien von Huxley oder Orwell gemacht worden ist, sich nicht bewahrheitet, daß alle diese Integration so glatt einfach aufgeht, daß die Einrichtung der Gesellschaft es fertigbringe, daß man in der Hölle lebt und die Hölle gleichzeitig für den Himmel hält, das klappt also doch nicht, das funktioniert nicht. Und darin liegt etwas unbeschreiblich Hoffnungsvolles.«[65]

Adorno befürchtet, daß die Studenten das Gegenteil von dem bewirken, was sie erreichen wollen, zum Beispiel eine Zunahme der Verschulung der Universitäten. Auf die Frage, was eigentlich gegen Praxis spräche, antwortet er 1967: »Daß ich eine steigende Abneigung gegen Praxis verspüre, im Widerspruch zu meinen eigenen theoretischen Positionen.« Am 31.1.1969, im Jahr seines Todes, läßt Adorno das von Studenten besetzte Institut für Sozialforschung durch die Polizei räumen. Im Sommersemester sprengen die Studenten seine letzte Vorlesung.

In seinen »Minima Moralia« gibt Adorno ohne Kommentar eine Kindheitserinnerung wieder: »Früh in der Kindheit sah ich die ersten Schneeschaufler in dünnen schäbigen Kleidern. Auf meine Frage wurde mir geantwortet, das seien Männer ohne Arbeit, denen man diese Beschäftigung gäbe, damit sie sich ihr Brot verdienten. Recht geschieht ihnen, daß sie Schnee schaufeln müssen, rief ich wütend aus, um sogleich fassungslos zu weinen.«[66]

Philosophie nach Auschwitz.

»Hitler hat den Menschen im Stande ihrer Unfreiheit einen neuen kategorischen Imperativ aufgezwungen: ihr Denken und Handeln so einzurichten, daß Auschwitz nicht sich wiederhole, nichts Ähnliches geschehe.«[67] Nachdem Millionen unschuldiger Menschen planvoll ermordet wurden, gibt es nichts Harmloses und Neutrales mehr. Auch für die Wissenschaften nicht, schon gar nicht für die Philosophie. Leben heißt nur noch, sich schämen zu müssen. Das Vergessenwollen, die Verleugnung, die Relativierung – die Zerstörung von Erinnerung – ist ein weiterer Grund für die Scham. »Die Ermordeten sollen noch um das einzige betrogen werden, was unsere Ohnmacht ihnen schenken kann, das Gedächtnis.«[68]

Unser Rückfall in die Barbarei fand in Auschwitz statt. Auch angesichts der gegenwärtigen Möglichkeit einer totalen Katastrophe stehen wir *alle* in einem »universellen Schuldzusammenhang«. Die Erfindung der Atombombe gehört in denselben geschichtlichen Zusammenhang wie der Völkermord. *Keiner* steht außerhalb der »Höllenmaschine, in der wir alle eingesperrt sind«. Vor allem ist es nicht mehr möglich, sich selbst als das Gute, Richtige, Positive und das, was von einem unterschieden oder entgegengesetzt ist, als das Schlechte, Falsche, Negative zu setzen. Über dem gesellschaftlichen Verhältnis der Individuen untereinander, über dem »gesellschaftlichen Ganzen«, über der »totalen Vergesellschaftlichung« der Welt liegt der Bann reiner Negativität. »Das Ganze ist das Unwahre.«

Das Unwahre des Ganzen ist die selbst verschuldete Unmenschlichkeit. Sie besteht darin, daß die Menschen, die Subjekte sein könnten, in einem unabsehbaren Ausmaß weltweit zu Objekten werden, in einem Ausmaß, das sich der Katastrophe annähert. Adorno zitiert Beckett, der in seinen Dramen der irrationalen Totalität des Ganzen, der Unbegreiflichkeit des absurden Weltzustands visionären, trostlosen Ausdruck verleiht:

»*Hamm:* Und der Horizont? Nichts am Horizont?

Clov (das Fernglas absetzend, sich Hamm zuwendend, voller Ungeduld): Was soll denn schon am Horizont sein?

Pause.

Hamm: Die Wogen, wie sind die Wogen?

Clov: Die Wogen? (Er setzt das Fernglas an.) Aus Blei.

Hamm: Und die Sonne?

Clov (schauend): Keine.

Hamm: Sie müßte eigentlich gerade untergehen. Schau gut nach.

Clov (nachdem er nachgeschaut hat): Denkste.

Hamm: Es ist also schon Nacht?

Clov (schauend): Nein.

Hamm: Was denn?

Clov (schauend): Es ist grau. (Er setzt das Fernglas ab und wendet sich Hamm zu. Lauter.) Grau! (Pause. Noch lauter.) GRAU!«[69]

Die Mülltonnen in Becketts »Endspiel«, in denen menschliche Ruinen stehen, sind für Adorno Sinnbilder der nach Auschwitz unter unveränderten Voraussetzungen wiederaufgebauten Kultur. »Alle Kultur nach Auschwitz, samt der dringlichen Kritik daran, ist Müll.«[70] Die Zuschauer sehen bei Beckett auf der Bühne Konsequenzen ihres eigenen menschenunwürdigen Zuhauses, in dem sie tagtäglich ihren vorschriftsmäßigen Spaß an den seriell hergestellten Produkten der »Kulturindustrie« haben. Ihr Bewußtsein droht zurückgebildet zu werden auf die Anerkennung dessen, wozu der Weltlauf sie gemacht hat. »Personality bedeutet ihnen kaum mehr etwas anderes als blendend weiße Zähne und Freiheit von Achselschweiß und Emotionen.«

Der Negativität der Welt heute – wie der von Auschwitz – liegt ein und dieselbe Art von vorherrschender Rationalität zugrunde: das Identitätsdenken. Es beruht darauf, jede Sache auf einen Begriff aufzuspießen und so mit ihr umzuspringen, als ginge sie in ihrem Begriff auf. Lebendiges, Subjekthaftes, Andersseiendes wird fertig vorgegebenen, starren Kategorien untergeordnet, wodurch es fixiert, verfestigt, dinghaft, faktisch wird. Das Identitätsdenken sagt, worunter etwas fällt, wovon es Exemplar ist oder Repräsentant. Es sagt nicht, was es selbst ist. Die Sache wird gnadenlos in das Prokrustesbett der Identität gepreßt.

Adorno gibt ein simples Beispiel. Eine Amerikanerin fragte ihn einst sehr freundlich: »›Dr. Adorno, would you mind a personal question?‹ Ich sagte: ›It depends on the question, but just go ahead‹, und sie fuhr fort: ›Please tell me: are you an extrovert [ein nach außen gerichteter Mensch] or an introvert [ein nach innen gerichteter]?‹«[71] Die Kategorien – hier: Extrovertierter und Introvertierter – stehen von vornherein fest. Der Befragte hat sich gedanklich nur noch zu integrieren. Das verdinglichte Bewußtsein verzichtet nach Art standardisierter Fragebögen selbst auf den Versuch, durch spontane Erfahrung auf unverwechselbar Besonderes, auf einzigartig Individuelles zu achten, das der Einordnung sich widersetzen könnte, aber wesentlich wäre. Charakterisierungen wie Extrovertierter, Widdermann, Marxist sind durch das Identitätsdenken hergestellte Verdinglichungen.

Adorno betont, daß auch und gerade die Logik von Auschwitz dem Identitätsdenken verpflichtet war. Ein Mensch, lebendiger Atem, ein Universum von Möglichkeiten, wird auf das Faktum einer Nummer reduziert. Sie wird auf seinen Arm als unwiderrufliche kategoriale Zuordnung eintätowiert, was die Buchführung eines namenlos gewordenen Todes ermöglicht: die Verwaltung des Massenmordes durch Bürokraten.

Auch die Philosophie hat Anteil an der Schuld des identifizierenden Denkens. Schließlich, so räumt Adorno ein, kommt kein Denken ohne Identifizieren aus. Philosophie hat daher die Anstrengung des Begriffs auf sich zu nehmen, die Wunden zu heilen, die der Begriff notwendig schlägt. Ihr Ziel muß es sein, über den Begriff durch den Begriff hinauszugelangen. Ganz entgegen dem berühmten Satz von Wittgenstein (»Wovon man nicht sprechen kann, darüber muß man schweigen.«) ist es die Aufgabe der Philosophie, gerade das zu sagen, was sich nicht sagen läßt: das »Nichtidentische«.

Der Philosophie geht es darum, im Medium der Begriffe allem Leiden »Ausdruck« zu verleihen, das »Unausdrückbare auszudrücken«. »Man möchte fast sagen, sie wolle den Schmerz in das Medium des Begriffs übersetzen.«[72] Das Bedürfnis, Leiden beredt werden zu lassen, ist Bedingung aller Wahrheit. – Das »Ausdrucksmoment«, das »mimetische« Moment (»Mimesis« als »Anschmiegung an das Besondere«), spielt in Adornos Denken eine zentrale Rolle. Er sagt, seine Philosophie sei wegen dieses Ausdrucksmoments nicht referierbar, weil ein zusammenfassendes Referat den Gedanken eindeutig festlegen, identifizieren muß.

In dem um Ausdruck ringenden Impuls, mit dem Begriff das zu treffen, was sich der Treffsicherheit des Begriffs entzieht, liegt von Anfang an das, was der Terminus »Dialektik« eigentlich bedeutet. Er bezeichnet die Spannung zwischen dem, was ist, und der Frage: Ja, soll denn das alles sein? Philosophie vertritt in dieser Spannung das, was der identifizierende Begriff unterschlägt.

Dialektik ist Widerspruch gegen das durch Identifizierung Geronnene, Widerrede gegen den Schein falscher Unmittelbarkeit, Widerstand gegen die totale Verdinglichung von Mensch und Welt. Dialektik ist das schuldhafte Bewußtsein von Nichtidentität, letztlich davon, daß das Ganze, das das Unwahre ist, nicht das letzte Wort haben muß. Eine andere Rationalität wäre denkbar, ein liebender Umgang mit Fremdem, in dem das Begrifflose mit Begriffen aufgetan würde, ohne es dabei den Begriffen gleichzumachen. Schmiegte sich der Gedanke an die Sache an, ginge es ihm um die Sache, nicht um ihre Kategorie, so begänne das Objekt unter dem verweilenden Blick des Gedankens selber zu reden. Zartheit des Denkens hieße, das Beharren auf die Identität des Nichtidentischen preiszugeben. »Utopie wäre über der Identität und über dem Widerspruch, ein Miteinander des Verschiedenen.«[73]

ANHANG

Anmerkungen

ANTIKE

1 R. von Ranke-Graves: Griechische Mythologie, Bd. 1. Reinbek bei Hamburg ^{7}1974, S. 22.
2 Aristoteles: Metaphysik, 983 b 20.
3 Diogenes Laertius: Leben und Meinungen berühmter Philosophen, I, 26; übers. von O. Apelt. Hamburg ^{2}1967.
4 W. Capelle (Übers.): Die Vorsokratiker. Die Fragmente und Quellenberichte. Stuttgart 1968, S. 70.
5 H. Diels: Die Fragmente der Vorsokratiker. Hamburg 1957, Nr. 1, S. 14 (Nr. 1). – Zum Vergleich eine zweite Übersetzung: »Aus welchen (seienden Dingen) die seienden Dinge ihr Entstehen haben, dorthin findet auch ihr Vergehen statt, wie es in Ordnung ist, denn sie leisten einander Recht und Strafe für das Unrecht, gemäß der zeitlichen Ordnung« (Die Vorsokratiker. Griechisch/Deutsch. Auswahl der Fragmente, Übersetzung und Erläuterung von J. Mansfeld. Stuttgart 1987, S. 73, Kap. 2, Nr. 15).
6 Aristoteles: Metaphysik 983 b 6 ff.
7 J. Mansfeld, a. a. O., S. 147 (Kap. 3, Nr. 30).
8 Diogenes Laertius, VIII, 10.
9 Aristoteles: Metaphysik, 985 b 23 ff.
10 H. Diels, a. a. O., S. 18 (Nr. 7).
11 Aristoteles: Vom Himmel, 298 b 12. – Es heißt dort ausführlich (in der Übersetzung von O. Gigon): »Einige lassen alles werden und fließen, ohne daß irgend etwas sei, nur etwas würde überdauern, aus welchem dieses alles durch Umgestaltungen entstünde. Dies scheint unter vielen andern Herakleitos von Ephesos lehren zu wollen.« – Ob der Satz »Alles fließt« für Heraklits Denken wirklich zentral ist, läßt sich heute nicht mehr mit Sicherheit entscheiden.
12 Diogenes Laertius, IX, 2 f.
13 Heraklit-Zitate: J. Mansfeld, a. a. O., S. 259–281 (Kap. 4, Nr. 62, 95, 50, 46, 67, 109, 103, 122).
14 H. Diels, a. a. O., S. 45 (Nr. 6).
15 Xenophanes-Zitate: J. Mansfeld, a. a. O., S. 225 (Kap. 3, Nr. 34, 35, 37).

16 Parmenides-Zitate: J. Mansfeld, a.a.O., S. 319 ff. (Kap. 5, Nr. 11).
17 Diogenes Laertius, IX, 22.
18 A.a.O., II, 8.
19 A.a.O., II, 6 f.
20 H. Diels, a.a.O., S. 88 f. (Nr. 17).
21 W. Capelle, a.a.O., S. 270.
22 H. Diels, a.a.O., S. 88 (Nr. 13).
23 Diogenes Laertius, IX, 44.
24 Ebd., IX, 42.
25 Demokrit-Zitate: J. Mansfeld, a.a.O., S. 649, 645 (Kap. 9, Nr. 100, 104).
26 Platon: Theaitetos 152 a. – Vgl. H. Diels, a.a.O., S. 122 (Nr. 1).
27 Platon: Protagoras, 318 e.
28 Diogenes Laertius, IX, 56.
29 H. Diels, a.a.O., S. 122 f. (Nr. 4).
30 Platon: Apologie, 21 c-e.
31 A.a.O., 29 c-e.
32 Diogenes Laertius, II, 25 ff.
33 Xenophon: Das Gastmahl, übers. von G. P. Landmann. Hamburg 1957, S. 42 f.
34 Übers. von G. Martin. In: G. Martin: Sokrates. Reinbek bei Hamburg [8]1977, S. 49.
35 Platon: Apologie, 21 d.
36 Platon: Phaidon, 117 c – 118 a.
37 Platon: Der Staat, 508 e.
38 Diogenes Laertius, VI, 53.
39 Platon: Der Staat, 515 e – 516 b (gekürzt).
40 Platon: Phaidon, 66 b-e.
41 Diogenes Laertius, VI, 41.
42 Diogenes Laertius, VI, 20 ff. – Die Anekdote mit Alexander findet sich schon bei Cicero: Tuskulanische Gespräche, V, 32.
43 Aristoteles: Metaphysik, 1003 a 19.
44 Aristoteles: Nikomachische Ethik, 1006 b 15.
45 Aristoteles: Einführungsschriften, hrsg. von O. Gigon. München 1982, S. 34.
46 Diogenes Laertius, V, 19. Vgl. Aristoteles: Einführungsschriften, a.a.O., S. 27 f.
47 Aristoteles: Metaphysik, 1003 a 19–24 (übers. von H. Bonitz).
48 A.a.O., 1025 b 1.
49 A.a.O., 1072 b 2.

50 A. a. O., 1005 b 19.
51 Aristoteles: Einführungsschriften, a. a. O., S. 120.
52 Diogenes Laertius, VII, 88.
53 A. a. O., VII, 2 ff.
54 I. v. Armin: Stoicorum veterum fragmenta. Chrysippi fragmenta logica et physica. Leipzig 1903, Bd. II, Nr. 625, S. 190.
55 Stoa und Stoiker. Die Gründer. Panaitios, Poseidonios, übers. von M. Pohlenz. Zürich und Stuttgart ²1964, S. 99.
56 Epiktet: Handbüchlein der Ethik, Kap. 17; hrsg. von E. Neitzke. Stuttgart 1974, S. 25.
57 Epikur: Brief an Menoikeus, 128; in: Griechische Atomisten, übers. und hrsg. von F. Jürss, R. Müller, E. G. Schmidt. Leipzig 1977, S. 237.
58 Diogenes Laertius, X, 22.
59 A. a. O., X, 15 f.
60 Epikur: Fragmente Nr. 12 und 35; in: Griechische Atomisten, a. a. O., S. 308 und 313.
61 A. a. O., Fragment Nr. 106; S. 334.
62 Brief an Menoikeus, 124 f.; a. a. O., S. 236.
63 A. a. O., 130 f.; S. 238.
64 A. a. O., 131; S. 239.
65 Kein wörtliches Zitat, vgl. Diogenes Laertius, IX, 74 ff.
66 Diogenes Laertius, IX, 62, 68, 66.
67 Sextus Empiricus: Grundriß der pyrrhonischen Skepsis, I, 59; übers. von M. Hossenfelder. Frankfurt am Main 1968, S. 107.
68 A. a. O., I, 94 und 98; S. 115 f.
69 A. a. O., II, 211; S. 207 f.
70 A. a. O., I, 8; S. 94.
71 A. a. O., I, 25; S. 100.
72 Der Terminus »Das Eine« umschreibt in Plotins Schriften die höchste Gottheit.
73 Porphyrios: Über Plotins Leben und über die Ordnung seiner Schriften, I, 1; in: Plotin: Ausgewählte Schriften, hrsg. von W. Marg, übers. von R. Harder. Stuttgart 1973, S. 6.
74 A. a. O., X, 57–59; S. 14.
75 Plotin: Enneaden, VI, 9, 3 (übers. von R. Harder, Plotins Schriften in sechs Bänden, Hamburg 1956); auch in: Plotin: Ausgewählte Schriften, a. a. O., S. 151.
76 A. a. O., I, 6, 8.
77 A. a. O., III, 47, 15.
78 A. a. O., VI, 9, 9.

1 Die beiden Apologien Justins des Märtyrers, 2. Apologie, Kap. 10; übers. von G. Rauschen, in: Bibliothek der Kirchenväter, Bd. 12: Frühchristliche Apologeten und Märtyrerakten, Bd. I. Kempten/München 1913, S. 150.
2 Märtyrium des hl. Justin und seiner Genossen, in: Bibliothek der Kirchenväter, Bd. 14, a. a. O., S. 310 ff.
3 Justinus, 2. Apologie, Kap. X; a. a. O., S. 150.
4 1. Kor. 3, 19.
5 Tertullian: Die Prozeßeinreden gegen die Häretiker, Kap.7; übers. von Kellner, in: Bibliothek der Kirchenväter, Bd. 24, a. a. O., S. 313.
6 A. a. O., S. 314.
7 Augustinus: Die wahre Religion, 39, 72; übers. von C. J. Perl. Paderborn 1957, S. 64. Der Satz heißt in der Übersetzung von Perl: »Im innern Menschen wohnt die Wahrheit.«
8 Augustinus: Vom Gottesstaat, XIV, 28; übers. von W. Thimme. München 1978, S. 210.
9 Augustinus: Bekenntnisse, 8, 12; eingel. und übers. von W. Thimme. Stuttgart 1977, S. 227 f.
10 A. a. O., 9, 10; S. 251.
11 Augustinus: Die wahre Religion, 39, 72; a. a. O., S. 64.
12 A. a. O., 39, 72; S. 64.
13 Augustinus: De peccatorum meritis et remissione, I, 21, 29.
14 Augustinus: Vom Gottesstaat, XIV, 26; a. a. O., S. 207.
15 A. a. O., XIV, 28; S. 210 f.
16 A. a. O., XXII, 30; S. 835.
17 Anselm von Canterbury: Proslogion, Vorrede; in: Monologion. Proslogion. Die Vernunft und das Dasein Gottes, übers. und eingel. von R. Allers. Köln 1966, S. 197. – Der Satz heißt in der Übersetzung von Allers: »Der Glaube auf der Suche nach Verständnis.« Im Original lautet er: »Fides quaerens intellectum.«
18 Das Leben des Heiligen Anselm von Canterbury, beschrieben von Eadmer, übers. von G. Müller. München 1923, S. 405 f. Vgl. Anselm von Canterbury: Leben, Lehre, Werk, übers. von R. Allers. Wien 1936, S. 33.
19 Anselm von Canterbury: Proslogion, Kap. I; a. a. O., S. 203 f.
20 A. a. O., Kap. II; S. 205.
21 A. a. O., Kap. IV; S. 208.
22 A. a. O., Kap. XXVI; S. 241 f.

23 Peter Abaelard: Sic et non, hrsg. von B. B. Boyer und R. McKeon. Chicago und London 1976 ff. (lateinische Ausgabe, eine deutsche Übersetzung gibt es nicht).
24 Abaelard: Die Leidensgeschichte und der Briefwechsel mit Heloïsa, übers. und hrsg. von E. Brost. München 1987, S. 58.
25 A. a. O., S. 21–32.
26 A. a. O., S. 37 f.
27 A. a. O., S. 38.
28 Abaelard: Epistola 13; in: Opera omnia, Patrologia latina, Bd. 178, hrsg. von J.-P. Migne. Paris 1855, Spalte 353.
29 Sinngemäßes Zitat, vgl. Averroës: Die Widersprüche der Widersprüche, 1. I diss. III. Titel der deutschen Übersetzung: Die Hauptlehren des Averroës nach seiner Schrift: Die Widerlegung des Gazali, aus dem Arabischen übers. von M. Horten. Bonn 1913, z. B. S. 25, 72, 102, 140.
30 Vgl. Averroës: Die Lehre von der Anfanglosigkeit der Welt bei den mittelalterlichen arabischen Philosophen des Orients und ihre Bekämpfung durch die arabischen Theologen, dargestellt von M. Worms. Münster 1900, S. 1.
31 Averroës: Philosophie und Theologie, aus dem Arabischen übers. von M. J. Müller. München 1875, S. 25.
32 A. a. O., S. 6. 33 A. a. O., S. 5.
34 Koran, Sure 2, 184.
35 Averroës: Philosophie und Theologie, a. a. O., S. 7.
36 Die Hauptlehren des Averroës nach seiner Schrift: Die Widerlegung des Gazali, a. a. O., S. 230.
37 Die Metaphysik des Averroës, aus dem Arabischen übers. von M. Horten. Halle a.S. 1912, S. 174.
38 Thomas von Aquin: Compendium Theologiae. Grundriß der Glaubenslehre, Kap. 100; hrsg. von R. Tannhof. Heidelberg 1963, S. 159.
39 Wilhelm von Tocco: Vita Sancti Thomae Aquinatis, Kap. 31, hrsg. von Prümmer. Saint Maximin 1924, S. 105. – Vgl. die Übersetzung von W. P. Eckert: Das Leben des heiligen Thomas von Aquino erzählt von Wilhelm von Tocco und andere Zeugnisse zu seinem Leben. Düsseldorf 1965, S. 127.
40 Des hl. Thomas von Aquino Untersuchungen über die Wahrheiten (Quaestiones disputatae de veritate), Quaest. XXII, Art. 1; übers. von E. Stein. Breslau 1932, Bd. II, S. 204.
41 Thomas von Aquin: Summe gegen die Heiden, I, 13; hrsg. und übers. von K. Albert und P. Engelhardt unter Mitarbeit von L. Dümpelmann. Darmstadt 1974, Bd. 1, S. 59.

42 Thomas von Aquin: Summe gegen die Heiden, III, 25; hrsg. und übers. von K. Allgaier, lat. Text besorgt und mit Anm. versehen von L. Gerken. Darmstadt 1990, Bd. 3, Teil 1, S. 105. – Mit dem Hinweis auf Aristoteles ist gemeint: Nikomachische Ethik 1177 a 12.

43 Sir 42, 16.

44 Zusammengezogenes Zitat. Eckhart schreibt in seiner »Bürgelin-Predigt«: »Ich han underwilen gesprochen, [...] ez si ein fünkelin [...] Mit dem teile ist diu sele gote glich.« In: Deutsche Dichtung des frühen und hohen Mittelalters, hrsg. von F. v. der Leyen. Berlin/Darmstadt/Wien 1962, S. 891 f. – Vgl. Meister Eckharts Predigten, in: Meister Eckhart. Die deutschen und lateinischen Werke, Bd. 1, hrsg. und übers. von J. Quint. Stuttgart 1958, S. 438.

45 Meister Eckehart: Deutsche Predigten und Traktate, hrsg. und übers. von J. Quint: München [2]1963, S. 448–452.

46 A. a. O., S. 444.

47 Deutsche Mystiker des 14. Jahrhunderts, Bd. 2, a. a. O., S. 110.

48 A. a. O., S. 13.

49 Wilhelm von Ockham: I. Sent., d.2, q.8, E (Sentenzenkommentar, Buch I, Unterscheidung 2, Frage 8, Abschnitt E); in: Guillelmus de Occam: Opera plurima. Super 4 libros Sententiarum. In Sententiarum I. Lyon 1494–1496. Reprint der Inkunabel: London 1962. – Vgl. Guillelmi de Ockham: Opera philosophica et theologica. Opera theologica, Bd. II, hrsg. von S. Brown. St. Bonaventure, N. Y. 1970.

50 Wilhelm von Ockham: Physikkommentar, Prolog, 2; in: Wilhelm von Ockham: Texte zur Theorie der Erkenntnis und der Wissenschaft, hrsg., übers. und kom. von R. Imbach. Stuttgart 1984, S. 189.

51 Wilhelm von Ockham: Summa Logicae, in: Texte zur Theorie der Erkenntnis und der Wissenschaft, a. a. O., S. 71.

52 Wilhelm von Ockham: Physikkommentar, Prolog, 37; a. a. O., S. 209 ff.

53 Thomas von Aquin: Summa theologiae, I, 16. – Vgl. Aristoteles: Metaphysik, 1051 b 3.

54 Nikolaus von Kues: Über Mutmaßungen (De coniecturis), II, 1 und 2; in: Nikolaus von Kues: Philosophisch-theologische Schriften, hrsg. von L. Gabriel, übers. von D. und W. Dupré, Bd. II, S. 77 ff.

55 Nikolaus von Kues: Die belehrte Unwissenheit (De docta

ignorantia), I, Widmung; hrsg. und übers. von P. Wilpert, neu durchgesehen von H. H. Senger. Hamburg [3]1979, S. 3 f.

56 A. a. O., I, 1; S. 9.

57 Nikolaus von Kues: Gespräch über das Seinkönnen, übers. von H. Rupprich. Stuttgart 1969, S. 18.

NEUZEIT

1 G. Galilei: Dialog über die beiden hauptsächlichen Weltsysteme. Das ptolemäische und das kopernikanische, hrsg. von R. Sexl und K. v. Meyenn, übers. von E. Strauss. Darmstadt 1982, S. 112 f.

2 M. Nizolius: Vier Bücher über die wahren Prinzipien und die wahre philosophische Methode. Gegen die Pseudophilosophen, I, 5; hrsg. von E. Grassi, übers. von K. Thieme und B. Gerl. München 1980, S. 46.

3 J. W. v. Goethe: Wilhelm Meisters Lehrjahre, V; hrsg. von E. Trunz, Hamburger Ausgabe, Bd. 7. München [11]1982, S. 405.

4 G. W. F. Hegel: Vorlesungen über die Geschichte der Philosophie I, Redaktion E. Moldenhauer und K. M. Michel, Theorie-Werkausgabe, Bd. 18. Frankfurt/M. 1971, S. 42.

5 Brief Goethes an K. F. Zelter vom 6. Juni 1825, in: J. W. Goethe, Briefe der Jahre 1814–1832, Gedenkausgabe der Werke, Bd. 21, hrsg. von E. Beutler. Zürich [2]1965, S. 633 f.

6 Des Francesco Petrarca Büchlein von seiner und vieler Leute Unwissenheit, übers. von H. Hefele, Jena 1910, S. 174.

7 Des Francesco Petrarca Gespräche über die Weltverachtung, 1. Gespräch; übers. von H. Hefele, Jena 1910, S. 31.

8 Des Francesco Petrarca Büchlein von seiner und vieler Leute Unwissenheit, a. a. O., S. 172 f.

9 A. a. O., S. 172 f.

10 A. a. O., S. 174.

11 G. Pico della Mirandola: De dignitate hominis – Die Würde des Menschen, übers. von H. H. Reich. Bad Homburg v.d.H./Berlin/Zürich 1968, S. 33.

12 A. a. O., S. 29.

13 A. a. O., S. 31.

14 Vgl. F. Bacon: Neues Organ der Wissenschaften I, 3; Darmstadt 1974, S. 26. – Auf diesen Aphorismus scheint Bacons berühmter Ausspruch »Wissen ist Macht« zurückzugehen, der sich wörtlich bei ihm nicht findet.

15 A. a. O., I, 3; S. 26.
16 A. a. O., I, 59; S. 39
17 A. a. O., II, 44; S. 190.
18 A. a. O., I, 95; S. 74 f.
19 A. a. O., I, 129; S. 97.
20 R. Descartes: Abhandlung über die Methode des richtigen Vernunftgebrauchs und der wissenschaftlichen Wahrheitsforschung, IV; übers. von K. Fischer. Stuttgart 1973, S. 31.
21 A. a. O., I; S. 10 f.
22 In: R. Specht, René Descartes in Selbstzeugnissen und Bilddokumenten. Reinbek bei Hamburg 1966, S. 45.
23 R. Descartes: Meditationen über die Grundlagen der Philosophie, I, 11; neu hrsg. von L. Gäbe. Hamburg 1960, S. 19 f.
24 R. Descartes: Abhandlung über die Methode des richtigen Vernunftgebrauchs, IV; a. a. O., S. 31.
25 R. Descartes: Meditationen, II, 6; a. a. O., S. 23.
26 A. a. O., II, 8; S. 25.
27 R. Descartes: Abhandlung über die Methode des richtigen Vernunftgebrauchs, VI; a. a. O., S. 58.
28 Th. Hobbes: Leviathan, I, 12; übers. und hrsg. von J. P. Mayer. Stuttgart 1978, S. 115. – Vgl. Th. Hobbes: Vom Bürger, Widmung, übers. von M. Frischeisen-Köhler, hrsg. von G. Gawlick. Hamburg 1977, S. 59.
29 Th. Hobbes: Vom Körper, I, 1, 66; ausgew. und übers. von M. Frischeisen-Köhler. Hamburg 1967, S. 9.
30 Th. Hobbes: Leviathan, I, 12; a. a. O., S. 115.
31 A. a. O., I, 12; S. 114.
32 A. a. O., II, 17; S. 155.
33 A. a. O., Einleitung; S. 5 f.
34 B. Spinoza: Die Ethik mit geometrischer Methode begründet, IV, Einleitung; Spinozas Werke, Bd. II, hrsg. von K. Blumenstock. Darmstadt 1980, S. 383.
35 J. Freudenthal: Die Lebensgeschichte Spinozas in Quellenschriften, Urkunden und nicht-amtlichen Nachrichten. Leipzig 1899, S. 48 ff.
36 B. Spinoza: Briefwechsel, übers. von C. Gebhardt, hrsg. von M. Walther. Hamburg [3]1986, 67. und 76. Brief, S. 253 ff. und 283 ff.
37 B. Spinoza: Die Ethik, I, 7. Lehrsatz, Beweis; a. a. O., S. 93.
38 A. a. O., IV, 4. Lehrsatz, Beweis; S. 393.
39 A. a. O., I, 4; S. 87.
40 Spinozas Briefwechsel. Leipzig 1955, S. 208 ff. – Vgl. B. Spinoza: Briefwechsel, hrsg. von M. Walther, a. a. O., 58. Brief, S. 236 f.

41 B. Spinoza: Die Ethik, V, 36. Lehrsatz; a. a. O., S. 547.

42 G. W. Leibniz: Monadologie, Nr. 3; übers. und eingel. von H. Glockner: Stuttgart ^{2}1954, S. 11. Vgl. G. W. Leibniz: Vernunftprinzipien der Natur und der Gnade/Monadologie, übers. von A. Buchenau, hrsg. von H. Herring ^{2}1982, S. 27.

43 Leibniz korrespondiert mit Paris, übers. von G. Hess. Hamburg 1940, S. 38.

44 G. W. Leibniz: Hauptschriften zur Grundlegung der Philosophie, Bd. II, übers. von A. Buchenau, hrsg. von E. Cassirer (Brief Leibniz' an Remond vom 10.1.1714).

45 G. W. Leibniz: Monadologie, Nr. 67; a. a. O., S. 451 (übers. von A. Buchenau).

46 G. W. Leibniz: Hauptschriften, a. a. O., S. 459.

47 G. W. Leibniz: Betrachtungen über die Lebensprinzipien und über die plastischen Naturen, in: Hauptschriften, a. a. O., S. 63 f.

48 J. Locke: Über den menschlichen Verstand, II, 1, 2; übers. von J. H. v. Kirchmann und C. Winckler. Hamburg ^{3}1976, Bd. I, S. 107.

49 E. Fechtner: John Locke, ein Bild aus den geistigen Kämpfen Englands im 17. Jahrhundert. Stuttgart 1898, S. 282 f.

50 J. Locke: Über den menschlichen Verstand, II, 8, 8; a. a. O., Bd. I, S. 146.

51 A. a. O., I, 2, 22; Bd. I, S. 76.

52 A. a. O., I, 3, 25; Bd. I, S. 103 f.

53 A. a. O., IV, 19, 14; Bd. II, S. 415.

54 A. a. O., I, 3, 24; Bd. I, S. 103.

55 A. a. O., II, 1, 2; Bd. I, S. 108.

56 G. Berkeley: Eine Abhandlung über die Prinzipien der menschlichen Erkenntnis, § 3; nach der Übers. von F. Überweg neu hrsg. von A. Klemmt. Hamburg 1964, S. 26.

57 A. C. Fraser: Life and Letters of George Berkeley. Oxford 1901, S. 325; übers. in: R. Metz: George Berkeley. Leben und Lehre. Stuttgart 1925, S. 43.

58 G. Berkeley: Eine Abhandlung über die Prinzipien der menschlichen Erkenntnis, § 96; a. a. O., S. 79.

59 G. Berkeley: Drei Dialoge zwischen Hylas und Philonous, übers. und eingel. von R. Richter. Leipzig 1901, S. 49 f.

60 J. Boswell: Dr. Samuel Johnson, übers. von F. Güttinger. Zürich 1951, S. 172 f.

61 G. Berkeley: Philosophisches Tagebuch, Nr. 98; übers. und hrsg. von W. Breidert. Hamburg 1979, S. 12.

62 D. Hume: Eine Untersuchung über den menschlichen Verstand, IV, 1; übers. und hrsg. von H. Herring. Stuttgart 1967, S. 44.

63 Brief Humes an Dr. Clephane, vom 5. Januar 1753, in: R. Metz, David Hume. Leben und Philosophie. Stuttgart 1929, S. 46 f.

64 D. Hume: Eine Untersuchung über den menschlichen Verstand, II; a. a. O., S. 34.

65 A. a. O., IV, 1; S. 42.

66 A. a. O., IV, 1; S. 43.

67 D. Hume: Ein Traktat über die menschliche Vernunft, III, 8; übers. von Th. Lipps, hrsg. von R. Brandt. Hamburg 1978, Bd. 2, S. 136. Vgl. Eine Untersuchung über den menschlichen Verstand, V, 2; a. a. O., S. 73.

68 D. Hume: Eine Untersuchung über den menschlichen Verstand, XII, 3; a. a. O., S. 207.

69 J.-J. Rousseau: Der Gesellschaftsvertrag oder die Grundsätze des Staatsrechtes, I, 1; übers. von H. Denhardt, hrsg. von H. Weinstock. Stuttgart 1975, S. 5.

70 J.-J. Rousseau: Bekenntnisse I, 3; übers. von H. Denhardt. Leipzig o.J., S. 110 f.

71 Voltaire: Korrespondenz aus den Jahren 1749 bis 1760, hrsg. von R. Noack, übers. von B. Henschel. Frankfurt am Main 1978, S. 65 und 70.

72 J.-J. Rousseau: Emil oder über die Erziehung, I; übers. von J. Esterhues. Paderborn [3]1963, S. 11.

73 J.-J. Rousseau: Über den Ursprung der Ungleichheit unter den Menschen, I; übers. und hrsg. von K. Weigand. Hamburg [4]1983, S. 111.

74 A. a. O., II; S. 191. – Im *Gesellschaftsvertrag* sagt Rousseau, er wisse nicht, wie sich diese Veränderung vollzogen habe.

75 J.-J. Rousseau: Der Gesellschaftsvertrag, I, 6; a. a. O., S. 18 f.

76 I. Kant: Kritik der reinen Vernunft, B XVI; Akademie-Ausgabe, Bd. III, Berlin 1968, S. 12. – Der Satz heißt im Original: »die Gegenstände müssen sich nach unserem Erkenntniß richten.«

77 I. Kant: Kritik der praktischen Vernunft, Akademie-Textausgabe, Bd. V, S. 30. – Im Original: »Princip«.

78 I. Kant: Träume eines Geistersehers, erläutert durch Träume der Metaphysik, I, 3; Akademie-Textausgabe, Bd. II, S. 348.

79 I. Kant: Kritik der reinen Vernunft, B XVIII; a. a. O., S. 13.

80 A. a. O., B 131; S. 108.

81 A.a.O., B XVI; S. 12.
82 A.a.O., B XVI; S. 11.
83 A.a.O., A 396; Akademie-Textausgabe, Bd. IV, S. 247.
84 A.a.O., B 729; S. 460.
85 I. Kant: Die Metaphysik der Sitten, S. 436 f.
86 A.a.O., S. 483.
87 A.a.O., S. 441. Im Original: »des Selbsterkenntnisses«.
88 I. Kant: Grundlegung zur Metaphysik der Sitten, Akademie-Textausgabe, Bd. IV, S. 429.
89 I. Kant: Kritik der praktischen Vernunft, S. 30. Im Original nicht kursiv.
90 J. G. Fichte: Erste Einleitung in die Wissenschaftslehre (1797), Fichtes Werke, Bd. I, hrsg. von I. H. Fichte. Berlin 1971, S. 434.
91 Johann Gottlieb Fichte's Leben und literarischer Briefwechsel. Von seinem Sohne Immanuel Hermann Fichte. Leipzig 1862, Bd. 1, S. 81.
92 J. G. Fichte: Erste Einleitung in die Wissenschaftslehre, a.a.O., S. 432.
93 A.a.O., S. 434.
94 J. G. Fichte: Die Bestimmung des Menschen, Fichtes Werke, Bd. II, S. 265.
95 F. W. J. Schelling: System des transzendentalen Idealismus, in: Schriften von 1799–1801. Darmstadt 1982, S. 620.
96 Fichte – Schelling Briefwechsel, eingel. von W. Schulz. Frankfurt am Main 1968, S. 61 f.
97 Das älteste Systemprogramm des deutschen Idealismus, in: F. Hölderlin, Sämtliche Werke und Briefe, Bd. I, hrsg. von G. Mieth. München ^{2}1978, S. 918.
98 F. W. J. Schelling: System des transzendentalen Idealismus, a.a.O., S. 628.
99 F. W. J. Schelling: Bruno oder über das göttliche und natürliche Prinzip der Dinge, in: Schriften von 1801–1804. Darmstadt 1981, S. 154.
100 F. W. J. Schelling: System des transzendentalen Idealismus, a.a.O., S. 627 f.
101 G. W. F. Hegel: Phänomenologie des Geistes, Theorie-Werkausgabe, Bd. 3, Redaktion von E. Moldenhauer und K. M. Michel. Frankfurt am Main, S. 24.
102 G. W. F. Hegel: Vorlesungen über die Philosophie der Geschichte, Theorie-Werkausgabe, Bd. 12, S. 529.
103 Hegel-Studien, Bd. 4. Bonn 1967, S. 71.

104 G. W. F. Hegel: Enzyklopädie der philosophischen Wissenschaften im Grundrisse, I. Teil, § 24, Zusatz 2; Theorie-Werkausgabe, Bd. 8, S. 86.
105 A. a. O., § 32, Zusatz; S. 99.
106 A. a. O., § 119, Zusatz 2; S. 246 f.
107 G. W. F. Hegel: Vorlesungen über die Geschichte der Philosophie, I; Theorie-Werkausgabe, Bd. 18, S. 42.
108 G. W. F. Hegel: Enzyklopädie der philosophischen Wissenschaften im Grundrisse, III. Teil, § 575; Theorie-Werkausgabe, Bd. 10, S. 393.
109 A. a. O., II. Teil, § 247; Theorie-Werkausgabe, Bd. 9, S. 24.
110 G. W. F. Hegel: Phänomenologie des Geistes, a. a. O., S. 24.

19. UND 20. JAHRHUNDERT

1 A. Schopenhauer: Die Welt als Wille und Vorstellung, Bd. 1, § 56; Sämtliche Werke, Bd. II, hrsg. von A. Hübscher. Wiesbaden ^{2}1949, S. 366. – Der Satz heißt ungekürzt: »Jeder wird leicht im Leben des Thieres das Nämliche, nur schwächer, in verschiedenen Graden ausgedrückt wiederfinden und zur Genüge auch an der leidenden Thierheit sich überzeugen können, wie wesentlich *alles Leben Leiden* ist.«
2 A. Schopenhauer: Gesammelte Briefe, hrsg. von A. Hübscher. Bonn 1978, S. 669 ff.
3 A. Schopenhauer: Die Welt als Wille und Vorstellung, Bd. 2, Kap. 46; Sämtliche Werke, Bd. III, S. 667.
4 A. Schopenhauer: Metaphysik der Sitten. Philosophische Vorlesungen. Aus dem handschriftlichen Nachlaß, Bd. IV, hrsg. von V. Spierling. München/Zürich 1985, S. 271.
5 A. Schopenhauer: Der handschriftliche Nachlaß, Bd. IV, 1, hrsg. von A. Hübscher. Frankfurt am Main 1975, S. 146 f.
6 A. Schopenhauer: Preisschrift über die Grundlage der Moral, § 16; Sämtliche Werke, Bd. IV, S. 208.
7 A. Schopenhauer: Parerga und Paralipomena, Bd. 2, § 109; Sämtliche Werke, Bd. 6, S. 215 f.
8 A. Schopenhauer: Preisschrift über die Grundlage der Moral, § 19, 4; a. a. O., S. 236.
9 A. Schopenhauer: Die Welt als Wille und Vorstellung, Bd. 1, § 71; a. a. O., S. 486 f.
10 A. Comte: Plan der wissenschaftlichen Arbeiten, die für eine Reform der Gesellschaft notwendig sind. München 1973, S. 130.

11 A.a.O., S. 75.
12 A. Comte: Rede über den Geist des Positivismus; I, 1, § 12, übers., eingel. und hrsg. von I. Fetscher. Hamburg 1956, S. 27ff.
13 L. Feuerbach: Das Wesen des Christentums, Gesammelte Werke, Bd. 5, hrsg. von W. Schuffenhauer. Berlin 1974, S. 48. Im Original ist »nichts andres« kursiv.
14 L. Feuerbach: Sämtliche Werke, hrsg. von W. Bolin und F. Jodl. Reprint Stuttgart 1959, Bd. II, S. 379.
15 Brief Feuerbachs an E. Kapp vom 3. 11. 1844, in: Sämtliche Werke, Bd. XIII, Ergänzungsband, hrsg. von H.-M. Sass. Stuttgart 1964, S. 140.
16 L. Feuerbach: Das Wesen des Christentums, a. a. O., S. 46.
17 A.a.O., S. 71.
18 A.a.O., S. 20.
19 A.a.O., S. 454.
20 K. Marx: Thesen über Feuerbach, in: Marx/Engels: Werke (MEW) Bd. 3, Berlin 1969, S. 7. Im Original sind die Wörter »interpretiert« und »verändern« kursiv.
21 Briefe Januar 1859 bis Dezember 1859, MEW, Bd. 29, S. 532ff.
22 K. Marx: MEW, Ergänzungsband 1, S. 608.
23 K. Marx und F. Engels: Die deutsche Ideologie, MEW, Bd. 3, S. 20.
24 K. Marx: Das Kapital, Bd. 1, MEW, Bd. 23, S. 242.
25 A.a.O., S. 261 f.
26 A.a.O., S. 419.
27 K. Marx: Zur Kritik der Hegelschen Rechtsphilosophie. Einleitung. MEW, Bd. 1, S. 385. – Beim späteren Marx finden sich keine ideellen, sich an das Bewußtsein wendenden Proklamationen dieser Art mehr.
28 K. Marx/F. Engels: Historisch-kritische Gesamtausgabe. Frankfurt am Main 1927, I, 5; S. 216.
29 K. Marx und F. Engels: Die deutsche Ideologie, MEW, Bd. 3, S. 469 f.
30 A.a.O., S. 26 f. – In Marx' Schrift »Zur Kritik der Politischen Ökonomie« heißt es: »Es ist nicht das Bewußtsein der Menschen, das ihr Sein, sondern umgekehrt ihr gesellschaftliches Sein, das ihr Bewußtsein bestimmt.« MEW, Bd. 13, S. 8f.
31 Engels an Joseph Bloch, in: Briefe Januar 1888 bis Dezember 1890, MEW, Bd. 37, S. 463.
32 K. Marx und F. Engels: Die deutsche Ideologie, MEW, Bd. 3, S. 20.

33 K. Marx: Zur Kritik der Hegelschen Rechtsphilosophie. Einleitung, MEW, Bd. 1, S. 391.
34 S. Kierkegaard: Abschließende unwissenschaftliche Nachschrift, Gesammelte Werke, 16. Abtlg., I. Teil, hrsg. von E. Hirsch, H. Gerdes und H. M. Junghans. Düsseldorf und Köln 1959, S. 188
35 In: P. P. Rohde: Søren Kierkegaard in Selbstzeugnissen und Bilddokumenten. Hamburg 1975, S. 148 und S. 62.
36 S. Kierkegaard: Die Wiederholung, Gesammelte Werke, 5./6. Abtlg., a. a. O., S. 77 ff.
37 S. Kierkegaard: Abschließende unwissenschaftliche Nachschrift zu den Philosophischen Brocken, Gesammelte Werke, 16. Abtlg., II. Teil, a. a. O., S. 18.
38 S. Kierkegaard: Tagebuch des Verführers, in: Entweder – Oder, Gesammelte Werke, 1. Abtlg., I. Teil, a. a. O., S. 337.
39 F. Nietzsche: Also sprach Zarathustra, Werke in drei Bänden, hrsg. von K. Schlechta, Bd. 2. München 1966, S. 280.
40 In: I. Frenzel: Friedrich Nietzsche in Selbstzeugnissen und Bilddokumenten. Hamburg 1970, S. 132.
41 F. Nietzsche: Die fröhliche Wissenschaft, Werke Bd. 2, S. 127.
42 F. Nietzsche: Zur Genealogie der Moral, Werke Bd. 2, S. 825.
43 F. Nietzsche: Aus dem Nachlaß der Achtzigerjahre, Werke Bd. 3, S. 628.
44 L. Wittgenstein: Tractatus logico-philosophicus, Werkausgabe Bd. 1, neu durchgesehen von J. Schulte. Frankfurt 1984, S. 85.
45 L. Wittgenstein: Geheime Tagebücher. Der verschlüsselte Teil der »Gmundener Notizbücher«, hrsg. von W. Baum in Deutsch, Katalanisch und Spanisch, in der Zeitschrift »Saber«, Barcelona, Nr. 5 und 6, 1985, S. 32–52 bzw. S. 30–59.
46 L. Wittgenstein: Tractatus logico-philosophicus, a. a. O.
47 A. a. O., Vorwort.
48 Briefe an Ludwig von Ficker, hrsg. von G. H. Wright und W. Methagl, in: Brenner Studien 1. Salzburg 1969, S. 23.
49 M. Heidegger: Einführung in die Metaphysik. Tübingen ^{4}1976, S. 1.
50 Archiv für christlich-demokratische Politik. Nachlaß Adolf Lampe, Konrad-Adenauer-Stiftung, St. Augustin bei Bonn.
51 M. Heidegger: Schöpferische Landschaft: Warum bleiben wir in der Provinz?, in: Denkerfahrungen. Frankfurt 1983, S. 10. – Vollständige Erstveröffentlichung des 1933 gesendeten Rundfunkvortrags am 7. 3. 1934 in: »Der Alemanne, Kampfblatt der Nationalsozialisten Oberbadens«.

52 M. Heidegger: Einführung in die Metaphysik, a. a. O., S. 1.
53 A. a. O., S. 27.
54 A. a. O., S. 1.
55 M. Heidegger: Nietzsche, Pfullingen 1961, Bd. II, S. 332.
56 M. Heidegger: Über den »Humanismus«, in: Platons Lehre von der Wahrheit. Bern und München [3]1975, S. 76.
57 M. Heidegger: Einführung in die Metaphysik, a. a. O., S. 157.
58 K. R. Popper: Logik der Forschung. Tübingen [5]1973, S. 223.
59 K. R. Popper: Ausgangspunkte. Meine intellektuelle Entwicklung. Hamburg 1979, S. 1 f.
60 A. a. O., S. 53.
61 K. R. Popper: Logik der Forschung, a. a. O., S. 256.
62 A. a. O., S. 31 f. – Vgl. K. R. Popper: Naturgesetze und theoretische Systeme, in: Lust an der Erkenntnis: Die Philosophie des 20. Jahrhunderts, hrsg. von V. Spierling. München [3]1988, S. 381 ff.
63 A. a. O., S. 256.
64 Th.W. Adorno: Minima Moralia, Gesammelte Schriften (= GS), Bd. 4, hrsg. von R. Tiedemann. Frankfurt am Main 1980, S. 55.
65 Th. W. Adorno: Vorlesung zur Einleitung in die Soziologie. Frankfurt 1973, S. 62 (Junius Drucke).
66 Th. W. Adorno: Minima Moralia, GS, Bd. 4, S. 215.
67 Th. W. Adorno: Negative Dialektik, GS, Bd. 6, S. 358.
68 Th. W. Adorno: Kulturkritik und Gesellschaft II, Eingriffe, GS, Bd. 10.2, S. 557 f.
69 Th. W. Adorno: Noten zur Literatur, GS, Bd. 11, S. 288. – Vgl. S. Beckett: Endspiel, übers. von E. Tophoven. Frankfurt am Main 1974, S. 47.
70 Th. W. Adorno: Negative Dialektik, GS, Bd. 6, S. 359.
71 Th. W. Adorno: Kulturkritik und Gesellschaft II, Stichworte, GS, Bd. 10.2, S. 711 f.
72 Th. W. Adorno: Philosophische Terminologie, Bd. 1, hrsg. von R. zur Lippe. Frankfurt am Main, S. 83.
73 Th. W. Adorno: Negative Dialektik, GS, Bd. 6, S. 153.

Hinweis zur Bibliographie

Wie schon im Vorwort vermerkt, beruht die Darstellung der einzelnen Kapitel auf (übersetzten) Originalschriften, nicht auf Sekundärliteratur. Der folgende Lexikonteil ist auch als eine kommentierte Bibliographie zu verstehen.

KLEINES LEXIKON
Die Hauptschriften der fünfzig vorgestellten Philosophen

Abaelard, Peter

Ja und Nein (Sic et non), entstanden nach 1121.

Sammlung von 158 widersprüchlichen Aussagen der Kirchenväter über den Glauben, die Sakramente, die Liebe; dokumentiert sind mehr als 1800 Zitate. Die eine Autorität sagt »ja« (*sic*), die andere »nein« (*non*). Eine Auflösung der Widersprüche erfolgt nicht. »Ich möchte voneinander abweichende Meinungen der heiligen Väter sammeln, so wie ich mich solcher erinnere, die wegen ihrer Unstimmigkeit, die sie zu haben scheinen, Fragen hervorrufen, die die jugendlichen Leser zur größten Anstrengung, die Wahrheit zu suchen, anreizen und durch die Untersuchung ihren Blick schärfen. [...] Durch Zweifeln kommen wir nämlich zur Untersuchung; in der Untersuchung erfassen wir die Wahrheit, gemäß dem, was die Wahrheit selbst sagt:›Suchet, und ihr werdet finden; klopft, und es wird euch aufgetan‹ [Mt. 7,7].«

Erkenne dich selbst, entstanden nach 1129.

Ethische Fragestellungen, betont wird die Absicht einer Handlung, die ihr zugrunde liegende Gesinnung.

Die Leidensgeschichte und der Briefwechsel mit Heloïsa, entstanden um 1135.

Die Briefe von Heloïsa sind möglicherweise von Abaelard verfaßt. Abaelard an Heloïsa zu Beginn des Briefwechsels: »Den vollen Trost will ich Dir in der Ferne mit einer Schilderung meiner eigenen Leiden geben; ein vergleichender Blick auf sie muß Dir zeigen, daß Deine Heimsuchungen ein Nichts oder doch nur ein kleines Etwas sind, und Du lernst Dich fassen.«

Adorno, Theodor W.

Dialektik der Aufklärung, Philosophische Fragmente, zusammen mit Max Horkheimer verfaßt, 1944.

»Was wir uns vorgesetzt hatten, war [...] die Erkenntnis, warum die Menschheit, anstatt in einen wahrhaft menschlichen Zustand einzutreten, in eine neue Art von Barbarei versinkt.« Untersucht wird die »rastlose Selbstzerstörung der Aufklärung«.

Minima Moralia. Reflexionen aus dem beschädigten Leben, 1951.

Kulturkritische Aphorismen und Kurzessays: »Alle wollen Einsatzstellen markieren oder Modelle abgeben für kommende Anstrengungen des Begriffs.« Ein Aphorismus heißt beispielsweise: »Geliebt wirst du einzig, wo du schwach dich zeigen darfst, ohne Stärke zu provozieren.«

Negative Dialektik, 1966.

»Philosophisch denken ist soviel wie in Modellen denken; negative Dialektik ein Ensemble von Modellanalysen.« »An Philosophie bestätigt sich eine Erfahrung, die Schönberg an der traditionellen Musiktheorie notierte: man lerne aus dieser eigentlich nur, wie ein Satz anfange und schließe, nichts über ihn selber, seinen Verlauf. Analog hätte Philosophie nicht sich auf Kategorien zu bringen, sondern in gewissem Sinn erst zu komponieren. Sie muß in ihrem Fortgang unablässig sich erneuern, aus der eigenen Kraft ebenso wie aus der Reibung mit dem, woran sie sich mißt; was in ihr sich zuträgt, entscheidet, nicht These oder Position; das Gewebe, nicht der deduktive oder induktive, eingleisige Gedankengang. Daher ist Philosophie wesentlich nicht referierbar. Sonst wäre sie überflüssig; daß sie meist sich referieren läßt, spricht gegen sie.«

Ästhetische Theorie, 1970.

Unvollendetes, letztes Werk, postum. »Alle Kunstwerke und Kunst insgesamt sind Rätsel.« Die Kunstwerke sagen etwas und verbergen es zugleich. »Die Werke sprechen wie Feen in Märchen: du willst das Unbedingte, es soll dir werden, doch unkenntlich.« Kunst kann das Besondere und Nichtidentische nur in der Form der Zweideutigkeit zum Ausdruck bringen.

Anaxagoras

Über die Natur, entstanden nach 467 v. Chr.

In nüchterner Prosa verfaßte Schrift, einige Fragmente sind erhalten. Wissenschaftliche Erklärungsversuche von Naturerscheinungen, die Gestirne z. B. sind Weltkörper, keine göttlichen Lebewesen.

Anselm von Canterbury

Monologion (Selbstgespräch), entstanden 1076.

Versuch einer rein rationalen Begründung der Gottes- und Trinitätslehre. Aus der Vorrede: »Einige Mitbrüder haben mich oft und dringlich gebeten, [...] ich solle mich in meiner Beweisführung nicht auf die Autorität der (Heiligen) Schrift stützen, sondern jeden Schlußsatz der einzelnen Untersuchungen in gewöhnlichen Ausdrücken darstellen, so daß infolge allgemein verständlicher Gründe und einfacher Erörterungen sowohl die Notwendigkeit des Gedankenganges zwingend, als auch die Einsichtigkeit der Wahrheit offenkundig werde.«

Proslogion (Anrede), entstanden um 1077.

Enthält den berühmten »ontologischen Gottesbeweis«. In der Vorrede heißt es: »Ich habe das folgende kleine Werk verfaßt, vom Standpunkte eines Menschen aus, der [...] seinen Geist zur Betrachtung Gottes zu erheben versucht und zu verstehen begehrt, was er glaubt.«

Aristoteles

Vermutlich ist nur etwa die Hälfte der riesigen Schriftmasse erhalten. Diogenes Laertius, ein Philosophiehistoriker aus dem 3. Jahrhundert n. Chr., zählt 146 Titel auf. Die früh verfaßten Dialoge sind verloren. Die vielfach nur bruchstückhaft erhaltenen Schriften, zum Teil Vortrags- und Vorlesungsmanuskripte, sind möglicherweise nicht für die Veröffentlichung bestimmt gewesen. Nach Aristoteles' Tod im Jahre 322 v. Chr. geraten seine Werke etwa 200 Jahre lang fast in Vergessenheit, bis sie im 1. Jahrhundert v. Chr. nach Rom gebracht und von Andronikos von Rhodos publiziert werden. Erst im Hochmittelalter gewinnt Aristoteles dank arabischer Vermittlung (vor allem durch Averroës) seine herausragende Bedeutung und wird in der Scholastik »der Philosoph« schlechthin genannt.

Logische Schriften, genannt »Organon« (geistiges »Werkzeug«)

Kategorien: Erörterung der zehn höchsten Begriffe, d. h. der allgemeinsten Aussagen, die der Verstand über die Dinge machen kann: Substanz, Quantität, Qualität, Relation, Ort, Zeit, Lage, Zustand, Tätigkeit, Leiden; *Lehre vom Satz:* Über den Satz und das Urteil; *Erste Analytik* und *Zweite Analytik:* Lehre vom Schluß (= Syllogistik) bzw. Lehre vom Beweis. Zu Beginn der »Ersten Analytik« heißt es: »Zuerst ist Gegenstand und Ziel der Untersuchung anzugeben, daß es sich nämlich um den Beweis handelt, um die Wissenschaft vom Beweis. Sodann ist zu bestimmen, was ein Satz, was ein Begriff, was ein Schluß ist, was für ein Schluß vollkommen ist und was für einer unvollkommen. Darauf, was es heißt, dieses sei in jenem Ganzen beschlossen oder nicht beschlossen, und was wir meinen, wenn wir etwas von allem oder keinem aussagen.« *Topik:* »Unsere Arbeit verfolgt die Aufgabe, eine Methode zu finden, nach der wir über jedes aufgestellte Problem aus wahrscheinlichen Sätzen Schlüsse bilden können.« *Sophistische Widerlegungen:* Über Trugschlüsse.

Naturphilosophische, biologische und psychologische Schriften
Physik: Naturphilosophisches Werk in acht Büchern. Historische Einleitung, methodische Überlegungen, die vier Ursachen, Natur als Inbegriff des Körperlichen und des Bewegten, Raum und Zeit, Bewegung, Gott als erster unbewegter Beweger; *Vom Himmel:* »Die Wissenschaft von der Natur scheint sich zum größten Teil mit den Körpern, Größen und deren Eigenschaften und Bewegungen zu befassen; ferner mit den Prinzipien, soweit sie zu dieser Wesenheit gehören.« Über das Weltgebäude, die Sterne und ihre Bewegung, die Erde, das Schwere und Leichte. Der Kosmos ist räumlich begrenzt, zeitlich unendlich: »Der gesamte Himmel ist weder entstanden, noch kann er untergehen, wie einige meinen, sondern er ist einer und ewig und hat in seiner ganzen Dauer weder Anfang noch Ende«; *Über die Naturgeschichte der Tiere:* Beschreibende Anatomie und Physiologie in zehn Büchern; Aristoteles kennt 500 Tierarten; *Über die Seele:* Psychologische, weniger metaphysische Schrift. »Die Seele ist gewissermaßen der Grund [*arché*] der Lebewesen. Wir suchen einmal ihre Natur und ihr Wesen zu betrachten und zu erkennen, weiter die sie begleitenden Eigenschaften.« Behandelt werden die Seelen aller Lebewesen, also von Pflanze, Tier, Mensch. Allgemeine Begriffsbestimmung der Seele; Darlegung der Seelenteile: Ernährungsvermögen, Wahrnehmungsvermögen mit den fünf Sinnen, Denkvermögen, Bewegungsvermögen. Nur der Mensch vereinigt in sich alle Seelenteile. Folgender inhaltlicher Hinweis auf den wichtigen, aber knappen und dunklen Abschnitt im dritten Buch, 430 a 10–25, geht zwangsläufig in eine Interpretation über: Weil es überall in der Natur einerseits passive Materie, andererseits aktives Ursächliches und Bewirkendes gibt, so muß dies auch für das Denkvermögen der Seele angenommen werden. Auch hier muß es einerseits Geist geben, der passiv alles aufnehmen kann, und andererseits Geist, der dies aktiv bewirkt »als eine Art Kraft wie die Helligkeit«. Allein dieser aktive, wir-

kende Geist – der *nous poietikós* –, der seinem »Wesen nach Betätigung« ist, ist der unsterbliche Seelenteil. Der *nous poietikós* ist unsterblich, aber nach dem Tod aller sterblichen Seelenteile, zu denen auch der bewußte Geist gehört, ist er ohne Erinnnerung, gleichsam nichtbewußt. Abgetrennt vom gestorbenen, bewußten Geist vermag der *nous poietikós* nichts zu denken.

Metaphysische Schriften
Metaphysik: Von Aristoteles »Erste Philosophie« genannt; der Titel »Metaphysik« stammt von dem Herausgeber Andronikos von Rhodos, der zuerst die physikalischen Schriften zusammenstellte und die übriggebliebenen Texte als nachgeordnete Schriftensammlung *méta ta physiká* – »nach der Physik« – nannte. Inhaltlich ist das Werk eine Lehre vom Unbedingten, vom Seienden als solchem: »Die Prinzipien und Ursachen des Seienden, und zwar insofern es Seiendes ist, sind der Gegenstand der Untersuchung. – Es gibt nämlich eine Ursache der Gesundheit und des Wohlbefindens, und von den mathematischen Dingen gibt es Prinzipien und Elemente und Ursachen, und überhaupt handelt jede auf Denken gegründete oder mit Denken verbundene Wissenschaft von Ursachen und Prinzipien in mehr oder weniger strengem Sinne des Wortes. Aber alle diese Wissenschaften handeln nur von einem bestimmten Seienden und beschäftigen sich mit einer einzelnen Gattung, deren Grenzen sie sich umschrieben haben, aber nicht mit dem Seienden schlechthin und insofern es Seiendes ist.« Die 14 Bücher thematisieren u. a.: die vier Ursachen, Grundprobleme der Metaphysik, den Satz des Widerspruchs als Grundaxiom der Philosophie, die Mehrdeutigkeit philosophischer Begriffe, die Wesenheit, das Sein als Vermögen und als Wirklichkeit, Gott als Prinzip und Ziel aller Veränderungen und Bewegungen, die Lehren der Platoniker und Pythagoreer.

Ethische und politische Schriften
Nikomachische Ethik: Ethisches zentrales Werk in zehn Büchern; höchstes Gut ist das Glück, Definition der ethischen Tugend, Unbeherrschtheit und Lust als Widersacher der sittlichen Einsicht, Freundschaft. »Das glückliche Leben ist ein ethisch hochstehendes Leben.« »Wir philosophieren nicht, um zu erfahren, was ethische Werthaftigkeit sei, sondern um wertvolle Menschen zu werden.«
Politik: Themen der acht Bücher sind: Gemeinschaft und Staat, Gütergemeinschaft, Staatsbürger, Organisation der Demokratie, Glückseligkeit, Erziehung. »Der Staat gehört zu den naturgemä-

ßen Gebilden, und der Mensch ist von Natur ein nach der staatlichen Gemeinschaft strebendes Wesen (= *zóon politikón*).«

Ästhetische und die Redekunst betreffende Schriften
Von der Dichtkunst: Unvollständig gebliebenes oder erhaltenes Werk. »Über Tragödie und Epik im allgemeinen, ihre Formen und Teile, deren Zahl und Unterschiede und welches die Ursachen von Geraten und Mißraten sind.« Die Tragödie hat eine therapeutische Funktion. Sie soll Mitleid und Furcht erregen und dadurch zur Katharsis, d. h. zur »Reinigung von eben derartigen Affekten« führen; *Rhetorik:* »Rhetorik ist die Fähigkeit, in jedem gegebenen Einzelfall ins Auge zu fassen, was Glaubhaftigkeit bewirkt.« Der gute Redner hat eine philosophisch ethische Bildung.

Augustinus, Aurelius
Über den freien Willen, entstanden zwischen 388 und 395.

Ursprung des Bösen, über die Freiheit, Problem, warum Gott den Menschen mit Freiheit ausstattet, wenn er weiß, daß der Mensch sie mißbrauchen wird.

Von der wahren Religion, entstanden um 390.

Wo die wahre Religion zu suchen ist. Die Autorität leitet uns zum Glauben, bald danach gelangen wir durch unsere eigene Vernunft zur Erkenntnis. Die Irrlehre der Manichäer. »Darum ermahne ich euch [...], daß wir uns so schnell wie möglich dahin aufmachen, wohin zu eilen uns Gott durch seine Weisheit ermahnt. Laßt uns nicht die Welt lieben [...], damit wir nicht abirren von der Wahrheit, Schatten lieben und in die Finsternis geworfen werden.«

Bekenntnisse, entstanden um 400.

Ein autobiographisches Sündenbekenntnis und zugleich ein lobpreisendes Bekenntnis zu Gott: »›Groß bist du, o Herr, und hoch zu preisen, groß ist deine Kraft, und unermeßlich deine Weisheit.‹ Und preisen will dich ein Mensch, der doch nur ein Stücklein ist deiner Kreatur, ein Mensch, der einhergeht unter dem Druck seiner Sterblichkeit, dem Zeugnis seiner Sünde. [...] Denn zu dir hin hast du uns geschaffen, und unruhig ist unser Herz, bis es ruhet in dir.«

Über die Dreieinigkeit, entstanden zwischen 399 und 419.

Haupttext von Augustinus' philosophischer Seelenlehre; Seele als Abbild Gottes.

Vom Gottesstaat, entstanden zwischen 413 und 426.

Apologie des Christentums im Rahmen einer universalen philosophisch-theologischen Geschichtsdeutung. »In diesem Werk möchte ich den ruhmreichen Gottesstaat verteidigen, ihn, der in dieser Weltzeit unter Gottlosen pilgert und ›im Glauben lebt‹, ihn, der in der ewigen Behausung seine sichere Ruhestatt finden wird, deren ›er jetzt in Geduld wartet, bis die Gerechtigkeit sich wendet zum Gericht‹, und die er dereinst herrlich erlangen wird, wenn der Endsieg errungen und vollkommener Friede eingekehrt ist. Ich möchte ihn verteidigen gegen diejenigen, die seinem Begründer ihre Götter vorziehen.«

Averroës (Mohammed Ibn Ruschd)
Umfangreiche Kommentarwerke zu Aristoteles; dazu gehören: *Großer Kommentar zur Metaphysik, Großer Kommentar zum Buch über die Seele*, entstanden im 12. Jahrhundert.

Mit der Formel *Qala* (»er sagte«) werden Texte von Aristoteles mitgeteilt und Satz für Satz kommentiert. Die Aristoteleskommentare wurden vom Arabischen ins Lateinische übersetzt und ermöglichten in erheblichem Umfang den europäischen Universitäten ab dem 12. Jahrhundert den Zugang zu bis dahin unbekannten Aristotelestexten. Averroës gilt dem christlichen Westen als *der* Aristoteleskenner.

Die Widersprüche der Widersprüche (Titel der deutschen Übersetzung: *Die Hauptlehren des Averroës nach seiner Schrift: Die Widerlegung des Gazali)*, entstanden um 1180.

Lehre vom Sein in Anlehnung an Aristoteles. Über die Zeitlosigkeit oder Zeitlichkeit der Welt, über Gott. Gazali sagt z. B.: Gott geht der Welt voraus; Averroës erwidert: Weil Gott zeitlos ist, ist er weder gleichzeitig noch früher als die Welt.

Philosophie und Theologie, entstanden zwischen 1174 und 1180.

Religion ist philosophische Wahrheit im Schleier bildhafter Vorstellungen und darf vom Philosophen nicht im wörtlichen Sinn verstanden werden, sondern bedarf der allegorischen Interpretation.

al-Kulliyat

Medizinisches Lehrbuch, in dem erstmals die Funktion der Netzhaut im Auge beschrieben wird.

Bacon, Francis

Essays, 1597.

Maximen für weltkluges Verhalten. Reflexionen über die Wahrheit, den Tod, die Rache, den Neid, den Aberglauben, das Geldausgeben usw. »Heuchelei ist weiter nichts als die Lebensweisheit der Kleinmütigen, denn es erfordert einen tapferen Geist und Seelenstärke zu wissen, wann die Wahrheit gesagt werden muß, und sie dann auch zu sagen; deshalb gehören der schwächlicheren Gattung von Staatsmännern die großen Heuchler an.«

Instauratio Magna (Große Erneuerung der Wissenschaften). Unvollendetes Hauptwerk. Erster Teil: *Über die Würde und die Fortschritte der Wissenschaften*, 1605. Zweiter, unvollständiger Teil: *Neues Organ* [Werkzeug] *der Wissenschaften*, 1620. Dritter Teil als Stoffsammlung: *Beschreibung der Natur und des Experiments zur Begründung der Philosophie oder der Phänomene des Universums*, 1622.

Weitere Teile waren geplant. Wenige Tage vor dem Erscheinen des Werks teilt Bacon dem König seine Absicht mit, die Grenzen der Vernunft zu erweitern und die Lage der Menschheit zu verbessern: »Das Werk, in welchen Farben auch immer es dargestellt werden mag, ist nichts mehr als eine neue Logik, die lehrt, durch Induktion zu erfinden und zu urteilen [...] und hierdurch die Philosophie und die Wissenschaften wahrer und aktiver zu machen.«

Neu Atlantis, 1627.

Unvollendete Utopie einer vollkommenen Staatsgründung. »Der Zweck unserer Gründung ist es, die Ursachen und Bewegungen sowie die verborgenen Kräfte der Natur zu erkennen und die menschliche Herkunft bis an die Grenzen des überhaupt Möglichen zu erweitern.«

Berkeley, George

Versuch einer neuen Theorie des Sehens, 1709.

Führt unter dem Aspekt der Gesichts- und Tastwahrnehmung in die neue Lehre des Immaterialismus (Leugnung der Realität der Materie) ein.

Eine Abhandlung über die Prinzipien der menschlichen Erkenntnis, 1710.

Erkenntnistheoretisch-metaphysisches Hauptwerk. Darlegung des Grundgedankens des Immaterialismus, der »wichtigen Wahrheit, daß der ganze himmlische Chor und die Fülle der irdischen

Objekte, mit einem Wort alle die Dinge, die das große Weltgebäude ausmachen, keine Subsistenz außerhalb des Geistes haben, daß ihr Sein ihr Perzipiertwerden oder Erkanntwerden ist, daß sie also, solange sie nicht wirklich durch mich erkannt sind oder in meinem Geist oder im Geist irgendeines anderen geschaffenen Wesens existieren, entweder überhaupt keine Existenz haben oder im Geist eines ewigen Wesens existieren müssen.«

Drei Dialoge zwischen Hylas und Philonous, 1713.

Populäre Darstellung des Hauptwerks in Gesprächen, »deren Absicht es ist, die Wirklichkeit und Vollkommenheit der menschlichen Erkenntnis, die unkörperliche Natur der Seele und die unmittelbare Vorsehung einer Gottheit klar darzutun: zur Bekämpfung von Skeptikern und Atheisten, zugleich, um ein Verfahren einzuführen, die Wissenschaften leichter, nützlicher und knapper zu gestalten.«

Alciphron oder Der kleine Philosoph, 1732.

Apologie der christlichen Religion gegen die Freidenker in sieben Dialogen.

Comte, Auguste

Plan der wissenschaftlichen Arbeiten, die für eine Reform der Gesellschaft notwendig sind, 1822.

Jugendwerk, Anleitung zur gesellschaftlichen Reform in einer Situation politischer Unruhe und Krise nach der Französischen Revolution. Erste Formulierung des »Dreistadiengesetzes«: Dem theologischen oder fiktiven Denken folgt das metaphysische oder abstrakte Denken, diesem das wissenschaftliche oder positive (= das sich an das tatsächlich Gegebene haltende) Denken.

Abhandlung über die positive Philosophie, 1830 bis 1842.

Sozial- und wissenschaftstheoretisches Werk in sechs Bänden. »Die positive Methode wird von den heutigen Gelehrten so unrichtig aufgefaßt, daß es nicht schaden kann, wenn ich hier bemerke, daß das Überwiegen der Beobachtung über die Phantasie ihre wichtigste Eigenschaft ist. [...] *Sehen um vorauszusehen*, so lautet der Spruch der wahrhaften Wissenschaft. Alles voraussehen, ohne daß man etwas gesehen hat, führt nur zu einer sinnlosen metaphysischen Utopie. Diesem Urteil in logischer Beziehung entspricht in wissenschaftlicher die Aufstellung des Relativen statt des Absoluten.«

Positivistischer Katechismus oder Summarische Darstellung der universellen Religion in elf systematischen Gesprächen zwischen einer Frau und einem Priester der Menschheit, 1852.

Spätwerk, »Religion der Humanität«, altruistische Hingabe an die Menschheit.

Demokrit

Hauptvertreter der antiken Atomlehre. Von seinen ca. 60 Schriften über Natur, Ethik, Mathematik, Sprache, Malerei, Ackerbau, Militärwesen sind nur sehr wenige Fragmente erhalten. Ein in der Antike vergleichbar großes und vielseitiges philosophisches Schriftenverzeichnis besitzt nur noch Aristoteles. Platon soll die Absicht gehabt haben, Demokrits Schriften, die er in seinen eigenen mit keinem Wort erwähnt, zu verbrennen.

Bei Cicero findet sich eine kurze Charakteristik: »Demokrit geht die einzelnen Teile der Welt durch und lehrt, daß alles, was ist oder geschieht, aus natürlichen Gründen geschieht oder geschah, aufgrund von Schwere und Bewegungen.«

Descartes, René

Regeln zur Leitung des Geistes, entstanden um 1628, postum erschienen 1701.

Wichtiges Jugendwerk. Die ersten drei Regeln lauten: 1. »Es muß das Ziel der wissenschaftlichen Bestrebungen sein, den Geist so zu lenken, daß er über alle sich ihm darbietenden Gegenstände begründete und wahre Urteile fällt.« 2. »Man sollte sich nur den Gegenständen zuwenden, zu deren klarer und unzweifelhafter Erkenntnis unser Geist zuzureichen scheint.« 3. »Bei den von uns vorgenommenen Gegenständen dürfen wir nicht das, was andere darüber gemeint haben, noch was wir selbst mutmaßen, untersuchen, sondern allein das, was wir durch klare und evidente Intuition oder durch sichere Deduktion darüber feststellen können; denn auf keinem anderen Wege kann die Wissenschaft erworben werden.«

Über den Menschen, 1632.

Physiologisch-naturwissenschaftliche Schrift. Der Grundgedanke ist, alle Vorgänge im Organismus nach den Gesetzen der mechanischen Bewegung zu erklären, was bedeutet, den Körper als Maschine aufzufassen. Descartes stützt sich auf seine anatomischen Studien. Er sah den Schlachtern beim Zerlegen der Tiere zu und präparierte selbst.

Abhandlung über die Methode des richtigen Vernunftgebrauchs, 1637 anonym erschienen.

Enthält: autobiographische Skizze, Regeln der neuen philosophischen Methode, die sich an der Mathematik orientiert, provisorische Grundsätze der Moral, das erste Prinzip der Philosophie (»Ich denke, also bin ich«), Gottesbeweis, naturwissenschaftliche Fragen und praktische Anwendungen, um uns »zu Herren und Eigentümern der Natur zu machen«.

Meditationen über die Grundlagen der Philosophie, 1641.

Sechs Meditationen, die die Grundgedanken der »Abhandlung über die Methode« weiterführen und vervollständigen. »So will ich denn, nachdem ich nun einmal das Urteil der Welt erfahren habe, wiederum auf diese Fragen über Gott und die menschliche Seele eingehen und zugleich die Grundlagen der gesamten Metaphysik behandeln.« Die erste Meditation behandelt den radikalen Zweifel.

Prinzipien der Philosophie, 1644.

Zusammenfassung früherer Veröffentlichungen. Vier Teile: über die Prinzipien der menschlichen Erkenntnis, über die Prinzipien der körperlichen Dinge, über die sichtbare Welt, von der Erde.

Über die Leidenschaften der Seele, 1649.

Die menschliche Natur, Zahl und Reihenfolge der Leidenschaften. »Der Nutzen aller Leidenschaften besteht darin, daß sie die Seele zu dem Verlangen nach den uns von Natur nützlichen Dingen und zum Ausharren darin bestimmen.«

Diogenes von Sinope (Diogenes im Faß)

Hat keine Schriften verfaßt. Die Philosophiegeschichte »Leben und Meinung berühmter Philosophen« seines Namensvetters Diogenes Laertius ist eine Hauptquelle der überlieferten Aussprüche und Legenden. Darin heißt es: »Gefragt, was unter Menschen das Schönste sei, antwortete Diogenes von Sinope: ›Das freie Wort.‹«

Eckhart (Meister Eckhart)

Schriften in Latein und in Mittelhochdeutsch. Die lateinischen Schriften stehen der Scholastik nahe. Die deutschen Texte wenden sich stärker der Mystik zu. In ihnen wird Eckharts Ringen um neue philosophische Begriffe deutlich, die in der Volkssprache nicht vorhanden sind.

Opus tripartitum (dreigeteiltes Werk), entstanden nach 1311.

Nur als Fragment erhaltenes Hauptwerk. Der erste Teil sollte eine Sammlung von Lehrsätzen sowie eine umfassende Lehre vom Sein enthalten, der zweite theologische und philosophische Einzelfragen erörtern, der dritte die Hl. Schrift vollständig auslegen.

Daz buoch der goetlichen troestunge, um 1308 entstanden.

Ein Buch des Trostes für die Königin Agnes von Ungarn. »Ich bin willens, in diesem Buch etliche Lehre zu geben, mit der sich der Mensch trösten kann in all seinem Ungemach, Betrübnis und Leid. Und hat man etliche Wahrheit daraus genommen, die den Menschen billig und gänzlich zu trösten vermag in allem seinem Leide, so findet man danach bei dreißig Stücke und Lehren, aus deren jeglicher alleine schon der Mensch wohl Trost schöpfen kann. Dahinter aber findet man im dritten Teile des Büchleins Vorbilder und Lehren in Worten und Werken, die weise Leute getan und gesprochen haben, als sie waren in Leide.«

Predigten, gehalten seit etwa 1314.

Nur als unzulängliche Nachschriften von Zuhörern erhalten. Höchstes Ziel ist die Gottesgeburt in der Seele, die Vereinigung des »ungeschaffenen« Seelengrundes mit Gott. »Ein Meister spricht ein schönes Wort, daß ein, ich weiß nicht welcher Art, gar Heimliches und Verborgenes in der Seele sei, das weit erhöht ist darüber, wo die Kräfte Vernünftigkeit und Wille ausbrechen. [...] Ein Meister, der auf die beste Weise von der Seele gesprochen hat, sagt, daß alles menschliche Wissen niemals in das hinein gelangt, was die Seele in ihrem Grunde sei. [Zu erkennen], was die Seele sei, dazu gehört übernatürliches Wissen. Davon, wie die Kräfte ausgehen aus der Seele in die Werke, wissen wir nichts; vielleicht wissen wir ein wenig davon, aber es ist gering. Was [aber] die Seele in ihrem Grunde sei, davon weiß niemand etwas. Was man davon wissen kann, das muß übernatürlich sein. Es muß von Gnaden sein: dort wirkt Gott Barmherzigkeit, Amen.«

Epikur

Von seinen zahlreichen Schriften sind nur Fragmente erhalten geblieben, darunter die drei *Lehrbriefe* an Herodot (über Physik), an Pythokles (über Luft- und Himmelserscheinungen) und an Menoikeus (über rechte Lebensgestaltung), außerdem *Hauptlehrsätze, Sprüche, Fragmente.* Z. B.: »Die Freundschaft tanzt um die Welt und fordert uns alle auf, aufzuwachen zum Preis der Glückseligkeit.« Die wichtigste Quelle ist das X. Buch der Philosophiegeschichte des Diogenes Laertius.

Der Dichter Lukrez (um 96–55 v. Chr.) überliefert dem römichen Denken die epikureische Atomlehre durch sein umfangreiches Lehrgedicht *Von der Natur der Dinge.* Er schreibt darin voller Begeisterung über den aufklärerischen Geist Epikurs: »Zierde des griechischen Volkes, der du über tiefem Dunkel als erster ein strahlendes Licht aufgehen ließest und die Schönheit des Lebens uns zeigtest, dir folge ich Schritt für Schritt, nicht um zu wetteifern, sondern weil ich dich nachahmen will aus Liebe und Verehrung.«

Feuerbach, Ludwig

Gedanken über Tod und Unsterblichkeit, 1830 anonym erschienen.

Pantheistische Religionskritik mit einem »Anhang theologischer-satyrischer Xenien«. Das Buch, das die Unsterblichkeit der Seele leugnet, wird verboten. »Jetzt gilt es vor allem, den alten Zwiespalt zwischen Diesseits und Jenseits aufzuheben, damit die Menschheit mit *ganzer* Seele, mit ganzem Herzen auf sich selbst, auf ihre Welt und Gegenwart sich konzentriere.«

Das Wesen des Christentums, 1841.

Religionskritisches, zentrales Werk. Der Titel sollte ursprünglich in Erinnerung an den »Alleszermalmer« Kant »Kritik der reinen Unvernunft« heißen. Das Rätsel der christlichen Religion soll aufgelöst werden. »Die Aufgabe dieser Schrift ist, den grundverderblichen Gegensatz von Menschlichem und Göttlichem aufzuheben.« »Allerdings ist meine Schrift negativ, verneinend, aber, wohlgemerkt, nur gegen das unmenschliche, nicht gegen das menschliche Wesen der Religion. Sie zerfällt daher in zwei Teile, wovon der Hauptsache nach der erste der bejahende, der zweite der verneinende ist.«

Grundsätze der Philosophie der Zukunft, 1843.

Kritik an Hegel und Perspektive einer neuen Philosophie der Sinnlichkeit. »Wenn die *alte Philosophie* zu ihrem Ausgangspunkt den Satz hatte: *Ich bin ein abstraktes, ein nur denkendes Wesen, der Leib gehört nicht zu meinem Wesen,* so beginnt dagegen die *neue* Philosophie mit dem Satze: *Ich bin ein wirkliches, ein sinnliches Wesen: Der Leib gehört zu meinem Wesen; ja, der Leib in seiner Totalität ist mein Ich, mein Wesen selber.*«

Fichte, Johann Gottlieb

Grundlage der gesammten Wissenschaftslehre, 1794/1795.

Erste Systementfaltung in drei Teilen: Grundsätze der gesammten Wissenschaftslehre, Grundlage des theoretischen Wissens, Grundlage der Wissenschaft des Praktischen. »Wir haben den absolut-ersten, schlechthin unbedingten Grundsatz alles menschlichen Wissens aufzusuchen.« Dieser erste Systementwurf erfährt mehrere Umformungen, die mit den beiden »Einleitungen in die Wissenschaftslehre« beginnen.

Die Bestimmung des Menschen, 1800.

Das Werk »sollte verständlich seyn für alle Leser«. Es geht in drei Büchern – betitelt: Zweifel, Wissen, Glaube – der Frage nach: Was ist meine Bestimmung? »Unser gesammtes Denken ist durch unseren Trieb selbst begründet; und wie des Einzelnen Neigungen sind, so ist seine Erkenntniss. Dieser Trieb nöthigt uns eine gewisse Denkart auf, nur so lange als wir den Zwang nicht erblicken: aber der Zwang verschwindet, sobald er gesehen wird. [...] Ich soll die Augen eröffnen; soll mich selbst durchaus kennen lernen; ich soll jenen Zwang erblicken; das ist meine Bestimmung. Ich soll sonach, und werde unter jener Voraussetzung nothwendig mir meine Denkart selbst bilden. Absolut selbständig, und durch mich selbst vollendet und fertig stehe ich dann da.«

Der geschlossene Handelsstaat. Ein philosophischer Entwurf als Anhang zur Rechtslehre und Probe einer künftig zu liefernden Politik, 1800.

Staats- und rechtsphilosophische Schrift mit sozialistischer Grundtendenz. Im angestrebten geschlossenen Handelsstaat »sind Alle Diener des Ganzen, und erhalten dafür ihren gerechten Antheil an den Gütern des Ganzen. Keiner kann sich sonderlich bereichern, aber es kann auch keiner verarmen. Allen einzelnen ist die Fortdauer ihres Zustandes, und dadurch dem Ganzen seine ruhige und gleichmässige Fortdauer garantirt.«

Die Grundzüge des gegenwärtigen Zeitalters, 1806.

Geschichtsphilosophische Schrift, die den Prozeß der Entwicklung der Vernunft im Menschengeschlecht reflektiert. »Ein philosophisches Gemälde des gegenwärtigen Zeitalters ist es, was diese [siebzehn] Vorträge versprechen.«

Reden an die Deutsche Nation, 1808.

Vierzehn Reden, gehalten nach der Niederlage Preußens gegen Napoleon im Winter 1807/1808.

Hegel, Georg Wilhelm Friedrich

Phänomenologie des Geistes, 1807.

»Darstellung des erscheinenden Wissens« von der sinnlichen Gewißheit bis zum absoluten Wissen. In der »Jenaer Allgemeinen Literatur-Zeitung« kündigt Hegel am 28.10.1807 sein Werk selbst an: »Dieser Band stellt das *werdende Wissen* dar. Die Phänomenologie des Geistes [...] faßt die verschiedenen *Gestalten des Geistes* als Stationen des Weges in sich, durch welchen er reines Wissen oder absoluter Geist wird. Es wird daher in den Hauptabteilungen der Wissenschaft, die wieder in mehrere zerfallen, das Bewußtsein, das Selbstbewußtsein, die beobachtende und handelnde Vernunft, der Geist selbst, als sittlicher, gebildeter und moralischer Geist, und endlich als religiöser in seinen unterschiedenen Formen betrachtet.« Die letzte Wahrheit der Erscheinungen des Geistes liegt »in der Wissenschaft, als dem Resultate des Ganzen«.

Wissenschaft der Logik, 1812–1816 erschienen.

Metaphysische Logik des Seins. Darlegung der logischen Strukturen, die im Innersten des Seins wie des Denkens pulsieren. »Diese logische Natur, die den [göttlichen] Geist beseelt, in ihm treibt und wirkt, zum Bewußtsein zu bringen, dies ist die Aufgabe.« »Die Logik [...] ist die *Darstellung Gottes, wie er in seinem ewigen Wesen vor der Erschaffung der Natur und eines endlichen Geistes ist.*«

Enzyklopädie der philosophischen Wissenschaften im Grundrisse, 1817.

Vorlesungskonzept, in dem das Gesamtsystem dargelegt wird: Logik, Naturphilosophie, Philosophie des Geistes. »Ich verstehe darunter die Philosophie *in ihrer Begründung* und in ihrem *ganzen systematischen Umfang* [...]. Die Absicht dieser Vorlesung ist, Ihnen ein *vernünftiges Bild des Universums* [zu geben].«

Grundlinien der Philosophie des Rechts oder Naturrecht und Staatswissenschaft im Grundrisse, 1821.

Vorlesungskonzept. »Diese Abhandlung, insofern sie die Staatswissenschaft enthält, [will] nichts anderes sein als der Versuch, den *Staat als ein in sich Vernünftiges zu begreifen und darzustellen*. Als philosophische Schrift muß sie am entferntesten davon sein, einen

Staat, wie er sein soll, konstruieren zu sollen; die Belehrung, die in ihr liegen kann, kann nicht darauf gehen, den Staat zu belehren, wie er sein soll, sondern vielmehr, wie er, das sittliche Universum, erkannt werden soll. [...] Das *was ist* zu begreifen, ist die Aufgabe der Philosophie, denn das *was ist*, ist die Vernunft. Was das Individuum betrifft, so ist ohnehin jedes ein *Sohn seiner Zeit*; so ist auch die Philosophie *ihre Zeit in Gedanken erfaßt*.« Drei Teile: Das abstrakte Recht, Moralität, Sittlichkeit. Die Sittlichkeit umfaßt: Familie, bürgerliche Gesellschaft, Staat.

Vorlesungen über die Philosophie der Geschichte, mehrmals ab 1822 an der Berliner Universität gehalten, 1837 als Buch erschienen.

Geschichtsmetaphysisches Werk. »Die Weltgeschichte ist der Fortschritt im Bewußtsein der Freiheit – ein Fortschritt, den wir in seiner Notwendigkeit zu erkennen haben.«

Außerdem umfangreiche *Vorlesungen* über die *Ästhetik*, die *Philosophie der Religion* und die *Geschichte der Philosophie*.

Heidegger, Martin

Sein und Zeit, 1927.

Unvollendetes Werk, geplant waren zwei Teile mit je drei Abschnitten. Erschienen ist die erste Hälfte mit den beiden Abschnitten: »Die vorbereitende Fundamentalanalyse des Daseins« und »Dasein und Zeitlichkeit«. Das Werk, das Heidegger berühmt macht, verfolgt das Ziel, die Frage der abendländischen Metaphysik nach dem Sein ursprünglicher zu fragen. »Die konkrete Ausarbeitung der Frage nach dem Sinn von *›Sein‹* ist die Absicht der folgenden Abhandlung. Die Interpretation der *Zeit* als des möglichen Horizontes eines jeden Seinsverständnisses überhaupt ist ihr vorläufiges Ziel.« Die Ausarbeitung der Seinsfrage erfolgt durch die Analyse der alltäglichen Grundbestimmungen des menschlichen Daseins, der »Existenzialien«. Themen sind u. a.: das »In-der-Welt-sein« als Grundverfassung des Daseins, das uneigentliche »Man«, die Sorge als Sein des Daseins, das »Sein zum Tode«.

Was ist Metaphysik?, 1929.

Antrittsvorlesung vom 24.7.1929 in der Aula der Universtität Freiburg. »Wie steht es um das Nichts?«

Platons Lehre von der Wahrheit. Mit einem Brief über den »Humanismus«, 1947.

Heidegger fragt fortan weniger nach dem Menschen in seinem Bezug zum Sein als vielmehr nach dem Sein und dessen Wahrheit im Bezug zum Menschen. »Der Mensch ist«, so heißt es im Humanismus-Brief, »vom Sein selbst in die Wahrheit des Seins ›geworfen‹, daß er, dergestalt ek-sistierend, die Wahrheit des Seins hüte, damit im Lichte des Seins das Seiende als das Seiende, das es ist, erscheine. Ob es und wie es erscheint, ob und wie der Gott und die Götter, die Geschichte und die Natur in die Lichtung des Seins hereinkommen, an- und abwesen, entscheidet nicht der Mensch. [...] Der Mensch ist der Hirt des Seins.«

Nietzsche, 1961.

Entstanden zwischen 1936 und 1946. Vorlesungen und Abhandlungen. Das Wesen des Nihilismus ist die Grundbewegung der Geschichte des Abendlandes. Der Nihilismus muß »aus dem Sein selbst« gedacht werden. Das Sein hat das Seiende und den Menschen verlassen. Es bleibt diesen gegenüber aus. Der Nihilismus ist die »Geschichte des Ausbleibens des Seins«.

Heraklit
Über die Natur.

Nur in etwa 125 wörtlichen Fragmenten erhalten geblieben. Wenige Menschen erkennen den Logos, die universale Gesetzmäßigkeit des Kosmos, und folgen seiner Notwendigkeit mit bewußter Einsicht. »Für der Lehre Sinn aber, wie er hier vorliegt, gewinnen die Menschen nie ein Verständnis, weder ehe sie ihn vernommen noch sobald sie ihn vernommen. Denn geschieht auch alles nach diesem Sinn, so gleichen sie doch Unerprobten, so oft sie sich erproben an solchen Worten und Werken, wie ich sie erörtere, nach seiner Natur ein jegliches zerlegend und erklärend, wie es sich verhält. Den anderen Menschen aber bleibt unbewußt, was sie nach dem Erwachen tun, so wie sie das Bewußtsein verlieren für das, was sie im Schlafe tun.«

Hobbes, Thomas
Anfangsgründe der natürlichen und bürgerlichen Gesetze, 1640 entstanden.

Wenige handgeschriebene Exemplare wurden von Hand zu Hand weitergereicht. Entwurf einer nach mathematischen Gesichtspunkten konzipierten Staatstheorie.

Leviathan oder Von Materie, Form und Gewalt des kirchlichen und bürgerlichen Staates, 1651.

»Der große Leviathan (so nennen wir den Staat) ist ein Kunstwerk oder ein künstlicher Mensch – obgleich an Umfang und Kraft weit größer als der natürliche Mensch, welcher dadurch geschützt und glücklich gemacht werden soll.« In dem berühmten 13. Kapitel »Von den Bedingungen der Menschen in bezug auf das Glück ihres Erdenlebens« wird der Sachverhalt des Krieges aller gegen alle behandelt. »Leviathan«, das Ungeheuer mit dem Krokodilsrachen, das für den Staat steht, bezieht sich auf Hiob 41,26.

Elemente der Philosophie, drei separate Teile: *Vom Körper*, 1655; *Vom Menschen*, 1658; *Vom Bürger*, erschien 1642 zuerst und anonym.

»Von der Philosophie, deren Elemente ich hier zu ordnen unternehme, darfst du, lieber Leser, nicht glauben, sie sei etwas, wodurch Steine der Weisen entstehen, noch jene Kunst, die metaphysische Lehrbücher in Aussicht stellen; sie ist vielmehr nur die natürliche menschliche Vernunft, die alle Dinge der Schöpfung sorgsam durchgeht, um über ihre Ordnung, ihre Ursachen und Wirkungen die schlichte Wahrheit zu suchen und zu berichten.«

Behemoth oder Das Lange Parlament, 1682 postum erschienen.

Alterswerk über den englischen Bürgerkrieg.

Hume, David

Ein Traktat über die menschliche Natur, 1739/1740 anonym erschienen.

Besteht aus den drei Büchern: »Über den Verstand«, »Über die Affekte«, »Über Moral«. »Es gibt keine Frage von Bedeutung, deren Lösung in der Lehre vom Menschen nicht miteinbegriffen wäre, und keine kann mit einiger Sicherheit entschieden werden, solange wir nicht mit dieser Wissenschaft vertraut geworden sind. Wenn wir daher hier den Anspruch erheben, die Prinzipien der menschlichen Natur klarzulegen, so stellen wir damit zugleich ein vollständiges System der Wissenschaften in Aussicht. [...] Wie die Lehre vom Menschen die einzig feste Grundlage für die anderen Wissenschaften ist, so liegt die einzig sichere Grundlage, die wir dieser Wissenschaft geben können, in der Erfahrung und Beobachtung.« Das Jugendwerk bleibt unbeachtet. Gegen Ende des ersten Buchs heißt es: »Zunächst sehe ich mich durch die menschenleere

Einsamkeit, in die mich meine Philosophie geführt hat, in Schrekken und Verwirrung gesetzt. [...] Gern möchte ich in der Menge Schutz und Wärme suchen. [...] Ich habe die Feindschaft aller Metaphysiker, Logiker, Mathematiker und selbst der Theologen über mich heraufbeschworen.«

Eine Untersuchung über den menschlichen Verstand, 1748.

Umarbeitung des ersten Buchs des »Traktats«. »Der Verfasser wünscht, daß man in Zukunft ausschließlich die folgenden Ausführungen als Darstellung seiner philosophischen Ansichten und Grundsätze betrachten möge.« – Der »Traktat« bleibt dennoch eine wichtige Quelle.

Eine Untersuchung über die Prinzipien der Moral, 1751.

Umarbeitung des dritten Buchs des »Traktats«. Knüpft an die Diskussion an, ob die Grundlegung der Moral »aus dem *Verstand* oder aus dem *Gefühl* herzuleiten sei«. Hume: Dieses Buch ist von allen meinen Schriften »incomparably the best«.

Dialoge über natürliche Religion, entstanden um 1751.

Hume, dem dieses Werk besonders am Herzen lag, traf sorgfältige Vorkehrungen, um seine postume Veröffentlichung (1779) sicherzustellen. Religionskritik. Im Zentrum steht nicht Religion als Offenbarung Gottes, sondern Religion als natürliches, philosophisches Problem: Was können wir aus der uns bekannten Welt über ihre Ursache schließen?

Justin der Märtyrer

Erste Apologie. Zweite Apologie, entstanden um 150.

Zwei Verteidigungsschriften der Christen gegen die Heiden, adressiert an Kaiser Antonius Pius, den römischen Senat und das römische Volk. In der ersten Apologie heißt es: »Ihr nun hört allenthalben, daß ihr Fromme und Weise, Wächter des Rechtes und Freunde der Bildung genannt werdet; ob ihr es aber auch seid, wird sich zeigen. Denn nicht, um mit dieser Schrift euch zu schmeicheln oder zu Gefallen zu reden, sind wir gekommen, sondern um zu fordern, daß ihr auf Grund sorgfältiger und verständiger Untersuchung das Urteil fällt, unbeirrt durch vorgefaßte Meinung oder durch die Rücksicht auf abergläubische Menschen und ohne in unvernünftiger Leidenschaft und nach alteingewurzeltem Vorurteil gegen euch selbst das Urteil zu sprechen. Denn wir sind überzeugt, daß uns von keinem irgendein Übel zugefügt werden kann, es sei denn, daß wir als Vollbringer einer Übeltat überführt oder als schlecht erfunden worden sind. ›Ihr aber könnt uns wohl töten, schaden aber könnt ihr uns nicht.‹« – Der letzte Satz verweist auf die Verteidigungsrede des Sokrates.

Gespräch mit dem Juden Tryphon, entstanden um 150.

Widergabe einer zweitägigen Unterredung, die in Ephesus stattfand. Themen sind: die Ersetzung des alten jüdischen Zeremonialgesetzes durch das Gesetz Christi, die Gottheit Christi, die Berufung der Heiden zum Reiche Gottes, von dem die Juden ausgeschlossen sind.

Kant, Immanuel

Allgemeine Naturgeschichte und Theorie des Himmels. Oder Versuch von der Verfassung und dem mechanischen Ursprunge des gesamten Weltgebäudes, nach Newtonschen Grundsätzen abgehandelt, 1755.

Naturphilosophische Schrift. Chaotische Atome verschiedener Größen ballen sich infolge einer Anziehungs- und Abstoßungskraft zusammen, erhitzen sich, werden in kreisende Bewegung versetzt, Sonnen entstehen, durch die wirbelnden Bewegungen bilden sich Planeten und Monde. Die Entstehung des Kosmos bis hin zur menschlichen Vernunft, alles wird aus physikalischen Gesetzen erklärt. Mutmaßungen über intelligente Bewohner anderer Planeten.

Kritik der reinen Vernunft, 1781, die bedeutend veränderte 2. Auflage erscheint 1787.

Erkenntniskritisches zentrales Werk. Leitfrage ist: »Was kann ich wissen?« In der Vorrede zur 1. Auflage: »Ich verstehe aber hierunter [unter der ›Kritik der reinen Vernunft‹] nicht eine Kritik der Bücher und Systeme, sondern die des Vernunftvermögens überhaupt in Ansehung aller Erkenntnisse, zu denen sie *unabhängig von aller Erfahrung* streben mag, mithin die Entscheidung der Möglichkeit oder Unmöglichkeit einer Metaphysik überhaupt und die Bestimmung sowohl der Quellen, als des Umfanges und der Gränzen derselben, alles aber aus Principien.« »Unser Zeitalter ist das eigentliche Zeitalter der Kritik, der sich alles unterwerfen muß. *Religion* durch ihre *Heiligkeit* und *Gesetzgebung* durch ihre *Majestät* wollen sich gemeiniglich derselben entziehen. Aber alsdann erregen sie gerechten Verdacht wider sich und können auf unverstellte Achtung nicht Anspruch machen, die die Vernunft nur demjenigen bewilligt, was ihre freie und öffentliche Prüfung hat aushalten können.«

Prolegomena zu einer jeden künftigen Metaphysik, die als Wissenschaft wird auftreten können, 1783.

»Wie ist Metaphysik als Wissenschaft möglich?« Kürzere Fassung der »Kritik der reinen Vernunft«.

Beantwortung der Frage: Was ist Aufklärung?, 1784.

Aufsatz. Aufklärung ist Fähigkeit und Mut, »sich seines Verstandes ohne Leitung eines anderen zu bedienen«.

Idee zu einer allgemeinen Geschichte in weltbürgerlicher Absicht, 1784.

Geschichtsphilosophischer Aufsatz. Verläuft die Geschichte der Menschheit »nach einem bestimmten Plane der Natur«?

Grundlegung zur Metaphysik der Sitten, 1785.

»Aufsuchung und Festsetzung *des obersten Princips der Moralität.*« Verschiedene Fassungen des »kategorischen Imperativs«.

Kritik der praktischen Vernunft, 1788.

Ethisches zentrales Werk. Leitfrage ist: »Was soll ich tun?« Freiheit ist ein »Postulat« der praktischen Vernunft, ebenso Unsterblichkeit der Seele und Gott. Diese höchsten Ideen sind theoretisch nicht beweisbar, was die »Kritik der reinen Vernunft« zeigte. In praktisch-ethischer Hinsicht aber müssen sie »postuliert« werden. »Zwei Dinge erfüllen das Gemüth mit immer neuer und zunehmender Bewunderung und Ehrfurcht, je öfter und anhaltender sich das Nachdenken damit beschäftigt: *der bestirnte Himmel über mir und das moralische Gesetz in mir.*«

Kritik der Urteilskraft, 1790.

Der erste Teil, »Kritik der ästhetischen Urteilskraft«, befaßt sich mit dem Schönen und Erhabenen, der zweite Teil, »Kritik der teleologischen Urteilskraft«, mit dem Zweck im Reich der organischen Natur.

Anthropologie in pragmatischer Hinsicht, 1798.

Populäre Wissenschaft über die Welt, wie sie ist. Anweisung zur Menschen- und Weltkenntnis. Ein Thema ist z. B. der Modegeschmack. »*In der Mode* sein, ist eine Sache des Geschmackes; der *ausser* der Mode einem vorigen Gebrauch anhängt, heisst *altväterisch*; der gar einen Werth darin setzt, ausser der Mode zu sein, ist ein *Sonderling*. Besser ist es aber doch immer, ein Narr in der Mode, als ein Narr ausser der Mode zu sein.«

Kierkegaard, Søren
Entweder-Oder, 1843.

Unter dem Pseudonym Victor Eremita erschienen. Erstes Hauptwerk. In zwei Teilen werden zwei Lebensanschauungen gegenübergestellt: die ästhetische und die ethische. Der Leser muß selbst die Wahl treffen und dadurch sich selbst wählen: entweder-oder.

Der Begriff Angst. Eine schlichte psychologisch-andeutende Überlegung in Richtung auf das dogmatische Problem der Erbsünde, 1844.

Unter dem Pseudonym Vigilius Haufniensis erschienen. »Die Unschuld ist Unwissenheit. [...] In diesem Zustand ist Friede und Ruhe; aber da ist zu gleicher Zeit noch etwas Anderes, welches nicht Unfriede und Streit ist; denn es ist ja nichts da, damit zu streiten. Was ist es denn? Nichts. Aber welche Wirkung hat Nichts? Es gebiert Angst.« Die Angst ängstigt sich vor dem bodenlosen Nichts, die Furcht dagegen vor etwas Bestimmtem.

Abschließende unwissenschaftliche Nachschrift zu den Philosophischen Brocken. Mimisch-pathetisch-dialektische Schrift. Existentielle Einlage, 1846.

Unter dem Pseudonym Johannes Climacus erschienen. Zweites Hauptwerk. 1. Teil: Ist das Christentum objektiv wahr? 2. Teil: Wie komme *ich* in ein Verhältnis zum Christentum? Der individuelle »existierende Denker«, »die Subjektivität ist die Wahrheit«. »Der *entscheidende* Ausdruck des existentiellen Pathos ist *Schuld*.«

Der Augenblick, 1855.

Zehn Nummern einer von Kierkegaard allein geschriebenen Flugschriftenreihe. Radikale Angriffe auf das Christentum der Amtskirche. Jeder, der sein Leben zu genießen sucht und nicht in der alles aufopfernden, leidvollen Nachfolge Christi steht, ist ein Heuchler, wenn er sich Christ nennt.

Leibniz, Gottfried Wilhelm
Metaphysische Abhandlung, entstanden 1686.

Über die Vollkommenheit Gottes als auch der Welt sowie über die individuellen Substanzen. »Die allgemeine Erkenntnis dieser großen Wahrheit, daß Gott immer in der vollkommensten und wünschenswertesten Art, die nur möglich ist, handelt, ist meiner Meinung nach der Grund aller Liebe, die wir Gott mehr als allen anderen Dingen schulden, da ja der Liebende seine Befriedigung in der Glückseligkeit oder Vollkommenheit des geliebten Gegenstandes und seiner Handlungen sucht.«

Neue Abhandlung über den menschlichen Verstand, entstanden 1704, postum erschienen 1765.

Auseinandersetzung mit John Lockes »Versuch über den menschlichen Verstand« in Form eines Dialogs. Einwand gegen Locke: Mathematische, logische, moralische Wahrheiten können nicht aus bloßer Erfahrung entspringen. Sagt Locke: »Nichts ist im Verstand, was nicht vorher in den Sinnen war«, so antwortet Leibniz mit der Ergänzung: »ausgenommen der Verstand selbst oder das verstehende Subjekt«.

Versuche in der Theodizee über die Güte Gottes, die Freiheit des Menschen und den Ursprung des Übels, entstanden 1705.

Enthält eine Rechtfertigung Gottes angesichts der Übel in der Welt (= Theodizee). Gott hat die vollkommenste unter allen möglichen Welten geschaffen. Gegenüber der vollkommenen, im Universum eingerichteten Ordnung sind die Übel beinahe nichts.

Monadologie, 1720.

Den zusammengesetzten Körpern liegen beseelte Bausteine, Monaden, zugrunde. »Die Monaden, von denen meine Schrift handeln wird, sind nichts weiter als einfache Substanzen, welche in dem Zusammengesetzten enthalten sind. Einfach heißt, was ohne Teil ist.«

Wichtig für Leibniz' Werk ist sein umfangreicher *Briefwechsel* mit fast allen bedeutenden Gelehrten seiner Zeit.

Locke, John

Versuch über den menschlichen Verstand, zwischen 1671 und 1689 entstanden.

Philosophisches Hauptwerk in vier Büchern. Es ist »mein Ziel«, schreibt Locke in der Einleitung, »Ursprung, Gewißheit und Umfang der *menschlichen Erkenntnis* zu untersuchen. [...] Wenn wir unsere eigenen Kräfte kennen, werden wir um so besser wissen, was wir mit Aussicht auf Erfolg unternehmen können. [...] Es ist für den Seemann von großem Wert, die Länge seiner Lotleine zu kennen, auch wenn er damit nicht alle Tiefen des Weltmeeres ergründen kann. Es ist gut, wenn er weiß, daß sie lang genug ist, um an solchen Stellen den Grund zu erreichen, wo es notwendig ist, um seinen Kurs zu bestimmen und ihn vor Untiefen zu bewahren, die ihm verderblich werden könnten. Unsere Aufgabe in dieser Welt ist es nicht, alle Dinge zu wissen, wohl aber diejenigen, die unser Verhalten betreffen.«

Briefe über die Toleranz, 1689 anonym erschienen.
Lehre von der religiösen Toleranz.

Zwei Abhandlungen über die Regierung, 1690 anonym erschienen.
Verteidigung der »glorreichen Revolution«. Für eine Trennung der gesetzgebenden und der ausübenden Gewalt zur Sicherung der natürlichen Rechte auf Freiheit und Eigentum.

Gedanken über die Erziehung, 1693 anonym erschienen.
Betonung der Erziehung gegenüber der Naturanlage: Neun Zehntel ist Erziehung. Die Erziehungsmethode soll kindgemäß sein, Lernen als Spiel und Erholung.

Die Vernünftigkeit des Christentums, 1695 anonym erschienen.
Christentum als Religion der Liebe.

Marx, Karl
Das Werk von Marx ist eng mit dem von Friedrich Engels verbunden. Einen Teil ihrer Texte verfaßten sie gemeinsam.

Zur Kritik der Hegelschen Rechtsphilosophie. Einleitung, 1844.
Programmatischer Aufsatz. Religion ist das »*Opium* des Volks«. »Es ist also die *Aufgabe der Geschichte*, nachdem das *Jenseits der Wahrheit* verschwunden ist, die *Wahrheit des Diesseits* zu etablieren.«

Ökonomisch-philosophische Manuskripte, entstanden 1844.
Über Kapital, entfremdete Arbeit, Kritik an der Hegelschen Dialektik; grundsätzliche Kritik an der Philosophie.

Thesen über Feuerbach, 1845.
Elf Thesen. Das menschliche Wesen ist ein Wesen der Praxis, kein Abstraktum. »In seiner Wirklichkeit ist es das Ensemble der gesellschaftlichen Verhältnisse.«

Die deutsche Ideologie, zusammen mit Engels verfaßt, entstanden 1845/1846.
»Kritik der neuesten deutschen Philosophie in ihren Repräsentanten Feuerbach, B. Bauer und Stirner, und des deutschen Sozialismus in seinen verschiedenen Propheten.« Gefragt wird »nach dem Zusammenhang der deutschen Philosophie mit der deutschen Wirklichkeit«.

Das Kapital. Kritik der politischen Ökonomie, Bd. I: 1867, Bde. II und III hrsg. von Engels: 1885 bzw. 1894.

Bd. I: »Der Produktionsprozeß des Kapitals«, Bd. II: »Der Zirkulationsprozeß des Kapitals«, Bd. III: »Der Gesamtprozeß der kapitalistischen Produktion«. Marx' Hauptwerk versteht sich als eine Anatomie der kapitalistischen Gesellschaft. »Es ist der letzte Endzweck dieses Werks, das ökonomische Bewegungsgesetz der modernen Gesellschaft zu enthüllen.« »Das ganze System der kapitalistischen Produktion beruht darauf, daß der Arbeiter seine Arbeitskraft als Ware verkauft.«

Nietzsche, Friedrich

Die Geburt der Tragödie aus dem Geiste der Musik, 1872.

Überwindung des harmonischen Griechenlandbildes der Klassik. In der griechischen Welt herrscht ein ungeheurer Kampf zwischen den beiden feindseligen Prinzipien des Apollinischen und des Dionysischen, also zwischen dem Schein der schönen, maßvollen, heiteren Individuation und der überindividuellen, lustvoll-schmerzhaften Realität des *einen* Lebendigen; ein Kampf, der die attische Tragödie hervorbringt, deren ursprüngliche Lehre ist: »Die Grunderkenntnis von der Einheit alles Vorhandenen, die Betrachtung der Individuation als des Urgrundes des Übels, die Kunst als die freudige Hoffnung, daß der Bann der Individuation zu zerbrechen sei, als die Ahnung einer wiederhergestellten Einheit.«

Die fröhliche Wissenschaft, 1882.

Philosophische Aphorismen, die den Verdacht aufwerfen: »Bei allem Philosophieren handelte es sich bisher gar nicht um ›Wahrheit‹, sondern um etwas anderes, sagen wir um Gesundheit, Zukunft, Wachstum, Macht, Leben...« Bei allen Wertvorstellungen, z. B. des Christentums, der Wissenschaft, muß gefragt werden, »wieviel einer Glauben nötig hat, um zu gedeihen, wieviel ›Festes‹, an dem er nicht gerüttelt haben will«.

Also sprach Zarathustra. Ein Buch für Alle und Keinen, 1883 bis 1885 in vier Teilen erschienen.

In der Figur des persischen Religionsstifters verkündet Nietzsche pathetisch in kurzen Reden seine allen Nihilismus überwindende Lehre vom »Übermenschen« und von der »ewigen Wiederkehr des Gleichen«.

Zur Genealogie der Moral. Eine Streitschrift, 1887.

Moralkritische Aphorismen. »Unter welchen Bedingungen erfand sich der Mensch jene Werturteile gut und böse? *Und welchen Wert haben sie selbst?* Hemmten oder förderten sie bisher das menschliche Gedeihen?«

Der Antichrist. Fluch auf das Christentum, entstanden 1887.

Religionskritische Aphorismen. »Das Christentum hat die Partei alles Schwachen, Niedrigen, Mißratnen genommen, es hat ein Ideal aus dem *Widerspruch* gegen die Erhaltungs-Instinkte des starken Lebens gemacht.« »Meine Behauptung ist, daß alle Werte, in denen jetzt die Menschheit ihre oberste Wünschbarkeit zusammenfaßt, *décadence-Werte* sind.« »Das Christentum war bisher das größte Unglück der Menschheit.«

Nikolaus von Kues

Die belehrte Unwissenheit, entstanden 1440.

Zentrales Werk in drei Büchern. Grundgedanke ist, daß in Gott alle Gegensätze zusammenfallen. Die Bedeutung des wissenden Nichtwissens für die Gotteserkenntnis wird erörtert. »Es wird einer um so gelehrter sein, je mehr er um sein Nichtwissen weiß. In dieser Absicht habe ich mich der Mühe unterzogen, einiges über diese belehrte Unwissenheit niederzuschreiben.«

Von der Schau Gottes«, entstanden 1453.

Einführung in die mystische Theologie. »Ich werde auf die einfachste und gemeinverständlichste Weise mittels einer sinnlichen Anleitung euch in das geheiligte Dunkel führen; dort angelangt, werdet ihr das unzugängliche Licht wahrnehmen, und jeder mag dann, wie es ihm von Gott gegeben ist, demselben sich immer mehr nähern und in einem süßen Verkosten einen Vorgeschmack des Mahles ewiger Glückseligkeit empfinden, zu dem wir im Worte des Lebens durch das Evangelium Christi berufen sind, der gepriesen sei in Ewigkeit!«

Gespräch über das Seinkönnen«, entstanden 1460.

Ein Gesprächsteilnehmer trägt das Problem vor, das es zu lösen gilt: »Ich habe mich mit dem Brief des Apostels Paulus an die Römer näher beschäftigt und dort gelesen, wie Gott den Menschen das offenbart, was ihnen von ihm bekannt ist. Und zwar sagt er, dies geschehe auf folgende Weise: ›Das Unsichtbare an Gott ist seit Erschaffung der Welt in den erschaffenen Dingen kennbar und sichtbar, nämlich seine ewige Kraft und Gottheit.‹ Darüber bitten wir dich um Aufklärung.« *Gott ist das »Seinkönnen«, die Zusammenfassung von Können und Wirklichkeit, die Unabhängigkeit von jeder Gegensätzlichkeit.*

Parmenides

Über die Natur, entstanden nach 515 v. Chr.

Das philosophische Lehrgedicht ist nur in Fragmenten erhalten. Im Mittelpunkt steht der Begriff des Seins. Die Einleitung verbreitet religiöse Atmosphäre: Eine Göttin belehrt den Philosophen in strengem Beweisgang über Wahrheit und Trug.

Petrarca, Francesco

Afrika, entstanden zwischen 1338 und 1342.

In Latein verfaßtes Loblied auf das alte Rom, bewirkt Petrarcas Dichterkrönung. Die Dichtung verbirgt das Wahre durch einen Schleier. »Derjenige, der all das, was er erzählt, nur erfindet, der verdient weder den Namen eines Dichters noch die Würde eines Propheten, sondern jenen eines Lügners.« »Es ziemt sich also, daß alles, was der Dichter schreibt, im sichersten Fundament des Wahren verankert sei.« Echter Dichtung kommt philosophische Bedeutung zu.

Über die Heilmittel wider Glück und Unglück, entstanden zwischen 1358 und 1366.

Moralphilosophisches Werk. Wie sich ein jeder im Glück und Unglück verhalten soll. Beruft sich auf den Stoizismus von Cicero und Seneca.

Über die eigene und vieler Leute Unwissenheit, entstanden um 1370.

Begründung der philosophisch humanistischen Position, Kritik an Aristoteles und der scholastischen, verselbständigten Wissenschaft. »Da wissen sie nun viele Dinge über Tiere, Vögel und Fische: wieviel Haare der Löwe im Scheitel trägt und wieviel Federn der Falke im Schwanze, und mit wieviel Windungen die Meerschlange den Schiffbrüchigen umschlingt. Sie wissen, wie die Elefanten sich begatten [...] und daß das Krokodil allein von allen Tieren die obere Kinnlade zu bewegen vermag [...] ich bitte dich, was nützt es, die Natur der Tiere, Vögel, Fische und Schlangen zu kennen und dafür die Natur des Menschen, seinen Zweck, seine Herkunft und sein Endziel nicht zu kennen oder gar zu mißachten? Dieses und Ähnliches habe ich diesen Schriftgelehrten, die nicht im mosaischen oder christlichen, sondern, wie sie wenigstens glauben, im aristotelischen Gesetze sehr belesen sind, entgegengehalten, freimütiger, als sie es zu hören gewohnt waren, und vielleicht auch etwas zu unvorsichtig.« – Auch Aristoteles kann irren.

Briefsammlungen.

Enthalten Erlebnisse des selbstbewußten Ich. Stilistisches Vorbild ist Cicero. Petrarca fühlt sich den Alten persönlich verbunden und richtet einige seiner Briefe z. B. an Cicero, Seneca, Quintilian, Horaz, Vergil und Homer.

Das Buch der Lieder, erst etwa hundert Jahre nach seinem Tod erschienen.

Enthält 366 italienische Gedichte, darunter die Sammlung von Sonetten an Laura.

Pico della Mirandola, Giovanni

Über die Würde des Menschen, entstanden 1487.

Rede. »Ich glaube nun, erkannt zu haben, warum der Mensch das glücklichste Wesen und mithin allgemeiner Bewunderung wert ist, und wie man seine Stellung in der Ordnung des Universums zu verstehen hat, um die ihn nicht nur die Tiere, sondern auch die Gestirne und die überirdischen Geister beneiden. Unglaubwürdig und wunderbar!« Aufgrund seiner Freiheit ist der Mensch Schöpfer seines eigenen Wesens, seines eigenen Geschicks.

Platon

Wahrscheinlich sind alle Schriften erhalten: Apologie, 34 Dialoge, 13 Briefe, Epigramme. Von den Dialogen und Briefen sind einige unecht, d. h. Entwürfe von Schülern oder Fälschungen aus hellenistischer Zeit.

Frühe Dialoge.

Apologie: Die von Platon nachempfundene, mit Dialogelementen versehene Verteidigungsrede des Sokrates vor seinen Richtern; über die wahre Weisheit: »Ich weiß, daß ich nichts weiß«; mit Hoffnung auf den Tod zugehen; *Kriton:* Über pflichtgemäßes Handeln; Sokrates schlägt nach seiner Verurteilung zum Tode eine Möglichkeit zur Flucht aus; ein Gemeinwesen, in dem gerichtliche Entscheide von Privatleuten aufgehoben werden, kann nicht weiterbestehen, »Nicht das Leben, sondern das Recht-Leben muß man am höchsten schätzen«; *Protagoras:* Auseinandersetzung mit der Sophistik über die Tugend im allgemeinen; wie verhalten sich die Lust und das Gute zueinander?; Diskussion über Macht oder Ohnmacht der Erkenntnis.

Mittlere Dialoge

Menon: Über das Wesen der Tugend; Tugend ist lehrbar; Lehre von der Wiedererinnerung; *Phaidon:* Schildert den Todestag des Sokrates; noch einmal im Kreise seiner Freunde wirft er eine letzte Frage auf: Wie verhält sich der wahre Philosoph zum Sterben? »Diejenigen nämlich, die sich auf rechte Art mit der Philosophie befassen, streben wohl nach gar nichts anderem, als zu sterben und tot zu sein; die anderen freilich merken das gar nicht.« Leib-Seele-Verhältnis, Beweise von der Unsterblichkeit der Seele, Begründung der Ideenlehre; *Politeia:* »Staat«. Umfassendes Werk in zehn Büchern über den idealen Staat, die Gerechtigkeit gewährleistet höchste Glückseligkeit, drei Stände: Philosophen – Wächter – Bauern und Handwerker, einzig die Philosophen sind wegen ihrer Erkenntnis der Idee des Guten zur Herrschaft bestimmt: »Wenn nicht entweder die Philosophen Könige werden in den Städten oder die Könige und Machthaber, die man jetzt als solche bezeichnet, sich wahrhaft und ausreichend mit der Philosophie befassen und dies nicht in eins zusammenfällt, politische Macht und Philosophie, gibt es kein Ende der Übel für die Städte, ja, nicht für die Menschheit insgesamt.« Das Werk enthält zugleich Seinslehre, Erkenntnislehre und Ethik; Höhlengleichnis im siebten, Schlußmythos über die Schicksale der Seelen nach dem Tod im zehnten Buch; *Symposion:* »Gastmahl«. Lobreden auf den Eros, die Vollendung des guten Lebens in der Schau des Schönen; *Phaidros:* Über den wahren Eros, über das gute Reden.

Späte Dialoge

Parmenides: Diskutiert werden Einwände gegen die Ideenlehre, über das problematische Verhältnis der Ideen zur Erscheinungswelt; über das Eine und das Viele; *Theaitetos:* »Was ist Erkenntnis?« Über das Wesen des Wissens; *Timaios:* Die Entstehung des Weltganzen; mathematisierende Naturbetrachtung; nicht der Zufall, sondern die vorausschauende göttliche Vernunft eines gütigen Weltbaumeisters hat der Welt Harmonie, d. h. Schönheit verliehen; *Nomoi:* »Gesetze«. Staatsideal, das der Wirklichkeit mehr Rechnung zu tragen sucht als die »Politeia«; nicht mehr die Philosophen, sondern die Gesetze sollen herrschen; religiöse Stimmung und Orientierung: »Gott ist das Maß aller Dinge.«

In seinem *siebten Brief* relativiert Platon seine gesamte Philosophie, indem er auf das Unaussprechbare des Ewigen hinweist: »Jeder ernsthafte Mensch wird über ernsthafte Dinge sicher nie etwas schreiben und damit seine Sache der Menschen Neid und Unverstand ausliefern. Mit einem Wort – man kann aus dem Gesagten erkennen, daß, wenn einer von irgend jemandem schriftlich niedergelegte Gedanken sieht, sei es in den Gesetzen eines Gesetzgebers oder andere in irgend etwas anderem, daß nicht das sein Allerernsthaftestes war, wenn er anders selber ein ernsthafter Mensch ist, sondern daß dieses irgendwo am schönsten Platz in seinem Innern versteckt liegt.«

Plotin

Enneaden, im 3. Jahrhundert entstanden.

Der Titel stammt von Porphyrios, der Plotins Abhandlungen in sechs »Enneaden« (Neunergruppen) anordnete und herausgab. Ihr eigenwilliger Satzbau erschwert das Verständnis. Themen sind z. B.: »Der Abstieg der Seele in die Leibeswelt«, »Die geistige Schönheit«, »Seele und Leib«, »Der Aufschwung zum Einen«. Das Höchste ist das »Eine«, von dem sich nichts Bestimmtes aussagen läßt. »Das Eine [...] ist weder Qualität noch Quantität, weder Geist noch Seele, weder in Bewegung noch in Ruhe, weder im Raum noch in der Zeit, [...] es kennt weder sich selbst, noch denkt es sich; und doch kommt ihm keine Unwissenheit zu; denn Unwissenheit hat immer das Vorhandensein eines Andern zur Voraussetzung, indem nämlich Eines vom Andern nicht weiß. Was aber allein ist, kennt weder etwas, noch gibt es etwas, von dem es nicht wissen könnte; sondern da es Eines und bei sich selbst ist, hat es kein Bedürfnis, sich selbst zu denken.«

Popper, Karl Raimund

Logik der Forschung, 1934.

Mehrfach überarbeitetes und ergänztes Werk. Der Untertitel der ersten Auflage lautet: »Erkenntnistheorie der modernen Naturwissenschaft«. Beantwortung der Grundfrage: »Können wir überhaupt etwas wissen?« Die Aufgabe der »Logik der Forschung« besteht in der logischen Analyse der empirisch-wissenschaftlichen Forschungsmethode. »In der *Logik der Forschung* versuchte ich zu zeigen, daß unser Wissen durch Versuche und durch die Eliminierung von Irrtümern wächst und daß der Hauptunterschied zwischen dem vorwissenschaftlichen und dem wissenschaftlichen Stadium unseres Wissens darin liegt, daß wir auf der wissenschaftlichen Ebene bewußt nach unseren Irrtümern suchen: *Die bewußte Annahme der kritischen Methode* wird zum Hauptinstrument des Wachstums unseres Wissens.«

Die offene Gesellschaft und ihre Feinde, 1945.

»Kritische Einführung in die Philosophie der Politik und der Gesellschaft.« Bd. I: »Der Zauber Platons«, Bd. II: »Falsche Propheten. Hegel, Marx und die Folgen«. Zurückweisung aller »falschen Propheten«, die den Aberglauben verbreiten, sie könnten den gesamten Verlauf der Geschichte vorhersagen, und die ihre metaphysischen Ideen höher stellen als die Freiheit des einzelnen. Ablehnung jeder Art von autoritären und totalitären »geschlossenen Gesellschaften«, Ideal einer »offenen Gesellschaft« mit maßvollen, punktuellen Reformen (»Stückwerk-Technik«) aufgrund freier Diskussionen.

Objektive Erkenntnis. Ein evolutionärer Entwurf, 1972.

Gesammelte Aufsätze zum Problem der Erkenntnis und des Erkenntnisfortschritts. Kapitel 3 legt die Drei-Welten-Theorie dar: Welt 1 als physische Gegenstände, Welt 2 als Bewußtseinszustände, Welt 3 als objektive Gedankeninhalte.

Das Ich und sein Gehirn, zusammen mit dem Gehirnphysiologen John Eccles verfaßt, 1977.

Leib-Seele-Problem. Hauptthese: »psychophysische Wechselwirkung«. Es gibt einen selbständigen Geist, ein Ich, das den Körper steuert. »Ich habe diesen Abschnitt ›Das Ich und sein Gehirn‹ genannt«, so Popper, »weil ich hier behaupten will, daß das Gehirn dem Ich gehört und nicht umgekehrt.« Das Ich programmiert das Gehirn wie einen Computer. »Evolution kann man bestimmt nicht in irgendeinem Sinn als Letzt-Erklärung nehmen. Wir müssen uns mit der Tatsache abfinden, daß wir in einer Welt leben, in der fast alles, was wirklich bedeutend ist, im wesentlichen unerklärt bleibt.«

Protagoras

Einige der im 5. Jahrhundert v. Chr. verfaßten Schriften des berühmten Sophisten sind: *Wahrheit, Eristische Technik, Von den Wissenschaften, Vom Staate, Vom Urzustand, Von den Dingen im Hades, Von den Göttern.* Kaum zwanzig Zeilen von ihnen sind erhalten. Bei Diogenes Laertius findet sich folgender Hinweis. »Ein Buch begann mit folgenden Worten: ›Von den Göttern weiß ich nicht, weder daß sie sind noch daß sie nicht sind; denn vieles hemmt uns in dieser Erkenntnis, sowohl die Dunkelheit der Sache wie die Kürze des menschlichen Lebens.‹ Wegen dieser Anfangsworte seiner Schrift ward Protagoras aus Athen verbannt, und seine Bücher wurden auf dem Markte verbrannt, nachdem man sie durch öffentlichen Heroldsausruf allen Besitzern abgefordert und eingezogen hatte.« – Platon hat einen Dialog über ihn geschrieben mit dem Titel »Protagoras«.

Pyrrhon
Der Skeptiker Pyrrhon hat keine Schriften verfaßt. Die Hauptquelle für die Überlieferung seiner Gedanken ist das Buch »Grundriß der pyrrhonischen Skepsis« von Sextus Empiricus, Ende des 2. Jahrhunderts n. Chr. Es enthält in knapper Form die Summe des griechischen Skeptizismus. Der weise Skeptiker enthält sich des dogmatischen Urteils. Daraus erwächst ihm die »Meeresstille« des Gemüts. Glücklich ist, wer ohne Beunruhigungen ungestört dahinlebt.

Pythagoras
Er hinterließ keine Schriften, gab unter strenger Geheimhaltung seine Lehren nur an ausgesuchte Schüler weiter. Seine mathematische Forschung und Zahlenmystik läßt sich kaum noch eindeutig darstellen, war aber Anlaß vielfältiger Mutmaßungen und Nachfolgebewegungen.

Rousseau, Jean-Jacques
Der von der Akademie Dijon im Jahre 1750 mit dem Preis gekrönte Diskurs über die von derselben Akademie gestellte Frage: Ob der Fortschritt der Wissenschaften und Künste zur Läuterung der Sitten beigetragen habe.

Rousseaus Antwort: nein. Tiefe Skepsis gegenüber den zivilisatorischen Leistungen: »Die Wissenschaften und die Künste verdanken ihre Entstehung unseren Lastern.«

Diskurs über den Ursprung und die Grundlagen der Ungleichheit unter den Menschen, 1755.

Zweite, nicht gekrönte Preisschrift. Zivilisationskritik, positive Darstellung des ursprünglichen Naturzustandes.

Die neue Heloise. Briefe zweier Liebenden aus einem Städtchen am Fuße der Alpen, 1761.

Briefroman. Anspielung auf die Liebe zwischen Abaelard und Heloïsa. Verteidigung des spontanen Gefühls gegen rigide Vernunft.

Emil oder Über die Erziehung, 1762.

Erziehungsroman. Der Mensch ist von Natur gut. Erziehungsziel: Erst ganzer Mensch werden, dann nützliche, spezielle Berufsausbildung. Erziehungsmethode: »negative Erziehung«, d. h. dafür sorgen, daß die allgemeinmenschlichen Naturanlagen sich selbsttätig entfalten können, ohne durch Vorstellungen der Erwachsenen verdorben zu werden. Rousseau entdeckt das Kind als Kind. Voltaire lobt das IV. Buch, das »Glaubensbekenntnis des savoyischen Vikars«: »40 Seiten gegen das Christentum, die zu den kühnsten gehören.«

Der Gesellschaftsvertrag oder Die Grundsätze des Staatsrechts, 1762.

Staatsphilosophische Schrift. Frage nach der Rechtmäßigkeit der bürgerlichen Gesellschaft: Wie paßt gesellschaftlicher Zwang mit der natürlichen Freiheit des einzelnen zusammen? »Ich beabsichtige zu untersuchen, ob es in der bürgerlichen Verfassung irgendeinen gerechten und sicheren Grundsatz der Staatsverwaltung geben kann, wenn man die Menschen nimmt, wie sie sind, und die Gesetze, wie sie sein können.«

Die Bekenntnisse«, postum 1782 und 1789 erschienen.

Autobiographie. »Ich beginne ein Unternehmen, welches beispiellos dasteht und bei dem ich keinen Nachahmer finden werde. Ich will der Welt einen Menschen in seiner ganzen Naturwahrheit zeigen, und dieser Mensch werde ich selber sein.«

Schelling, Friedrich Wilhelm Joseph

Ideen zu einer Philosophie der Natur, 1797.

Naturphilosophisches Werk. »Die Natur soll der sichtbare Geist, der Geist die unsichtbare Natur seyn. *Hier* also, in der absoluten Identität des Geistes *in* uns und der Natur *außer* uns, muß sich das Problem, wie eine Natur außer uns möglich sey, auflösen. Das letzte Ziel unserer weiteren Nachforschung ist daher diese Idee der Natur.«

Das System des transzendentalen Idealismus, 1800.

Ergänzung der Naturphilosophie durch die Transzendentalphilosophie. »Der Zweck des gegenwärtigen Werkes ist nun eben dieser, den transcendentalen Idealismus zu dem zu erweitern, was er wirklich seyn soll, nämlich zu einem System des gesammten Wissens, also den Beweis jenes Systems nicht bloß im Allgemeinen, sondern durch die That selbst zu führen, d. h. durch die wirkliche Ausdehnung seiner Principien auf alle möglichen Probleme in Ansehung der Hauptgegenstände des Wissens.« Die höchste Aufgabe der Transzendentalphilosophie ist die Beantwortung der Frage: »Wie können die Vorstellungen zugleich als sich richtend nach den Gegenständen, und die Gegenstände als sich richtend nach den Vorstellungen gedacht werden?« Das Werk endet mit »Hauptsätzen der Philosophie der Kunst nach Grundsätzen des transcendentalen Idealismus«.

Darstellung meines Systems der Philosophie, 1801.
Zusammenhang von Natur- und Transcendentalphilosophie. »Ich habe das, was ich Natur- und Transcendentalphilosophie nannte, immer als entgegengesetzte Pole des Philosophirens vorgestellt; mit der gegenwärtigen Darstellung befinde ich mich im Indifferenzpunkt.«

Philosophische Untersuchungen über das Wesen der menschlichen Freiheit und die damit zusammenhängenden Gegenstände, 1809.
Schrift, die den Umbruch des idealistischen Systemkonzepts formuliert. Das Absolute umfaßt nicht nur Vernunft, sondern auch einen blinden, dunklen Willen. Indem es sich in beide teilt, ist es nicht mehr das Absolute. Im göttlichen Urgrund selbst ist die Entzweiung, das Böse, angelegt.

Schopenhauer, Arthur
Über die vierfache Wurzel des Satzes vom zureichenden Grund, Dissertation von 1813, stark veränderte 2. Auflage 1847.
Erkenntnistheoretische Abhandlung, »Unterbau meines ganzen Systems«. Wichtig für das Verständnis von Schopenhauers philosophischem Axiom »Die Welt ist meine Vorstellung«.

Die Welt als Wille und Vorstellung, I. Bd.: 1819, II. Bd.: 1844.
Hauptwerk. Einziger Grundgedanke: »Diese Welt, in der wir leben, ist ihrem ganzen Wesen nach durch und durch Wille und zugleich durch und durch Vorstellung.« Das Werk, d.h. jeder der beiden Bände, teilt sich in vier Bücher, die den Grundgedanken von verschiedenen Gesichtspunkten betrachten und entwickeln: 1. Untersuchung des Erkenntnisvermögens (»das Objekt der Erfahrung und Wissenschaft«), 2. Metaphysik der Natur (»die Objektivation des Willens«), 3. Metaphysik des Schönen (»die platonische Idee: das Objekt der Kunst«), 4. Metaphysik der Sitten (»bei erreichter Selbsterkenntniß, Bejahung und Verneinung des Willens zum Leben«). Band I schließt mit einer Kritik an Kant, Band II vertieft und ergänzt die 71 Paragraphen von Band I.

Vorlesung über Die gesammte Philosophie d. i. Die Lehre vom Wesen der Welt und von dem menschlichen Geiste, 1820 an der Berliner Universität gehalten, aus dem Nachlaß zuerst 1913 veröffentlicht.

Vierteilige Vorlesung, die in doppeltem Umfang den I. Band des Hauptwerks neu zusammenstellt. Schopenhauer mußte insbesondere den erkenntnistheoretischen Teil erheblich erweitern. Er konnte vor seinen Studenten aus Gründen der Verständlichkeit nicht mehr wie im Hauptwerk seine Dissertation »Über die vierfache Wurzel des Satzes vom zureichenden Grund«, das erste Kapitel seiner Studie »Über das Sehn und die Farben« sowie die Hauptschriften Kants als gelesen voraussetzen, sondern mußte diese gewünschten Vorkenntnisse in seine Vorlesung einarbeiten. Außerdem verarbeitete er sein fortgesetztes Studium physiologischer Schriften und berücksichtigte ausführlich die formale Logik. Die große »Vorlesung« stellt daher den umfassendsten und gewichtigsten Systementwurf dar, den Schopenhauer je verfaßt hat.

Über den Willen in der Natur. Eine Erörterung der Bestätigungen, welche die Philosophie des Verfassers, seit ihrem Auftreten, durch die empirischen Wissenschaften erhalten hat, 1836.

Kurze Darstellung des »Kerns und Hauptpunkts« der Metaphysik. Das Substrat der ganzen Natur ist Wille.

Die beiden Grundprobleme der Ethik. Behandelt in zwei Preisschriften, 1841.

Erste Preisschrift: »Über die Freiheit des menschlichen Willens«. Der Wille als Ding an sich ist frei, das Individuum in der Erfahrungswelt nicht. Zweite Preisschrift: »Über das Fundament der Moral«. Kritik an Kants Ethik und Nachweis des Mitleids als Fundament der Moral.

Parerga und Paralipomena. Kleine philosophische Schriften, 1851 in zwei Bänden.

Ergänzungen des Hauptwerks. Bd. I enthält die »Aphorismen zur Lebensweisheit«. Eine Lebensregel lautet: »Es ist wirklich die größte Verkehrtheit, diesen Schauplatz des Jammers in einen Lustort verwandeln zu wollen und, statt der möglichsten Schmerzlosigkeit, Genüsse und Freuden sich zum Ziele zu stecken; wie doch so Viele thun. Viel weniger irrt wer, mit zu finsterm Blicke, diese Welt als eine Art Hölle ansieht und demnach nur darauf bedacht ist, sich in derselben eine feuerfeste Stube zu verschaffen. Der Thor läuft den Genüssen des Lebens nach und sieht sich betrogen: der Weise vermeidet die Uebel.«

Sokrates
Sokrates wirkte einzig durch das gesprochene Wort. Er hinterließ keine Schriften. Die wichtigsten indirekten Quellen sind Platons frühe Dialoge (z. B. »Apologie«, »Kriton«, »Laches«, aus späterer Zeit die Rede des Alkibiades im »Symposion«) und Xenophons »Erinnerungen an Sokrates«. Platon läßt in fast allen seinen Werken Sokrates als Hauptredner auftreten, legt ihm aber, besonders in den späteren Dialogen, seine eigene Lehre in den Mund. Aristophanes karikiert Sokrates in seiner Komödie »Die Wolken« als spitzfindigen Sophisten, der in einer Art Hängematte hoch in den Lüften schwebt, über die Götter hinwegsieht und darüber sinniert, ob die Schnaken durch das Mundstück oder den Bürzel singen. – Wir kennen Sokrates nur im Lichte des Urteils seiner Freunde oder Feinde.

Spinoza, Benedikt (auch **Baruch de S.**)
Theologisch-politischer Traktat, 1670 anonym erschienen, 1674 verboten.

In einem Brief nennt Spinoza die Gründe dieser Abhandlung: »1. die Vorurteile der Theologen; diese [...] hindern ja [...] am meisten die Menschen, ihren Geist der Philosophie zuzuwenden; darum widme ich mich der Aufgabe, sie aufzudecken; 2. die Meinung, die das Volk von mir hat, das mich unaufhörlich des Atheismus beschuldigt; ich sehe mich gezwungen, diese Meinung womöglich von mir abzuwenden; 3. die Freiheit zu philosophieren und zu sagen, was man denkt; diese Freiheit möchte ich auf alle Weise verteidigen, da sie hier bei dem allzu großen Ansehen und der Frechheit der Prediger auf alle mögliche Weise unterdrückt wird.«

Abhandlung über die Verbesserung des Verstandes und über den Weg, auf dem er am besten zur wahren Erkenntnis der Dinge geleitet wird, 1677 postum und anonym erschienen.

»Ich beschloss endlich nachzuforschen [...], ob es etwas gebe, nach dessen Auffindung und Erlangung ich eine beständige und höchste Lust auf ewig geniessen könnte.« Untersucht werden das Ziel der Philosophie und die verschiedenen Arten der Erkenntnis.

Ethik nach der geometrischen Methode dargestellt, 1677 postum und anonym erschienen, bereits 1678 verboten.

Zentrales Werk. Die eigentliche Morallehre macht den kleineren Teil aus. Rigorose Anwendung von Descartes' mathematischer Denkweise. »Ich werde also die Natur und die Kräfte der Affecte und die Macht des Geistes in Bezug auf dieselben nach derselben Methode behandeln, mit welcher ich im Vorigen über Gott und den Geist gehandelt habe, und die menschlichen Handlungen und Triebe eben so betrachten, als wenn von Linien, Flächen oder Körpern die Frage wäre.« Aufbau des Werks: Abfolge von Definitionen, Axiomen, Lehrsätzen, Explikationen, Beweisen, Folgerungen, Erläuterungen.

Tertullian

Apologie, entstanden 197.

Verteidigung des Christentums. Tertullian will die römischen Behörden von der Verfolgung der Christen abhalten, indem er ihre Lehre darlegt und nachzuweisen sucht, daß sie gute Staatsbürger sind. »Nur zahlreicher werden wir, so oft wir von euch niedergemäht werden; ein Same ist das Blut der Christen.«

Über die Präskription gegen die Häretiker, um 200 entstanden.

Die Ketzer stehen im Bann griechischer Philosophen, deren Gedanken ohne Diskussion abgewiesen werden müssen. Sokrates bildet keine Ausnahme. Der christliche Glaube setzt dem philosophischen Forschen ein Ende. Alle Heiden müssen an die endgültige, klar umrissene Lehre Christi glauben.

Thales von Milet

Von den Vorsokratikern, den Philosophen, die vor Sokrates gelebt haben, sind nur wenige Fragemente erhalten, von Thales nicht einmal diese. Eine wichtige Sekundärquelle ist Aristoteles, der im ersten Buch seiner »Metaphysik« einen philosophiegeschichtlichen Abriß der ersten Philosophen gibt.

Thomas von Aquin

Über das Seiende und das Wesen, entstanden um 1250.

Kurzgefaßte Metaphysik des Seins. Das Werk will »sagen, was mit dem Wort ›Wesen‹ und ›Seiendes‹ bezeichnet wird und wie Wesen in verschiedenen Dingen vorgefunden wird und wie es sich zu logischen Begriffen, nämlich Gattung, Art und Unterschied verhält.«

Summe gegen die Heiden, entstanden zwischen 1260 und 1264.

Philosophisches Hauptwerk. »Summe« bedeutete im 13. Jahrhundert geordnete Darstellung in systematischem Zusammenhang. Über die Wahrheit des katholischen Glaubens, gegen die Irrtümer der arabischen Aristoteliker und der frühen griechischen

Naturphilosophen. Das Werk ist in drei große Themengruppen gegliedert: Gott und seine Schöpfung, Der Weg des Menschen zu Gott und Geheimnisse des christlichen Glaubens. »Nachdem wir also aus der göttlichen Güte die Zuversicht geschöpft haben, die Aufgabe des Weisen zu übernehmen, wenn es auch über die eigenen Kräfte hinausgeht, haben wir uns als Ziel vorgenommen, die Wahrheit, die der katholische Glaube bekennt, nach unserem Vermögen darzulegen und dabei entgegenstehende Irrtümer auszuschließen. ›Ich bin mir bewußt‹, um Worte des Hilarius zu gebrauchen, ›diese Aufgabe geradezu als die wesentlichste meines Lebens Gott schuldig zu sein, daß all meine Rede und all mein Sinn spreche von ihm.‹«

Summe der Theologie, entstanden zwischen 1267 und 1273.

Theologisches Hauptwerk. Die deutsche Ausgabe von 1886 ff. umfaßt zwölf Bände. Drei Hauptthemengruppen sind: Gott und Schöpfung, die sittliche Weltordnung sowie der Mensch und das Heil.

Grundriß der Glaubenslehre, Entstehung unbekannt.

»Eine kurzgefaßte Lehre über die christliche Religion«, verfaßt für den Mitbruder und Beichtvater Reginaldus von Piperno. »An *erster* Stelle werden wir vom Glauben, an *zweiter* von der Hoffnung, an *dritter* aber von der Liebe handeln. *Erstens* also ist notwendig der Glaube, durch den du die Wahrheit erkennest; *zweitens* die Hoffnung, durch die deine Absicht auf das gebührende Ziel gerichtet werde; *drittens* ist notwendig die Liebe, durch die dein Verlangen gänzlich geordnet werde.«

Über die Herrschaft der Fürsten, entstanden zwischen 1265 und 1267.

Traktat über die göttliche Mission des Königtums. An den König von Zypern: »Als ich darüber nachdachte, was ich etwa darbringen könnte, damit es Eurer Königlichen Majestät würdig, aber auch meinem Stande und der Pflicht meines Berufes angemessen sei, erschien es mir als das beste, einem König – über die Herrschaft der Könige zu schreiben. Ich möchte darin den Ursprung königlicher Herrschaft und alles, was mit dem Beruf eines Königs verbunden ist, geleitet vom Gebot der Heiligen Schrift, der Erkenntnis der Philosophen und dem Beispiel gepriesener Fürsten, mit aller Sorgfalt entwickeln.«

Wilhelm von Ockham

Scriptum über das erste Buch der Sentenzen, basiert auf Vorlesungen an der Universität Oxford zwischen 1317 und 1319.

Lehrbuch des theologisch-philosophischen Unterrichts, bezieht sich auf die »Sentenzen«, die Aussprüche theologischer Autoritäten, die der italienische Scholastiker Petrus Lombardus im 12. Jahrhundert zusammengestellt hat.

Zusammenfassung der gesamten Logik (Summa Logicae), entstanden 1324.

Lehrbuch der Logik, das sich als Voraussetzung aller Wissenschaften versteht. Im »Prolog« heißt es zum Aufbau und zur Darstellungsweise des Werks: »In der folgenden Darstellung des Inhalts der logischen Betrachtung ist bei den Termini als dem Früheren anzufangen; nachher wird die Erkundung der Aussagen, schließlich jene der Syllogismen und der anderen Arten von Schlußverfahren folgen. Und da es häufig vorkommt, daß die jungen Leute sich der Erforschung der Spitzfindigkeiten der Theologie und anderer Fakultäten hingeben, bevor sie eine große Erfahrung der Logik besitzen, und dadurch sich in unentwirrbare Schwierigkeiten, die anderen klein erscheinen oder für sie gar nicht existieren, verstricken und in viele Irrtümer verfallen, indem sie wahre Beweise verwerfen, als wären es Trugschlüsse, und Sophistereien für Beweise halten, habe ich den zu schreibenden Traktat so gestaltet, daß ich im Verlauf der Untersuchung bisweilen die Regeln sowohl durch philosophische als auch theologische Beispiele erklärt habe.« – Einzig individuelle Dinge existieren.

Kurzrede über die Macht des Papstes, entstanden um 1341.

Diskussion über die Grenzen der päpstlichen Macht.

Wittgenstein, Ludwig

Tractatus logico-philosophicus, Logisch-philosophische Abhandlung, 1921.

Werk der frühen Philosophie. Alle Sätze sind ihrem »logischen Gewicht« gemäß geordnet und nach dem Dezimalsystem klassifiziert. »Das Buch behandelt die philosophischen Probleme und zeigt – wie ich glaube –, daß die Fragestellung dieser Probleme auf dem Mißverständnis der Logik unserer Sprache beruht. Man könnte den ganzen Sinn des Buches etwa in die Worte fassen: Was sich überhaupt sagen läßt, läßt sich klar sagen; und wovon man nicht reden kann, darüber muß man schweigen. Das Buch will also dem Denken eine Grenze ziehen, oder vielmehr – nicht dem Denken, sondern dem Ausdruck der Gedanken.«

Philosophische Untersuchungen, entstanden zwischen 1935 und 1949, Erstveröffentlichung aus dem Nachlaß 1953.

Werk der Spätphilosophie. Die Aphorismen haben zum Gegenstand: »Den Begriff der Bedeutung, des Verstehens, des Satzes, der Logik, die Grundlagen der Mathematik, die Bewußtseinszustände und Anderes.« Enthält radikale Kritik am »Traktat« von 1921, u. a. weil sich der Sinn der Sätze nicht, wie dort angenommen, eindeutig bestimmen läßt. Die Kritik an der Alltagssprache – nicht mehr die an der Wissenschaftssprache – steht jetzt im Vordergrund. »Die Philosophie ist ein Kampf gegen die Verhexung unseres Verstandes durch die Mittel unserer Sprache.« »Die Ergebnisse der Philosophie sind die Entdeckung irgendeines schlichten Unsinns und Beulen, die sich der Verstand beim Anrennen an die Grenze der Sprache geholt hat.«

Über Gewißheit, entstanden zwischen 1949 und 1951 in den letzten achtzehn Monaten seines Lebens, Erstveröffentlichung aus dem Nachlaß 1969.

Die 676 Aphorismen umkreisen das Problem »Gewißheit«. Was bedeutet »Ich weiß«? Welche Grundgewißheiten gibt es in unserer Sprache, in unserem Denken? »Wenn Einer sagt ›Ich habe einen Körper‹, so kann man ihn fragen ›Wer spricht hier mit diesem Munde?‹«

Zenon aus Kition

Von dem umfangreichen Werk Zenons, des Begründers der Stoa um 300 v. Chr., sind nur geringe Reste erhalten. Auch die Werke der ersten Stoiker sind verloren, darunter die zahlreichen Abhandlungen des Chrysippos (um 276–204 v. Chr.), der die stoische Lehre erweitert, in Logik, Ethik und Physik einteilt und systematisiert. Vollständige Schriften sind von der späteren, rein römischen Stoa erhalten: von Seneca (4 v. Chr.–65 n. Chr.), dem Erzieher und Minister Kaiser Neros, von dem freigelassenen Sklaven Epiktet (um 55–138) und vom Kaiser Marc Aurel (121–180). – Bei Seneca heißt es: »Als unser Zenon erfuhr, seine ganze Habe sei beim Schiffbruch im Meere versunken, sagte er: ›Das Schicksal will, daß ich ungehinderter philosophiere.‹«

Namenregister

Sachregister

Platon

Phaidon
oder
Über die Unsterblichkeit der Seele

Übertragen und erläutert von Arthur Hübscher.
112 Seiten. Serie Piper 805

»Phaidon«, einer der bewundertsten Dialoge Platons, schildert den Todestag des Sokrates. Im Zentrum steht die Frage nach dem Verhältnis des wahren Philosophen zum Sterben. Nur im Tod kann sich die reine Seele endgültig aus dem Gefängnis des Körpers befreien. Um seine Freunde zu überzeugen, führt Sokrates mit Hilfe der Ideenlehre mehrere Beweise von der Unsterblichkeit der Seele vor. Die Psyche hat schon vor der Geburt des Menschen existiert und wird auch nach seinem Tod weiterleben.

Phaidros
oder
Vom Schönen

Herausgegeben, übersetzt, und erläutert von Arthur Hübscher.
92 Seiten. Serie Piper 952

Vor der Stadt Athen, an einer lieblichen Quelle im Schatten einer Platane, treffen Sokrates und Phaidros zusammen. Im gemeinsamen Gespräch suchen sie das Wesen der Seele zu ergründen, um den wahren Eros und die Kunst der Rede zu bestimmen. Der göttliche Wahnsinn, die Ekstase sind es, die die Erkenntnis vollkommener Schönheit eröffnen.

Das Gastmahl
oder
Von der Liebe

Übertragen und erläutert von Arthur Hübscher.
87 Seiten. Serie Piper 672

»Das Gastmahl«, das als Platons Meisterwerk gilt, umkreist die Frage: Was ist das Wesen der Liebe? In sieben Lobreden auf Eros, den Gott der Liebe, wetteifern die Gäste im philosophischen Gespräch um die beste Antwort. Höhepunkt von Platons Erörterungen der vielseitigen Auffassungen der Liebe ist die glanzvolle Rede des Sokrates, der in der liebevollen Schau des wahrhaft Schönen den Stufenweg zur Vollendung des Lebens aufzeigt. Das Gastmahl ist die literarisch brillanteste Einführung in Platons Ideenlehre.
Die Übertragung von Arthur Hübscher versucht, herkömmliche Schwierigkeiten des Textverstehens durch klare sprachliche Formulierungen zu vermeiden.

Alfred Schmidt

Die Wahrheit im Gewande der Lüge

Schopenhauers Religionsphilosophie.
239 Seiten. Serie Piper 639

Erst jüngst ist die Bedeutung der Schopenhauerschen Philosophie für das moderne Bewußtsein neuentdeckt worden. Wichtige Fingerzeige hierzu bot das Spätwerk Horkheimers, auf dessen Spuren sich die exegetisch genaue, kenntnisreiche Studie seines Schülers Alfred Schmidt bewegt, die erstmals Ort und Funktion der Religionen in Schopenhauers Lehre systematisch untersucht. Der Titel des Buches spielt an auf ein Diktum des Philosophen, das die eigentümliche Gebrochenheit seines Verhältnisses zur religiösen Sphäre widerspiegelt: Religion ist wahr, aber – im Gegensatz zur Philosophie, die Wahrheit *sensu proprio* beanspruchen muß – nur im uneigentlichen, gleichnishaften Sinn. Aufklärerische Kritik und Billigung der Religion sind deshalb im Schopenhauerschen System auf vertrackte Weise ineinander verwoben. Indem die Studie detailliert der These Schopenhauers nachgeht, Mythos und Allegorie seien das »eigentliche Element« aller Religion, fällt zugleich ein Licht auf die ethisch-metaphysischen Kerngedanken seines Philosophierens.

Außerdem ist lieferbar:

Emanzipatorische Sinnlichkeit

Ludwig Feuerbachs anthropologischer Materialismus.
276 Seiten. Serie Piper 846

Arthur Schopenhauer

»Die Philosophie ist der absolute philosophische Ausdruck für den inneren Zustand des modernen Menschen.« (Georg Simmel)

Schopenhauers große Vorlesung von 1820 ist eine didaktisch aufbereitete Fassung seines Hauptwerks »Die Welt als Wille und Vorstellung« und damit zugleich der Königsweg in das Zentrum seiner Philosophie.
In keiner anderen Edition von Schopenhauers handschriftlichem Nachlaß erhältlich sind seine jahrzehntelang vergriffenen »Philosophischen Vorlesungen«

Theorie des gesammten Vorstellens, Denkens und Erkennens

Philosophische Vorlesungen Teil I. Aus dem handschriftlichen Nachlaß.
Hrsg. und eingeleitet von Volker Spierling. 573 Seiten.
Serie Piper 498

Metaphysik der Natur

Philosophische Vorlesungen Teil II. Aus dem handschriftlichen Nachlaß.
Hrsg. und eingeleitet von Volker Spierling. 212 Seiten.
Serie Piper 362

Methaphysik des Schönen

Philosophische Vorlesungen Teil III. Aus dem handschriftlichen Nachlaß.
Hrsg. und eingeleitet von Volker Spierling. 229 Seiten.
Serie Piper 415

Metaphysik der Sitten

Philosophische Vorlesungen Teil IV. Aus dem handschriftlichen Nachlaß.
Hrsg. und eingeleitet von Volker Spierling. 273 Seiten.
Serie Piper 463

Karl Jaspers

Die Sprache · Über das Tragische
143 Seiten. Serie Piper 1129

Vernunft und Existenz
Fünf Vorlesungen.
127 Seiten. Serie Piper 57

Vom Ursprung und Ziel der Geschichte
349 Seiten. Serie Piper 198

Von der Wahrheit
Philosophische Logik.
Erster Band. XXIII, 1103 Seiten. Leinen

Wahrheit und Bewährung
Philosophieren für die Praxis.
244 Seiten. Serie Piper 268

Max Weber
Gesammelte Schriften
Mit einer Einführung von Dieter Henrich.
128 Seiten. Serie Piper 799

Weltgeschichte der Philosophie
Einleitung.
Aus dem Nachlaß herausgegeben von Hans Saner.
192 Seiten. Leinen

Wohin treibt die Bundesrepublik?
Tatsachen, Gefahren, Chancen. Einführung von Kurt Sontheimer.
281 Seiten. Serie Piper 849

Piper 18/4c

PIPER

Hannah Arendt / Karl Jaspers

Briefwechsel 1926–1969

Herausgegeben von Lotte Köhler und Hans Saner.
859 Seiten. Leinen im Schuber

In der Geschichte des Denkens ist dies die bisher einzige umfangreiche Korrespondenz zwischen einer Philosophin und einem Philosophen, die veröffentlicht wird. Sie umfaßt 29 Briefe aus der Vorkriegszeit (1926–38) und 403 aus der Zeit von 1945 bis 1969, dem Todesjahr von Karl Jaspers. Mit Ausnahme weniger Briefe, die z. Z. als verloren gelten müssen, ist die Korrespondenz vollständig.
Sie wird durch wenige Briefe der beiden Ehepartner – Gertrud Jaspers und Heinrich Blücher – ergänzt, wo die Gesprächslage es erfordert. Ein umfangreicher Anhang bringt die nötigen Erklärungen über Personen und Ereignisse, auf die Bezug genommen wird; ein Personen- und ein Werkregister schlüsseln die Ausgabe auf.
Man darf ohne Übertreibung sagen, daß dieser Briefwechsel eines der großen Dokumente unserer Zeit ist. In ihm spiegelt sich die Zeitgeschichte der ersten Nachkriegsjahrzehnte: der Berliner Aufstand, die ungarische Revolution, der Mauerbau, der Eichmann-Prozeß, die Kubakrise, die Ermordung Kennedys, der Vietnamkrieg, der 7-Tage-Krieg Israels bis hin zu den weltweiten Studentenunruhen von Berkeley bis Berlin. Problemkomplexe der deutschen und internationalen Geschichte und Politik – die deutsche Schuldfrage, der Widerstand gegen den Nationalsozialismus, die Atombombe, die amerikanischen Verhältnisse, die Anerkennung der DDR, die Berlinfrage, das Judentum und Israel, der Ost-West-Konflikt – werden ausführlich erörtert.
Zugleich wird die Lebensgeschichte zweier Menschen bis ins Detail sichtbar, die das Stigma der Zeit – die nationale Bodenlosigkeit – als Chance bejahen.
Die Freundschaft wurde im Laufe der Jahre so verläßlich, daß beide Partner einander nichts verschweigen mußten. Die Offenheit einer sehr klugen, oft visionären Frau von hinreißendem Temperament und die eines in der Unbestechlichkeit rücksichtslosen, aber in der Vernunft kommunikativen Denkers begegnen einander und werden sich zu einer Art Heimat.
Der Briefwechsel zeichnet das Persönlichkeitsprofil der beiden Gestalten direkt und indirekt mit verläßlicher Exaktheit auf, er wird zu einem vielfältigen Spiegel der in Einzelheiten so verschiedenen und letztlich doch verwandten Denkungsarten. Darüberhinaus ist er ein wirkliches Lesevergnügen: belehrend, unterhaltend und beeindruckend zugleich für jeden, der sich für die kulturelle und politische Geschichte unseres Jahrhunderts interessiert.